山东社会科学院　主办　　·2016 年创刊·

主编　涂可国

国际儒学论丛

INTERNATIONAL TRIBUNE OF CONFUCIAN STUDIES

第 9 辑

社会科学文献出版社
SOCIAL SCIENCES ACADEMIC PRESS (CHINA)

目　录

（第9辑）

·生命儒学·

·国际儒学·

·儒学发展史·

·儒学比较研究·

道德动机视野中孟子的"情理架构"

——从汉学家论辩出发为孟子"情"论辩护

刘悦笛*

摘　要　孟子所论的道德动机当中"情"发挥了重要作用，道德之情当中包含了理性认知，道德推理当中也有情的介入，情与理在孟子那里并不是断裂的。在齐宣王与孟子的"情理"论辩当中，肯定情感论者认为，齐宣王的道德推导中含"情"，而否定情感论者则认为齐宣王的道德推理中无"情"。可以为孟子"情"论进行四个方面的辩护：第一，孟子论"情"是前后矛盾的吗？第二，怜悯之情到底是如何"推"的？第三，含情的道德动机是"内在"的吗？第四，道德动机中的"情理"如何互动？孟子之情当中本身就蕴含了理性，这是孟子道德动机的"情理架构"的真义。

关键词　道德　动机　孟子　情理

孟子所论的道德动机当中是否包蕴"情"？以往的研究往往缺失情感的视角，直到肯定论者们如杜克大学哲学教授黄百锐（David B. Wong）较早提出了这样的论断："孟子提出了在道德动机当中的情感角色的图景，这对于理性从情感当中的普遍分离而言产生了反面影响。特别是该图景暗示出，诸如怜悯这样的一种情感能够包蕴着按照特

---

* 刘悦笛，博士，中国社会科学院哲学所研究员，主要研究领域为儒学与中国哲学。

定方式去行动的理性的认知。"① 这意味着，孟子所论的道德动机当中情发挥了作用：道德之情当中包含了理性认知，道德推理当中也有情的介入，情与理在孟子那里并不是断裂的。

关于这个论断所产生的争议，所聚焦的段落是《孟子·梁惠王上》第七部分孟子与齐宣王那段论辩。② 齐宣王坐于堂上，看到有人牵牛过堂，牛瑟瑟发抖因而发善心，决定拿羊替换牛去衅钟，孟子与齐宣王由此而论辩，其中的"情理之辩"尤为凸显。

一 齐宣王与孟子的"情理"论辩

《孟子·梁惠王上》有如此记载，孟子听大臣胡龁说了齐宣王替换牛的故事，大王肯定此事，然后孟子说"是心足以王矣。百姓皆以王为爱也，臣固知王之不忍也"（《孟子·梁惠王上》）。孟子首先盛赞齐宣王，有如此的"心"就可以称王天下了，此心乃"不忍人之心"，孟子直接就从此种心推及"不忍人之政"。且不说，从仁心推到仁政到底还需多少中间环节，孟子进而转切到百姓的视角，由此来看，百姓就不会觉得大王吝啬了，而知道大王"不忍心"而已。这是论辩的第一个环节，从引子而提出不忍之心。

进而，论辩的第二个环节，齐宣王重申了以羊易牛的理由，仍在于不忍心，这其实就认同了孟子的观点。齐宣王做了这样的"类推"：不忍见牛害怕发抖之状，就像无罪而被判死刑一般。这里存疑的是，是否从牛推到了人？如果说的是牛无罪而被置于死地，那么就并未从牛推到人；如果说的是人有罪而判死刑的话，那么这种"推情"就成立了。如果是后者，齐宣王以他的"同情心"，到底感受还是没感受到无罪之人的情状呢？

在此，孟子所见的另外的问题，以羊易牛实乃"以小易大"，这种用心百姓不会知道。孟子并没有停留于此，他想追问的是，以小的羊替代大的牛，而牛与羊又有何差异呢？因为孟子认定，齐宣王可怜的是牛

---

① David B. Wong, "Is There a Distinction Between Reason and Emotion in Mencius?", *Philosophy East and West*, Vol. 4, 1991, p. 31.

② Craig K. Ihara, "David Wong Emotions in Mencius", *Philosophy East and West*, Vol. 41, 1991, p. 51.

无罪而被判死。可见，在这个环节，齐宣王认定的是牛无罪而被置死，他起码在这里并未由牛推人。齐宣王反问说，这算何种心思，他并不是因吝啬而以小易大，百姓却误以为他吝啬，到此为止，齐宣王都在做理性推断。

第二个环节的论辩，孟子意在提醒齐宣王，不要以"大小之辩"来替代"牛羊之辩"，就像百姓从功利角度误解大王一样，齐宣王同样未解孟子之义。此环节的结尾处，孟子归纳说此乃"仁术"，这就把不忍归之于仁。在孟子眼中，齐宣王是见牛而未见羊，未有牛羊之分。但孟子进而上升到君子的高度，君子之于禽兽，见其活着而不忍见其死，听到其被杀之声而不忍食其肉，而孟子的不忍心乃属孔子的仁心。

进入第三个环节，齐宣王听闻孟子如此归纳，遂引用了《诗》"他人有心，予忖度之"，说这段诗说的就是孟子。孟子以己之心度人之心，这种用意，齐宣王确实感受到了。反过来说，孟子其实是用自己的推爱方式，试图让齐宣王也同样为之。孟子的本意是说，不仅对牛，也要对羊有不忍之心；不仅对禽兽，而且对百姓同样要有不忍之心。潜台词是说：既然对禽兽都如此，禽兽也被等质观之，更何况人乎？

此时，齐宣王承认，他终于体会到孟子的用心所在了：尽管他做出了以羊易牛的不忍的行为，反过来寻求却不了解"吾心"了。关键是在承认的基础上，齐宣王进而认定，经过孟子的说服，才感到"与我心有戚戚"。这意味着，齐宣王在感到怜悯并做出道德行为的时候，乃是出于道德本能，而当孟子将这种情感推到百姓身上的时候，齐宣王最终也感同身受。无论是齐宣王的自我的"吾心"，还是与他人共振的"心有戚戚"，其实都不仅是理性的心（mind），同时也是感性的心（heart），这就是为何当今汉学界普遍赞同用 mind-heart 来翻译"心"。

在齐宣王有了这种理性－感性的认同之后，他又回归理性来追问"此心"如何"合于王者"，也就是顺着孟子的思路，从忍心推到仁政。以此种情感化的不忍之心与王道相合，就是以德服天下。最终，孟子仍在通过比喻来劝诫齐宣王：您不是"不能"，而是"不为"。齐宣王进而反问，"不为者"与"不能者之形"，也就是不肯为之与没有能力为之的表现有何差异呢？孟子看似复杂的回答，其实很简单，有没有能力做的（如挟泰山而跨北海），那确实没有能力，也有不肯做的（如为年长者按摩），那就不是没有能力，齐宣王所要做的不是前者而是后者。

孟子认定，只有"举斯心加诸彼"，"故推恩足以保四海，不推恩无以保妻子。古之人所以大过人者无他焉，善推其所为而已矣"（《孟子·梁惠王上》）。所做的行为及其表现如何统一呢？孟子的潜台词是：只要如此为之，并且真情流露，就能动人，也就情理合一了。从情的角度看，这就近似于思孟学派所说的"凡声，其出于情也信，然后其入拨人之心也厚"（《郭店楚简》），但同时更是合理的。情真与意切，也是道德行为发出的内在感性与外在理性要素，孟子的推爱是毋庸置疑的："老吾老以及人之老，幼吾幼以及人之幼，天下可运于掌。"（《孟子·梁惠王上》）

二　肯定情感论：齐宣王的道德推导中含"情"

在齐宣王与孟子的论辩当中，不同论者有着不同的理解。肯定论者认为情在其中，否定论者则持无情论。论争双方的焦点之一，就在于齐宣王从对牛的怜悯推到对百姓的体恤，是否也将对牛的情"平移"到了百姓身上，这种怜悯从道德心理上而言就在于不能忍受他人受苦。

肯定论者认为，齐宣王对牛的怜悯与对百姓的怜悯是"同质"的，两种怜悯之不同似乎只有量的差异；否定论者则认定，齐宣王对牛有怜悯，但是由此推出来齐宣王对百姓"应该"也会有怜悯，这便意味着对百姓的体恤是由"理性"而非情感推导出来的。要使齐宣王显现出对百姓的怜悯，孟子就必须展示出齐宣王有确定百姓受苦的"理性"，否定论者的理性主义者仅囿于此，而且还要明确这种理性为"情感"所纠缠，甚至情感较之理性更加优先，这就是肯定情感论者的基本思路。

黄百锐作为肯定论者的代表，他认定孟子已经明确了齐宣王确实有着对于牛的怜悯的动机，而根据孟子的理解，这种感性的心（heart）要比齐宣王自己宣称的更善。无论是在"孺子入井"还是在"以羊易牛"的例证当中，怜悯都是有明确对象的。按照情感哲学的规定，首先，情感是关于某物的，它拥有某一对象；其次，这个对象是"有意图的对象"，情感并不是关乎仅存在于那里的对象而是有目标性的。进而，"情感所呈现的并不只是去看对象的方式，而是关乎对象的（经常是复杂的）信念"①。这意味着，情感并非视 X 为 Y，而是带有 X 是 Y 的信念。这就关系到情感与理性的关系的三个关键词：对象、意图和信念。这三者的关联就在于，对象是有意图的，而意图当中也含有信念。

在孟子那里，怜悯作为一种特殊的情感，其意图对象的显著特征就在于指向有感觉对象的受苦的存在。按照理性中心主义的观点，情感更多是非理性的，而当今情感哲学则更倾向于认为情感当中自有理性的存在。汉学家孟旦就明确认定，情感介入以孟子为代表的儒家"道德推理"当中。②

孟子所论的怜悯，不仅赋予某种道德情境显著特征，而且直接表现为以帮助方式（无论是救助落井孺子，还是替换牛来衅钟）加上行动的理性而存在。尽管这种理性可能并未被意识到或者是不明显的，但是"这种怜悯至少类型化地包括以某种方式行动的理解，在这个意义上，如果发出怜悯的人寻求去解释并判断所做的事情，他可以确定其对于真实或者可能的受苦对象的知觉，以此为理由并作为对所做的事情加以判断的理性"③。实际上，孟子的怜悯意图当中就包蕴了某种信念，在激发出情感的同时就包蕴了要做出理性行为的信念，也就是"应当如此为之"的信念，情感本身与（与信念相关的）理性是相连交融的。

当然，黄百锐也看到了孟子所举的不同例证之间的分殊，因为按照他所描述的道德动机图景，将齐宣王的道德发展与孺子入井的直觉加以比较并不合理。"孟子所做的事情，就是将一种过去的行为带到他的面前，这对于怜悯构成了一种范式性的剧本，孟子已经帮助齐宣王去证实了这种情感，以驱使他置牛而不用。孟子已经确定，对于齐宣王而言，牛的受苦既是缘由，也是对此种行为进行判断的理性。"④ 由此可见，感受到从牛到百姓的苦难是发自情感的，而几乎瞬间做出道德决定则是理性的，这二者是融合在一起的。道德理性当中感情要素嵌入其中，反

① Martha Nussbaum, *Upheavals of Thought: the Intelligence of Emotions*, Cambridge New York: Cambridge University Press, 2001, pp. 26 – 27.

② Donald Munro, *A Chinese Ethics for the New Century*, Hong Kong: The Chinese University Press, 2005, pp. 52 – 54.

③ David B. Wong, "Is There a Distinction Between Reason and Emotion in Mencius?", *Philosophy East and West*, Vol. 4, 1991, p. 32.

④ David B. Wong, "Is There a Distinction Between Reason and Emotion in Mencius?", *Philosophy East and West*, Vol. 4, 1991, p. 37.

过来，情感动机也瞬间化作道德行为，这恰恰是孟子与西方道德动机理论比照之下的本土特质。

在肯定论者的视角当中，在孟子那里，包括怜悯在内的情感，不仅仅是感受性的，也是认知性的。这种情感，一方面影响了出现在显著情境当中的特征（中文里的"情"也兼有情境之义），另一方面确定了为了行动的理性的显著特征（中国思想当中，"情""理"并未二分）。

三　否定情感论：齐宣王的道德推理中无"情"

一般而言，肯定论者被反对者归为情感泛化论者，而否定论者往往持一种逻辑观点，其基本的认知主义立场是明确的。质疑者对黄百锐的用语也是怀疑的，如用"怜悯"这个词就是含混的，在肯定论者的意义上它是一种认知情感，但在日常生活的使用中，它则是对于更自然情感的同情性反应，这本身就是矛盾的。

更重要的是，质疑者认为，孟子在道德动机上并不是严格意义上的内在主义者。因为齐宣王意识到了人们的苦痛，也用发自动机而行动的怜悯减轻了苦痛，然而却没有感受到这样做的动机。[①] 如果齐宣王没有这种怜悯，因为怜悯的缺乏，就要被强迫去解释为何他不这样为之，道德动机因而是理性的。当然，肯定论者如刘少生（Xiusheng Liu）就认定，孟子思想更近似于休谟的情感内在论，孟子对仁与义的判断皆为内在的，也都必要地包蕴了动机。恰恰由于仁与义在"必要地包蕴动机"的意义上是内在的，所以"对于仁（与义）的判断与依据这种判断的行为之动机之间存在一种必要的关联"。[②]这样肯定论者的结论就是，道德动机实为内在的，在"道德判断"与"道德动机"之间就存在着必要的关联，[③]孟子因而是动机内在论者。

如此看来，元伦理学关于内在主义与外在主义的争论，在孟子思想

① Ahn Tuan Nuyen, "Is Mencius a Motivational Internalist?", in *Chinese Philosophical Studies*, Vol. 27, 2008, p. 79.

② Xiusheng Liu and Philip J. Ivanhoe eds., *Essays on the Moral Philosophy of Mengzi*, Hackett Publishing Company, Inc., 2002, p. 115.

③ Xiusheng Liu and Philip J. Ivanhoe eds., *Essays on the Moral Philosophy of Mengzi*, Hackett Publishing Company, Inc., 2002, p. 102.

的阐发那里也得以上演。① 肯定论者往往持内在论，否定论者则更倾向于外在论。从道德动机外在论着眼，既然进行某种道德行为的动机是理性的，那么，道德动机也就是外在的，并不是发自内在的情感。

著名汉学家倪德卫（David B. Nivison）在 1996 年出版的《儒家之道》里认为，孟子强迫齐宣王去推展怜悯，尽管牛的苦痛与百姓的苦痛并没有相关的差异，但对于前者而言，孟子推理是不合逻辑的，而对于后者来说，孟子推理则是合乎逻辑的。按照逻辑的推论，（1）出于动机 C（C 是一种被集中的同情心）而做 A（A 是一种有同情心的行为），这不同于（2）出于动机 O（O 是我必须做 A 的无情之心）而做 A，但是，在（3）出于动机 S（S 是我对政治上成功的欲望）而做（1）的过程中，我毕竟在做（1）。② 但这并不意味着动机 S 与动机 C 必须结合在一起。作为无私的同情心的动机 S 其实在倪德卫那里是可以被排除的。齐宣王做出怜悯百姓的道德行为，其动机与对牛的怜悯并不是同质的，那是理性推断的结果。

质疑倪德卫的学者们认为，谜题就在于倪德卫自己也意识到在劝诫齐宣王的策略中的好的理性。为何他对于百姓产生怜悯，但问题是，孟子让齐宣王自己感受到了这种怜悯了吗？孟子如何使得齐宣王从对牛的怜悯推展到对百姓的怜悯上的呢？孟子使齐宣王这样做，但他很清楚是他"能这样做"而仍然没有这样做？即使孟子成功地使得齐宣王感受到了对于百姓的怜悯，通过倪德卫的逻辑策略，齐宣王的怜悯看似被逻辑一致地得以判断，而非真实地感受到百姓的痛苦，所以，这就不是一种真正的怜悯。③

问题就在于此，由理性所推导出来的情，设身处地而推论出的情，到底有没有情呢？到底是不是真情呢？否定论者当然认定，这样的怜悯之情，或者叫作理性推出的（应当如此的）怜悯，那真是无情的。但问题是，这就混淆了一个基本问题：孟子的立场与齐宣王的立场是不同

① David B. Wong, Natural Moralities: A Defense for Pluralistic Relativism, Oxford: Oxford University Press, 2006, pp. 179 - 201.
② 倪德卫：《儒家之道：中国哲学之探讨》，万白安编，周炽成译，江苏人民出版社，2006，第 131 页。
③ Ahn Tuan Nuyen, "Is Mencius a Motivational Internalist?", in *Chinese Philosophical Studies*, Vol. 27, 2008, p. 81.

的。即使齐宣王没有能类推出情感，也并不意味着孟子不持推爱的立场。哪怕齐宣王是纯理性决定者，那也只能说明孟子并没有最终说服他，或者说在这轮论辩中没有使得他感同身受，但孟子自身的观点却得到了最终的弘扬。

四 为孟子"情"论辩护之一：孟子论"情"是前后矛盾的吗？

在深描齐宣王与孟子的论辩之后，我们梳理了对于孟子道德动机论的两种立场，从中可见有情与无情两派的对峙。然而，在相互论辩当中，双方都有所妥协，如退而将孟子定位为一位"弱的内在主义者"而非"强的内在主义者"，再如不将孟子当作纯粹的外在主义者，如此等等。但问题还是存在的，孟子的道德动机当中到底存在情的要素吗？当然，文本所聚焦的并不是孟子的"四端"，从论动机的角度论四端皆情（就连是非之心也不是纯理性判断），[①] 而是从《孟子·梁惠王上》齐宣王与孟子论辩那段来加以论述，但二者也并不是矛盾的。

如果《孟子·公孙丑上》里面那段从"孺子入井"到"四端之心"的论述，乃孟子道德动机论的情感注意的主要表述的话，那么，为何《孟子·梁惠王上》里面又成为非情主义者呢？显然，尽管孟子在论证过程中确有形式逻辑的错误，但是，其基本思想仍是道通为一的。当然，这只是一个反证。如前所述，否定论者从齐宣王的论述那里推论出齐宣王并没有感同身受地从牛推到人，他只是理性地推论出来的，所以结论是孟子并不关情。然而，这种论述并未考虑到四端本有"情"之义，看到牛颤抖的怜悯与见到孺子入井的怜悯，本是同一种性质的情感，《孟子·公孙丑上》的"孺子入井"与《孟子·梁惠王上》的"以羊易牛"的两个例证之间并不是自相矛盾的。

在阐释者那里，也有一种普遍主义的观点："根据孟子，所有的人都具有'心'（mind），这种心是不能忍受他人受苦的。通过孟子对于齐宣王对于牛的行为的解释，齐宣王对其自身不是真实的怀疑是错误的。在这一点上，孟子所有所做的，都是要告诉齐宣王再度审视自己，

---

① 刘悦笛：《情感哲学视野中的"恻隐之情"——兼论孟子情论的全球性价值》（未刊稿）。

去看他也拥有这样的心……并且促使他经验到了百姓的更逼真地（vividly）如牛那般受苦的苦痛。"① 按照这种理解，孟子的信念应该是，齐宣王其实并不缺乏仁心，而只是缺乏想象力，更具体而言是道德想象力，对齐宣王的道德矫正就在于使他能更"逼真"地感受到这种情感与情境。

这种阐释就将对于禽兽抑或百姓的"不忍之心"直接归于"心"。这种致思的方向似乎弄反了，并不是从"心"推出的道德动机，而是从含情的道德动机里面推导出"心"。尽管"心"在孟子心学那里具有普泛化的倾向，但是并不能如西方汉学家那般将"心"理解为普遍的理念，更不能从普遍的"心"来还原为道德动机。孟子的实际思路是从四端出发，而四端当中"恻隐之心"则是"端中之端"，《孟子·梁惠王上》所论的怜悯也是这类基本道德情感。

五 为孟子"情"论辩护之二：怜悯之情到底是如何"推"的？

肯定论与否定论的焦点还在于，对齐宣王而言，他到底激发出了所谓"怜悯的感受"（feelings of compassion）了吗？这种"受苦的经验"通过他自身所想象的受苦而感受到了吗？还是经由一种想象（imagination）和隐喻性比较（metaphorical comparison）的"推"②？

如果考虑到孟子在《孟子·梁惠王上》之外的各处所论的"道德发展过程"，也就是孟子所重论的"推"、"及"、"达"与"充"，那么，可以明确孟子的推爱是很明确的。还是回到齐宣王的那段叙事，当齐宣王看到了牛在受苦的时候，这还只是认知，但是当他产生了怜悯之情的时候，道德动机就出现了，由此齐宣王才实施了道德行为，也就是要求以羊易牛。这是第一个层级。在面对那些受苦的百姓的时候，从认知上说，齐宣王并没有觉察到百姓的受苦；从动机上而言，也没有去怜悯百姓；从行动上说，他也并没有采取使得百姓免受苦痛的行为。这是第二个层级。但问题在于，如何从第一个层级推导到第二个层级呢？在

---

① Craig K. Ihara, "David Wong on Emotions in Mencius", *Philosophy East and West*, Vol. 41, 1991, p. 51.

② Lee H. Yearley, *Mencius and Aquinas*, State University of New York, 1990.

这种推导过程当中，情感是否也被"类推"了呢？

首先的疑问就是，从对牛的怜悯推及对人的怜悯，是否同情的"平移"呢？大多数人认为不是，因为齐宣王并没有感受到对人的同情，而只有对牛的同情。孟子的质疑在于，为何对牛都有怜悯，但对人却没有了呢？关键就在于，齐宣王"推出"的对人的怜悯，那是理性的"推导"，还是感性的"推爱"？这就是伦理推理（moral reasoning）的关系问题。从孟子的论述目的看，他希望齐宣王更能获得感同身受的感性化关联。实际上，这就是种"隐喻性的推演"，却同样假设了齐宣王与民众也应有类似之情，无论大王能否感受得到。

如果承认齐宣王确实没有对牛的痛苦感同身受，从而推演到人，也就是并没有感受到百姓的痛苦，既然不忍之心是人人所具有的，既然孟子本人也推爱了，那么，他就是要求齐宣王同样有着这般的感同身受。即使齐宣王最终没有感受到，事实上他也并未接受孟子的谏言（最终结果往往是司马迁《史记·孟子荀卿列传》所说的"是以所和者不合"），孟子的立意也是人人都应该感受到，否则，"你就不是一个好的君王"，不能从事不忍人之政，当然这是孟子的潜台词了。从王权的角度看，"只有当统治者打算在他统治的区域内建立'仁政'时，他才有资格成为真正的王；或者说，他才能真正争鸣自身有资格在即将诞生的新秩序之中生存下来"①。

从应然的角度看，孟子是在做"有情"推导；从实然的角度看，齐宣王却并未被"推情"。所以，对孟子作为道德动机的"内在主义者"加以质疑的错误之处就在于把齐宣王的推导与孟子的推情混为一谈了，孟子并不是内在主义者，当然更不是外在主义者。

除了推爱之外，还有一种"推"，这就是从"仁之心"向"仁之政"的推展。心与政之间必然是有缝隙的，孟子试图以"心学化"的方式跨越之。出现齐宣王无法感受到百姓的苦痛，从而由对牛的怜悯推到对百姓的怜悯的理性推导的另一个原因其实在于心与政之间的本有缝隙。孟子试图弥合之，齐宣王则是割裂看之，孟子与齐宣王的差异也在于此。

---

① 本杰明·史华兹：《古代中国的思想世界》，程钢译，江苏人民出版社，2003，第294页。

六 为孟子"情"论辩护之三：含情的道德动机
是"内在"的吗？

无论是遇到孺子入井，还是牵牛过堂的道德境遇，"当诸如此类的情形出现时，人们就会自发地和不必事先盘算地行善。这里，人们突然发现，它尖锐揭示了我们生命中尚未被功利性盘算所玷污的纯洁的道德动机"①。如果道德动机被视为情感的话，那么，就会由此滋生一种内在主义立场与观点。刘少生就是这样一个动机内在主义者（Motivational Internalist），也就是他认为道德动机是内在的。这种观点被李瑞全直接概括为：一是动力的内在论，即道德与动力有必然关联；二是实在论，即道德是具有类似颜色声音之类的次性的存在；三是孟子不是主张形而上的实在论，而是倡导感性能力论（sensibility theory）的内在论。②

从告子与孟子的论辩来看，这种观点似乎更切合实际。因为告子主张当时的一种流行观念：仁内义外，但是经过一番辩驳，孟子最终确立了他的仁义皆内在的观点。从这一点观之，难道孟子不也是一位内在主义者吗？然而，汉学家们所用的元伦理学的内在主义与外在主义的区分，实乃西方思想的两分理路，孟子并没有如此明确割裂的内在之别。刘少生自身更多是在休谟的意义上论情感是内在的，然而，中国式的情感却并不是一种心理状态。原始儒家所论之"情"，乃是感于物而动，从而随物而转并与心相徘徊，心物之间是交互作用和相互交融的。

与内在论相对的，乃为外在论，它将道德动机只视为外在于情乃至心的，比如认定齐宣王的道德行为是逻辑推理而来的，就是此种观点。然而，肯定情感论者却并不赞同此点，倪德卫较早提出的观点就是明证，③但黄百锐却反驳说："更基本的是，我认为倪德卫在解释孟子尽力

---

① 本杰明·史华兹：《古代中国的思想世界》，程钢译，江苏人民出版社，2003，第281页。
② 李瑞全：《评各家对〈孟子·告子上〉第四章之释义——简论儒家经典诠释之意义》，林维杰、邱南海：《理解、诠释与儒家传统：中国观点》，中研院文史所，2010，第25页。
③ David S. Nivison, "Mencius and Motivation," *Journal of the American Academy of Religion*, Vol. 47, 1980, pp. 417 - 432.

通过逻辑观点改变齐宣王的解释是错误的，这种逻辑观点是尽力确证齐宣王应该去感受到对百姓的怜悯，这是由于，如果他没有在对于百姓的例证中如此为之，那么就不会在对待牛的例证中如此为之的话，这就是自相矛盾的。"① 如果这种论断是接近真实的，那么，外在论的内在矛盾也是显在的。外在论还要处理这样的问题：规范的推理与动机的对应物之间到底是什么关系呢？如果这些疑问没有解决，外在论所面临的问题要比内在主义更多。

实际上，在孟子那里，道德动机与道德行为从未割裂过，在一定意义上，动机即化作行为，内在与外在之间并无缝隙。或者说，从动机到行为的由内而外，行动内孕动机的由外而内，实际上是一而二、二而一的。由此观之，道德动机的内在主义与外在主义的分殊，实乃西方伦理学思维模式的产物，由此来阐释孟子的不同观点是典型的"以西释中"，孟子伦理恰恰超越了内在与外在的两分法。

七 为孟子"情"论辩护之四：道德动机中的 "情理"如何互动？

说到底，孟子所论道德动机当中最基本的关系仍是理性与情感的关系，孟子伦理到底具有何种"情理架构"呢？有趣的是，当今西方的情感哲学研究，恰恰在这方面支持了以孟子为代表的儒家观点。

当今情感哲学两个主流派别认知主义与新詹姆斯主义，最新的观点皆倾向于将情感与理性融合起来。认知主义者的观点始终是比较一致的，认定情感是理性的。哲学家罗纳德·索萨（Ronald De Sousa）的《情感的理性》可作为代表②，但他仍试图发展达尔文的进化与功能模式，为情感的"对象观点"进行辩护：情感就是对世界本身某物的某种理解，由此发展出了一套的"情感意图理论"。与之相反，新詹姆斯主义者或者激进地认定情感就是非理性的，或者妥协性地认为情感不仅仅是具有理性倾向（rationality-apt）的。更为晚近的观点开始接受情感是理性的观点，但认为即使情感是理性的，这种理性也是反常的，抑或

---

① David B. Wong, "Is There a Distinction Between Reason and Emotion in Mencius?", *Philosophy East and West*, Vol. 4, 1991, p. 38.

② Ronald De Sousa, *The Rationality of Emotion*, Cambridge, MA: MIT Press, 1989.

是外在的。但无论何种观点，都开始关注情感是有理性的，对于道德情感的研究也同理可证。

　　沿着西方情感哲学研究的思路，道德哲学研究者伊万·辛普森（Evan Simpson）也提出了较新的观点：道德判断是具有感受内容（affective contents）的，而道德感受（moral affection）也是有认知内容的。① 孟子的情理架构恰恰可以印证这种伦理观念，道德理性当中本含有情感。黄百锐的主要论题就在于情感（也包括怜悯在内）被认定为不仅是感受性的（affective），也是认知性的。② 然而，也有人不认同这种观点，认定"心"作为内在的感性（innate sensitivities）并不是情感，它一定是情感的最原始的开端，黄百锐意义上的认知情感（cognitive emotion）在"孺子入井"与齐宣王"以羊易牛"段落中是没有证据可以证明的：因为孟子相信，判断是为了行动的理性的认识，它基本上是为了使齐宣王拓展他的心到他自己的百姓身上。③

　　肯定论者早就致力于阐释情感与理性之间的互动，"在对孟子图景的描述中，情感在道德动机中扮演了角色，在怜悯当中被认识到的得以行动的理性，能够是动机性地有效的。……对孟子而言，对这种帮助的反应，能够通过任何有感觉存在（包括人类）的受苦而被引出来，这已经在孺子入井的反应例证当中得以说明"④。这里所谓的"帮助"就是指由道德决定而辅助的道德行为，无论是以牛替羊还是求助孺子，几乎都是当机立断的，道德动机看似是情感化的，实则有着"行动的理性"。

　　否定论者的那种反对的观点，恰恰持一种纯理性化的视角，显然没有抓住孟子伦理的本意。理性主义的核心观点就在于，对他人受苦的认知是作为行动的理性而存在的，这对于孟子的伦理学是基础性的。孟子的实乃认定道德的动机，尽管带来了理性的行动，但动机本身却是诸如

　　① Evan Simpon, "Between Inetrnalism and Externalism in Ethics", *The Philosophical Quarterly*, Vol. 49, 1999, pp. 201－214.

　　② Craig K. Ihara, "David Wong on Emotions in Mencius", *Philosophy East & West*, Vol. 41, 1991, p. 45.

　　③ Craig K. Ihara, "David Wong on Emotions in Mencius", *Philosophy East & West*, Vol. 41, 1991, p. 48.

　　④ David B. Wong, "Is There a Distinction Between Reason and Emotion in Mencius?", *Philosophy East and West*, Vol. 4, 1991, p. 38.

怜悯之类的基本道德情感，而非对道德情感的认知。当然更重要的是，情感当中本身就蕴含了理性，这就是孟子道德动机的"情理架构"的真义。

（责任编辑　涂可国）

观念儒学与中国哲学自由思想传统

——曾振宇教授采访录

曾振宇* 张 兴**

张兴（以下简称张）：尊敬的曾振宇教授，您好！非常荣幸有这样一个机会采访您。您是儒学研究的大家，在最近十几年中，您对儒家文化做了深入的研究，廓清了儒学研究中的一些迷雾，并提出了一系列儒学新观念，切实推动了儒家思想的深入研究。请您用几句话来简单概括一下您的新观念以及相关的重要研究可以吗？

曾振宇（以下简称曾）：张兴，你好！很高兴贵刊有这样的一个栏目能够跟大家交流我的儒学研究。今天关于儒学新观念的话题，我主要想谈一下观念儒学、中国文化特区建设、孔子定律三个方面；另外，我想谈一下荀子的人性论、董仲舒的政治哲学以及当下大热的自由儒学背景下的中国哲学中的自由传统。

一 观念儒学的提出

张：好的，那就先请曾老师谈一下您所理解的观念儒学。您为什么会提出观念儒学这样一个全新的儒学概念呢？

曾：我所理解的观念儒学不仅仅是一种治学方法，更重要在于它是一种哲学与文化形态。

张：如果从治学方法的角度来说，观念儒学主要是研究哪些方面的东西呢？

* 曾振宇，山东大学儒学高等研究院教授、博士生导师，山东省儒学研究"泰山学者"，主要研究领域为儒学与中国古代思想史。

** 张兴，山东社会科学院国际儒学研究与交流中心助理研究员、博士，主要研究领域为中国哲学与儒家思想史。

曾：观念儒学主要致力于四个方面的研究。一是梳理和考索观念的起源与演变。二是考察和论述观念如何引导社会制度、社会意识形态和社会价值观。三是观念如何解决社会问题、引导社会进步。四是观念自身如何与时俱进，不断变化自身、丰富自身。

张：在我的理解当中，观念儒学跟概念儒学有些相同或类似的地方，请您谈一下两者的联系与不同。

曾：观念不同于概念。概念具有高度抽象、理性等特点，存在于逻辑世界中。观念既有抽象性特点，又具有感性色彩；既有理性特点，又具有情感色彩；既是形而上的，又直通形而下。鸢飞鱼跃，下学上达，是中国儒学乃至中国哲学的一大特点。因此，从颇具代表性的观念入手，进而"解剖"、梳理与分析中国儒学史上的观念，不仅具有学术意义，而且具有时代指导性价值。

张："观念"一词的提法在中国传统的儒家思想系统中并不常见，请问它来源于哪里呢？

曾：1922年，美国霍普金斯大学阿瑟·洛夫乔伊教授创办"观念史学社"，1936年，阿瑟·洛夫乔伊教授出版《存在巨链》，该书的问世标志着西方观念史学科的诞生。1940年，阿瑟·洛夫乔伊教授创办《观念史杂志》。1964年，国际观念史学会在美国宾夕法尼亚大学正式成立。

张：观念史的研究范围主要包含哪些方面呢？

曾：观念史研究范围非常广博，阿瑟·洛夫乔伊指出观念史研究不是仅仅局限于某一学科领域的研究，它涉及文学、史学、哲学、法学以及经济、艺术、宗教、科学等领域，它是对人类思想史中重要观念的反思和研究。换言之，观念史是对人类多元文化的综合研究。

张：您所说的观念史跟我们平时所说的哲学史有什么区别与联系吗？

曾：观念史脱胎于哲学史，但是又有别于哲学史。哲学史从哲学与史学双轨并行的视野，对哲学流派、哲学体系和哲学家思想进行梳理与研究；观念史侧重于对哲学流派、哲学体系中的"结晶体"——"单元观念"进行分析与研究。

张：那观念史研究的特点与意义究竟何在？

曾：我们可以从三个角度来看观念史研究的特点与意义。

其一，从观念史入手，进而研究哲学体系、哲学流派和哲学家思想，可以从纷繁复杂的思想之网中找出深邃的思想之结，辨清哲学思想的本质，进而可以更加客观地从整体上认识与评价哲学体系、哲学流派的思想所达到的高度。

其二，阿瑟·洛夫乔伊认为："观念是世界上最具迁徙性的事物。"观念史研究应该注重某一观念在某一个时代如何在社会上传播，其学术和社会影响的意义与作用何在？而不是刻意从国别、民族的视角研究观念。换言之，应该从"共时性"层面关注与研究观念的产生与播散。"中国的观念史"固然重要，"观念史在中国"更加值得深入探讨。

其三，观念是有力量的。观念并不仅仅存在于思辨的哲学体系中，它具有影响社会进步与发展的力量。因此，观念史不仅关注和研究学术史上著名哲学家思想体系中的单元观念，也关注并研究某一时代集体思想中的观念以及对社会大众价值观和生活方式的巨大影响。

张：请您具体讲几个例子。

曾：譬如，儒家孝观念衍变至两汉时期，为何形成疯狂的血亲复仇社会思潮？这期间既有两汉政府出于"以孝治天下"意识形态的设计，也有社会大众对儒家孝道认识的偏差。在政府层面，汉代政府对复仇者同情、宽容与奖掖，客观上助长了复仇之风的蔓延。两汉时期赦令频繁，世罕其匹。据有的学者统计，武帝在位55年，凡18赦。元帝时翻了一番，在位15年，凡10赦，不足二年即有一赦。哀、平在位日浅，几乎无年不赦。东汉自光武帝始，屡颁赦令。桓、灵之时，达到高峰。桓帝在位21年，凡13赦。灵帝在位22年，赦达20次之多。二代赦令之频繁，可谓空前绝后。大赦是复仇者的福音，因为大部分的被赦免者都是复仇者。《后汉书·酷吏列传》记载，阳求的母亲被人欺侮，阳求不仅把对方杀了，而且把对方的家人也杀了。这种杀人犯不仅未受到任何法律制裁，反而"初举孝廉，补尚书侍郎"，此后又"拜九江太守"。东汉桥玄任齐国相时，有一孝子为父报仇，被囚禁于临淄狱中。桥玄"愍其至孝"，计划上书请求减刑。县令路芝抢先一步，依照刑法条例将孝子处以死刑。桥玄觉得"深负孝子"，于是将县令路芝逮捕。桥玄认为县令路芝有负于孝德，竟然将县令路芝鞭打致死。桥玄这样做的目的，在于"笞杀以谢孝子冤魂"。在桥玄看来，孝子为父报仇虽违于法，但合于孝道；路芝依法杀孝子虽合于法，但有违于人伦。这种在社会集体思想中呈现出来的观念力量，或许与观念创立者思想相比较，已有云泥之别，但这恰恰又正是观念史魅力之所在。

张：上面您讲到观念史研究的这三方面意义，的确开阔了我在这方面的视野。那具体到观念儒学，又存在哪些方面的学术价值和社会意义呢？

曾：首先，从观念史角度对儒学进行现代诠释，可以说是抓住了儒学的特点，拽住了儒学的"牛鼻子"。东西方哲学与文化形态不同，不可混淆为一。西方哲学中的概念，可分为两大类：一类是纯粹概念，只存在于逻辑世界中；另一类是经验世界中的概念。中国哲学和儒学史中的概念，从来就没有只存在于逻辑世界中的纯粹概念。即使像理、道、气这一类本体论概念，也是关注人生、精神与社会。西方 ontology（本体论）意义上的纯粹概念，严格地说在中国哲学中并不存在。因此，从观念史入手研究儒学，才能真正梳理儒学的发展线索，总结儒学的现代性因素。

其次，从观念儒学入手诠释儒学，可以发掘出儒学中具有"现代性"色彩的因素。譬如，儒学与"人类文明共同体"是什么关系？儒学可以为"人类文明共同体"的建构提供文化基础、道德依托和价值观资源吗？儒家有"天下"观念，这一观念是对"民族－国家"的超越。"天下"是一个文明共同体，超越了国家和民族的束缚。儒家自孔子开始就倡导"天下为公""仁者爱人"，在两千多年的儒学史上，"仁者爱人类"的思想不断被深化和提升。"老吾老以及人之老，幼吾幼以及人之幼。"既然仁爱属于普遍的人心，"共进乎仁"就是人心所向。因此，独自一人"进乎仁"，不如与一乡之人、一国之人、天下之人共同"进乎仁"。陆象山说："仁也者，固人之所自为者也。然吾之独仁，不若与人焉而共进乎仁，与一二人焉而共进乎仁，孰若与众人而共进乎仁。""进乎仁"不仅仅是个人的生命理想境界，也是一乡之人、一国之人乃至天下人共同奋斗的梦想。这一人类梦想是建基于仁爱这一道德精神、价值理性和文化依托基础之上的。如果丧失了这一基石，人类的终极追求（天下）只是一个善而无证的乌托邦。由此可见，历代儒家之所以在哲学上孜孜以求论证仁爱，目的在于在经验世界建构一个人类文明共同体（天下）。天下这一人类文明共同体不是建立在欲望的满足和利益的追求上，而是奠基于一个全人类共有的人性基础和道德精神依托之上。方其如此，"为万世开太平"才具有一个牢固的道德理性根基。敬畏生命、关爱他人，"博爱之谓仁"。儒家仁爱思想具有现代性色彩，正因为如此，儒家思想可以成为建构人类文明共同体的道德基础和文化依托。

最后，从观念儒学入手诠释儒学，有利于学术界和社会大众从一个焕然一新的视域了解儒学、亲近儒学。在学术史上，对儒学的诠释主要有两种途径：一是学案研究，二是人物研究。这两种研究路径最大的缺点在于缺乏整体性、世界性的视野，彼此之间有所隔离。以观念史为纽带，可以将两千多年的儒学史串联起来，立足于东西方哲学融合的高度，既可以梳理其起源，也可以发掘期间的特点和时代意义。

二　建设曲阜"中国文化特区"

张：据我所知，在山东省政协十届四次和五次会议上，作为省政协委员，您曾经跟杨朝明、马磊、吴霁雯老师一起在省政协十届四次会议上提出《关于设立"曲阜文化特区"的建议》的提案。之后，2012年7月5日《中华读书报》发表了您撰写的《曲阜文化特区，"特"在何处》的长篇文章，新华社等主流媒体纷纷加以报道，目前曲阜与中国文化特区一事已成为全社会讨论的一大热点。

曾：是的，此提案对中国文化建设与中国社会发展走向产生的重大影响，或许不亚于1979年深圳"中国经济特区"的设立。《中国日报》评论道："以儒家文化为核心的'文化特区'的建设是弘扬中华文化、建设中华民族共有精神家园的需要，也是加强对外文化交流、吸收各国优秀文明成果，增强中华文化国际影响力的时代诉求。"

张：在此之后，山东省政府也采取了一系列措施。2012年12月5日，文化部与山东省政府在济南签署《关于合作推进文化强省建设框架协议》，建设曲阜中国"文化特区"纳入议事日程。在2013年元月和2015年初召开的山东省人大十二届一次会议和十四届一次会议上，山东省省长在《政府工作报告》中提出建设好曲阜"文化经济特区"，建设文化特区成为国家、政府和学者的共识。您为何提出要建设曲阜"中国文化特区"？

曾：在1919年的"巴黎和会"上，顾维钧在拒绝日本欲抢占德国于第一次世界大战前在山东的利益的企图时说道："中国不能失去山东，正如西方不能失去耶路撒冷！"文化是民族凝聚力和创造力的源泉，是综合国力竞争的主要因素，是经济社会发展的原动力。五千多年中华文明的主体是儒家文化，因而以儒家文化为核心的"文化特区"的建设是弘扬中华文化、建设中华民族共有精神家园的需要，也是加强对外文化交流、吸收各国优秀文明成果、增强中华文化国际影响力的时代诉求。建设文化特区是一项伟大的世纪工程，其中蕴涵着丰富的文化内容和深刻的时代意义。

张：曲阜文化特区之"特"又体现在何处呢？

曾：曲阜文化特区之"特"，意味着唯一性、不可替代性和开创性。具体表现在六个方面，限于时间缘故，我简要说一下。

1. 如果说40多年前深圳经济特区的设立标志着中国经济从计划经济向市场经济转型，那么，目前中国经济与社会的发展又处在一个新的历史转折关头，即从一个片面追求GDP增长为主要目标的经济，转向一个以人的全面发展为主要目的的绿色经济。没有文化作为原动力，中国经济不可能再出现30年持续高速发展的神话。实现中国经济的转型必须以文化核心价值观作为内在支撑，以孔子儒家为代表的中国文化具有不可替代性。因此，配合中国经济实现新的转型，建设中国文化特区，是时代发展的需要。

2. 配合中国文化建设方针改变，在实现"文化自觉""文化自信"的文化战略目标上，以孔子儒家为代表的中国文化具有不可替代性，以曲阜为代表的文化主体地位具有不可替代性。

3. 如何在文化自觉与"文化认同"层面上建构"现代国家"，是目前中国面临的一个深层次的政治文化课题。"现代国家"的建构并非单纯指谓经济的现代化，更重要的还在于政治民主化。

4. 在人文地理上，曲阜建文化特区具有不可替代性。

其一，曲阜是孔子的故乡、儒家发源地。其二，曲阜是黄帝故里。其三，曲阜是周公分封地、"周文"所在地。其四，在齐鲁文化版图上，历史地形成了以曲阜为中心、方圆二百公里的儒家文化圈：邹城（孟子）、苍山（荀子）、嘉祥与平邑（曾子父子）、章丘（伏生）、滕州（叔孙通）、济宁（何休）、沂南（诸葛亮）、临沂（颜之推、颜师古）、泰安、宁阳（大汶口文化、孔子遗迹、颜回书院）、济南章丘

（龙山文化）、泗水（子路、尼丘山）、德州（董仲舒）、高密（郑玄）等。

这一人文地理，在全中国独一无二，在全世界也非常罕见，古希腊苏格拉底和柏拉图是同一地方，但亚里士多德是另一地区。以前我们只重视曲阜这一"点"，忽略了儒家文化圈这一个"面"。如何把儒家文化圈这一个面建设好，需要大手笔、大举措。

5. 在历史文化资源上，曲阜建中国文化特区具有不可替代性。

根据几次文物普查，曲阜现有各类文物古迹遗存 560 多处，其中孔庙、孔府及孔林被列为世界文化遗产，国家级重点文物保护单位 6 处，省级重点文物保护单位 21 处，保存有金、元、明、清历代古建筑 1300 余间，汉代以来碑刻、石刻 5000 余块，古代墓葬 10 余座，古树名木近 2 万棵；库藏文物 10 万余件，其中孔府档案 26 万件，各级非物质文化遗产名录 180 多个。曲阜鲁国故城遗址是中国目前仅存的 3000 年左右的城墙遗址，其价值和地位不亚于孔庙。

6. 在中华数千年历史上，存在着一条亘古不移的"孔子定律"：从汉代开始，在新王朝建立初期，一定要"崇儒重道"，将以孔子为代表的儒家思想树立为国家指导思想，论证新王朝是儒家仁义诚信基本价值观的遵循者与弘扬者。尊孔信儒，设学校，兴科举，天下才能长治久安；不尊儒，不礼孔，新王朝（譬如秦朝、太平天国等）必然短命夭亡。

张：如何建设好曲阜文化特区？

曾：2016 年经党中央和国务院批准，曲阜优秀传统文化传承发展示范区上升为国家战略，2018 年山东省政府发布《曲阜优秀传统文化传承发展示范区建设规划》，未来曲阜文化特区应当按照这一规划加以布局。

全球伦理（the universal ethics）背景下探求孔子儒家世界意义的普遍性理解，当务之急应当是重建国民精神信仰基础。基于此，泰州学派可能是一种值得注意的、可资借鉴的模式；清末康有为单纯走上层路线谋求儒家"儒教"化的失败，可以当作今人应引以为戒的范例。"万物并育而不相害，道并行而不相悖。"在人类文明史上曾经担当"中国文化理想之建立"重任的儒家，在全球伦理化进程中势必发挥越来越深远的作用。

将曲阜建设为中华优秀传统文化传承发展示范区，为当下中国社会发展指明了一条道路：立足于中华文化，以中华优秀文化作为中国可持续发展的内在文化动力，中国社会的发展才能走上一条可持续发展的康庄大道，这也是实现"现代国家"形态的必由之路。

三 孔子定律

张：您曾经提到"孔子定律"，请您具体解释一下。

曾：孔子定律就是从汉代到清代有一个规律性的现象，在每一个王朝建立之初的六七十年，这个王朝一般要打出一个旗号，就是尊崇孔子、尊崇儒学，以儒学作为本王朝存在正当性的一个证明，作为本王朝的一个指导思想，这样才能取得天下人的拥护，尤其是知识分子阶层的拥护。

但是，孔子定律也说明一个问题，历代王朝对于孔子的尊崇，对于儒学的尊崇，实际上大多数是在利用，并不是忠实继承，当年朱熹就谈到过这个问题。他认为，从孔子到他那个时代已经1500多年了，但是历朝历代并没有一个真正是在忠实地继承儒家思想和实践儒家思想，大多数都是在利用。事实也确实如此，这就是孔子定律。

四 荀子人性论不可简单定义为性恶论

张：最近几年，关于荀子的研究逐渐兴盛，关于荀子"性恶论"的讨论也越来越受到重视，您对这个问题是如何看待的？

曾：将荀子人性思想界定为"人性恶"或"性恶论"，似乎已成为盖棺论定的学界共识。但是，在这一常识或共识背后，却隐伏着深度的误读与误解。恰如牟宗三先生所言："荀子之学，历来无善解。"韦政通先生对荀子人性学说的衡评可谓独树一帜："荀子不是人性本恶的主张者。"可惜韦政通并未对此进行全面论证，这一与众不同的观点难免有些孤掌难鸣的况味。

张：大多数人都认为孟子讲"性善"，荀子讲"性恶"，您突然说荀子不是讲"性恶"，的确跟学界主流观点有些不合。您是如何理解这一问题的呢？

曾：这要回归到荀子思想本身，"以荀释荀"。论及荀子仁学，从《荀子》全书展现的逻辑架构与思想主旨寻绎，抽丝剥茧，应当从"礼"切入比较恰当。荀子说：

> 礼起于何也？曰：人生而有欲，欲而不得，则不能无求；求而无度量分界，则不能不争；争则乱，乱则穷。先王恶其乱也，故制礼义以分之，以养人之欲，给人之求，使欲必不穷于物，物必不屈于欲，两者相持而长，是礼之所起也。（《荀子·礼论》）

礼是个人安身立命之本，也是治国平天下之大本大纲。在荀子的社会政治思想体系中，礼的重要性在于与儒家的王道政治理想联系密切。礼是实现儒家王道政治理想的唯一路径："故修礼者王，为政者强，取民者安，聚敛者亡。故王者富民，霸者富士，仅存之国富大夫，亡国富筐箧，实府库。筐箧已富，府库已实，而百姓贫，夫是之谓上溢而下漏，入不可以守，出不可以战，则倾覆灭亡可立而待也。故我聚之以亡，敌得之以强。聚敛者，召寇、肥敌、亡国、危身之道也，故明君不蹈也。"（《荀子·王制》）"凡礼，始乎棁，成乎文，终乎悦校。故至备，情文俱尽；其次，情文代胜；其下，复情以归大一也。"（《荀子·礼论》）郝懿行认为"悦校"之"校"当作"恔"，"恔者快也"，"恔"就是愉悦、幸福，"此言礼始乎收敛，成乎文饰，终乎悦快"。[1]"情文俱尽"也就是文质彬彬，外在之礼仪与内在之情感交融为一、了无间隙。合乎人心之礼，使人滋生愉悦与幸福，这是礼的最高境界。中国先秦思想史与古希腊一样，也追求快乐与幸福，只是对"幸福"内涵的界定不一，但思想旨趣多有相近相通之处。在孔、孟、老、庄、荀等先秦思想家心目中，"乐"就是人生幸福。荀子的"终乎悦校"就是快乐与幸福。

张：既然荀子的"礼"也是追求幸福和快乐，那么如何保证或证实礼的动机是善的？如何证明礼具有普适性价值？

曾：如果我们继而沿着荀子思想逻辑向前推进，就会欣喜地发现荀子已经在深入探讨一个形而上的问题：作为自然界与人类社会普遍准则

---

① 王先谦：《荀子集解》，中华书局，2012，第346页。

的"礼"，其自身存在的正当性何在？如果礼不能超越经验世界的束缚，从形而上学高度寻求绝对根据，礼就成为漂浮无根的外在律令与空洞教条。缘此，礼背后隐伏的道德精神是什么？荀子常说"情安礼"（《荀子·修身》），性情何以能以礼为安？换言之，礼存在的"最终支撑"何在？

荀子的回答是——"仁"："人主仁心设焉，知其役也，礼其尽也。故王者先仁而后礼，天施然也。"（《荀子·大略》）仁先礼后，"先仁而后礼"，这是理解荀子仁与礼关系的枢要。"先仁而后礼"不仅仅是逻辑在先，更重要的还在于仁是礼之伦理"最终支撑"。荀子之"道"，涵摄仁、义、礼三部分。君子行义贵在彰显仁之精神，仁之基本精神为"爱人"（《荀子·议兵》），行礼旨在贯彻义之精神。

张：仁、义、礼三者何为"本"？何为"末"？

曾：从荀子思想内在逻辑体系分析，仁是本，仁是"天地精神"，将仁义文化精神贯彻于人伦中，并且指导人类行为，才能称为"礼"。杨倞说："本，谓仁义；末，谓礼节。谓以仁义为本，终成于礼节也。"[①]彰显"仁"伦理精神的礼义之道，荀子称之为"人之道"或"王道"。这种代表儒家社会政治理想的"王道"，又被称为"先王之道"。"王道"并非单纯停留在形而上学的玄思中，以尧、舜、禹为代表的"先王"，他们施政的时代就是大道行于世的时期。在荀子看来，"先王之道"就是"王道"，"王道"就是"仁道"，"仁道"在历史上曾经大行于世。

张：既然仁是礼存在正当性的文化精神与道德基础，那么仁自身存在的正当性又何在？或者说荀子思想体系中是否存在道德形上学？牟宗三先生曾经批评荀子思想"本原不足"，是对还是错？

曾：关于这个问题，我觉得有必要重新讨论。根据中国思想史的问题意识、运思路向与叙事模式，古代思想家通常从两大向度进行证明。一是本体论，譬如中国思想史上的"天"论、"道"论、"气"论、"理"论等，回答"仁"与世界本体之间是否存在某种"搭挂"；二是人性论，探讨仁与人性是否存在缘起关系。

张：请曾老师分别从这两个方面简单介绍下。

---

① 王先谦：《荀子集解》，中华书局，2012，第476页。

曾：1. 本体论与仁。在荀子思想结构框架中，"天"无疑是位阶最高的范畴。《荀子》32篇只有《不苟》与《大略》两篇涉及本体之天与仁德的内在关系，论证远不如孟子全面、深入。但是，即便如此，不能不说这是一个令人惊喜的重大发现！因为我们从《荀子》中发现他已经从"天"这一理论高度论证仁与本体的内在关系。

2. 人性论与仁。我们先看看《荀子》一书对"性"或"人性"的界定：

> 生之所以然者谓之性。性之和所生，精合感应，不事而自然谓之性。性之好、恶、喜、怒、哀、乐谓之情。情然而心为之择谓之虑。心虑而能为之动谓之伪。虑积焉、能习焉而后成谓之伪。正利而为谓之事。正义而为谓之行。所以知之在人者谓之知。知有所合谓之智。所以能之在人者谓之能。（《荀子·正名》）
>
> 性者，天之就也；情者，性之质也；欲者，情之应也。以所欲为可得而求之，情之所必不免也；以为可而道之，知所必出也。故虽为守门，欲不可去，性之具也。（《荀子·正名》）
>
> 性者，本始材朴也；伪者，文理隆盛也。无性则伪之无所加，无伪则性不能自美。性伪合，然后圣人之名一，天下之功于是就也。故曰：天地合而万物生，阴阳接而变化起，性伪合而天下治。（《荀子·礼论》）

荀子"性"或"人性"这一概念，蕴含三层义项：其一，人之欲；其二，感官功能与属性；其三，"人之所以为人"的自然德性。

张：荀子所言"食色"人欲之性，其实存在着不同的发展方向，对吗？

曾：荀子所言"食色"人欲之性，存在着两种潜在的性向：其一，"食色"之欲有可能朝着善的方向发展；其二，"食色"之欲有可能朝着恶的方向蔓延。

荀子所说的"人之性恶"，与"未发"层面的"欲"没有关系，恶只与"性伪"前提下"已发"层面的"顺是"有涉。作为"本始材朴"自然材质意义上的欲，实际上不可以善恶界说。恶并不是"本始材朴"自然材质固有的本质属性，恶只与后天"已发"层面的自由意志相联系。

张：那"人之所以为人"的自然德性又是指什么呢？

曾：诸多先贤今哲往往忽略了荀子思想体系中的"性"概念蕴涵三层义项：人之欲、人之生理能力与人之所以为人的自然德性。人之生理能力不可以善恶断定；人之欲本身并不存在内在固有的恶质，恶只与后天"已发"层面的自由意志有关；仁内在于人性，是人性固有的、先在性的、绝对的本质规定，人性具有先验性的"性质美"，"诚心守仁"才是人之所以能为"禹"的道德基石。综上所论，将荀子人性学说界定为"性恶论""人性恶"，不能不说是一误读误解，甚至可以说是千古奇冤。近半个世纪以来，日本与中国学术界有人将荀子人性学说界定为"性朴论"，也有"犹抱琵琶半遮面"之不足。

张：请您再系统总结一下您所理解的荀子性论吧。

曾：荀子礼学的本质是为天下的制度与人伦立法，不合乎礼之根本精神的人间制度与人伦已丧失存在的正当性。荀子的"礼"与"礼法"，其间蕴含些许古希腊格劳秀斯"自然法"的因素。礼自身存在的文化精神是仁。仁先而礼后，仁不仅逻辑在先，更是礼之"天地精神"（牟宗三先生语）。如果沿着荀子思想轨迹继续"向高度提"，我们就会惊喜地发现：从道德形上学高度为仁的存在正当性进行论证，是荀子仁学已经达到的理论新高度。这也是学术界自汉以来一直忽略与低估的学术问题。

在本体论层面，仁是"天德"，牟宗三称之为"客观精神"。作为"客观精神"的仁具有绝对性、普遍性的特点，因而是人之"命"；在人性论层面，荀子一再声明人"有性质美"，"性伤"才有可能导致人性趋向恶。"人之性恶"与"未发"意义上的欲没有直接关系，恶不是"本始材朴"自然材质固有的本质属性，恶只与后天"已发"意义上的发生学有涉。荀子人性论立足于"人之所以为人"基础上立论，仁是"心之所发"，所以应"诚心守仁"，"致诚"就是让内在于人性之仁"是其所是"地彰明。徐复观先生认为荀子"完全不承认形上的意义"，"道德的发端，不上求之于神，也不求之于心，而是求之于圣王的法"。徐复观、牟宗三等诸位先生的评论与观点，今天看来已有重新商榷与衡评的必要。自汉代以降，将荀子人性学说界定为"人性恶"或"性恶论"，不能不说是一千年的误读与误解。

五　董仲舒对政治权力正当性论证的重大贡献

张：前面已经提到，您提出了观念儒学的概念，您能举一个具体的研究案例来阐述一下吗？

曾：利用观念儒学的治学方法进行研究的案例，首推我对董仲舒政治哲学的研究。董仲舒政治哲学的最大贡献，在于从哲学高度论证政治权力的正当性何在。董仲舒作为"群儒首"，代表了一个历史时期的"时代精神"。董仲舒从形上学高度论证"民心即天命"，凡是赢得民心的政权，一定是顺受天命的政权；凡是丧失民心的政权，必定也是被天命所否定乃至废绝的政权。

张：一提起董仲舒，大家的第一反应都是比较难以进行研究，您是怎么看待的？

曾：董仲舒的思想极其复杂，概念与思想也极多。徐复观先生曾慨叹："这是思想史上很难处理的一位大思想家。"① 非常有趣的是，并非徐复观一人青灯黄卷之下发出这一感慨，当年胡适先生撰写董仲舒哲学时，几易其稿，一度还是搁笔不写②。由此看来，"很难处理"确实是研究董仲舒思想的一大特点。

张：您是通过考察哪些方面的观念进行研究的呢？

曾：我主要是通过剖析"民心即天命"、"仁，天心"、"天为民立王"、"屈君而伸天"、"臣道有为"、"不敢有君民之心"、尚忠义、贤能治天下、"逆命"与"顺命"等一系列命题与思想，从而发现董仲舒力图论证政治哲学根本性问题：政治权力的正当性何在？

张：您所说的"民心即天命"的命题应该怎样理解呢？

曾："民心即天命"是我对董仲舒政治哲学思想的一个总结。这里面涉及董仲舒的天论与天命、天心等"天"概念。简而言之，在《春秋繁露》中，多义一身、多位一体，是"天"概念一大特点。除了自

---

① 徐复观：《先秦儒家思想的转折及天的哲学的完成》，《两汉思想史》第二卷，华东师范大学出版社，2001，第184页。

② 《中国中古思想史长编》附录"中国中古思想小史"第五讲"儒教"，论及董仲舒思想，篇幅甚少。

然之天，至上人格神之天和义理之天也是"天"的固有内涵。①

张：既然"天"概念的内涵如此丰富，董仲舒是如何将"天"与"民心"联系在一起呢？

曾：荀子曾指出："故可以有夺人国，不可以有夺人天下；可以有窃国，不可以有窃天下也。可以夺之者可以有国，而不可以有天下，窃可以得国，而不可以有天下。"（《荀子·正论》）国可以篡夺一时，但"天下"不可篡夺，因为天下实质性内涵之一是民心。

由此而来，董仲舒进而想阐述的观点为：凡是顺受天命而立的君王，必定是顺应民心的君王。其实，董仲舒真正想要表述的观点是：凡是赢得民心的政权，一定是顺受天命的政权；凡是丧失民心的政权，必定也是被天命所否定乃至废绝的政权。

张：从董仲舒的这段论述可以看出，董仲舒实际上是将"民心"看作"天命""天心"的代表，提高了"民心"在古代政治中的重要意义。那董仲舒对于"君权"又是如何看待的呢？

曾：这也就意味着如何制约最高权力，为权力运行套上天命、天心"紧箍咒"，成为董仲舒进而要思考的社会政治问题。

张：董仲舒在这方面是如何论述的呢？

曾：在《春秋繁露·玉杯》篇中，有这样一句话："故屈民而伸君，屈君而伸天，《春秋》之大义也。"在"两屈两伸"中，落脚点是"伸天"。"天"指谓天命、天心，天命、天心的本质就是民心。因此，"屈君而伸天"的真实意义在于高扬民心，制约君权。

张：既然董仲舒真正的主张在于"屈君而伸天"，那么董仲舒对于君权进行制约的主张有哪些特色呢？

曾：董仲舒在如何制约最高权力方面的论述，呈现出立体化、多层面的特点。具体而言，首先，用知识扩展统治者的眼界，提高统治者的智慧。其次，用儒家伦理熏陶统治者的德性，用道德自律提升统治者的道德情操。再次，充分利用社会大众对祥瑞与灾异的普遍信仰，达到制约君权的政治目的。最后，使贤能之人治理天下。

张：这四个方面前两个方面都比较好理解，我这里专门就后两方

---

① 自然之天、义理之天和至上人格神之天，在《春秋繁露·阴阳义》等有些文章中，并非泾渭分明，而是交融、糅合于一体。

面提下我的问题。汉代的祥瑞与灾异说，对于广大非专业研究者来说，感觉很神奇。那么，董仲舒借助于祥瑞与灾异，除了限制君权，是否还有另外的意思？

曾：借助于祥瑞与灾异，董仲舒力图向天下统治者表达一个政治理念："不敢有君民之心。"①"君民"有别于"报民"。"君民"意谓统治者高居平民百姓之上，权力非源自人民所授。政权存亡与平民百姓无关，平民百姓只是被奴役者、被统治者。统治权不是"为公众谋利益"②，而是以实现统治者的利益为目的。"报民"意味政权建立在仁义价值理念基础上，统治者意识到权力来自天心、天命（民心），得民心者得天下，因此对权力始终有敬畏之心，对天下大众始终有感恩之情。

张：董仲舒使贤能之人治理天下，其实是说国君要任用贤能大臣治理天下，必然会涉及君臣之间的关系，董仲舒又是如何论述的呢？

曾：主权在民心，治权在贤能，是儒家王道政治的核心理念。治权在贤能理念存在的正当性，又与"君道无为""臣道有为"理论紧密相关。依照这个理论，值得注意的是，董仲舒将君臣之间政治伦理界定为忠义。

张：君臣之忠义应该如何理解？

曾：《春秋繁露》论"忠"，往往与"义"并提。在董仲舒思想体系中，忠与义不可分离，忠外而义内。以邪道辅佐君王，导致君王蒙受耻辱，就是不义，不义也就是不忠。

张：具体而言，忠义之臣有哪些具体限制君权的方法或者途径呢？

曾：首先，从"天之数"高度，论证政府组织机构设置的合法性。天地自然之数的第一个规律是：天地万物呈现出数字"三"或"三"的倍数。从天地自然之数皆是三或三的倍数，进而推导出应相应设置三公、三卿、三大夫、三士、九卿、二十七大夫、八十一元士等官职。司农、司营、司徒、司马、司寇等五官，无论分工如何，皆有从仁、义、礼、智、信不同角度规谏君王、制约君权的责任。

其次，政府各部门之间权力相互制约。董仲舒从五行生克理论出发，论证权力相互制约如何可能。齐学邹衍比较重视五行相克学说，董

① 《春秋繁露·王道》，张世亮、钟肇鹏、周桂钿译注，中华书局，2012，第103页。
② 洛克：《政府论》上册，商务印书馆，2016，第79页。

仲舒受其影响，把依据五行理论设置的五大政府部门分别赋予五行属性：司徒属金，司农属木，司空属土，司寇属水，司马属火。按照五行相胜理论，司徒（金）克司农（木），司农（木）克司空（土），司空（土）克司寇（水），司寇（水）克司马（火），司马（火）克司徒（金）。

张：综上而言，董仲舒力图论证的政治哲学根本性问题是什么？

曾：根本性问题是政治权力的正当性何在？换言之，何为政治之善？

张：董仲舒对这一问题是如何回答的呢？

曾：董仲舒的回答是：超越现实私己利益，将现实政治制度、政治决策、政治伦理、制度伦理和社会政治理想目标建立在儒家仁义这一文化依托与道德精神之上，以是否"爱民"为政治原则，以是否顺应民心、是否符合仁义为社会政治最高圭臬与终极奋斗目标，如此就是政治之善。为天下立法，是董仲舒孜孜以求的社会使命。

六　中国哲学中的自由传统

张：您很早就开始关注"自由"这一观念，而现在关于自由儒学的讨论也非常热烈，您是如何看待中国哲学中的自由传统的呢？

曾：对自由思想的思考，贯穿在我的学术研究的所有领域。关注自由问题，是我学术研究的一条主线。中国哲学与文化传统中的自由思想源远流长，恰如"儒家自由主义"代表人物徐复观所言：中国文化传统中有丰沛的积极意义上的"自由精神"[1]。中国思想传统中的自由思想，是一座有待于学人进一步去挖掘与评估的精神"富矿"。

张：那您认为，谁能够真正代表中国哲学中的自由传统呢？

曾：道家、禅宗与儒家思想中都有自己独特的自由传统，道家的庄子和儒家的程伊川就是两家典型的代表。

张：一般提起庄子，知道其《齐物论》《逍遥游》的比较多，那庄子所理解的自由思想又应如何理解呢？

---

[1]　徐复观：《为什么要反对自由主义？——儒家思想与民主自由人权》，台湾八十年代出版社，1979，第284～285页。

曾：徐复观将庄子定位为"伟大的自由主义者"①。庄子一以贯之地表述一个核心观点：人人生而平等，人权是人本性的要素，逍遥自由是人性的朗现，自由是人的天赋自然权利，人在本质上逍遥自由。

张：庄子认为人应该是逍遥自由的，是建立在哪种前提判度下的呢？

曾：按照今本《庄子》"三十三篇本"的记载，庄子及其后学对"人逍遥自由何以可能"有一个深入而全面的证明过程。庄子将逍遥自由哲学建基于哲学本体论与人性论基石之上。在人性论上，庄子有一个基本观点：人有现象自我与本体自我之分，在本体自我意义上，人性善且自足。正因为人性善且自足，逍遥自由生命理想境界的实现才得以可能。

张：那么，庄子所理解的人性善且自足的形上学根据又何在？

曾：庄子的回答是"道"，"道"既是哲学本体，也是一德性本体。"道"决定了人性的本质，"道"是"臧"，道先验至善！道分化在人而为"德"，因为道善，所以性善，"道"因此也展露了人逍遥自由的形而上根基。在庄子思想逻辑框架中，道性至善，德是道分化而内在于人性的结晶，道即是德。正因为道至善，所以人性善、人性平等。

张：《庄子》的哪几篇著作真正体现了其自由哲学思想？

曾：《渔父》《知北游》《齐物论》《逍遥游》《达生》等篇章都是其逍遥自由思想的集中体现。

张：您如何评价庄子的逍遥自由思想？

曾：庄子思想在本质上是自由哲学。不仅如此，庄子的逍遥自由生命哲学还是自由意志理论。庄子学派不仅阐释了逍遥自由生命哲学的基本内涵，证明了逍遥自由是否可能、何以可能，而且指明了实现生命理想境界的路向与责任。《庄子·秋水》悟道、体道、"反真"、逍遥，尽性成德，是"天下君子所系"，是人人实现生命内在超越之唯一正确方向。逍遥自由，并非后天世俗社会的制度、习俗或道德体系所认定的主张，而是人人生而具有的正当理由。

张：如果说庄子所理解的自由是一种"逍遥自由"或者"内在自由"，那么儒家程伊川所理解的自由又是一种什么自由呢？

---

① 徐复观：《中国人性论史（先秦篇）》，华东师范大学出版社，2005，第252页。

曾：概而论之，程伊川的自由思想可高度提炼为理性自由。自由不仅仅是一种思想，更重要的也是一种主义。自由不仅仅是一种自然权利的表达与实现，也是法律、制度与人伦道德等正当理由的实现。换言之，程伊川的自由已是中国自由主义的古典表达。程伊川古典自由主义的最大特点与哲学指向在于：为天下立法。

张：程伊川是如何论述其自由思想的呢？

曾：程伊川说："然至乎为治之大原，牧民之要道，则前圣后圣，岂不同条而共贯哉？盖无古今，无治乱，如生民之理有穷，则圣王之法可改。"①

张：应该如何理解程伊川所说的"为治之大原"？

曾：或许可以从两大向度解读。其一，"为治之大原"源于天理，是天理在人类社会的彰显与落实。其二，"为治之大原"具体以仁为道德依托。仁是人类普遍的道德理性，政治制度、法律制度、经济制度与伦理道德规范只有倚仗"仁"这一道德理性的建立，才获得存在的正当性与合法性。以仁为核心的道德理性是人的本性，道德理性使人能制定社会制度与伦理规则，并遵守这些社会法则与规范。人类遵从基于自身道德理性制定的社会法则与伦理规范，就是自由。

张：程伊川的理性自由思想在社会政治、法律与经济领域是如何体现的呢？

曾：其一，"法者，道之用"。儒家自孔子以降，一直强调法与法令在治国平天下中的作用，虽尚德，但从不废弃法与刑。德法并重，犹如大鹏之两翼，互为倚重。合符"孔子治天下之道"就是善法，反之就是恶法。

其二，"格君心之非"。如何制约最高权力，一直是儒家孜孜以求的政治使命。儒家强调以道义作为判断是非功过的最高依据。除了法律层面的制约之外，程伊川提出了两点措施：一是"学"，学"道义之言"，才能通晓儒家"大道"；二是立志，以道自任。君王"以道自任"之"道"，就是以"圣人之训"为内涵，以"王道"王天下为最终社会政治愿景。

其三，"顺民心为本"。强调"民心"是儒家一以贯之的传统，程

---

① （宋）程颢、程颐：《二程集·河南程氏文集》，王孝渔点校，中华书局，2004，第452页。

伊川在"视民如伤"精神指引下，提出"轻财""财散"主张。

张：请您最后总结下道家庄子与儒家程伊川自由思想的异同之处。

曾：庄子与程伊川的自由思想代表了古代中国自由思想与古典自由主义不同的样态。庄子的自由思想可高度概括为"内在自由""精神自由"，它的逻辑为："道"落实于人性为"德"，尽性成德，"道德"的完整呈现就是逍遥自由，逍遥自由才真正实现了人的自然权利，具有权利的自由才是真正的自由。因此，自由是人的本质，也可以说是人之"命"，人命中注定生而自由。

程伊川的自由思想学说与庄子相比较，在问题意识、运思路向和价值目标上有同有异。相同相通之处在于：皆从价值本体论高度论证自由何以是权利的实现，程伊川从天理"元善"出发，继而论证"性即理"。不同之处在于：程伊川证明仁涵摄其他诸德，仁有"公"之特性；"讲论道义"，仁即儒家的"道义"；仁是人类道德理性，政治制度、法律制度、经济制度与伦理道德规范只有符合"仁"这一道德理性，才具备存在的正当性与合法性。为天下立法，是儒家义不容辞的担当与理想。

因此，程伊川的自由思想可高度概括为理性自由，它并未单纯停留在"内圣"层面，而是积极地扩充到了"外王"领域。自由作为一种权利的诉求与实现，在程伊川思想中已有展现。因此，程伊川的自由既是一种学说，也是一种主义。

无论是道家庄子，抑或儒家程伊川，都非常清醒地认识到道德理性在自由学说中的重要意义，因此都从哲学形上学高度证明道至善或天理至善，道德理性之善源出于道或天理，自由只不过是道德理性的彰显与发挥。道德理性的善，又捍卫了自由与自由主义，不会沦落为人类之恶。

张：非常感谢曾教授能接受我的采访，谢谢曾教授关于儒学研究方面的热情分享，使我受益匪浅。希望曾教授能够为我们带来更多的儒学研究新成果。

曾：感谢张兴的采访。希望我的这些研究经验对你们有所启发。

（责任编辑　涂可国）

论《大学正义》的为政之道*

张　兴**

摘　要　《大学正义》中所包含的思想非常丰富，最重要的便是"诚意之道"与"为政之道"。从"德"的方面来看，孔颖达将"大学之道"中的"明明德""止于至善"两个方面放在了"诚意之道"中进行疏解。从"政"的角度来看，孔颖达认为"为政之道"是"大学之道"中"亲民"的关键所在，而齐家、治国、平天下又包含在"为政"里面。"为政之道"主要包括絜矩之道、贵德贱财、用善远恶、以义为利等四个方面。"为政之道"是孔颖达疏解《大学》重要的维度之一，应当引起学者的重视。

关键词　絜矩之道　贵德　用贤　重义

引　言

　　孔颖达对《大学》所做的疏解，集中在"德"与"政"两个方面。从"德"方面论述的"诚意之道"限于篇幅，兹不论述。从"政"的角度来看，孔颖达《大学正义》的重点集中在"为政之道"上。孔颖达疏解《大学》最重要的一个维度就在于齐家、治国、平天下的纲领，这三者的行为主体主要是指人君，可以说都是"为政之道"的纲领，

　*　本文系国家社科基金青年项目"经学视野下的《中庸》学史研究"（编号18CZX021）的阶段性成果。

　**　张兴，山东社会科学院国际儒学研究与交流中心助理研究员、博士，主要研究领域为中国哲学与儒家思想史研究。

而孔颖达对"为政之道"的疏解主要是从"人君"的立场进行诠释。按照孔子在《论语》中对"为政"的解释,"齐家"也可以算在"为政"里面。因此,"齐家""治国""平天下"都可以归属于人君的"为政之道",其纲领由近及远,由内到外,主要包括絜矩之道、贵德贱财、用善远恶、以义为利等四个方面。

一 絜矩之道

孔颖达将"絜矩之道"作为人君"为政之道"的第一个方面,可见其对"絜矩之道"的重视。孔颖达对"絜矩之道"内容的疏解主要包括三个方面:第一,持其所有,以待于人;第二,恕己待民;第三,戒慎其德。

1. 持其所有,以待于人

"絜矩之道"的第一个方面是持其所有,以待于人。这里最重要的一个问题是所"持"的是什么,怎么来对待别人?

孔颖达认为,"絜"犹如"结"。"结"到底该如何解释呢?笔者认为,"絜"应该理解为约束、限制。当然,也有学者解释为度量。在某种程度上,度量也是一种约束与限制。"矩",法也。矩是古代的一种几何工具,既可以测量线段的长短,也可以测量物体的角度。因此,"絜矩"可以引申为法度、规则。君子要遵守约束、限制,遵守法度、规则、原则等。君子的行为没有违背它,将这样的原则施加于事物上,事物都会顺从他。学术史上对于"絜矩之道"的阐述一直没有一个定论,孔颖达在《大学正义》中将其放在了治国平天下的第一位上,可见其对"絜矩之道"的重视。笔者认为,"絜矩之道"讲的是一种人君应该遵守的原则或者法度。如果人君的行为不违背这个原则,并以这个原则来对待其身边的事物,那所有的事物都会顺从于君主。而在接下来的论述中,孔颖达对"絜矩之道"进行了详细的阐述。

"'此之谓絜矩之道'者,上经云'君子有絜矩之道也',其絜矩之义未明,故此经申说能持其所有以待于人,恕己接物,即絜矩之道也。"① 这段阐释体现了孔颖达对"絜矩之道"所包含的第一个方面的

---

① 孔颖达:《礼记正义》,上海古籍出版社,2008,第2259页。

理解，即持其所有，以待于人。孔颖达认为，作为一个诸侯国的国君，有周天子在自己的上位，有不善的事情施加在自己身上，自己非常厌恶这样的事情，那么自己不可以将这种不善之事反过来施加于自己的君上。在自己前面的人，将不善的事情施加在自己身上，这是自己所憎恨、厌恶的，那么也不要将这类不善的事施加到后面的人身上。在自己后面的人，将不善的事情施加在自己身上，自己也不要将这类不善的事情施加到前面的人身上。

孔颖达对"絜矩之道"的疏解，有一个基本的理解。先是别人施加不善之事于"我"的身上，"我"厌恶这样的事情，但是"我"却不将这样的事情再施加到别人的身上。其隐含之意当为，所有不善的事情，"我"所厌恶的事情，到"我"身上就算是到终点了，"我"不能再将这些不善的事情施加到别人身上。从"我"身上发出的事情都应该是善的，或者说从"我"身上开始起，"我"所做的事情都是善的。这就跟孔颖达对"诚意"之过程做解释时提到的"既能知至，则行善不行恶也"① 联系在一起了，两者都是说"我"要做善的事，不做恶的事。这同时说明"诚意之道"其实是"为政之道"的理论基础，孔颖达重点疏解"诚意之道"与"为政之道"是有其深刻理由的。

跟自己地位或能力相当的人，或者在自己的右边，或者在自己的左边。别人将不善的事情施加在自己身上，这是"我"所憎恨、厌恶的事情。但是，"我"却不将这些不善的事情施加到"我"左边的人或者右边的人。能够拿着自己所拥有的善去对待别人，宽宥自己，对待事物，这就是"絜矩之道"。

上下、前后、左右，基本上已经将人君在国家中的位置都包含在内了，人君是不可能离开这几个相对位置而独立存在的。所以，说"絜矩之道"是人君为政的一种原则或者宗旨也不为过。

2. 恕己待民

"絜矩之道"的第二个方面是恕己待民。其实，这是从第一个方面持其所有，以待于人，自然延续下来的。笔者认为，恕己待民强调的是人君的示范带头作用，以及其所施行的仁德之政。《礼记正义》云：

---

① 孔颖达：《礼记正义》，第 2241 页。

"《诗》云：'乐只君子，民之父母。'"此记者引之，又申明絜矩之道，若能以己化从民所欲，则可谓民之父母。此《小雅·南山有台》之篇，美成王之诗也。只，辞也。言能以己化民，从民所欲，则可为民父母矣。[①]

孔颖达认为，如果人君能够以自己的行为示范教化百姓，跟从民众心中的所想，那么就可以做民众的父母了。虽然孔颖达认为这句诗的引用是为了进一步说明"絜矩之道"的内涵，但笔者认为这句话也可以解释为强调人君的示范作用。因此，也可以说，孔颖达强调从自身出发，强调人君自身的示范作用。

"民之所好好之"者，谓善政恩惠，是民之原好，己亦好之，以施于民。若发仓廪，赐贫穷，赈乏绝是也。

"民之所恶恶之"者，谓苛政重赋，是人之所恶，己亦恶之而不行也。[②]

"民之所好好之"，是说人君良好的管理、人君所带来的好处，是民众最本原的喜好。人君也喜好善政恩惠，将善政恩惠施于民众，就像开仓放粮、赐予贫穷之民财物、赈济缺衣少食的民众等。在这句话的疏解中，孔颖达强调的是人君的善政恩惠，即仁德之政。"民之所恶恶之"，是说繁重的赋税、苛刻的法令是民众所厌恶的，人君也厌恶苛政重赋，所以不去施加到民众身上。在这里，孔颖达强调的是人君不行苛政重赋，是前面提到的人君行善政恩惠的另一面，其本质都是孔颖达前面提到的恕己待民。

3. 戒慎其德

"絜矩之道"的第三个方面是戒慎其德，孔颖达从正反两方面论述人君戒慎其德的重要性。他在注解"赫赫师尹，民具尔瞻"时说："赫赫，显盛貌。是太师与人为则者。具，俱也。尔，汝也。在下之民，俱于汝而瞻视之。言皆视师尹而为法。此《记》之意，以喻人君在上，

---

① 孔颖达：《礼记正义》，第 2260 页。
② 孔颖达：《礼记正义》，第 2260 页。

民皆则之，不可不慎。"①

孔颖达认为，《诗》云"节彼南山"这段经文主要是说人君与贤臣必须要警惕谨慎。"赫赫师尹，民具尔瞻"是《诗·小雅·节南山》中的两句话，其意思是说，雄伟高大的终南山上有很多岩石，这些岩石非常高大，《诗经》就是用这些高大的岩石来比喻作为周幽王大臣的师尹庄重、肃穆的样子。师尹是周王朝的太师，是广大民众效法学习的对象。下层的民众都在观察师尹的行为，都将师尹视为自己行为效法的对象。人君在上位，民众都以人君作为自己行为的效法对象，不可以不慎重地对待自己的德行。

这是孔颖达从正面劝说人君要戒慎其德，原因在于人君处于国家治理的最上位，下面的民众都是以人君作为自己行为所效法的对象，故此人君要谨慎地对待自己的德行，即要戒慎其德。

> "有国者不可以不慎"者，有国，谓天子、诸侯。言民皆视上所行而则之，不可不慎其德乎？宜慎之也。
>
> "辟则为天下僇矣"者，僇，谓刑僇也。君若邪辟，则为天下之民共所诛讨，若桀、纣是也。②

《大学》文本中所出现的"有国者"，一般都是指天子、诸侯。只有这两类人才会"有国"，而这两类人有一个共同的称呼，即"人君"。民众都将在上位的执政者的行为作为自己行为的准则，人君不可以不慎重地对待自己的德行，也就是说人君对待自己的德行要非常慎重才可以。在这段经文中，"皆视上所行而则之"之"上"即指"人君"。一旦人君不慎重对待自己的德行，变得邪辟了，用孔颖达的阐释语来说就是"行恶"了，就会遭到天下民众的刑罚杀戮。也就是说，如果人君的行为变得乖谬不正，那么就会被天下的民众共同征讨、征伐，就像是被民众推翻的夏桀、商纣一样，身死国灭。还有比身死国灭这样的后果更严重的吗？在这里，孔颖达举夏桀、商纣之例，从反面来说明人君邪辟、不慎其德的巨大危害，间接地强调了人君要戒慎其德。

---

① 孔颖达：《礼记正义》，第 2260 页。
② 孔颖达：《礼记正义》，第 2260 页。

二 贵德贱财

人君"为政之道"的第二个方面是能贵德贱财。这主要是从人君所行之政教能配天与财物惠民的角度对"为政之道"进行阐释。

1. 政教配天

一般而言，人君所行之政教，其对象应当是指广大民众，这跟配不配天有什么关系？其实，孔颖达想阐述的是人君能够贵德，能够以德配天，有此德之后，自然行仁德之政教，此种政教施于民众，民众自然是愿意接受的，民众自然也会拥护人君的统治，因此说人君所行政教能配上天而行，其阐述的重点还是贵德，只是通过贵德所体现出来的仁德政教来表现而已。

> "道得众则得国，失众则失国"者，道，犹言也。《诗》所云者，言帝乙以上得众则得国，言殷纣失众则失国也。[①]

孔颖达认为，殷朝在殷纣王的父亲帝乙之前，还没有失去民众拥护的时候，所推行的政策与教化都能够配得上天的政教。能够承奉上天所赋予的大命，诚然非常不容易，承奉天命是多么困难！殷朝在帝乙之前，所推行的政策与教化能够得到上天的保护，即能够得到民众的拥护，那么就能保持国家的存在；殷朝在纣王的时代，推行的政策与教化得不到上天的保护，即失去了民众的拥护，那么就会失掉国家。孔颖达以此来强调政教配天的重要性。

2. 财物惠民

一个国家最重要的组成部分是民众，而民众最迫切的需求则是食物，人君施行政教最根本的是给民众带来足够的食物。在这里，孔颖达重点阐述了财物惠民的重要性。

> "有德此有人"者，有德之人，人之所附从，故"有德此有人"也。

---

① 孔颖达：《礼记正义》，第 2260 页。

"有人此有土"者，有人则境土宽大，故有土也。

"有土此有财"，言有土则生植万物，故有财也。

"有财此有用"者，为国用有财丰，以此而有供国用也。

"德者本也，财者末也"者，德能致财，财由德有，故德为本，财为末也。

"外本内末，争民施夺"者，外，疏也。内，亲也。施夺，谓施其劫夺之情也。君若亲财而疏德，则争利之人，皆施劫夺之情也。[①]

孔颖达认为，人君有德，民众就会依附顺从，因此说"有德此有人"；拥有了依附顺从的民众，民众需要在土地上生存，那么自然就会有广阔的土地，因此说"有土"。孔颖达只是说有德之人，而这里的有德之人基本可以理解为"人君有德"。但是，孔颖达并没有明确提出"德"究竟是哪种"德"，是"道德"还是"政德"？从上下文的语境中，基本可以推断此"德"就是"政德"，是一种仁德之政，强调的是人君的政教。拥有广阔的土地，土地能够生植万物，因此说"有财"。人君通过政教的施行获得了丰富的财物为国家所用。"有德"能够招致财富，财富是由德所带来的，因此，德才是根本，财物只是末端，只是有德带来的副产品。如果人君亲近财物而疏远"德"，那么争夺利益的人就会释放出其掠夺财物的情欲。

"是故财聚则民散，财散则民聚"者，事不两兴，财由民立。君若重财而轻民，则民散也；若散财而周恤于民，则民咸归聚也。

"是故言悖而出者，亦悖而入"者，悖，逆也。若人君政教之言，悖逆人心而出行者，则民悖逆君上而入以报答也。谓拒违君命也。

"货悖而入者，亦悖而出"者，若人君厚敛财货，悖逆民心而入积聚者，不能久，如人畔于上，财亦悖逆君心而散出也。言众畔亲离，财散非君有也。[②]

---

① 孔颖达：《礼记正义》，第2261页。
② 孔颖达：《礼记正义》，第2261页。

聚民还是聚财这两件事情不会同时都兴旺，财物的丰厚最终是由民众确立的。如果人君过于重视财物而轻贱民众，那么民众就会离"你"而去。如果分散财物去体恤民众，那么民众就会归聚到人君的身边。如果人君的政策教化悖逆民众的心而做出一些不善的行为，那么民众也会悖逆人君的政教，这就是说民众会违抗人君的命令。孔颖达的疏解注重人君的政教，政教的核心在于符合民心，符合民心最重要的一个表现就是要做到财物惠民。

如果人君悖逆民众的心而务于积累聚集财富，那是不可能长久的。一旦民众得不到应得的财物，就会背叛于君上，财物也会悖逆人君的欲望而分散。人君众叛亲离，财物分散于各处，就不会被人君所拥有。孔颖达前面是从政教配天的角度而言，这里则是从财物惠民的角度而言。合而言之，"为政之道"要求人君能做到贵德贱财。

三 用善远恶

孔颖达对于人才的重视在其"为政之道"中有明确的疏解，其重点体现在两个方面：第一，任用善人；第二，弃远恶人。孔颖达习惯于从正、反两方面分别阐释同一个问题，这在对人才问题进行阐释时有较明显的体现。

1. 任用善人

在《大学》文本中，虽然善人与贤臣是在不同的引文中出现的，但二者所表达的意思是一样的，因此，可以将其看作同一类人，即贤臣。在孔颖达的疏解中，人君能够任用善人的第一步是要亲爱善人，所以第一步就是阐释《大学》文本中晋文公重耳亲爱仁道，以善人为宝的例子。

"舅犯（孤偃）曰：'亡人无以为宝，仁亲以为宝。'"孔颖达注解说这是重耳的舅舅孤偃劝说重耳不要接受秦国拉拢的话语。当时重耳只是晋国的一个公子，晋国发生内乱，不得已逃亡翟国。秦穆公见有机可投，想要重耳返回晋国夺取君位，舅犯就劝说重耳不要接受秦国的拉拢，于是对秦国的使者说："奔波逃亡的人，没有将货物、财物当作宝贝的，只有将亲爱仁道当作宝贝。"

接下来，孔颖达就从人君进贤谪恶的角度进行了详细论述，主要阐述了人君任用善人之于国家的重要，捎带提了一下人君任用恶人之于国家的危害。

> "无他技，其心休休焉，其如有容焉"者，言此专一之臣，无他奇异之技，惟其心休休然宽容，形貌似有包容。如此之人，我当任用也。
>
> "人之有技，媢嫉以恶之"者，上明进贤之善，此论蔽贤之恶也。媢，妒也。见人有技艺，则掩藏媢妒，疾以憎恶之也。①

"《秦誓》曰"这段经文，是阐明人君进用贤良，黜退奸恶之事。《秦誓》是《尚书》中的一篇。秦穆公攻伐郑国，被晋国击败在殽这个地方，逃回秦国之后对着群臣立誓写下这篇文章，这是秦穆公悔过改错自己发誓的话语。作《大学》的人引用它，用来阐明人君"好贤去恶"的重要性。在群臣当中，如果有一个正直不阿、廉洁自持的臣子，多么诚实、专一、厚重朴实。这个专一的大臣，没有其他奇怪、特异的技能，只是他的心宽容、好善，好像有包容之貌，这样的人，人君应该重用他。见到别人有技术才艺，想要得到他、亲近爱护他，就好像自己有技艺一样。见到有才学、德行的人，能够达到圣人的境地，他的内心之中非常喜爱与快乐，就如同是从他自己的口中说出来一样。内心之中着实喜爱这个彦圣之士的美好，远远大于从他的口中说出来，这是说他多么喜爱、快乐。如果能够如此喜好贤人，是能够容纳此彦圣之士来治理"我"的国家，那么"我"的国家才会得到安定，才能保护"我"的子孙后代。不仅仅能保"我"的子孙平安，他下面的人也许都可以获得一些利益。

在阐明了人君任用贤人的善处之后，孔颖达接着论说了埋没贤才的不善之处。见到别人有技巧、才艺，那么就埋没他、嫉妒他，由于憎恨、厌恶而嫉妒他。见到他人是个彦圣之士，就违背、抵触、压抑、黜退他，使这彦圣之士的善功不能通达于国家。像这样隐蔽贤才的人君，是不够宽容的表现，家国将要灭亡，不能保护"我"的子孙后代。不仅如此，众人也将陷入灭亡的危险之中。通过从论证隐蔽贤人或者善人

---

① 孔颖达：《礼记正义》，第 2263 页。

的坏处，可见孔颖达对于人才的重视。从正面来说，任用善人正是人君"为政之道"的重要组成部分。

2. 弃远恶人

人君能够任用善人是一方面，与之对应的是人君要能够弃远恶人。如果恶人不能够远离朝堂，那么所任用的善人也将发挥不出其应有的作用。孔颖达不仅阐明了人君任用善人之于国家的重要性，而且还着重论述了人君弃远恶人之于国家治理的重要性。孔颖达说："唯仁人放流之，迸诸四夷，不与同中国者，言唯仁人之君能放流此蔽善之人，使迸远在四夷，不与同在中国。若舜流四凶而天下咸服是也。"[①]

孔颖达认为，只有有仁德的君主才能流放那些欺骗隐瞒贤人的人，将他们摒弃在四方之地，即边远少数民族居住的地方，不跟在中央之国的民众在一起。就像上古时代舜流放四位残暴的部落首领到四方之地，从此天下民众都心悦诚服。流放这些欺骗隐瞒贤能的人到遥远的少数民族居住之地，是有仁德的人君能够亲爱善人，厌恶不善之人的表现，也是其"为政之道"的体现。《礼记正义》载："'见贤而不能举，举而不能先，命也'者，此谓凡庸小人，见此贤人而不能举进于君，假设举之，又不能使在其己之先，是为慢也。谓轻慢于举人也。"又"'灾必逮夫身，者，逮，及也。如此，灾必及夫身矣。"[②]

见到贤能之人却不能举荐贤能之人，即使推荐了贤人，却不能让贤人在自己之前（受到人君的重用），这是对所举荐贤人的怠慢、轻视。假设人君想要压抑、黜退不善之人却不能将他远远地黜退，这是人君的过错，是人君罪恶、罪过的表现。作为一个有德行的君子，君子所厌恶的是凶残恶劣的事情，现在竟然喜好凶残恶劣的事情，这就是"好人之所恶"。君子所喜好的是仁义善道，现在竟然厌恶仁义善道，这就是"恶人之所好"。如此行事的人，灾祸一定会到达他的身上。孔颖达在这里所说的"灾必及夫身"主要是指人君，不能任用善人，不能弃远恶人的结果最终会危及国家的安危，最终导致身死国灭，后果极其严重。

孔颖达所疏解的任用善人与弃远恶人两个方面，主要是从人君治理

---

① 孔颖达：《礼记正义》，第 2264 页。
② 孔颖达：《礼记正义》，第 2264 页。

国家的角度进行的，孔颖达之所以对"为政之道"进行这样的疏解是基于前面对于"诚意之道"理论阐述之上的，是从人君之"德"向人君之"政"自然而然的转化，而人君之"德"则是在其"诚意之道"基础上的自然延伸。

四 以义为利

作为治理国家最重要的为政者——人君，要能做到以义为利。这主要包括三个方面：一是人君当先行仁义，爱省国用，以丰足财物。二是治国家不可务于积财。三是重申为君治国要弃远小人。

1. 君行仁义，爱省国用，丰足财物

从表面上看，以义为利是指人君要将仁义作为自己的根本利益之所在，这么理解是对的，但这并不能说明仁义只是口头上的。对于人君而言，人君的仁义更多的是带着一颗爱民如子的心，通过适宜的政教为人民带来切身利益，如此才是真正的仁义，此时的以义为利才是人君的真正利益所在。人君通过推行孝悌仁义之道，爱护、节省国家用度，以此来丰裕、富足财物，就为国家治理打下了良好的基础。人君之政教广泛丰足财物，有大道，就是指下面的这些事情："生之者众"者，谓为农桑多也。"用之者舒"者，谓君上缓于营造费用也。①

从事农耕、蚕桑生产的人多，节省无关紧要的花费，百姓从事农耕、蚕桑的事业非常及时，君上减少营造宫室的花费。如果人君能够做到这些，那么国家用度就会非常充足。有仁德的人君，通过将财物分散施加于民众，树立起自己美好的声誉。没有仁德的人君，过于爱惜自己的财物，致力于财物的积累聚集，劳役自己的身体，积攒其财物。这些都是在治理家族、治理国家、治理天下的纲目之中，这些都是从人君的角度而言的。孔颖达此处提出对人君的要求是"行仁义"，对财物的观念也是从人君的角度而言的。注"其为"至"有也"。"言君行仁道，则臣必为义。臣既行义，事必终成。以至诚相感，必有实报，如己有府库之财为己所有也。其为诚实而然，言不虚也。"②

---

① 孔颖达：《礼记正义》，第 2264～2265 页。
② 孔颖达：《礼记正义》，第 2264～2265 页。

在上位的人君喜好用仁道对待下属，在下位的大臣感念人君的仁德之恩，没有不好义的，人君吩咐的事情都能够办得合宜。在下位的大臣全都好义，君仁臣义，这样做事，不论有多少事都能做成。如果人君能行仁道，民众必然用义来报答君上，有义在，必然最终能成事。"未有府库财非其财者也"，郑玄以"言君行仁道，则其臣必义"[1] 来为之注解。大臣既然能够行义，那么国家的治理必定能成功。以至诚相互感应，必定会有实际的报答，就像人君拥有国家贮藏财物、兵甲的处所，为人君所占有。孔疏说"其为诚实而然"[2]，人君由"诚意"始发，国治、天下平也是顺其自然的事情。

2. 治国家不可务于积财

人君通过推行孝悌仁义之大道，爱护、节省国家用度，以此来丰裕、富足财物，就为治理国家打下了良好的基础。接着，孔颖达就警告人君，治理国家可以丰裕富足财物，却不可专门务于财物的积累，专门务于财物的积累是小人的行为，并不是人君之道。孔颖达说："长国家而务财用者，必自小人矣"者，言为人君长于国家而务积聚财以为己用者，必自为小人之行也。[3]

人君治理国家当然离不开丰富的财物，但是不可以致力于财物的积累，尤其是将这些积聚的财物当作自己奢侈生活的花费。如果致力于积累财物，这就是小人的行为，并不是人君在上位者之道。比如说，士初次任用为大夫，不去争夺鸡、猪之类的小利，因为鸡、猪之类的小利是小人生活得以改善的重要财物。根据《礼记》记载，卿大夫之家，葬后之祭可以使用冰块。冰块是从凝结寒气的地方砍伐的，用来供应葬后之祭。卿大夫既然是伐冰之家，凭借国家给予的食禄就可以生活得很好，就不要再畜养牛羊作为自己的财物利益，不要与常人争夺利益。百乘之家是指卿大夫之中有采地的人。其采地方圆百里，因此说是"百乘之家"。这是说卿大夫中有采地的大夫，不要再畜养聚敛财物的家臣，使他们在什一的赋税之外，另外征收采邑出产的财物。

孔颖达通过对士、大夫、卿大夫、百乘之家财物获得情况的疏解，集中阐释了人君治国家不可务于积财的思想。前文提到，民众是以国君

---

① 孔颖达：《礼记正义》，第 2254 页。
② 孔颖达：《礼记正义》，第 2265 页。
③ 孔颖达：《礼记正义》，第 2266 页。

的行为作为自己行为的效法对象的，如果国君不务于积累财物，那么在下位的贤臣与民众也不会专注于财物的积累，且每一个阶层的人都有自己相应的财物与之对应，只要坚守自己的本分，做好自己的事情就可以了。对于不属于自己的财物坚决不去求取，这样的话，国家的治理就会变得相对比较和谐，各阶层的民众也都有一定的生活保障，国家就能长治久安。

3. 重申弃远小人

人君治理国家不务于积累财物的一个重要方面还是要弃远小人。小人由于其自身的严重缺陷，一直是以积累财物为主的，而积累财物则是对"义"最大的损害，与人君"以义为利"的仁政主张背道而驰。"与其有聚敛之臣，宁有盗臣"，可以说，这句话又一次解释了人君不能蓄养聚敛之臣的本意。人君宁可蓄养偷盗之臣，也绝不能蓄养聚敛之臣。因为偷盗之臣只是会损失一些财物，但是聚敛之臣则损害义，两者的损害不可同日而语。

上述提到，人君"为政之道"的第三个方面是"以义为利"，其对人君的要求是能"行仁义"，而聚敛之臣所损害的正是人君的"仁义"，而"仁义"恰恰是人君治理国家的核心利益所在。人君致力于积累聚集财物来当作自己的奢侈花费，必然会让自己的行为变得跟小人一样，而聚敛之臣正是小人的典型代表。所以，孔颖达在最后重申人君治理国家要弃远小人，他说："虽有善者，亦无如之何矣"者，即使小人治国，其君虽有善政，亦无能奈此患难之何。言不能止之，以其恶之已著故也。[1]

人君治理国家，就要抛弃、疏远小人，这也是不以利为利，以义为利的重要表现。每一位人君都想要自己的国家得到良好的治理，因此，都需要推行仁义之道，完善其政治教化。人君想实行善政，却让小人从事于治理国家之事，那么小人务于财物的积聚必然会祸害、残害民众，因此灾难、祸害、忧患、困难等会一并来到。一旦让小人治理国家，人君即使有良好的政令，对于这种忧患、灾难也是无可奈何的。人君之所以不能制止这种灾难的出现，是因为小人治国的罪恶已经显现出来的缘故。这也就是人君在任用善人的同时一定要弃远小人的原因之所在，小

---

① 孔颖达：《礼记正义》，第 2266 页。

人治理国家，危害实在太大。如此，国家才能治，天下才能平。

结　语

　　综上所述，孔颖达对于《大学》文本的疏解集中在"德"与"政"两个方面。从"德"的方面来看，孔颖达将"大学之道"中的"明明德""止于至善"两个方面放在了"诚意之道"中进行疏解。从"政"的角度来看，孔颖达认为"为政之道"是"大学之道"中"亲民"的关键所在，而齐家、治国、平天下又包含在"为政"里面。"为政之道"的总纲，包括絜矩之道、贵德贱财、用善远恶、以义为利等四个方面。"为政之道"是孔颖达疏解《大学》的重要维度之一，应该引起学者的重视。

（责任编辑　石永之）

孔子对礼乐之原的追寻

陈 冀*

摘 要 礼起源于上古宗教文化。殷周变革之际，周公赋予了传统礼仪道德人文价值。春秋时代以来，周文疲敝，礼逐渐沦为刻板的形式。春秋时代的士君子对礼的意义给予深刻的反思。孔子在对礼乐之原的追寻中，将礼的基础奠基于以"仁"为代表的人类情感之上，但这也带来了孔子思想中"礼"与"仁"何者优先的问题。

关键词 孔子 礼乐之原 情感

一 礼之起源

中国被称为"礼仪之邦"由来已久，殷周革命后，周公制礼作乐，周礼成为历代儒生心目中的文明典范。

在现代语境中，"礼"一般被理解为对应英文中 Ritual 的概念，即"仪式"之义，然而"礼"的内涵远远比"仪式"广大。中国被公认为礼仪之邦，这一称谓自古以来就得到了广泛的认可，这绝不仅仅是"仪式"所能解释的。《左传·定公十年》正义云："中国有礼仪之大，故称夏；有服章之美，谓之华。"① 早在春秋时期，士君子就指出仪式的娴熟与把握礼的精神截然不同。《左传·昭公五年》记载：

---

* 陈冀，山东社会科学院哲学研究所助理研究员、哲学博士，主要研究领域为中国哲学。
① 李学勤主编《十三经注疏》标点本，北京大学出版社，1999，第 1587 页。

公如晋，自郊劳至于赠贿，无失礼。晋侯谓女叔齐曰："鲁侯不亦善于礼乎？"对曰："鲁侯焉知礼？"公曰："何为？自郊劳至于赠贿，礼无违者，何故不知？"对曰："是仪也，不可谓礼。"①

同样，昭公二十五年，子大叔与赵简子相见，赵简子问揖让周旋之礼。子大叔对曰："是仪也，非礼也。"鲁昭公如晋，在接待中各项举止都合乎礼节。晋侯以昭公为善礼，而叔齐以为，昭公不过是善于仪式，而不可谓之知礼。与叔齐一样，大叔同样认为揖让周旋只能算"仪"，而不可谓之"礼"。② 我们所说的"礼"，究竟应该怎样理解呢？虽然上面我们否认了以仪释礼，我们仍然应当承认，礼往往是一种仪式性的活动，尤其是宗教仪式。但是仪之所以成为礼，在于仪式所承载的涵盖天道与人文的意义。只有这些意义得到了实现，仪方能谓之礼。

而从字源的意义上看，礼与原始宗教仪式有关。《说文解字》："禮，履也，所以事神致福也。从示从豊，豊亦声。"段玉裁注曰："禮有五经，莫重于祭，故'禮'字从示。豐者，行礼之器。"③ 王国维《释礼》认为"（豐）诸字皆象二玉在器之形，古者行礼以玉，故《说文》曰'豐，行礼之器。'"总之"奉神人之事通谓之礼。"④ 从文字学的角度看，"礼"字的本义来源于上古时的宗教仪式（Ritual）。⑤《礼记·祭统》也记载："礼有五经，莫重于祭。"⑥

殷商史学者指出，在商王武丁时代已经有了主宰自然人事的"上帝"信仰。⑦ 殷人以为先王死后可以配帝，殷王祭祀求福时，首先是向先王献祭，再由先王向上帝传达。殷王独占了祭祀的权力，成为沟通天

---

① 李学勤主编《十三经注疏》标点本，北京大学出版社，1999，第 1215～1216 页。
② 李学勤主编《十三经注疏》标点本，北京大学出版社，1999，第 1447 页。
③ 许慎著，段玉裁注《说文解字注》，上海古籍出版社，1981，第 2 页。
④ 王国维：《观堂集林》，河北教育出版社，2003，第 144 页。
⑤ 当然这种解释仅仅是一种可能性而已。如陈来教授指出：如由甲骨文的"禮"字来看，礼字取义主要是祭祀礼仪，这只能说明该字形产生时代所主要依据的情形，这既不能排除在更古远时代"礼俗"的情形，也不一定可以涵盖文字产生时"礼"的所有方面。陈来：《古代宗教与伦理——儒家思想的根源》，三联书店，2009，第 261 页。
⑥ 李学勤主编《十三经注疏》标点本，北京大学出版社，1999，第 1345 页。
⑦ 胡厚宣、胡振宇：《殷商史》，上海人民出版社，2003，第 516 页。

人的巫王。① 余英时先生指出：

> 地上人王"余一人"或"天子"通过对于巫术的政治操纵，即巫师所具有的祭祀和占卜之类的"神通"，独占了与"天"或"帝"交流的特权。巫师之所以能行使中介功能也是奉"余一人"之命而行。不但如此，"余一人"也往往以人王的身份担任"群巫之长"的角色，亲自主持祭祀、占卜的礼仪。②

在商代的宗教祭祀中，商王是主祭人。盘庚说："兹予大享于先王，尔祖其从与享之。"③ 商王垄断了祭祀的权力，所以贵族百姓的祖先也是围绕在商王的祖先周围分享商王的祭品。于是商王也就成了祖先神所庇佑的唯一现世人。殷商之王将这种独享的神佑之权视为"天命"，于是殷纣有"我生不有命在天"④ 之说。

殷人的宗教祭祀礼仪是一种缺乏道德观念的对神权的"贿赂"，这种礼仪缺乏"德"的精神内核。周人在继承殷礼形式的同时，引入了"德"的原则。《尚书·蔡仲之命》："皇天无亲，唯德是辅。民心无常，惟惠之怀。"⑤ 《召诰》提出："我不敢知曰，有夏服天命，惟有历年；我不敢知曰，不其延。惟不敬厥德，乃早坠厥命。我不敢知曰，有殷受天命，惟有历年；我不敢知曰，不其延。惟不敬厥德，乃早坠厥命。"⑥ 召公指出王应该厉行德政，才能永保天命。

随着殷人的宗教观念被周人敬德保民的观念取代，礼的功能也发生

---

① 祭祀权和王权的统一源自"绝地天通"。《国语》中观射父指出，在远古时代"民之精爽不携贰者，而又能齐肃衷正，其智能上下比义，其圣能光远宣朗，其明能光照之，其聪能听彻之，如是则明神降之，在男曰觋，在女曰巫"。在原始宗教的第一阶段，出现了专职于宗教事务的神职人员。原始宗教进一步发展为"夫人作享，家为巫史"的阶段，结果"嘉生不降，无物以享。祸灾荐臻，莫尽其气"，于是导致颛顼的"绝地天通"。在"绝地天通"后，人类的统治者独占了祭祀的权力，成为沟通天人的巫王。关于与绝地天通相关的祭祀礼制和政治文化变革，参见余英时《论天人之际——中国古代思想起源试探》，中华书局，2014，第 15～62 页。

② 余英时：《论天人之际——中国古代思想起源试探》，中华书局，2014，第 25 页。

③ 顾颉刚、刘起釪：《尚书校释译论》，中华书局，2005，第 944 页。《尚书》今文二十八篇引文从此版本。

④ 顾颉刚、刘起釪：《尚书校释译论》，中华书局，2005，第 1052 页。

⑤ 李学勤主编《十三经注疏》标点本，北京大学出版社，1999，第 453 页。

⑥ 顾颉刚、刘起釪：《尚书校释译论》，中华书局，2005，第 1441 页。

了改变。礼不再是向神灵祈求庇佑的"巫术",而是德的载体。商人祭祀 - 权力回报的宗教被周人的德礼哲学所替代。① 周公制礼作乐奠定了中国礼乐文化的传统,王国维在《殷周制度论》中指出:

> 中国政治与文化之变革,莫剧于殷、周之际。……殷、周间之大变革,自其表言之,不过一姓一家之兴亡与都邑之移转;自其里言之,则旧制度废而新制度兴,旧文化废而新文化兴。周人制度之大异于商者,一曰立子立嫡之制,由是而生宗法及丧服之制,并由是而有封建子弟之制,君天子臣诸侯之制;二曰庙数之制;三曰同姓不婚之制。此数者,皆周之所以纲纪天下。其旨则在纳上下于道德,而合天子、诸侯、卿、大夫、士、庶民以成一道德之团体。②

王国维先生仅提到的立嫡、庙制、婚制,徐复观先生指出:"春秋时代认为周公所制之周礼,其内容非仅指祭祀的仪节,实包括有政治制度及一般行为原则而言。"③ 形式的礼仪背后所代表的是精神之德,《左传·文公十八年》:"先君周公制周礼曰:则以观德,德以处事,事以度功,功以食民。"④ 与商人相信天命意味着通过祭祀与祖先神达成庇佑现世子孙的交易不同,周人的德礼观相信礼所代表的自然和社会的秩序,只有遵循这些秩序,才能有好的收获。

在中国思想的初期,"德"不能简单理解为今人的"道德"。根据金文的写法,"德"的初始义是"直心而行",从这里我们可以看出"德"的概念关注了行为背后的心理意向,在这一基础上逐渐产生了具体的德行观念。是否遵循礼仪除了事功层面的利害之外,还关系个人的人格。礼乐制度规定了夫妻、父子、君臣之间的身份关系和行为规范,每一个人生来就处于这一系列关系之中。这些身份关系规定了人在特定情境下与特定的人接触时应该如何行事。能否在举止言谈中贯彻相应的行为规范,是衡量一个人是否道德的标准。有时人们会直接用"礼"作为道德评价的标准,如《诗·鄘风·相鼠》:"相鼠有体,人而无礼,

---

① 参见余英时《论天人之际——中国古代思想起源试探》,第 28~29 页。
② 王国维:《观堂集林》,河北教育出版社,2003,第 231~232 页。
③ 徐复观:《中国人性论史·先秦篇》,三联书店,2001,第 37 页。
④ 李学勤主编《十三经注疏》标点本,北京大学出版社,1999,第 576 页。

人而无礼，胡不遄死。"①

三代礼文固然存在差异，然而周文"敬德""明德"，这是周礼与夏殷二代传统的根本区别。郑开先生指出，周礼的基本特性是"德礼体系"："《左传·僖公七年》载管仲之言曰：'招携以礼，怀远以德。德礼不易，无人不怀。'这句话道出了周礼的'精神实质'。"②

二 礼坏乐崩

由周公制作而在西周时代灿然大备的礼乐文明，在春秋时代逐渐走向崩坏。随着礼乐文明的崩坏，政治秩序也走向了瓦解。《史记·太史公自序》提出："春秋之中，弑君三十六，亡国五十二，诸侯奔走不得保其社稷者不可胜数。察其所以，皆失其本已。"这个"本"也就是周公制定的包括嫡制、婚制在内的礼乐秩序。礼乐秩序的崩坏，造成政治上的危机，统治者无力维护旧有的统治秩序。《论语》记载：

> 齐景公问政于孔子，孔子对曰："君君，臣臣，父父，子子。"公曰："善哉！信如君不君、臣不臣、父不父、子不子，虽有粟，吾得而食诸？"（《论语·颜渊》）

也正是这位齐景公，在面对陈氏代齐咄咄逼人的步伐时问计于晏子，晏子回答"唯礼可以已之"：

> 齐侯与晏子坐于路寝，公叹曰："美哉室！其谁有此乎？"晏子曰："敢问何谓也？"公曰："吾以为在德。"对曰："如君之言，其陈氏乎！陈氏虽无大德，而有施于民。豆区釜钟之数，其取之公也薄，其施之民也厚。公厚敛焉，陈氏厚施焉，民归之矣。《诗》曰：'虽无德与女，式歌且舞。'陈氏之施，民歌舞之矣。后世若少惰，陈氏而不亡，则国其国也已。"公曰："善哉！是可若何？"对曰："唯礼可以已之。在礼，家施不及国，民不迁，农不移，工

---

① 李学勤主编《十三经注疏》标点本，北京大学出版社，1999，第206页。
② 郑开：《德礼之间——前诸子时期的思想史》，三联书店，2009，第75页。

贾不变，士不滥，官不滔，大夫不收公利。"公曰："善哉！我不能矣。吾今而后知礼之可以为国也。"（《左传·昭公二十六年》）①

晏子进一步指出："礼之可以为国也久矣。与天地并。君令臣共，父慈子孝，兄爱弟敬，夫和妻柔，姑慈妇听，礼也。君令而不违，臣共而不贰，父慈而教，子孝而箴；兄爱而友，弟敬而顺；夫和而义，妻柔而正；姑慈而从，妇听而婉：礼之善物也。"（《左传·昭公二十六年》）②

相对于孔子的"君君臣臣父父子子"，晏子的说法更加详细。礼在政治秩序和家庭秩序中都扮演着重要的角色。一旦礼出现了问题，上到国家，下到家庭，整个社会秩序都会遭遇危机。不幸的是，春秋时代充满这种"子弑父""臣弑君"的乱象。

我们过去常说的"礼坏乐崩"，似乎是说礼乐体制没有得到施行了。实际上并非如此，礼乐仪式仍然在继续，只是礼乐因主体的下移而变得"无道"："天下有道，则礼乐征伐自天子出；天下无道，则礼乐征伐自诸侯出。"（《论语·季氏》）《论语》中对鲁国公族的违礼，在《八佾》篇中多有记载。"孔子谓季氏：'八佾舞于庭，是可忍也，孰不可忍也？'"《集解》马曰："佾，列也。天子八佾，诸侯六，卿大夫四，士二。八人为列，八八六十四人。鲁以周公故受王者礼乐，有八佾之舞。季桓子僭于其家庙舞之，故孔子讥之。"③ 季氏以卿大夫用八佾乐舞，破坏了礼乐秩序的差等原则。

不仅僭越天子身份，而且显得荒诞可笑的，莫过于三桓用《雍》乐于家祭了："三家者以《雍》彻，子曰：'相维辟公，天子穆穆，奚取于三家之堂？'"《毛诗传》："《雍》，禘大祖也。"郑笺："禘，大祭也。大于四时，而小于祫。大祖，谓文王。"孔颖达正义："正义曰：《雍》者，禘大祖之乐歌也。谓周公、成王太平之时，禘祭大祖之庙。诗人以今之太平，由此大祖，故因其祭，述其事，而为此歌焉。经言祭祀文王，诸侯来助，神明安孝子，予之多福，皆是禘文王之事也。"《论语集注》："天子宗庙之祭，则歌雍以彻。是时三家僭而用之。相，

① 李学勤主编《十三经注疏》标点本，北京大学出版社，1999，第1478～1479页。
② 李学勤主编《十三经注疏》标点本，北京大学出版社，1999，第1479～1480页。
③ 程树德：《论语集释》，中华书局，2013，第160页。

助也。辟公，诸侯也。穆穆，深远之意，天子之容也。此雍诗之辞，孔子引之，言三家之堂非有此事，亦何取于此义而歌之乎？"① 《礼记·大传》："王者禘其祖之所自出。"② 鲁三桓以鲁桓公为祖，桓公庙为三桓所出之庙。三桓以祭祀周文王的《雍》乐用于桓公的祭祀，不仅僭越，而且荒诞可笑。

所谓礼坏乐崩，并不是礼仪没有人施行了，钟鼓没有人奏鸣了，而是与礼乐相应的政治秩序崩溃了。本来礼乐秩序规定了每一个人身处什么样的位置，应该按如何行事举动，现在这一套秩序失去作用了。面对这一乱象，孔子的理想是靠恢复周礼来根治时代的疾患。在孔子看来，周礼是灿然大备的。《论语·八佾》："周监于二代，郁郁乎文哉，吾从周。"当季氏的畔臣公山弗扰在费城相招孔子时，孔子欲往并希望凭自己的治理复兴周道于东方："如有用我者，吾其为东周乎？"（《论语·阳货》）子路问政，子曰"必也正名乎"。子路认为这一方案过于迂阔，而孔子对此做出了详尽的解释，孔子说："名不正，则言不顺；言不顺，则事不成；事不成，则礼乐不兴；礼乐不兴，则刑罚不中；刑罚不中，则民无所措手足。"（《论语·子路》）

孔子这里精确地指出了名分—礼乐—刑罚这一政治系统的运作机制。名分的混乱是礼乐秩序失调、政治秩序混乱的病根。只有规范了名分，那么礼乐秩序才能从头奠基。在孔子看来，礼乐是本，刑德军旅之事是末。相对于礼乐之事，孔子将军政之事放在较低的位置：

> 子曰："道之以政，齐之以刑，民免而无耻。道之以德，齐之以礼，有耻且格。"（《论语·为政》）
>
> 季康子问政于孔子曰："如杀无道以就有道，何如？"孔子对曰："子为政，焉用杀？子欲善而民善矣。君子之德风，小人之德草，草上之风必偃。"（《论语·颜渊》）
>
> 卫灵公问阵于孔子，孔子对曰："俎豆之事，则尝闻之矣；军旅之事，未之学也。"（《论语·卫灵公》）

---

① 程树德：《论语集释》，中华书局，2013，第165页。
② 李学勤主编《十三经注疏》标点本，北京大学出版社，1999，第997页。

在孔子看来，德礼是政治的根本，正是德礼体制的衰微导致政治乱象层出不穷。但德礼体制的衰微也只是表象，而非政治衰败的根源。牟宗三先生将这套德礼秩序的崩坏称为"周文疲敝"，他提出：

> 这一套周文并不是它本身有毛病，周文之所以失效，没有客观的有效性，主要是因为那些贵族生命腐败堕落，不能承担这一套礼乐。因为贵族生命堕落，所以他们不能够实践这一套周文。不能来实现，那周文不就挂空了吗？挂空就成了形式，成为所谓的形式主义，成了空文、虚文。①

三 礼乐之原

礼乐秩序丧失了意义和根基，沦为纯粹的形式虚文。对于复兴礼乐而言，关键不在重整揖让周旋和钟鼓箫瑟，而在于找到"礼之本"或者说"礼乐之原"。只有找到礼乐的根本，礼乐秩序才能重新焕发出生命力，若不然，齐景公仍然"虽有粟，吾得而食诸"。同样，孔子理想的周制只有深入礼乐之原的层面才有可能得到复兴。

对于要建立什么样的礼乐秩序，孔子心中是有一套蓝图的。在孔子心中，一个理想的礼乐制度必然要涵盖三代礼乐制度的精华："颜渊问为邦，子曰：'行夏之时，乘殷之辂，服周之冕，乐则《韶》、《舞》；放郑声，远佞人。郑声淫，佞人殆。'"（《论语·卫灵公》）

对于三代之礼，孔子说："殷因于夏礼，所损益，可知也；周因于殷礼，所损益，可知也。其或继周者，虽百世，可知也。"（《论语·为政》）三代礼乐有损益，也有因袭。对于贯穿三代礼乐的精神，我们还是要从孔子那里寻找。在《论语》中有一处关于"礼之本"的讨论："林放问礼之本，子曰：'大哉问！礼，与其奢也，宁俭；丧，与其易也，宁戚。'"（《论语·八佾》）

孔子对林放的称赞，在于他不是询问礼的细枝末节，而是追问礼的根本。《礼记·礼器》提出，礼有以多为贵者，有以少为贵者。一味地奢侈并不符合礼的精神。《集注》曰："易，治也。""丧，与其易也，

---

① 牟宗三：《中国哲学十九讲》，上海古籍出版社，1997，第58~59页。

宁戚"，就是说丧礼在仪式上安排得井井有条，远不如内心的哀戚之情重要。"礼云礼云，玉帛云乎哉？乐云乐云，钟鼓云乎哉？"（《论语·阳货》）玉帛钟鼓是行礼必要的器物，但是器物承载不了礼的精神。如果缺乏情感，外在的仪式又有什么意义呢？在对林放的回答中，孔子将情感范畴作为"礼之本"的内容。相应的对于礼的形式，孔子的态度是灵活的，子曰："麻冕，礼也；今也纯，俭，吾从众。拜下，礼也；今拜乎上，泰也。虽违众，吾从下。"（《论语·子罕》）

孔子与宰我之间就三年之丧有过这样一段争论：

> 宰我问："三年之丧，期已久矣。君子三年不为礼，礼必坏；三年不为乐，乐必崩。旧谷既没，新谷既生，钻燧改火，期可已矣。"子曰："食夫稻，衣夫锦，于汝安乎？"曰："安。""汝安，则为之！夫君子之居丧，食旨不甘，闻乐不乐，居处不安，故不为也。今汝安，则为之！"宰我出。子曰："予之不仁也！子生三年，然后免于父母之怀。夫三年之丧，天下之通丧也，予也有三年之爱于其父母乎？"（《论语·阳货》）

宰我反对三年之丧的理由正是出于礼乐的考虑，然而这种对礼乐的关怀只是形式上的。如果连哀戚之情都不能尽，那么维系这一礼乐的形式又有什么意义呢？"期"，指一年；"食夫稻，衣夫锦，于汝安乎"，是因为父服丧须服粗疏麻布斩衰三年，饮食也有相应减少。而且，居丧期间不能奏乐。宰我认为，居丧一年时间已经足够，何必要持续三年呢？对此孔子的解释是"心安"。君子居丧三年，是因为这三年中君子食不甘、乐不乐、居不安，居丧以寄哀思。如果宰我能够心安无念，那么不必服满三年之丧就可以食稻衣锦。从孔子对宰我的回答来看，他是将人情视为丧服制度的缘由，人们为父母服三年之丧纯粹是出于自己内心的需要。如果内心没有这种需要，那么也就没有服丧的必要了。但是，孔子却认为宰我的这种认识"不仁"。因为天下之人皆需依持父母三年方能免于其怀，因此在父母过世后为其服丧三年的礼制，是基于一种自然的、正当的情感。如果宰我不居三年之丧而能心安理得，那么就可以怀疑他没有经受过正常的父母天伦之爱，不具备正当的人情。孔子的"汝安，则为之"并不代表他的真实意见，毋宁说是面对人情淡漠的无奈反应。

孔子与子夏关于《诗·硕人》的一段对话，也凸显了孔子将情视为礼之根本的观点：

> 子夏问曰："'巧笑倩兮，美目盼兮，素以为绚兮'何谓也？"子曰："绘事后素。"曰："礼后乎？"子曰："起予者商也，始可与言《诗》已矣。"（《论语·八佾》）

《集注》曰："绘事，绘画之事也。后素，后于素也。《考工记》曰'绘画之事后素功'，谓先以粉底为质，而后释五彩，犹人有美质然后可以加文饰。礼必以忠信为质，犹绘事必以粉素为先。"[①]"素以为绚"即人的美质，而子夏领悟到了，只有在美质的基础上，礼才能成立。《集注》之说以忠信为礼之质，也就是说，忠信这样的道德情感是礼的根本。

关于礼乐之原，《论语》中最重要的说法是这样的："子曰：'人而不仁，如礼何？人而不仁，如乐何？'"（《论语·八佾》）因为孔子重仁，所以这句话被视为孔子将仁作为礼的根本证据。牟宗三先生指出：

> 孔子由礼乐来点出仁，仁是礼乐的原则。但是这并不是说仁是构成礼乐的内在原则。音乐家作曲依照乐理，这是内在原则。我们说仁是礼乐的原则，是表示仁是礼乐的超越原则，礼乐要有真实的意义，就要靠这个仁。所以"人而不仁，如礼何？人而不仁，如乐何？"如果人而无仁，你天天演奏音乐有什么用呢？你空有一大套礼数有什么用呢？[②]

仁是孔子情感体系的核心，而仁的基本要求是"爱人"。《论语·颜渊》："樊迟问仁。子曰：'爱人'。"《学而》："子曰：弟子入则孝，出则弟，谨而信，泛爱众，而亲仁。"孝悌作为仁的根本，在礼治体系中发挥着根本性的作用。有子曰："其为人也孝弟，而好犯上者，鲜

---

① 程树德：《论语集释》，中华书局，2013，第 185 页。
② 牟宗三：《中国哲学十九讲》，上海古籍出版社，1997，第 52 页。

矣；不好犯上而好作乱者，未之有也。君子务本，本立而道生。孝弟也者，其为仁之本与！"（《论语·学而》）因为孝悌是一种事父和事兄的态度，以孝悌的态度事父兄，就意味着遵循"父父、兄兄"的礼制秩序。因此说孝悌是仁之本，也就体现了仁与礼的统一。

对于孔子来说，仁是涵盖多种德行的。"子张问仁于孔子，孔子曰：'能行五者于天下为仁矣。'请问之，曰：'恭、宽、信、敏、惠。恭则不侮，宽则得众，信则人任焉，敏则有功，惠则足以使人。'"（《论语·阳货》）这里孔子谈仁已经超越了礼乐之原的视野，而是从事功的角度去考虑仁。从孔子对管仲的评价来看，孔子可能存在以事功为仁的观点。虽然从大节上看这种功利主义态度显示了孔子思想的现实性，但是这并不意味着孔子认为只凭功利就可以实现仁，"子游问孝。子曰：'今之孝者，是谓能养。至于犬马，皆能有养。不敬，何以别乎？'"（《论语·为政》）在《论语》中，我们多次看到关于"敬"的讨论。"敬"的意义如此重要，如果它不是和"仁"一样同为礼乐之原，也应该是"仁"的组成部分。

对于"敬"这一概念在周初的起源，徐复观先生有一段精彩的分析。

> "忧患"与恐怖、绝望的最大不同之点，在于忧患心理的形成，乃是从当事者对吉凶成败的深思熟考而来的远见；在这种远见中，主要发现了吉凶成败与当事者行为的密切关系，及当事者在行为上所应负的责任。忧患正是由这种责任感来的要以己力突破困难而尚未突破时的心理状态。……在忧患意识跃动之下，人的信心的根据，渐由神而转移向自己本身行为的谨慎与努力。这种谨慎与努力，在周初是表现在"敬""敬德""明德"等观念里面。尤其是一个"敬"字，实贯穿于周初人的一切生活之中，这是直承忧患意识的警惕性而来的精神敛抑、集中及对事的谨慎、认真的心理状态。①

徐复观先生将"敬"的观念归根于周人的忧患意识，而忧患意识

---

① 徐复观：《中国人性论史（先秦篇）》，三联书店，2001，第18~20页。

可以纳入"七情"中的"惧"。如孟庆楠博士指出："由戒惧之情所引生的敬意在很大程度上具有情感的特征。……情作为一种重要的心理要素，需要在礼的框架中获得安置并发挥自己的作用。……敬之情在某种程度上有助于礼的规范、秩序的维系。"①

在《论语》中，孔子有一处直接提到了敬与礼的关系。子曰："居上不宽，为礼不敬，临丧不哀，吾何以观之哉?"（《论语·八佾》）这里孔子将行礼时戒慎敬德的态度与丧礼时的哀戚之情并列，显示了孔子对"敬"在礼中功能的认识。此外，孔子还讨论了敬与仁的关系：

> 仲弓问仁。子曰："出门如见大宾，使民如承大祭。"（《论语·颜渊》）
>
> 樊迟问仁，子曰："居处恭，执事敬，与人忠。虽之夷狄，不可弃也。"（《论语·子路》）

"出门如见大宾，使民如承大祭"无疑是敬之情的体现。孔子答复樊迟的"恭"和"敬"同样有着戒慎的意味。孔子这里谈的虽然是仁，但是"居处"和"执事"无疑涉及行礼。孔子本人对祭祀之礼抱有一种虔敬的态度。

> 祭如在，祭神如神在。子曰："吾不与祭，如不祭。"（《论语·八佾》）
>
> 樊迟问知，子曰："务民之义，敬鬼神而远之，可谓知矣。"（《论语·雍也》）

关于前一条，《集解》注曰："孔子或出或病而不自亲祭，使摄者为之，不致肃敬于心，与不祭同。"② 朱子亦云："此弟子兼孔子祭祖先及祭外神，致其孝敬以交鬼神也。……祭外神，虽神明若有若无，圣人尽其诚敬，俨然如神明之来格，得以与之接也。"③ 孔子对祭祀之礼抱以诚敬的态度，如果不能亲自尽其诚尽，那么摄祭也就留为一种纯粹的

---

① 孟庆楠：《论早期〈诗〉学中敬的观念》，《哲学研究》2011 年第 4 期。
② 程树德：《论语集释》，中华书局，2013，第 204 页。
③ 程树德：《论语集释》，中华书局，2013，第 206 页。

形式，有什么意义呢？对于"敬鬼神而远之"，学人多重"远"，而孔子对"敬"抱有同样重视的态度。正如上引朱子之说，能尽其诚敬，则鬼神亦能与人相接。报以诚敬的态度参与祭祀，对参与者来说是一种精神上的成长。

虽然孔子认为"礼，与其奢也，宁俭"（3.4），但是其基础是内心的诚敬，没有内心的诚敬，礼器的俭和仪式的简也是不可接受的。

> 仲弓问子桑伯子，子曰："可也简。"仲弓曰："居敬而行简，以临其民，不亦可乎？居简而行简，无乃大简乎？"子曰："雍之言然。"（《论语·雍也》）

对于敬，孔子还有多处言论。

> 子曰："道千乘之国，敬事而信，节用而爱人，使民以时。"（《论语·学而》）
> 子游问孝。子曰："今之孝者，是谓能养。至于犬马皆能有养；不敬，何以别乎？"（《论语·为政》）
> 子谓子产："有君子之道四焉：其行己也恭，其事上也敬，其养民也惠，其使民也义。"（《论语·公冶长》）
> 子曰："事君，敬其事而后其食。"（《论语·卫灵公》）
> 孔子曰："君子有九思：视思明，听思聪，色思温，貌思恭，言思忠，事思敬，疑思问，忿思难，见得思义。"（《论语·季氏》）
> 子张曰："士见危致命，见得思义，祭思敬，丧思哀，其可已矣。"（《论语·子张》）

《荀子·礼论》有"礼者养也"[①]的说法，上文所引子游问孝孔子进一步指出，仅仅是能养父母而不敬，则无以别于犬马之养。以上列举的数条，没有考虑孔子"修己以敬"的个人修养层面，主要是从社会关系和礼制层面着眼。其中包括敬君、敬父母和祭祀之敬。这些例证充分显示，同"仁"一样，"敬"也是礼的根本之一。

---

① 王先谦：《荀子集解》，中华书局，2012，第337页。

四 仁礼之辨

仁和敬都是人心内在的情感,① 孔子将礼乐之原奠基在人心中,落实在仁和敬之上。但这并不意味着孔子就认为有了"礼乐之原"就可以忽略礼乐的外在形式。对于情感和礼乐的关系,孔子有这样一段说法:"质胜文则野,文胜质则史,文质彬彬,然后君子。"(《论语·雍也》)质,也就是礼背后的真实情感;文,就是附着于情感之上的礼乐。只是情感真挚却无礼乐的表现,对孔子来说依然是不可接受的。《礼记·檀弓下》记载了一段有子与子游的对话,虽非孔子所言,但是很精到地阐明了孔子思想中真情和礼仪的关系。

> 有子与子游立,见孺子慕者。有子谓子游曰:"予壹不知夫丧之踊也,予欲去之久矣。情在于斯,其是也夫?"子游曰:"礼有微情者,有以故兴物者。有直情而径行者,戎狄之道也。礼道则不然,人喜则斯陶,陶斯咏,咏斯犹,犹斯舞,舞斯愠,愠斯戚,戚斯叹,叹斯辟,辟斯踊矣,品节斯,斯之谓礼。人死,斯恶之矣,无能也,斯倍之矣。是故制绞衾,设蒌翣,为使人勿恶也。始死,脯醢之奠,将行,遣而行之,既葬而食之,未有见其飨之者也,自上世以来,未之有舍也,为使人勿倍也。故子之所刺于礼者,亦非礼之訾也。"(《礼记·檀弓下》)②

有子听到走失的孩子真切的哭声,感受到有这种真挚的情感在,像丧礼中按时踊足这样的仪式实在是多余了。子游则指出:"直情而径行者,戎狄之道也。"人的哀戚之情总会化为行动,只有通过礼仪去规范行动,才能让哀戚之情不足的人得到情感的成长,哀戚之情过分的人不致损伤。真情固然可贵,但礼的外在形式并不是多余的。

抛开礼乐对情感的涵养节制作用,对于周礼传统,即使沦为了纯粹的形式,孔子仍然是十分珍视的,"子贡欲去告朔之饩羊。子曰:'赐

---

① 从孔子对管仲的评价来看,于尊王攘夷事业有大功似乎也是仁者的体现。
② 李学勤主编《十三经注疏》标点本,北京大学出版社,1999,第283～284页。

也！尔爱其羊，我爱其礼'"（《论语·八佾》）。

按照周代朔政，周天子每年颁布历书于诸侯，诸侯藏历书于祖庙，每月初一杀羊祭庙而后回朝听政。到孔子的时代，鲁君已经不临祖庙亦不听政，朔政已经基本荒废，只保留了一个杀羊的仪式。子贡欲去此羊，而孔子叹曰"尔爱其羊，我爱其礼。"可见在面对旧的礼制衰亡时，孔子虽然不反对因时损益，但他的基本态度是尽可能地保留旧礼制的遗迹。虽然孔子认为"礼，与其奢也，宁俭"，但是面对即将消失的告朔之礼，孔子却宁可保存这最后一幕多余的奢仪。即使精神价值已经消亡，保留一点仪式的痕迹还是比连仪式都彻底废弃要好。毕竟在仪式中保留了先王制礼时寄托的精神价值，后人还有可能从礼制的遗迹中重新发现其价值意义。

上博简《孔子诗论》中有一段关于《诗·木瓜》的评论："【吾以《木瓜》得】币帛之不可去也，民性固然：其隐志必有以谕也。其言有所载而后入，或前之而后交，人不可干也。……《木瓜》有藏愿而未得达也，因木瓜之报以谕其念者也。"

廖名春先生指出："毛《传》：孔子曰：吾于木瓜，见苞苴之礼行。《孔丛子·记义》：孔子读《诗》及《小雅》，喟然而叹曰：吾……于木瓜，见苞苴之礼行也。苞苴是馈赠的礼物，犹如简文之币帛。'吾于木瓜，见苞苴之礼行'义同于简文的'吾以《木瓜》得币帛之不可去也'。"① 苞苴、币帛都是行礼的载体，士冠礼、士婚礼、聘礼、公食大夫礼、觐礼、既夕礼中都有使用币帛的地方。币帛不可去，就是说礼的仪式不可去。人的"隐志""藏愿"需要在外在的礼仪活动表现出来，这是扎根于人性的需要。

这与孔子追寻礼乐之原，赞美"无体之礼"相违背吗？问题出在我们将礼与礼的精神区分为外在与内在，将"仁"作为真正可贵的内在的精神，而"礼"仅仅是外在的形式规范，脱离了内在的精神，这外在的规范就只能沦落为僵硬的教条。我们将"礼仪"和"礼义"区分开，认为礼的真正价值在于礼仪背后所蕴含的意义。诚然，孔子更加重视的是意义的问题，但是孔子对意义的重视并不是要"崇本息末"。

---

① 廖名春：《出土简帛丛考》，湖北教育出版社，2004，第47页。

意义诚然重于礼仪，但是礼仪本身就有生成意义的功效。①

对于德行而言，礼是衡量其成立的重要标准。子曰："恭而无礼则劳，慎而无礼则葸，勇而无礼则乱，直而无礼则绞。"（《论语·泰伯》）在孔子看来，"恭""慎""勇""直"这些德行都必须以"礼"为规范，如果逾越了礼制，则会由美德变为恶德。因为礼规范了什么是适度的，亚里士多德在论及德行时也曾指出：

> 如果德行也同自然一样，比任何技艺都更准确、更好，那么德行就必定是以求取适度为目的的。……恐惧与信心方面的适度是勇敢。其过度的形式，……在信心上过度是鲁莽。快乐和痛苦——不是所有的，尤其不是所有的痛苦——方面的适度是节制，过度是放纵。……在钱财的接受与付出方面的适度是慷慨，过度与不及是挥霍和吝啬。……荣誉与耻辱方面的适度是大度，其过度形式是人们所说的虚荣，不足形式是谦卑。……②

亚里士多德列举了一系列的德行，这些德行是品质的适度表现造就的。若这些品质表现得过分或不及，则不成其为德行。这同孔子将"礼"作为衡量德行的标准有相同之处。不同的是，亚里士多德依靠实践智慧（phronesis）来求取适度，而孔子则通过礼乐作为适度的规范。这种适度也可以用中国哲学的另一个重要概念"和"来表达。耐人寻味的是，孔子弟子对"礼"与"和"持有十分辩证的观点。有子曰："礼之用，和为贵。先王之道斯为美，小大由之，有所不行。知和而和，不以礼节之，亦不可也。"（《论语·学而》）

一方面，礼的功能是和；另一方面，和必须以礼为标准。考历代注疏，对这里的循环论证并没有令人信服的解释。我们只能认为孔子这里

---

① 如美国哲学家芬格莱特认为："在既经学习熟练的礼仪中，每一个人都按照一定的形式做他所应当做的事情。尽管我们谁也没有强制、逼迫、命令、督促或做其他任何使之发生的事情，我的姿态却能够和谐地与你的姿态彼此协调。继而，其他参与者又会顺利地遵循我们的姿态。"（芬格莱特：《孔子——即凡而圣》，江苏人民出版社，2002，第6页。）按照芬格莱特的观点，"礼"作为一种仪式本身就具有一种神秘的力量，能够通过仪式使意义得以实现。

② 亚里士多德：《尼各马可伦理学》，廖申白译，商务印书馆，2003，第46~52页。引文中的适度中文学术界常译作"中道""中庸"，笔者从廖先生的译名"适度"。

体现的是一种内容与形式的二元论：一方面重视礼的功效，另一方面对先王制作的礼乐怀有虔信的态度。

下列《礼记》中的记载无论是孔子本人的言论还是孔门后学的发挥，礼被进一步抬到一个涵盖道德、事功无所不为的境地："道德仁义，非礼不成，教训正俗，非礼不备。分争辨讼，非礼不决。君臣上下父子兄弟，非礼不定。宦学事师，非礼不亲。班朝治军，莅官行法，非礼威严不行。祷祠祭祀，供给鬼神，非礼不诚不庄。"（《礼记·曲礼上》）①

更进一步，孔子竟以礼来规定他寻找的礼乐之原——仁。

> 颜渊问仁。子曰："克己复礼为仁。一日克己复礼，天下归仁焉。为仁由己，而由乎人哉？"颜渊曰："请问其目。"子曰："非礼勿视，非礼勿听，非礼勿言，非礼勿动。"（《论语·颜渊》）

那么孔子思想究竟是以礼为本，还是以仁为本呢？有的学者认为孔子思想的核心是"仁"，"礼"是"仁"的补充；有的认为孔子以"礼"为核心，"仁"是"礼"的内容；有的说法认为"仁"与"礼"并重。② 之所以出现这种局面，是因为孔子一方面以复兴礼乐制度为己任，另一方面孜孜于追求礼乐制度的基础。

因为孔子将礼奠基于仁之上，所以学者多认为孔子思想的核心是仁。如上文所引牟宗三先生的观点："孔子由礼乐来点出仁，仁是礼乐的原则。但是这并不是说仁是构成礼乐的内在原则。音乐家作曲依照乐理，这是内在原则。我们说仁是礼乐的原则，是表示仁是礼乐的超越原则，礼乐要有真实的意义，就要靠这个仁。"③

梁家荣先生对"仁是礼的原则"这一观点持批评态度。他认为仁是礼的基础，但不能说仁是礼的原则：

> 以建屋来比喻，我们可以说屋子的地基是一楼的"基础"，但

---

① 李学勤主编《十三经注疏》标点本，北京大学出版社，1999，第14页。
② 关于这一争论的综述，参见梁家荣《仁礼之辨——孔子之道的再释与重估》，北京大学出版社，2010，第29~30页。
③ 牟宗三：《中国哲学十九讲》，上海古籍出版社，1997，第52页。

却不能说地基是一楼的"原则"和"理据"。相反来说，我们可以说设地基是由于要建一楼，因此可以说建一楼是设地基的"理据"，但却不能说建一楼是设地基的"基础"。又例如我们可以说建屋图则是建屋的"基础"及"原则"，但却不能说它是建屋的"理据"。[①]

梁家荣先生是从"必要条件"和"充分条件"的角度去考察仁礼主次问题：仁是礼的必要条件，礼是仁的充分条件。仁只是礼的必要条件，所以可以说仁是礼的基础，但不能说仁是礼的原则。但是梁先生用来反驳牟宗三先生的例子并不妥当。图纸是建屋的"内在原则"，乐理是音乐的内在原则。而建屋的目的是居住使用，这才是建屋的"超越原则"，对应于仁之于礼乐的超越原则地位。

这里的一个问题在于礼是否仁的充分条件，是否有礼就一定有仁。严格来说，孔子所期待的礼乐是外在形式与内在形式并存的，如果没有仁的内在精神就不可谓之礼，于是孔子所说的礼就理所当然包括了仁。但实际上"礼"这一概念有它在日常语言中的意义，即仪式（Ritual），如"事神致福"的活动。缺乏内在精神的活动能否致福尚可存疑，但那毕竟也是一种仪式活动。就这个意义上日常语言中将这一类活动称为"礼"也不可厚非。孔子有没有在日常语言的层面上使用"礼"这个概念，我们可以在《论语》中寻找例证：

> 子曰："夏礼吾能言之，杞不足征也；殷礼吾能言之，宋不足征也。文献不足故也，足则吾能征之矣。"
> 子贡欲去告朔之饩羊，子曰："赐也！尔爱其羊，我爱其礼。"
> （《论语·八佾》）

以上两例中的"礼"都是就礼节仪式而言，孔子在这里所说的"礼"并不包含"仁"的精神在内。对于失去内在精神的仪式，孔子仍然不忍心废弃。这说明单纯仪式性的"礼"在孔子那里依然保留着独立的价值地位。

---

① 梁家荣：《仁礼之辨——孔子之道的再释与重估》，北京大学出版社，2010，第35页。

牟宗三先生对"内在原则"和"超越原则"的区分是精到的。我们可以从春秋时子大叔对礼的阐述中找到这一区分的依据。

> 子大叔见赵简子，简子问揖让周旋之礼焉。对曰："是仪也，非礼也。"简子曰："敢问何谓礼？"对曰："吉也闻诸先大夫子产曰：'夫礼，天之经也。地之义也，民之行也。'天地之经，而民实则之。则天之明，因地之性，生其六气，用其五行。气为五味，发为五色，章为五声，淫则昏乱，民失其性。是故为礼以奉之：为六畜、五牲、三牺，以奉五味；为九文、六采、五章，以奉五色；为九歌、八风、七音、六律，以奉五声；为君臣、上下，以则地义；为夫妇、外内，以经二物；为父子、兄弟、姑姊、甥舅、昏媾、姻亚，以象天明，为政事、庸力、行务，以从四时；为刑罚、威狱，使民畏忌，以类其震曜杀戮；为温慈、惠和，以效天之生殖长育。民有好、恶、喜、怒、哀、乐，生于六气。是故审则宜类，以制六志。哀有哭泣，乐有歌舞，喜有施舍，怒有战斗；喜生于好，怒生于恶。是故审行信令，祸福赏罚，以制死生。生，好物也；死，恶物也；好物，乐也；恶物，哀也。哀乐不失，乃能协于天地之性，是以长久。"简子曰："甚哉，礼之大也！"对曰："礼，上下之纪，天地之经纬也，民之所以生也，是以先王尚之。故人之能自曲直以赴礼者，谓之成人。大，不亦宜乎？"（《左传·昭公二十五年》）[1]

子大叔首先将"礼"与天地联系起来："夫礼，天之经也，地之义也"，"则天之名，因地之性"，将礼的来源归于天地。而后，又引入了五行范畴："生其六气，用其五行。气为五味，发为五色，章为五声"，"为六畜、五牲、三牺，以奉五味；为九文、六采、五章，以奉五色；为九歌、八风、七音、六律，以奉五声"。而且，其将礼与人的性情问题联系在一起，提出"淫则昏乱"，会使"民失其性"，而礼则能使"哀乐不失"，甚至进一步"协于天地之性"。这里讲的"天地"和"五行"是礼的来源，也就是礼的构成原则；对民性的涵养是礼的功

---

① 李学勤主编《十三经注疏》标点本，北京大学出版社，1999，第1447～1455页。

能，是礼的超越原则。叔齐所谓"守其国，行其政令，无失其民"，也可以理解为礼的超越原则。

一个能按礼的精神去践履礼仪的人自然体现了一定的道德品质。但是我们应该看到，礼不仅仅是道德品质的问题，还是一个行为规范的问题。当孔子提起礼的时候，不仅仅要求弟子们去把握礼的精神意义，还要求他们能在日常生活中践履具体的礼仪规范。典型如《论语·乡党》一篇，记载了孔子在日常生活中奉行的诸多礼仪规范。这不是仅仅通过"仁"，通过道德品质就能解释的。

> 孔子于乡党，恂恂如也，似不能言者。其在宗庙朝廷，便便言，唯谨尔。朝，与下大夫言，侃侃如也；与上大夫言，訚訚如也。君在，踧踖如也，与与如也。君召使摈，色勃如也，足躩如也。揖所与立，左右手，衣前后，襜如也。趋进，翼如也。宾退，必复命曰："宾不顾矣。"入公门，鞠躬如也，如不容。立不中门，行不履阈。过位，色勃如也，足躩如也，其言似不足者。摄齐升堂，鞠躬如也，屏气似不息者。出，降一等，逞颜色，怡怡如也。没阶，趋进，翼如也。复其位，踧踖如也。执圭，鞠躬如也，如不胜。上如揖，下如授。勃如战色，足蹜蹜如有循也。享礼，有容色。私觌，愉愉如也。

仁是礼的原则，礼是仁的标准，这里我们面临两个概念互相规定的循环怪圈。要解决这个问题，我们可以寻找一个中介概念介入考察——"仪"。春秋时代的士大夫有"是仪非礼"的说法，说明"礼"常常被理解为仪式和仪容。脱离了精神内涵和作用效力，"礼"就是单纯的"仪"。如果我们把"礼"换成"仪"，这个怪圈就很好回避了。"仁"和"仪"有各种组合的可能，我们可以清楚地发现孔子心中的价值秩序：

仁仪兼具→有仁无仪→有仪无仁→仁仪皆无

当孔子说"人而不仁，如礼何；人而不仁，如乐何"时，并不是在正面立论说明"仁"要高于"礼"，而只是批判性地指出丧失内在精神的仪式是没有价值的。"麻冕，礼也；今也纯，俭，吾从众"，这并不是孔子不要礼制，而是孔子根据时代风俗损益礼制的质文。当仁仪兼具的理想状态无法实现时，精神价值是次优的选择，"不得中行而与之，必也狂狷乎"。毕竟只要有"仁"的精神存在，礼的基础就依旧存在，还有重建礼乐秩序的可能。孔子对于单纯的"仁"的肯定从他对管仲的评价中可以看出。

> 子路曰："桓公杀公子纠，召忽死之，管仲不死，曰未仁乎？"
> 子曰："桓公九合诸侯不以兵车，管仲之力也。如其仁，如其仁！"
> 子贡曰："管仲非仁者与？桓公杀公子纠，不能死，又相之。"
> 子曰："管仲相桓公霸诸侯，一匡天下，民到于今受其赐。微管仲，吾其被发左衽矣。岂若匹夫匹妇之为谅也，自经于沟渎而莫之知也。"（《论语·宪问》）

然而管仲即使具备"仁"的品质，也不是尽善尽美的。孔子依然批评管仲的不知礼。孔子说："邦君树塞门，管氏亦树塞门；邦君为两君之好，有反坫。管氏亦有反坫，管氏而知礼，孰不知礼？"（《论语·八佾》）

而孔子最理想的状态，则是"仁"与"仪"都能得到成全的状态。子曰："知及之，仁不能守之，虽得之，必失之。知及之，仁能守之，不庄以莅之，则民不敬。知及之，仁能守之，庄以莅之，动之不以礼，未善也。"（《论语·卫灵公》）

仅仅具有仁的品质，但在行为中不能依礼仪的规范行事，仍然是不完善的。但是脱离了礼的规范，"仁"这种情感品质能否独立存在呢？从"克己复礼为仁"来看，不按礼制规范行事的人不可谓之仁。但是从孔子对管仲的评价中我们可以看到，脱离"礼"的"仁"仍旧可以作为一种品德存在。同样，《卫灵公》中的"知""仁""庄"都是独立的品德，这些品德并非尽善尽美的，但都是通往尽善尽美的阶梯。

在《论语·子路》中，我们可以看到孔子理想社会状态的实现步骤："子适卫，冉有仆，子曰：'庶矣哉！'冉有曰：'既庶矣，又何加焉？'曰：'富之。'曰：'既富矣，又何加焉？'曰：'教之。'"人丁的繁盛和生活的富足是基础，加上教化，社会就尽善尽美了。教化自然是"礼"的功能，前者则可以归入"仁"的范畴："子贡曰：'如有博施于民而能济众，何如？可谓仁乎？'子曰：'何事于仁，必也圣乎！尧舜其犹病诸！'"（《论语·雍也》）这里的"仁"和"圣"是同样性质的不同程度，经世济民是"仁"与"圣"的标志。管仲之所以够得上"仁者"之号，正是因为他有辉煌的功业。

由此我们可以看到，孔子思想中的仁礼关系是先与后的次序关系。孔子并没有关心仁与礼何者为主何者为次，何者为第一性何者为第二性。当孔子说仁是礼的原则时，他是在教导弟子将培育内在品质作为安身立命之本；当孔子以礼为仁的规范时，他是在教导弟子在具备仁的品质后如何让品德更加完美。孔子思想中的仁礼之辨是一个实践的问题，而不是对"仁""礼"两个范畴逻辑关系的考辨。

（责任编辑　石永之）

儒家教育思想的逻辑体系与时代启示[*]

汤二子^{**}

摘　要　儒家重视个人品德修养，决定了儒家教育思想的核心是通过自我学习来修身，进而实现增进道德品质的目的。儒家将这种以学习增进道德的过程贯穿人的一生，即终身学习理念。在学习过程中，儒家强调专心致志与刻苦努力的学习态度、重视阅读典籍文献并懂得思考、把学习用于实践中等理念。教育者作为个体学习的引导者，所发挥的作用同样受到儒家的重视，强调要充分发挥教对学的辅助作用。在教育过程中，儒家提出了诸如循序渐进、因材施教、注重考核等教育方法。对于当代中国，儒家教育思想中的积极因素依然具有启示意义，特别是其中的终身教育与品德修养对于当前一些在教育上的急功近利现象具有较好的缓解作用。

关键词　儒家　教育思想　学而修身　教而助学

有这样一则故事，说孔子的学生子贡觉得学习累了，就问孔子能不能休息，孔子说"生无所息"，即人生是没有休息的，子贡接着说难道自己就没有休息的地方吗，孔子指着坟墓说道那是人休息的地方，子贡说死亡真的伟大啊，因为君子可以在墓中休息，孔子说"汝知之矣"（《列子·天瑞》），表示子贡终于明白了其中道理。在中华民族的历史

---

　*　本文系2017年江苏高校"青蓝工程"培养对象（苏教师〔2017〕15号）的阶段性成果。

　**　汤二子，南京审计大学经济学院助理研究员，主要研究领域为中华传统文化思想。

长河之中，孔子等儒家代表人物所发挥的作用是不可估量的。说起孔子、孟子等人，现代人更多地关注他们在政治伦理方面的建树，忽视他们自身作为教育者而提出的教育思想。尽管春秋战国时期的社会状况与当今社会已截然不同，但儒家教育思想相对于儒家政治思想来说应该更具借鉴意义。儒家提倡的教化就是一种教育[①]，把人看成社会中的一员来解答如何做一个人且如何与他人相处等社会问题，这些同样是当今社会教育的主要议题。人，从出生到死亡，时时刻刻都在接受教育，即教育并非只在学校课堂接受知识，儒家的教育思想将人的一生当作教育时段，这种理念是儒家教育思想保持生命力的源泉。子贡与孔子的这则故事，其实就是表明人接受教育与学习是终生的，只有生命结束的那一刻，接受教育与学习的过程才会终止。

当代大力倡导终身学习理念，想让教育成为民众提高自身道德修养与品行的途径。然而，在生活节奏加快的今天，很多民众只把学校教育看成教育，把接受学校教育当作改变自己身份与地位的一种手段。因此，经常出现诸如学区房房价如何上涨、某所中学高考本科升学率如何之高等新闻，甚至会出现一些因为教育而违法的现象，如高考"非法移民"问题[②]。在大学教育中，急功近利的问题也很令人震惊，比如一些研究生有一稿多投等学术不端行为等[③]。儒家德育为先的素质教育观对大学落实素质教育具有借鉴作用[④]，亦可直接用于指导德育课程的教学设计[⑤]。教育层面功利主义的做法破坏了教育的本质，阻碍了教育在培养人方面所应发挥的效能。儒家教育思想把教育当作培养道德品质的法宝，所以正确且合理地借鉴儒家教育思想可对当今社会在教育方面所出现的浮躁行为给予纠正。

正确借鉴儒家教育理念，就必须弄清楚它的逻辑体系，特别要警惕

---

① 沈顺福：《教育便是教化：论传统儒家教育观念》，《华南师范大学学报》（社会科学版）2017年第6期。

② 郭中凯：《北京市异地高考的"负外部性"及其治理路径》，《教学与管理》2017年第10期。

③ 汤二子：《研究生"一稿多投"成因与改进对策——基于中国研究生培养模式兼及学术期刊》，《北京社会科学》2017年第12期。

④ 赵明：《儒家素质教育观的历史反思——兼论大学素质教育中儒家素质教育观的继承、转化和发展》，《江西师范大学学报》（哲学社会科学版）2016年第1期。

⑤ 李世阳、唐元元：《儒家教育思想视野下的德育课程教学设计》，《中学政治教学参考》2014年第3期。

断章取义地借用孔子或者孟子等人的只言片语来指导教育实践。接下来，本文从儒家整体思想出发来阐述儒家教育理念的逻辑体系，并考究其在当代教育实践中的启示意义。

一　学而修身

包括儒家在内的先秦诸子百家均将人作为考察对象，着重阐述了人应该如何做人以及如何参与社会事务等思想。人之所以区别于禽兽，并非用两只脚走路且身上没有毛等外在特征，而是因为人具有区别事物与分辨是非的能力，即"人之所以为人者，非特以二足而无毛也，以其有辨也"（《荀子·非相》）。那么，人如何才能获取这些异于禽兽的分辨能力呢？除了与天俱来的生理能力外，人还要通过学习与教育来知晓高深的道理，就如同玉只有经过雕琢才能成为有用器物一样，古代的明君帝王都会兴办教育来建国治民，即"玉不琢，不成器；人不学，不知道。是故古之王者建国君民，教学为先"（《礼记·学记》）。由于社会分工的不同，人们学习的技能与方式也就不同，如子夏所言"百工居肆以成其事，君子学以致其道"（《论语·子张》），表明工匠在自己的作坊中学习技能并完成自己的工作，而君子是通过学习来悟道的。人与生俱来的天资禀赋也存在差异，有些人可能对于某些事情不需要经过太多的学习就能完成，对有些道理不需要经过长期的思考就能明白，如孟子所言"人之所不学而能者，其良能也；所不虑而知者，其良知也"（《孟子·尽心上》）。尽管存在这些天赋异禀之人，但孔子始终觉得学习才是悟道与成才的根本途径，他对仲由说道："好仁不好学，其蔽也愚。好知不好学，其蔽也荡。好信不好学，其蔽也贼。好直不好学，其蔽也绞。好勇不好学，其蔽也乱。好刚不好学，其蔽也狂。"（《论语·阳货篇第十七》）仁、知、信、直、勇、刚等六种品德都需通过学习加以协调，否则就会出现各种弊病。学习悟道让人领会人生哲理，其终极目的是要唤醒儒家所倡导的内心之善，即"学问之道无他，求其放心而已矣"（《孟子·告子上》）。董仲舒说"天生民性有善质而未能善，于是为之立王以善之"（《春秋繁露·深察名号》），天立帝王以设教化来实现民众的善。在战时状态，民众同心协力对外敌作战也得益于平时的教化，即"古之教民，必立贵贱之伦经，使不相陵，德义不相逾，材技不相掩，勇力不相犯，故力同而意和也"（《司马法·天子之义》），而通过教育唤起人性之善是和平时期最为基本的目的。人能够做到善，那么在与人相处之中就能实现和谐共存，这可通过考察一个国家的风俗教化看出来。一个国家五谷丰登就如同人的肌肤完好无损，仅仅是表面现象，风俗却是国家的脉象，最终决定了国家的好坏，即"风俗者国之脉诊也，年谷如其肌肤，肌肤虽和而脉诊不和，诚未足为休"（《政论·阙题一》）。因此，要想充分了解一个国家，就必须如同医生询问病人一般去探明所在国家的风俗，即中医理论所言"入国问俗，入家问讳，上堂问礼，临病人问所便"（《黄帝内经·师传》）。风俗教化以礼仪为宗旨，而礼仪又以传统典籍为依据，即"教化以礼义为宗，礼义以典籍为本"（《昌言·阙题一》）。这些礼仪与典籍必须通过学习才能得以运用，从而体现学习的重要性。统治者重视教育与学习，学习也让受教育者有机会进入统治阶级，如子夏所言"仕而优则学，学而优则仕"（《论语·子张》），即做官有了余力便可用来学习，学习有了余力也可去做官。帝王选拔官员也是非常谨慎的，"所任者得其人，则国家治，上下和，群臣亲，百姓附；所任非其人，则国家危，上下乖，群臣怨，百姓乱"（《淮南子·主术训》），帝王一般更愿意选拔学业有成的人来担任官职。

在儒家思想体系中，培养人的道德品质是其哲学基础与伦理归宿，"君子进德修业。忠信，所以进德也；修辞立其诚，所以居业也"（《周易·乾·文言》）。培养道德需要自身不间断的磨炼，特别是在别人看不见与听不到的地方，"君子戒慎乎其所不睹，恐惧乎其所不闻"（《中庸·第一章》）。教育者只是受教育者道德培养的领路人，无法时时刻刻进行监督与教育。孔子说过他担忧品德不加修养、求学问不再讲习、听到义却不再相从、身上有缺点也不改正等行为，即"德之不修，学之不讲，闻义不能徙，不善不能改，是吾忧也"（《论语·述而》）。修德、讲学、从义与改不善，这些都与人的自身学习相关，也只有自我学习才能实现这些。孔子拿自己举例说道："十室之邑，必有忠信如丘者焉，不如丘之好学也。"（《论语·公冶长》）即孔子认为十户人家就有忠诚之心如同他一样的人，只是没有他好学而已。孔子感慨远古时期的学习是真正为了增进自己的道德修养与学识，而他所处时代的人参与学习是为了表现给别人看，即"古之学者为己，今之学者为人"（《论语·宪问》）。荀子亦有同样的担忧，他把学习分为君子与小人，认为君子学习是为了完善自己的身心，小人学习却是为了能像赠送他人家禽与小牛等礼物一样取悦他人，即"君子之学也，以美其身；小人之学也，以为禽犊"（《荀子·劝学》）。那么，究竟什么才是君子所应学习的呢？孔子对自己学生的教育分为文献、德行、忠心与诚信，即"子以四教：文、行、忠、信"（《论语·述而》），归根结底就是修身悟道。孔子感叹："朝闻道，夕死可矣。"（《论语·里仁》）如果不通过学习去悟君子之道，那么对人会有不利影响。听到盆成括将要在齐国做官，孟子就说此人将死，后来盆成括果然被杀，孟子学生就问孟子是如何知道的，孟子说道，盆成括"为人也小有才，未闻君子之大道也，则足以杀其躯而已矣"（《孟子·尽心下》）。为了让典籍与文献服务于学习修身以达到悟出君子之道，孔子论述了六经《诗》《书》《乐》《易》《礼》与《春秋》的教育功能，如表1所示。如果在其中某个方面有所缺失的话，人就会变得不完善。人要彻底领会六经的伦理思想，必须不断地学习。只有学习能够让过去所积累的知识或技能延续下来并顺利流通，即"教顺施续，而知能流通"，从而能够明了学习活动是不能停止的，即"学不可已，明矣"（《淮南子·修务训》）。

表 1　孔子谈论"六经"的功能及其缺失的影响

经名	功能与作用	缺失的影响
《诗》	让人能够"温柔、敦厚"	让人变得"愚"
《书》	让人能够"疏通、知远"	让人变得"诬"
《乐》	让人能够"广博、易良"	让人变得"奢"
《易》	让人能够"絜静、精微"	让人变得"贼"
《礼》	让人能够"恭俭、庄敬"	让人变得"烦"
《春秋》	让人能够"属辞、比事"	让人变得"乱"

说明：资料来源于《礼记·经解》。

在学习修身的过程中，儒家特别强调学习方法的重要性。"善学者，师逸而功倍，又从而庸之；不善学者，师勤而功半，又从而怨之"（《礼记·学记》），说明善于学习的人，作为引路人的老师会感到轻松且教育效果加倍，同时受教育者也会把学习成果归功于老师；反之，不善于学习的人，老师辛勤付出却效果不佳，同时受教育者会埋怨老师。

孔子指出学习修身应该遵从的方法是遇到贤者就想办法向他看齐，遇到不贤的人就反省自己是否也有类似的不足，即"见贤思齐焉，见不贤而内自省也"（《论语·里仁》）。为了学习悟道，君子会珍惜与志同道合的人研习学问的机会，即"君子以朋友讲习"（《周易·兑·象》）。在学习过程中，需要做到专心致志。孟子举例说道："奕秋，通国之善弈者也。使奕秋诲两人弈，其一人专心致志，惟奕秋之为听。一人虽听之，一心以为有鸿鹄将至，思援弓缴而射之，虽与之俱学，弗若之矣。为是其智弗若与？曰：非然也。"（《孟子·告子上》）大意为下棋高手奕秋同时教两个人下棋，一个专心听讲，另一个三心二意想入非非，那么后一个学习成绩不如前一个并非因为其智力低下，而是他不专心。学习既如同孔子对子贡所言的不能终止，同时也是一个艰苦的过程，如南北朝时期学者颜之推在自己家训中所告诫的"古人勤学，有握锥投斧，照雪聚萤，锄则带经，牧则编简，亦为勤笃"（《颜氏家训·勉学》）。王阳明教导弟子，白天的学习工作如果受到外界干扰而影响自己心智，就用静坐的方式平复心境；不想看书的时候一定要去看书，因为这是针对学习偷懒的最佳药方，即"日间工夫，觉纷扰，则静坐；觉懒看书，则且看书，是亦因病而药"（《传习录》）。孔子所说的"学如不及，犹恐失之"（《论语·泰伯》），即学习的时候总觉得赶不上，学到的知识又害怕再次失去，可谓对学习过程的最恰当总结。

由于人求知欲望难以满足，"人欲见其所不见，视人所不窥，欲得其所不得，修人所不为"（《列子·仲尼》），学习过程永无止境。"人生天地之间，若白驹之过隙，忽然而已"（《庄子·知北游》），生命周期的有限性意味着人求知到达最为圆满的地方就应该停止，即"学也者，固学止之也。恶乎止之？曰：止诸至足"（《荀子·解蔽》），最圆满的地方就是成为精通事理与制度的圣王。庄子也指出"学者，学其所不能学也"，即学习的人是想学到其没有学过的新东西，但是"知止乎其所不能知，至矣"（《庄子·庚桑楚》），即到达人所不能知道的程度就及时停止才是最高的境界。在学习的时候，尽管忠信仁义与文献典籍是学习的主要标准与素材，但孟子强调要随着环境的变化而做出适宜的选择，告诫"尽信书，则不如无书"（《孟子·尽心下》）。董仲舒提过"《春秋》之道，固有常有变，变用于变，常用于常，各止其科，非相妨也"（《春秋繁露·竹林》），即《春秋》这一经具有变通性与恒常性，各自停留在某个范围内而不相妨碍，从而需要读经之人真正理解经文才不会感到迷惑。王阳明在得知弟子私下记录自己的各种言论时说道："圣人教人，如医用药，皆因病立方，酌其虚实温凉阴阳内外而时时加减之，要在去病，初无定说，若拘执一方，鲜不杀人矣。"（《传习录·序》）表明圣人教导他人如医生给病人看病一样，需要根据病情开出特定的方子，因为医生用药与病人治病没有固定的方子。王阳明的话意味着在教学过程中，没有永恒不变的适用于所有人的且能用文字固定下来的学说，从而强调学习者应该用心去理解传教者的思想。庄子也有类似见解，他指出："世之所贵道者，书也。书不过语，语有贵也。语之所贵者意也，意有所随。意之所随者，不可以言传也，而世因贵言传书。"（《庄子·天道》）对于儒家教育所强调的信誉，很多人会用尾生作为例子来批评儒家的愚信，如汉代盐铁会议的记录《盐铁论》上就记载着有人用尾生作为论据来批评儒学之士。作为一个儒生，尾生与一个女子约会在桥下见面，但该女子并没有按时到来，恰在此时洪水暴涨，他为了信守诺言坚持待在原地，直到被水活活淹死。然而，如果深刻领会儒家的教育思想，就能看出尾生的这一行为并不是儒家所倡导的，比如孟子就直言："大人者，言不必信，行不必果，惟义所在。"（《孟子·离娄下》）

儒家倡导的学习修身特别重视实践。"君子有三患：未之闻，患弗得闻也。既闻之，患弗得学也。既学之，患弗能行也。"（《礼记·杂记下》）君子想去了解自己所未了解的知识，了解了以后就想通过学习来掌握，掌握了知识以后又担心不能用于实践之中。有的人可能侧重于论道，另一些人可能更加专注于干事，如"坐而论道谓之三公，作而行之谓士大夫。论道必求高明之士，干事必使良能之人"（《昌言·阙题七》），学习是联系悟道与实践的桥梁。贾谊把士对道的掌握分为三类，能言不能行的器才、能行不能言的用才、能言又能行的实才，即"士能言道而弗能行者谓之器，能行道而弗能言者谓之用，能言之、能行之者谓之实"（《新书·大政下》），足见学习悟道应重实践，不限于纸上谈兵。孔子说"诵《诗》三百，授之以政，不达；使于四方，不能专对；虽多，亦奚以为"（《论语·子路》），即如果一个人读诗三百，把政事交给他，他却无法办成，命令他出使外国，他又不能独自应对，这样他读了很多书又有什么用呢？先秦法家对儒家教育与人才培养所提出的诸如"彼言说之势，愚治同学之，士学于言说之人，则民释实事而诵虚词"（《商君书·慎法》）、"为巧文之言，流行之辞，示之以利势，惧之以患害，施属虚辞以坏其主"（《韩非子·八奸》）等不注重干实事的批评，看来有失公允。总之，儒家倡导利用学习修身以增进品德，最终要把知识用在实践之中。儒学之士如同席上的珍品等人聘用，昼夜不停地学习以等待他人来求问，心怀忠信等人荐举，努力行事等人招聘录用，即"儒有席上之珍以待聘，夙夜强学以待问，怀忠信以待举，力行以待取"（《孔子家语·儒行解》），展现儒家的学习过程与目的。

尽管学习修身是儒家教育思想的核心，但教育者对受教育者的引领与辅助亦是重要环节，即所谓的教而助学。

二 教而助学

为了发挥教育者对受教育者的引导作用，远古时期中国就已出现了学校，如"米廪，有虞氏之庠也；序，夏后氏之序也；瞽宗，殷学也；泮宫，周学也"（《礼记·明堂位第十四》），即虞舜时期的学校是米廪、夏代的学校是序、殷商时期的学校是瞽宗、周代时期的学校是泮宫。这些学校一般只面向贵族子弟招收学生。儒家教育思想崇尚处处学习，时刻准备求知问道，努力做到"三人行，必有我师焉。择其善者而从之，其不善者而改之"（《论语·述而》），这样才能发挥教育的全部价值。尽管道家的老子认为民众之所以难以治理，是因为他们懂得了虚伪狡诈，认为懂得大道的人应该让民众变得愚昧而非明智，即"古之为道者，非以明民，将以愚之。民之难治，以其智多"（《老子·第六十五章》）。然而，儒家认为先懂得道理的人要肩负起教育后人的责任，即"天之生此民也，使先知觉后知，使先觉觉后觉也"（《孟子·万章上》）。古代读书人所崇尚的圣人都得到过师者的启迪，如"黄帝师风后，颛顼师老彭，帝喾师祝融，尧师务成，舜师纪后，禹师墨如，汤师伊尹，文、武师姜尚，周公师庶秀，孔子师老聃"（《潜夫论·赞学》）。教育与刑罚、奖赏一样，成为治国的一个手段，联合使用这些手段才能让治国理政顺利地进行下去，如荀子所言"不教而诛，则刑繁而邪不胜；教而不诛，则奸民不惩。诛而不赏，则勤属之民不劝；诛赏而不类，则下疑俗俭而百姓不一"（《荀子·富国》）。为了让老师的教更好地服务于学生的学，社会必须营造出尊师重教的氛围，因为"师严然后道尊，道尊然后民知敬学"（《礼记·学记》）。孔子弟子宓子贱认为"望我而笑，是狃也；谈语而不称师，是倍也；交浅而言深，是乱也"（《战国策·赵策四·冯忌请见赵王》），把老师与前来问道者之间的距离拉得过远。对于能够成为何人的老师，孟子能够做到对离开的学生不去挽留，对前来学习的人也不拒绝，即"夫子之设科也，往者不追，来者不拒"（《孟子·尽心下》），但孟子指出古代君子交换自己的子女来教导，这主要源于父子之间不能因为在学问上发生分歧而相互责备，即"古者易子而教之，父子之间不责善"（《孟子·离娄上》）。儒家崇尚学习要坚持正道，尽管平时要尊重老师，但是在原则性的大是大非面前，即使与老师意见分歧也不会谦让，如孔子所言"当仁，不让于师"（《论语·卫灵公》）。如果父子之间在教育与学习过程中产生了实质性分歧，那么就会影响到孝道，而孝道是儒家伦理文化的重要方面①。另外，在儒家教育的主要文献资料之中，"《诗》有讽刺之辞，《礼》有嫌疑之诫，《书》有悖乱之事，《春秋》有邪僻之讥，《易》有备物之象"，这些都不应该由父亲直接向儿子来讲授，即"皆非父子之可通言，故不亲授耳"（《颜氏家训·教子》）。

对于教育者群体，孟子言简意赅地告诫过"人之患在好为人师"（《孟子·离娄上》），即人不要总想着成为别人的老师以表现自己的学问。君子要坚持正道来教育他人，让自己学到的学问可用于保护民众，即"君子以教思无穷，容保民无疆"（《周易·临·象》）。在教育过程中，能够谈论分辨的就谈论分辨，能够解释典籍文献的就去解释，能够身体力行的就去实践，这样才能完成事功，即"能谈辩者谈辩，能说书者说书，能从事者从事，然后义事成也"（《墨子·耕柱》）。对于素质才能相似的好学之人，更加聪明的人可以成为老师，这如同力量相同的两个人参加角斗，智慧更高的人才会胜出；也如同道德水平相同的人，更加通达的人才更有可能成为圣人，即"钧材而好学，明者为师；比力而争，智者而雄；等德而齐，达者称圣"（《人物志·八观》）。曾国藩对其子弟的教育投入了很多心血，在京做官的青年时代，曾国藩写信给自己父母就提过"家中诸事都不挂念，惟诸弟读书不知有进境否？

---

① 汤二子：《儒家孝式社会控制与当代国家治理》，《原道》2018 年第 2 期。

须将所作文字诗赋寄一二首来京"（《曾国藩家书·道光二十年庚子岁·二月初九日致父母书》），可见其把子弟的教育之事看得多么重要。作为教育者，需要坚持一些做事原则，比如孟子就说过"挟贵而问，挟贤而问，挟长而问，挟有勋劳而问，挟故而问，皆所不答也"（《孟子·尽心上》），即对于依仗权贵、贤能、年长、有功劳以及有交情来发问，孟子都不会去解答。尽管"水至清则无鱼，人至察则无徒"（《孔子家语·入官》），但孟子坚持学习的人就应该按照规矩去办事，如同高明的木匠一定会要求自己的徒弟依照规矩学习一样，即"大匠诲人，必以规矩；学者亦必以规矩"（《孟子·告子上》）。在儒家教育体系中，教育者本身也需要终身学习，实现教与学的相互促进，即"教学相长"（《礼记·学记》）。

学习修身需要掌握正确的方法，教育者施教同样需要采用适当的方式。尽管孔子主张对所有的人不分类别都应该给予教育，即他所说的"有教无类"（《论语·卫灵公》）思想。不过，应该区分学习者的基本属性以提供合适的教育，"瞽者无以与乎文章之观，聋者无以与乎钟鼓之声"（《庄子·逍遥游》），从而不能对瞎子教育其欣赏花纹之美以及对聋子教育其练习钟鼓之声。受教育者每隔一段时间就需要接受考核，考核时间与项目如表2所示，其目的就是通过这些考核来区分受教育者所属的类型，从而可以针对性地给予不同的教育，做到因材施教。对于考核结果，读书者应该做到"得不足喜，失不足忧，总以发愤读书为主"（《曾国藩家书·道光二十一年辛丑·八月初三日致父母书》），把握努力读书与学习的主线。

表 2　学业考核的时间与目标

时间	考核目标	解释与说明
一年	"离经辨志"	阅读经文的能力与辨别学习兴趣及其方向
三年	"敬业乐群"	专心学业且善于合群
五年	"博习亲师"	精专广博且尊敬师长
七年	"论学取友"	讲论学问与识人交友
九年	"知类通达，强立而不反"	触类旁通且想法独立但不违背师道

说明：资料来源于《礼记·学记》。

孔子认为颜回、子贡、子路与子张这四个人分别在仁德、雄辩、英勇与庄重等方面胜过自己，不过他们各自都有不足之处，即"回能仁而不能反，赐能辩而不能讷，由能勇而不能怯，师能庄而不能同"（《列子·仲尼》），作为老师的孔子能够发现自己学生的优点与不足，进而给予不同的教导。孔子甚至会根据学生不同的性格而对同样的问题给出不同的答案，比如子路问他是否应该听到了就去行动，孔子回答说父兄健在，怎么能够擅自行动呢。冉有问孔子相同的问题，孔子回答道应该立刻就要行动。公西华知道后就问孔子为何对二人的回答不同，孔子道："求也退，故进之。由也兼人，故退之。"（《论语·先进》）孔子还提出"中人以上，可以语上也；中人以下，不可以语上也"（《论语·雍也》），即对于中等才智以上的人可对其讲授高深的道理，而中等才智以下的人不可与之讲授高深的道理。这是因为受教育者接受能力存在约束的话，就不必与其讲解太高深的理论，"与不可，强不能，告不知，谓之劳而无功"（《管子·形势》），否则最后的结果只能是劳而无功。学生不能理解自己所学的知识而教育者还在按照自己的方式继续讲学，那么学生可能会厌恶学习并痛恨老师，只会从学习中感到痛苦，更不可能觉得学习会带来快乐，在学业终止以后，所学的知识就会很快忘掉，即"隐其学而疾其师，苦其难而不知其益也。虽终其业，其去之必速"（《礼记·学记》）。

孔子作为大教育家，他对自己的评价是"默而识之，学而不厌，诲人不倦"（《论语·述而》），即默默地把所见所闻记在心中，努力学习而不厌弃，教导别人不知疲倦。作为教育者，应该全身心地投入学习与教育之中，不应在传授知识中过于急躁而觉得疲倦，这是最基本的职业素养。孟子总结君子用来教育的方式一共有五种，分别为像及时雨润泽万物、成全人的德行、培养才能、解答疑问、流传后世让后人学习等，即"君子之所以教育五：有如时雨化之者，有成德者，有达财者，有答问者，有私淑艾者"（《孟子·尽心上》）。孟子甚至认为对于那些不值得教育的人而不去教育，也是对他们的一种教育，这是众多教育方法中的一种，即如他所言"教亦多术矣，予不屑之教诲也者，是亦教诲之而已矣"（《孟子·告子下》）。在实际教育过程中，教育者应该做到引导而不牵制学生、劝勉而不压抑受教育者、启发学生思考但又不会完全说尽，即"君子之教喻也，道而弗牵，强而弗抑，开而弗达"（《礼记·学记》）。孔子在这方面所掌握的火候可谓高深，他不等到学生力求明白而未能明白的时候是不去开导的，不等到学生想说而又说不出的时候是不去启发的，同时学生如果不能举一反三地看待问题，就不会继续传授这方面的知识，即"不愤不启，不悱不发。举一隅不以三隅反，则不复也"（《论语·述而》）。那么，孔子教育方法的效果究竟如何呢？通过他最得意的学生颜渊的评价"夫子循循然善诱人，博我以文，约我以礼，欲罢不能"（《论语·子罕》），足以看出这种教育方法的得当。当教育者以恰当的方法引导受教育者，那么受教育者就能更好地发挥学以修身，实现教而助学。

三　时代价值

儒家教育思想体系对于古代中国的人才培养与品德修行发挥了重要的作用，但是它存在一些不足之处。古人批评儒学只能传授圣人的思想与事业，不能参与国事与政事，即"能传圣人之业，而不能干事施政，是谓儒学"（《人物志·流业》）。韩非子直截了当地批评儒家的治学言谈，"修文学，习言谈，则无耕之劳而有富之实，无战之危而有贵之尊，则人孰不为也"（《韩非子·五蠹》），即讲求文学从事言谈的人不需要从事劳累的耕种就能获得财富的实惠，不需要冒着参加战斗的风险就能得到显贵的尊位，那么谁不愿意从事这些没有实际意义的活动呢。如前所述，从脱离实际与远离实践来批判儒家教育思想是有失偏颇的，因为实践性是儒家教育的主要理念之一。儒家教育思想过于强调伦理道德的培养，想通过增强学者的道德品行以使得他能够更好地参与社会事务。尽管这种从道德培养到参与社会事务的过程具有实践性，但在特殊技能的培养方面却极为不足，甚至排斥为了掌握特殊技能而参与学习的诉求。此外，儒家教育思想另一不足之处是对女性群体极为严重的歧视，没有将女性群体当作受教育对象。① 因此，当代中国在借鉴儒家教育思想时，务必要客观公正地对待它，并且要结合实际情况予以取舍。

在新时代的中国，学校教育环节的基础设施与师资建设是古代中国所无法比拟的。根据教育部发展规划司所发布的《2018 年全国教育事

---

① 汤二子：《中国歧视女性的社会根源及在国家治理上的红利：古今论据》，《制度经济学研究》2018 年第 4 期。

业发展基本情况》看出 2018 年全国共有各类学校达到 51.89 万所，在校接受学历教育的在校生达到 2.76 亿人，专任教师 1673 万人。① 无论古今，如此之大的教育规模在世界上都是首屈一指的。根据这一信息也能看出教育划分为学前教育、义务教育、高中教育、高等教育、特殊教育与民办教育等。学前教育到高等教育是按照年龄与学历阶段进行划分的，特殊教育和民办教育是补充。这种划分意味着学校教育阶段没有也无法贯穿人的一生，所以要想实现终身教育，必须在离开学校教育阶段以后坚持自我学习。国家也在努力塑造终身学习的环境，在配套设施方面给予了相应支持，比如 2010 年 7 月 23 日全国首个新型大学上海开放大学挂牌成立，就是为了服务终身教育。② 由于功利主义，绝大多数人接受学校教育是为了获取可用于体现自己能力的标志，以便获取满意的工作岗位等。离开学校教育阶段，这些人就很少再继续学习，这从中国扣除教科书以后，年人均阅读图书量不足 1 本就能看出个大概。③ 儒家教育思想的核心就是以自我学习作为修身养性的途径，进而树立终身学习的教育理念以增进个人品德。在当代，也应把教育的主要目的聚焦到提高品德修养上来，这样既能有效地减少前已所述的高考非法移民、倾家荡产购买学区房等社会不良现象，也能促进个人坚持终身学习，把学习当作自己生活中所不可或缺的一部分。儒家教育思想中所倡导的学习应该专心致志并且要刻苦钻研学问、注重学习知识的实践性、启发与引导学生的各种教育方法等积极理念，对当代中国的教育实践具有借鉴意义。"人莫不知学之有益于己也，然而不能者，嬉戏害人也。"（《淮南子·泰族训》）当前很多青少年沉迷于各种手机或网络游戏而耽误学业，应该引起家长与学校的足够重视。古代中国把读书看成平民阶层改变身份的唯一途径，整个社会的确形成了对读书人高度尊重的氛围。古代各地推选的举人到达京城后，会受到最高统治者——皇帝的亲自接见。人数众多且不知朝廷礼仪细节的外地士子们经常闹出一些笑话，所以有类似这样的记述："常言殿庭中班列不可整齐者，唯有三色，谓举

① 教育部发展规划司：2018 年全国教育事业发展基本情况 ［EB/OL］，http://www.moe.gov.cn/fbh/live/2019/50340/sfcl/201902/t20190226_371173.html，2019 年 2 月 26 日。
② 张德明：《建设上海开放大学，服务市民终身学习》，《开放教育研究》2011 年第 2 期。
③ 王倩、彭冲、汤二子：《中国公共图书馆资源省际分布差异性的测度》，《图书馆》2018 年第 10 期。

人、蕃人、骆驼"(《梦溪笔谈·卷九》)。尽管古代教育的功利主义倾向存在很大的局限性，但营造重视与尊敬教育者与学习出色者的社会氛围值得当代借鉴。

儒家教育体系中不注重对人进行技能培训的理念，在当代中国已经得到了有效纠正。在春秋战国时期，由于社会生产力低下，农耕经济所要求的劳动力技能水平非常之低，个人通过跟随更有经验的劳动力就能掌握从事各种生产劳动的技能，所以对劳动技能的培养没有被纳入正规的学校教育之中。在当代中国，信息技术的高速发展以及生产过程的高度复杂化，个体从事生产劳动所必须掌握的知识是系统全面的，所以必须通过严谨的教育培训才能获取这些技能。根据《中国教育统计年鉴2017》，2017年中国普通本科包含哲学、经济学、法学、教育学、文学、历史学、理学、工学、农学、医学、管理学、艺术学等学科，普通专科包含农林牧渔大类、资源环境与安全大类、能源动力与材料大类等19个专业类别。[1] 分专业与学科招生的目的是适应社会生产，培养具有专门技能的人才。在专业化的高等教育中，不能丢失德育，要把思想政治教育当作新时代人才培养的重要保障。[2] 儒家教育思想中最大的不足是对女性的歧视，这一点在当代中国也得到了扭转。除了极个别专业，几乎所有的学校教育都不分性别。在2017年，中国普通本专科的学生中，无论是毕业生数，还是招生数与在校生数，女性的人数都超过男性，女性比例分别为53.3%、56.5%与52.5%。[3] 新时代中国的教育相对古代中国来说，在接纳女性方面取得了巨大进步，弥补了儒家思想的不足。

结　语

在儒家的理论体系中，提升个人的道德水平是修身的主要目的，即"欲修其身者，先正其心"(《大学》)，修身是齐家治国与明德于天下的基础。鉴于此，在儒家的教育思想体系中，学习修身成为教育的核心内

---

① 中华人民共和国教育部发展规划司：《中国教育统计年鉴2017》，中国统计出版社，2018，第38~40页。

② 杨照帅：《新时代思想政治教育与创新人才培养》，《人民论坛》2018年第32期。

③ 中华人民共和国教育部发展规划司：《中国教育统计年鉴2017》，中国统计出版社，2018，第36~37页。

容，个人终身学习成为提升自我道德品行的法宝。在自我学习过程中要掌握有效的学习方法，把古代圣贤流传下来的文献典籍作为参考资料并合理地借鉴；学习应该专心致志并勤奋刻苦；学无止境但了解最高目标在何处；要把学习获得的知识运用于实践等都是儒家教育思想所秉承的理念。在学习修身的过程中，作为引导人的教育者也发挥了重要的作用，亦即"教而助学"。远古时代就已组建了学校用于教学，但儒家倡导教育源于生活，生活中处处都有自己的老师。闻道有先后，意味着教育者肩负着启发与引导受教育者的社会责任，应该对前来接受教育的人给予教育的机会。因为孝道，儒家建议父子之间最好不要形成教育者与受教育者的关系，因为教育中鼓励彼此坚持真理可能会妨碍到孝道的延续。在教育过程中，应该重视考核以评判受教育者的禀赋差异，进而给予更适当的教育。在悟道答疑的过程中，教育者应该掌握好时机去解答各种疑问，让受教育者能够感受到学习所带来的乐趣。教育者本身也是一名学习者，贯彻终生的学习修身会因为教育他人而得到升华，实现教学相长。

儒家教育思想体系中的学习与教育理论，绝大部分对于当代中国的教育都具有借鉴意义，有些教育教学方法甚至被写入当代教育理论之中。终身教育以及重视道德培养等理念，亦是新时代中国的教育战略与目标。儒家教育思想中排斥技能培训与歧视女性等不足之处，当代中国已经较好地予以解决。2019 年 10 月 31 日中共十九届四中全会审议通过了《中共中央关于坚持和完善中国特色社会主义制度推进国家治理体系和治理能力现代化若干重大问题的决定》，为今后的国家治理指明了前进方向，其中强调了要推进中华优秀传统文化传承发展工程与构建服务全民终身学习的教育体系。儒家教育思想作为中华优秀传统文化理念的重要组成部分，其思想本身就包含在新时代要传承发展的传统文化之中。儒家教育思想把终身学习当作修身养性的主要组成部分，详细论证了终身学习的必要性，从而在新时代中国之治的教育领域具有重要的参考价值。总之，儒家教育思想具有很强的内在关联，形成了非常完整的逻辑体系。在习近平新时代中国特色社会主义思想的指导下，儒家教育思想中的很多积极理念可用于解决当今社会中所出现的一些有关教育的功利主义倾向。

（责任编辑　李文娟）

"回向三代"与"道统重建"：
论儒家的历史意识及其生成逻辑

单虹泽*

摘　要　历史意识是主体将历史的时间经验转化为生活实践导向的意识活动。它不仅反映了历史的连续性，也包含了将历史作为典范，指示后世政治文化发展进路的目的性。儒家的历史意识起源于构建政治共同体的理智意识，其中包含了政治意识与道德意识，且根据不同的历史情境展开为不同的构成形式。在儒家哲学中，第一种历史意识是通过追述和诠释前史以鉴于将来的"回向三代"，第二种历史意识是立足"道统"建构儒家的价值规范的"道统重建"。关于"三代"的追述以及"道统"的建构都表明，儒家的历史意识贯穿了时间的三维，其通过转化历史的时间经验来启迪当下和未来的生活实践。

关键词　历史意识　历史叙事　儒家　三代　道统

近代以降，关于历史客观性的讨论成为思想界的核心议题。广义地看，历史既可以指以往发生的经验事实，又可以指人们对以往发生之事的主观叙述。这两个层面既相互区别，又有着内在的关联，"构成历史的事件与行为等唯有通过历史主体的历史经验才得以成为历史"[①]。可

＊　单虹泽，南开大学哲学院讲师，主要研究领域为儒家哲学。

① 陈赟：《从思辨的历史哲学、批判或分析的历史哲学到文明论的历史哲学》，《同济大学学报》（社会科学版）2018 年第 4 期。

以说，历史与所谓"自在的过去"的区别正在于前者被历史主体记忆、体验或叙述，而后者则是纯粹的既往事件。既往事件通过历史主体的经验与诠释才能构成历史，这一过程势必伴随着历史意识（historical consciousness）的形成。吕森（Jörn Rüsen）将"历史意识"定义为"将时间经验通过回忆转化为生活实践导向的精神（包括情感和认知的、审美的、道德的、无意识的和有意识的）活动的总和"①。通过反思的活动，主体将历史领会为被诠释的时间经验，所以历史意识本质上是一种时间意识。作为历史哲学的一个重要范畴，历史意识与历史观迥然有别。所谓历史观，往往指关于历史发展变化的规律、趋势及其目的的基本观点；而历史意识则更多指向主体对历史时间经验的感受与诠释。相对于追求客观性、普遍性的历史观，历史意识无疑更侧重主体对历史的主观性建构。但是，这种主观化的建构并非肆意的，而是将历史实践中的人的主观性与历史进程的客观性有机地统一于某种内在联系之中。

从先秦时代开始，思想家们普遍具有一种"信而好古"的人文自觉，而尤以儒家为著。很多儒者认为，较之于他们生活的时代，古代社会是近乎完美的，"历史在实际上是一个道德衰退的过程，而根本不是一个由于世代重复而变得真实可靠的过程"②。然而，问题在于，一方面，这些思想家所尊崇的古代历史反映出很强的虚构性，以至于在历史叙述的内部经常存在着种种矛盾和破绽；另一方面，秦汉之后"正统"的历史话语又往往是以对"三代"的论说为保障的，而这一立场几乎贯穿中国思想史的全部内容。今天看来，这个问题即便不是悬而未决的，也必然困扰着现代学者对古史的理解与诠释。在这里，我们不妨引入"历史意识"的概念，来尝试解决中国历史叙述中的内在张力。按照吕森的看法，历史的客观性可以被"悬置"，而其真正的意义在于通过"过去到现在"这个历史过程来呈现自身的时间经验。这种时间经验内在于历史意识之中。据此，我们可以说，古代的儒家具备这样一种历史意识，它构建了以"三代"或"道统"为核心的历史叙事逻辑。这种历史意识表明，古代学者对历史的阐发并不纯粹是为了怀古幽思，

---

① 〔德〕约恩·吕森：《历史思考的新途径》，綦甲福、来炯译，上海人民出版社，2005，第63页。

② 〔美〕赫伯特·芬格莱特：《孔子：即凡而圣》，彭国翔、张华译，江苏人民出版社，2002，第81页。

其更多的用意在于通过追溯历史以寄托将来，其中蕴含了时间经验的意义生成。

一 儒家的历史意识与历史叙事

中国历史的一个基本特征就是连续性，其不仅仅表现在历史书写层面的一脉相承，更突出地反映在文化精神的传承方面。在这种代际传承上，儒家文化起到了至关重要的作用。尽管我们不能以儒家文化概论中国思想传统，但毋庸置疑的是，相对于佛老二家而言，儒家在历史文化的接续上始终掌握着话语权。对传统的重视在儒家那里积淀为一种理性化、人文化的历史意识。儒家对史事的书写无不是基于历史意识而展开，"儒家很早就已形成深厚的历史意识和传统意识。历史意识的重要之点体现在肯定历史发展过程的延续性"①。儒家的历史意识，首先在于肯定历史发展的连续性，进而在这种连续性的基础上注重知古鉴今、以往察来，最后无疑包含了对当下的批判与对未来的展望。

吕森引用了卡尔—恩斯特·耶斯曼（Karl-Ernst Jeismann）的一句话来表达历史意识，即"诠释过去，理解现在和展望未来的内在的联系"②。这种将过去、现在和未来贯穿起来构建的历史连续性，正是历史意识的表现形式。在吕森看来，历史意识虽然以"过去"为基础，却更多地表现出一种"超过去性"，"历史意识恰恰没有将有待诠释的时间缩减为过去，而是通过回忆过去而彻底研究原则上总是超越过去维度的时期：当前人类生活实践的时间经验和时间意图引发了历史意识的回忆功效"③。所以，历史意识不仅关联着过去，还涉及现在乃至未来。在历史的书写中，历史意识从过去指向现在与未来，其中包含了极强的目的性：史家为了当下的目的而运用历史。

儒家的历史意识即符合于上述理论特征，具体表现为对经史的建构与解构。一般而言，对历史文本的建构与解构总是指向着某种现实目

---

① 杨国荣：《作为哲学的中国哲学》，《社会科学》2013年第8期。
② 〔德〕约恩·吕森：《历史思考的新途径》，綦甲福、来炯译，上海人民出版社，2005，第64页。
③ 〔德〕约恩·吕森：《历史思考的新途径》，綦甲福、来炯译，上海人民出版社，2005，第63页。

的。建构指的是史家凭借个人的观点或兴趣对历史材料进行再加工，赋予历史文本以价值导向或意识形态；解构则指的是史家通过否定既有的判断逻辑和评价标准，打破历史材料在过去世代里的既定意义，从而形成新的历史结论。无论是建构抑或解构，本质上都是对历史价值形态的重构。这种重构一般通过历史叙事的方式表达出来。历史叙事是历史意识在社会化实践进程中的主要表现形式，它将个体的生命经验、集体的族群记忆与生存时间经验实体化，最终形成通常意义上的历史文本。在儒家历史哲学的话语系统内，历史叙事主要呈现为经史之学。对此，柳诒徵指出：

> 治史之识，非第欲明撰著之义法，尤须积之以求人群之原则。由历史而求人群之原理，近人谓之历史哲学。吾国古亦无此名，而其推求原理，固已具于经子。①

唐君毅更是表明，中国古代对历史的哲学思考中包含了某种价值判断，这决定了经史之学应该是承载着道德或政治目的的历史叙事，而不同于纯粹的史料记籍：

> 历史哲学之重明历史发展之统贯之理，并对史事加以价值判断，且求此价值判断之成为有客观性的价值判断。自此而言，则中国过去之历史哲学，乃即包含于中国经史之学中。②

唐先生所谓对史事的价值判断，即为儒家经史之学的重要特征。儒学在历史的演进中，逐渐形成了相对稳定的问题域，其中最基本的价值问题就是如何在经史之中阐发仁礼等文化传统。这种基于儒家价值立场的文本阐释，本身就是一种历史叙事。所以，历史叙事既是对史料的一次重构，也是历史意识实现其功能的必要途径，"因为作为精神活动的历史意识本身是非具体化、不可操作的，历史叙事，或者说历史意识的文本化才能赋予历史意识以行动力和影响力从而在人类实践生活领域内

---

① 柳诒徵：《国史要义》，商务印书馆，2011，第163页。
② 唐君毅：《中国历史之哲学的省察·读牟宗三〈历史哲学〉书后》，《历史哲学》，广西师范大学出版社，2007，第351页。

最终形成历史意义"①。透过历史叙事，历史意识以时间进程的描述形式将过去、现在及未来的时间向度结合起来，并在这一过程中明确了历史的意义指向。由此，各种类型的"历史"被文本加以转述并获得了某种价值归属。

然而，正如冯友兰在两卷本《中国哲学史》的绪论中区分"历史"与"写的历史"那样，后者虽超越本然的历史之上而自有价值，但终究"永不能与实际的历史相合"②。"写的历史"就是历史意识作用下的文本叙事，其虽不同于本然的历史，历史意义却较后者更为突出。如上所述，中国历史的书写主要以儒家的价值立场为根据，故历史意义往往与人文价值相统一，并展开为历史意识的实体化、理性化进程。举例而言，自春秋战国以降，尧、舜、禹、汤等圣王形象及相关事件构成了儒家价值观的基础，而历代史官也以之为历史叙事的主要素材。在这种历史叙事中，三皇五帝选贤任能、德治天下的行为逐渐被当作典范，以供后世君主效仿。尽管韩非子声称"舜逼尧，禹逼舜，汤放桀，武王伐纣，此四王者，人臣弑其君者也，而天下誉之"（《韩非子·说疑》），西晋时期出土的《竹书纪年》也将"三代"描述为统治者生杀予夺的时代，但这丝毫没有动摇作为"正统"的儒家经史对古史的价值判断。虽然这种充满价值判断的历史叙事对于本然的历史而言不免有所偏离，但是一方面，正是通过这种重构，历史叙事逐渐成为历史本身的一部分乃至获得"信史"的地位；另一方面，道德教化成为历史的主要目的，而历史叙事中蕴含的价值取向无疑更能够为儒者士大夫所接受。这种价值化的历史叙事或"写的历史"对本然历史的越俎代庖，正是儒家历史意识的现实反映。

德罗伊森（J. G. Droysen）曾经指出，对于今人而言，过去有时并未逝去，而是将意义赋予史家的历史意识及迄今为止的一切历史叙事之中。作为历史的过去之所以并未逝去，不仅因为它持续地存在并进入当下的视域，也因为它将生命经验及价值取向带入对未来的理解之中，"那些作为，只有我们以历史眼光掌握处理它们的时候，才变成历史；它们本身并不是就是历史，而是在我们的眼光下，经由我们的眼光后，

---

① 尉佩云：《历史叙事的理性逻辑——约恩·吕森与当代西方历史叙事理论》，《史学月刊》2018年第5期。

② 冯友兰：《中国哲学史》（上册），中华书局，1947，第19~20页。

才变成历史。我们必须将它们转化。经过这个转化工作，过去人的事业，才变成历史。也就是说，那些外在的，有其本身运作原因的事业，被我们的记忆、被我们的历史意识及理解力掌握之后，才变成历史"①。在历史意识的作用下，历史是一种尚未逝去的过去，其意义呈现于当下乃至未来。具体地讲，儒家的历史意识表现为两个方面，首先是通过追述和诠释前史以鉴于将来的"回向三代"，其次是立足"道统"建构儒家价值规范的"道统重建"。"回向三代"是儒家历史哲学中的重要课题，而作为宋明主流历史意识形态的"道统重建"则是前者的逻辑延伸。可以说，这两种历史意识不是截然对立的，它们代表了不同历史阶段的价值取向，并赋予了儒家思想中的时间经验某种现实意义。

二 "回向三代"的历史追述

所谓"三代"，既指的是夏、商、周三个朝代，也往往指称上古圣王治世时代，而史书多取后义。"三代"之语最早见诸《论语》，其云："斯民也，三代之所以直道而行也。"（《卫灵公》）此即为孔子以"直道"颂三代之德。《礼记·礼运》篇也以孔子的口吻写道："大道之行也，与三代之英，丘未及逮也，而有志焉。"在孔子看来，"三代"是绝对完美的"公天下"，"选贤与能，讲信修睦……老有所终，壮有所用，幼有所长，矜寡孤独废疾者，皆有所养"②。能够看到，从孔子开始，"三代"就被描述为一个超越民族、国家概念的政治共同体，构成了后世儒者理解与叙述历史的前结构。儒者一般认为，"三代"圣王开创了具有典型意义的和谐秩序，然而随着古礼的崩坏，这种秩序也在后世衰替陵夷。从历代儒者的文章中，都能够找到他们对"三代"的历史信念。直到以顾颉刚等人为代表的"疑古学派"的出现，这种叙事传统的合法性才开始被正视和反思。顾颉刚认为，"三代"实际上只是后世逐渐累加起来的一套话语体系，即"累层地造成的中国古史"③。这种怀疑的态度虽然偶致偏颇之见，但充分说明了"三代"的历史意义包含了某种目的性，亦为儒者之历史意识的反映。可以说，在"回

---

① 〔德〕德罗伊森：《历史知识理论》，胡昌智译，北京大学出版社，2006，第20页。
② （汉）郑玄注，（唐）孔颖达疏《礼记正义》，北京大学出版社，1999，第658页。
③ 顾颉刚：《中国上古史研究讲义》，中华书局，1988，第2页。

向三代"的历史叙事中，历代儒者将个人的政治诉求掺杂其间，使"三代"被建构为具有政治典范意义的历史时期。

历代儒者通过历史叙事，不仅重构了"三代"的历史内涵，也赋予了"三代"特殊的政治意义。"三代"历史内涵的重构经过了两个过程：一是圣王人格的突出，二是上古神话的历史转型。对圣王的颂扬见诸先秦诸子论著之中，而儒家较为通贯、具体，其论事则从尧舜一路下来，由是建立圣王传承之谱系。在此意义上，儒者论及"三代"即包含了对圣王的追崇和效法，"道不过三代，法不贰后王"（《荀子·王制》）。神话向历史的转型则完成于秦汉时期，其表现为将颂扬先祖的系统的神话传说纳入历史记籍中来。司马迁撰《三代世表》，以"黄帝以来讫共和"统称"三代"。司马贞《索引》云："其实叙五帝、三代，而篇唯名《三代系表》者，以三代代系长远，宜以名篇；且三代皆出自五帝，故叙三代要从五帝而起也。"① 这种观念将神话传说中的五帝时代与夏商周的时代视为前后相继的历史过程，使文明社会初期以来的神话传说得到了人文化、合理化的解释，实现了从神话到历史的过渡。从先秦到两汉，神话传说逐渐被纳入"三代"历史中来，而后者也在史家诠释的过程中不断被神圣化。与此同时，这种神圣性使"三代"在政治层面更具典范意义。孟子说："三代之得天下也以仁，其失天下也以不仁。"（《孟子·离娄上》）历史之因革损益取决于"三代"君主能否施行仁政。作为某种教化的力量，"三代"足以昭明后世，故"孟子道性善，言必称尧舜"（《孟子·滕文公上》）。质言之，儒者在追述"三代"历史的过程中，使它成为具有道德教化意义的知识前提。

由是观之，无论"三代"确有其历史的客观性，抑或为"累层史观"所谓的累加系统，皆无害于其所具备的历史意义。"三代"的历史意义形成于历代儒者的追述与诠释之中，并在此过程中凸显了儒家的历史意识。有学者指出，史家主动宣讲历史上的人和事，并以之作为当前政治活动的典范和依据，才是自觉的历史意识产生的标志。② 事实上，早在韩非子那里，就已经表明如其所是的"三代"历史是不可信的："孔子、墨子俱道尧、舜，而取舍不同，皆自谓真尧、舜；尧、舜不复

---

① （汉）司马迁撰，（南朝宋）裴骃集解，（唐）司马贞索隐，（唐）张守节正义《史记》，中华书局，2013，第617页。
② 杨钊：《先秦史学说略》，《史学集刊》1995年第4期。

生，将谁使定儒、墨之诚乎？"（《韩非子·显学》）"三代"是历代儒者根据道德教化的需要构建的历史系统，而"回向三代"即为儒家历史意识的一种表现形式。"回向"与回忆、记忆不同，后者以个体在生活中的经验为主题，而"回向"则超越了个体的生活经验，通过历史意识的作用将零散的古史材料重构为服务于当下政治目标的知识谱系，因而本质上是一种追述。"回向"不是无目的的崇古，而是按照某些现实需要来诠释过去，删掉或修改与现实目的相矛盾的历史经验，使其成为后世借鉴的典范。可以说，尽管追求历史的客观性是史家永恒的目标，但是在历史意识的作用下，对历史事件的经验考察总是掺杂了史家的主观成分。就这个意义上讲，"回向三代"不是单纯地崇尚"三代"那段历史，而是带有托古改制的目的，也就是将"三代"作为现实中的道德教化或政治实践的历史依据。总之，"回向三代"的历史意识表明，"三代"作为被叙述的历史始终朝向一个被道德教化所规范的目标发展着。所以，儒家的历史意识在这里也是道德意识。

尽管"回向三代"的历史意识为现实的道德教化奠定了某种典范性的基础，但是其仍然具有实践上的局限性。一方面，"三代"的历史主体都是尧舜这样的圣王，他们所彰显的道德力量也仅对于后世君主有借鉴意义，而与学者士大夫及庶民无甚关联；另一方面，在历史叙事的建构中，"三代"与后世形成了鲜明对比，乃至儒者经常在著作中将其描述为遥不可及的时代，这种崇古抑今的叙述方式难免割裂了"三代"与后世的历史延续性。随着两晋南北朝后社会道德秩序的崩溃以及佛道文化大兴带来的现实紧张，儒家必须以更新的历史意识回应时代的问题。在这种情况下，"道统"成为新儒家挺立道德理性的基石。其不仅满足了儒学自我更新与整顿社会伦理的时代需要，也在精神的传承层面突破了"回向三代"的实践困境。

三　以"道统"重构历史的努力

历史地看，中唐时期的儒学在面对社会变革与佛道冲击的时候几陷于"儒门淡泊，收拾不住"之局。当此之际，尽管"回向三代"仍是儒家历史叙事中的重要论题，但较之于追崇古代田园牧歌式的理想社会，儒者更关心的是如何接续断裂的历史谱系并承担起复兴儒道的时代使命。基于此，"道统重建"成为"回向三代"之后的新的儒家历史意识。"道统"之"统"指的是统绪、脉络，因而有着历史传承性的含义。如果说"三代"的叙事语境主要集中在治世的范畴系统之内，那么道统则是儒家围绕内圣之学建构起来的传道谱系。道统的内在张力从理论上看应为一个赓续不绝的整体；但在现实层面上，它又呈现为一个以"道"的失落为特征的断裂结构。这种断裂性或不连续性成为以"道统重建"接续儒家文化命脉的必要前提。

事实上，非概念化的"道统"观在先秦时期即已出现，而直到唐宋时期才真正形成了以"道统重建"为核心内容的历史意识。《孟子》末节表明了五百年必有王者兴以及孟子本人愿承重任的立场，朱子注曰："故于篇终，历序群圣之统，而终之以此，所以明其传之有在，而又以俟后圣于无穷也。"孟子的观点可被视为儒家道统观的雏形，但尚未形成自觉的历史意识。一般认为，韩愈首次提出"道统"的概念，借此明确儒"道"与佛老之"道"的区别。韩愈列举了从尧舜禹汤下迄孔孟的传承谱系，并指出"轲之死，不得其传焉。荀与扬也，择焉而不精，语焉而不详"①。这种道统观以内圣之学为基础，将荀子与扬雄排除在外，也暗含了韩愈将自己视为接续道统之人的意味。尽管陈寅恪等学者认为，韩愈的道统说在很大程度上借鉴了六祖慧能时代即十分流行的禅宗灯录②，但毋庸置疑的是，道统建立的初衷正是以政教和人伦日用区分佛老之"道"，而唐宋以来儒家的文化主体意识亦自此而立。

韩愈之后，从唐中期到五代十国，试图以道统重建儒家伦理秩序的学者还有皮日休、陆龟蒙、林慎思、司空图等人，这些人皆以儒家道统的继承者自居③。可见，"道统重建"成为当时儒家学说的重要论题。北宋时期，范仲淹等学者高举"士当以天下为己任"的大旗并获得巨大反响，多数儒者都提出了"道统重建"的历史使命，并将自己视为实现该理想的"天选之人"。据统计，"北宋大约百分之六十的道统话语出现在书启等实用文体中。它们通常是为获得谒主的延誉或荐举，并

① （唐）韩愈：《韩愈全集》，上海古籍出版社，1997，第120页。
② 陈寅恪：《金明馆丛稿初编》，上海古籍出版社，1980，第286页。
③ 叶平：《五代十国时期儒学道统谱系的衍变》，《中州学刊》2017年第5期。

非泛泛的应景之作"①。在唐宋社会变革的历史背景下，儒者士大夫致力于以"道统重建"推动儒学复兴，较之于对"回向三代"的阐发，"道统重建"的工作更能够反映出士人群体自觉的文化主体意识。

通过对儒学史的考察可以看到，以"道统重建"为特征的历史意识的发展与宋明儒学自身的演进几乎是同步的。从北宋下迄明代，最具影响力的两种道统观分别建立在程朱理学和阳明心学的基础之上。明道殁后，伊川作《墓表》云："周公没，圣人之道不行；孟轲死，圣人之学不传。……先生生千四百年之后，得不传之学于遗经，志将以斯道觉斯民。……圣人之道得先生而后明，为功大矣。"（《河南程氏文集》卷十一）可见伊川认为明道得圣道之传，是孟子之后新的传道者。较之二程，朱子展现出更为强烈的道统意识，他在《中庸章句序》中指出"盖自上古圣神继天立极，而道统之传有自来矣"。在斥责佛老学说盛行而斯道渐绝之后，朱子写道："尚幸此书之不泯，故程夫子兄弟者出，得有所考，以续夫千载不传之绪；得有所据，以斥夫二家似是之非。……熹自蚤岁即尝受读而窃疑之，沉潜反复，盖亦有年，一旦恍然似有以得其要领者，然后乃敢会众说而折其中，既为定著章句一篇，以俟后之君子。"② 在这里，朱子肯定了二程得道统之传，同时也表明自己有意传承此道。可知，以"道统重建"为特征的历史意识的一个重要特征，就是道统的解释者将自己视为道统的传承者。依此逻辑，道统内部的所有个体都获得了历史主体的地位，而个体力图重建道统的行为也具有了整顿身心道德秩序和政治伦理秩序的双重意义。到了阳明心学那里，"道统重建"的重点已不再是复原三代之治的政教规模，而是挺立个体内在的道德人格。这种心学道统观强调道统须建立在"心体"的观念基础之上，由此"道统重建"成为一种与现实生活、个体生命密不可分的理论重建，而其中包含的一项重要意蕴即在于道统的存在"绝不是少数掌握儒家经典的知识权威才有资格接续，更不是拥有'君统'或'政统'的政治权威者可以独占"③。至此，道统具有了独立于知识领域或政治领域之外的特性，"道统重建"的历史意识旨在建构一

① 刘成国：《9～12世纪初的道统"前史"考述》，《史学月刊》2013年第12期。
② （宋）朱熹：《四书章句集注》，中华书局，2012，第15页。
③ 吴震：《心学道统论——以"颜子没而圣学亡"为中心》，《浙江大学学报》（人文社会科学版）2017年第3期。

个多元个体组成且以道德理性为基础的公共社会。总之，宋明儒者生活在伦理秩序重建的时代，在构建道统的时候就必然会将挺立道德主体性的主观意愿当作历史发展的必然目的来处理，而这也正是宋明时期历史意识的主要表现。

张灏先生曾说，宋明儒学的历史意识，"相对于此前的儒家思想而言，有因袭，也有创新"[1]。比较而言，"道统重建"对"回向三代"的因袭之处是它同样强调政治社会起源的完满性，而其创新之处有两个方面：一是弥合了古代与后世在历史传承上的断裂性，二是承认自天子至于庶民都可以通过挺立道德人格来重建良好社会。可见，道统的核心是个体内在的道德精神力量，"道统重建"背后的意义并不仅仅在于彰明圣学传统，更在于挺立个体性的道德人格。因此，在重视心性修养的宋明时期，"道统重建"自然会成为一种得到普遍关注的话题。有别于"回向三代"将古代圣王视为历史主体，在"道统重建"的视域下，从儒者士大夫以至凡庶都成为内圣外王的实践主体，并肯定了以道德建设推进政治建设的可能性。

四 儒家历史意识的生成逻辑

以上，我们通过对"回向三代"与"道统重建"的分别论述，展现了儒家历史意识的基本特征。可以看到，在儒家思想中，历史不仅仅是对过去既往事件的编年记载，更包含了对当下现实状态的价值判断与对未来应有状态的筹划。两种历史意识均体现以述古实现复古的逻辑运思。这种复古不是简单地回溯历史，而是将历史作为典范，指示后世政治文化发展的进路。我们将进一步阐明，儒家的历史意识起源于构建政治共同体的理智意识，其中包含了政治意识与道德意识，二者随不同的历史情境展开为不同的构成形式，并将历史的时间经验转化为具有生活实际导向意义的精神内容。

首先，儒家的历史意识起源于自觉构建政治共同体的理智意识。黑格尔指出，一个民族的历史意识产生于这个民族进入国家状态之际。唯有进入国家状态，该民族才在真正意义上形成了以制度、典章、法律为

---

[1] 张灏：《幽暗意识与民主传统》，新星出版社，2010，第86页。

核心的政治共同体，并具备了历史叙事的理性自觉。在一个以家族、部落为基础的联合体将自己提升为国家的过程中，"需要有形式化的律令和法律，……它因此就创立了对自己的发展的一种记录，产生了一种对理智的、确定的和就其结果来说具有长远意义的行为和事件的兴趣，记忆女神（Mnemosyne）为了长远的利益而将它们纳入持久的记忆中，而这些长远利益是国家的现存形式和法律的基础"①。黑格尔在此表明，欲建构一个客观、理智的政治共同体，必须对其所赖以维系的制度、典章、法律具有理智意识。历史意识就是理智意识对过去、现在及未来的时间经验的自觉领会。周代之前并未形成系统的历史叙事，以周礼、《尚书》《春秋》为载体的历史记籍与历史意识的出现当在西周之后。王国维在《殷周制度论》中指出，"中国政治与文化之变革，莫剧于殷周之际"。周公所建立的政治和文化制度，"其旨则在纳上下于道德，而合天子诸侯卿大夫士庶民以成一道德之团体"（《观堂集林》卷第十）。这种"道德之团体"即为由理智意识来把握的具有客观意义的伦理实体，亦即国家。可见，中国的历史意识形成于华夏民族进入国家状态的殷周之际。随后，自西周以至春秋战国时期，崇拜圣王的历史意识愈为显著，渐有以"三代"政教规模衡定后世之论。因此，我们认为儒家的历史意识几乎与国家形态的政治共同体同步产生，并随着该政治共同体的完善而渐臻成熟。

其次，儒家的历史意识包含了政治意识与道德意识的内容，且根据不同的历史情境展开为不同的构成形式。早期的历史意识是对政治理想的反映，其道德意识蕴于政治意识之中。比如在"回向三代"的历史意识中，可以看到儒者的政治理想与根据"三代"所构建的历史叙事相关联，通过历史叙事表达政治理想的现象，贯穿于中国传统政治文化的演进过程之中。在这一过程中，历史意识展现为政治意识与道德意识的交摄，而道德意识往往服务于政治意识。刘泽华先生指出，儒家的历史观与政治认识紧密联结，"认识历史不过是从一个角度对政治问题进行再论证罢了，而非实在的历史过程"②。举例来说，孟子言"性善"虽从道德处立论，但其落脚点却往往在"仁政""王道"，先秦儒家诸

---

① Hegel, *Introduction*: *Reason in History*. Translated by H. B. Nisbet. Cambridge University Press, 1975. p. 136.

② 刘泽华：《中国传统政治思维》，吉林教育出版社，1991，第 201 页。

子率多类此。然而，正如历史反复表明的那样，儒家的政治理想与现实制度总是充满张力，上层的限制难以使儒家的政治理想得到全面发挥。每当外界条件不利于儒家理想的实现时，"儒家学者们就带着幻想退却到他们自己的内心观念世界中去了，在经过足够的等待后，他们会寻找复出的好机会"①。长此以往，道德意识与政治意识渐相分离，而历史意识转成为独立于政治实践的道德意识，其重心落在凭借历史叙事挺立个体之道德人格，如上述之"道统重建"。"道统"作为某种道德化的历史谱系，成为宋明儒者建立普遍化的道德法则的必要依据。较之"回向三代"，由宋迄明的历史意识更凸显了以道德自立来抗礼王权的政治取向。能够看到，早期儒家的历史意识是由政治意识与道德意识的统一体构成的，随着政治理想在现实环境中的"失语"，道德意识逐渐独立于政治意识并成为历史意识的主体。

最后，儒家的历史意识将时间经验转化为具有生活实际导向意义的精神内容。时间经验指的是一些过去经验，亦即具体的历史知识。在儒家那里，时间经验不是与当下生活实践无关的东西，而是可以通过历史意识的作用转化为价值和秩序的典范。这种转化体现于以"道"衔接过去、现在与未来。"道"是历史意识中具有普遍性意义的本体论基础，其不以时代或制度的变化为转移，所以历史实际上就是"道"在时间之中的展开。在儒者看来，时间经验是"道"在现实世界中的呈现，它们尽管已经成为过去，但仍对当下与未来的生活实践具有导向意义。按照这样的理解，历史便不再是建立在单向均质流逝的时间概念上的关于"过去之事"的纯粹时间经验，而是建立在"道"之上超越过去、现在、未来三维的精神内容。这种历史是个体存在与发展的绝对条件，因而是真正存在论意义上的历史。关于"三代"的描述以及"道统"的建构都是对时间经验的转化或升华，其真正的意义并不在于"三代"与"道统"本身，而在于它们对后世的导向作用。

作为历史的存在物，个体虽然无法拥有对历史的直接经验，却可以通过学习、反思、拣选既有的历史知识来构建具有生活实践导向意义的历史系统。历史意识即形成于这一过程之中。儒家的历史意识串联了时间的三维，并形成一种内在联系。无论是"三代"抑或"道统"，都成

---

① 余英时：《人文与理性的中国》，上海古籍出版社，2007，第 120～121 页。

为历史意识运作的时间经验，其价值就是通过自身的转化来沟通现在和未来。总之，儒家历史意识的生成及活动以包含了政治与道德内容的时间经验为基础，且通过其内在关联，实现指导现在和预期未来的目的。

牟宗三先生曾说，清末以来的学者多重视史料考订工作，而对历史阐释及其原理不甚注意，"今之治史者大都无历史意识，因其是横断散列的头脑故。故只记得一大堆材料，而不知历史之意义"①。由此，欲超越一般的史料整理，通达历史诠释的根据与意义，必须以历史哲学为途径，探究其内在的历史意识。通过以上论述，我们看到儒家政教依托于理性自觉的历史意识，"回向三代""道统重建"等工作有着知古鉴今的历史意义。不过，这种以"崇古"心态为基础的历史意识仍有着内在的局限性，亦即难以突破传统的限定，以致后世大多因循前代之制而少有创新，"多少以文化的延续抑制了文化的创造，以传统的承继弱化了传统的超越。在回溯过去的思维定式下，儒家一直未能形成一种真正意义上的发展观念"②。综观"三代""道统"之说，皆有崇古抑今之弊，而"回向""重建"虽意在托古改制，又每每成为保守复古、排斥异己之托词。我们必须反思儒家的历史意识并使之发挥积极的作用，这无论对于研究儒家的历史哲学还是涵育社会的历史责任感，都有着深刻的意义。

（责任编辑　李玉）

---

① 牟宗三：《历史哲学》，广西师范大学出版社，2007，第4页。
② 杨国荣：《中国哲学二十讲》，中华书局，2015，第143页。

从《周易》看孔子具体而动态的
身心和谐观[*]

余亚斐^{**}

摘　要	孔子晚年喜《易》，通过《周易》表达其具体而动态的身心和谐观。结合孔子的思想与《易传》文本可以看出，"身"表现为视、听、言、动的功能与欲求，以刚柔、进退为运动方式，对"心"产生明智或迷惑的作用，并带来吉、凶的不同功效；"心"通过仁、义作用于"身"，表现为善、恶的价值取向，并最终决定"身"的吉、凶结果。孔子对身、心的规范以及相互作用的理解，不是抽象和静止的，而是将其放置于一定的"位"中，通过对主体具体事业的不同发展阶段、主客体之间的当位与否、上下位之间是否相应等方面，以及主体在面对吉凶善恶的取舍和抉择中，对身心的和谐与人性的贯彻进行具体而动态的考察。
关键词	孔子　身心观　《周易》　《易传》

　　身心关系是中国哲学生命观的重要问题，按照中国哲学普遍具有的思维方式来论述身心关系，大致有三个方面的要求：其一，在生命一体中讨论身、心及两者的关系，心为体，身为用，身心交感，体用不二；

---

*　本文系安徽省哲学社会科学规划一般项目"《周易》道德智慧研究"（AHSKF2018D69）阶段性成果。

**　余亚斐，安徽师范大学马克思主义学院副教授、硕士生导师，主要研究领域为中国古代哲学。

其二，在天人合一中讨论身心关系，将身、心放置于特定的历史文化背景、自然与社会状况、人伦关系的整体中去考察；其三，将身心关系落实到具体个人的情质、修养、理想，以及所从事的特定事业和所处的特定社会位置等方面，综合加以判断。以整体而又具体的思维方式对身心关系进行考察，要求不能将身心问题的讨论局限于身、心之一端，也不能局限于生命内部，更不可期望以形而上学的立场一劳永逸地确定身心关系的普遍性法则，而只能在综合考虑主客体的不同具体因素的基础上，在不断变化的主客体状态下，以及在个体自我的适宜选择中，加以动态的把握。孔子的身心和谐观正是这种思维方式的应用，并通过《周易》具体而动态地得到展现。

一　孔子的身心观体现于《周易》

相对于儒家和道家来说，《周易》有其相对独立且完整的哲学体系，其宇宙论、认识论、伦理学与政治学不同于诸子各家，而各家的哲学，尤其是儒、道两家的形成与发展，以及在实践应用的方法上又从《周易》中吸取了众多的思想资源。孔子晚年喜《易》，带领弟子们研究《周易》，写成《易传》。可以说，正是以《周易》为载体，孔子的道德哲学与实践理论才得以恰当且完整的表达，其具体而动态的身心和谐观也唯有借助《周易》才能鲜活而生动地表现。

孔子的各种思想都是具体而动态的。从孔子自己评价自己来看，子曰："无可无不可。"（《论语·微子》以下引《论语》只注篇名）《论语集释》引江熙曰："我迹之异，盖着于当时。"① 李泽厚评价说："灵活性（"权"）展现出个体的主动性、独特性。"② 可见，孔子随其"时"而变，在当下的变化中展现自我，实现身与心之间、人与我之间、我与事之间的通达。从他人对孔子的评价来看，"子绝四：毋意，毋必，毋固，毋我"（《子罕》）。有人认为，孔子没有四种弊病：没有自以为是的主观偏见，没有对具体目标的执着，没有固定的行为方式，没有不变的自我。《论语集释》引颜延之曰："圣人作教应机，不可一

---

① 程树德撰，程俊英、蒋见元点校《论语集释》，中华书局，2014，第1656页。
② 李泽厚：《论语今读》，中华书局，2015，第347页。

准。"① 可见，孔子的思想与行为不是固定不变的，后人自然也不能以"意""必""固""我"对其加以臆测和抽象。孟子曰："可以仕则仕，可以止则止，可以久则久，可以速则速，孔子也。"（《孟子·公孙丑上》）可见孔子的行为量时为宜，进退无常。正是因为孔子的思想是具体而动态的，所以在言语行为上因人、因时、因地而异，在教育上孔子因材施教，在政治实践上灵活多变。这些特点常让孔子的弟子们大感困惑，加上孔子"述而不作"，记载孔子思想和行为的著作又大多是以对话为形式，而对话本身也是具体而多变的，受到当下情境、所谈内容、交谈对象等方面的影响，这些都为后人概括孔子的思想主张和行为方式带来困难。孔子晚年喜《易》，"韦编三绝"，很有可能就是因为寻到了一种能够阐述其思想的路径而感到振奋。

孔子具体而动态的身心思想能够借助《周易》得到表现。在《易传》中，孔子多次表达了对《周易》及其变化之道的赞美。子曰："《易》其至矣乎！夫《易》，圣人所以崇德而广业也。"（《系辞上》）子曰："知变化之道，其知神之所为乎？"（《系辞上》）《周易》主讲阴阳、刚柔、进退变化之道，正如《系辞下》曰："《易》之为书也不可远。为道也屡迁。变动不居，周流六虚，上下无常，刚柔相易，不可为典要，唯变所适。"意思是：人们要随时应用《周易》一书，不可远离，因为阴阳一直处在变化之中，万物变动不居，人与人之间的关系也在不断变化，所以，人们不能背离变易的思维而固定地进行理解与行动。在《周易》中，六十四卦展现了不同的情境与要求，不同的主体也具有不同的刚柔情质、修养水平、社会地位以及人我关系等，主体身、心的不同状态以及与客体的不同交织又表现为三百八十四爻的众多变化，并产生了不同的吉凶现实功效与善恶道德判断。不过，《周易》在变化之中亦有不变之理，"通其变，遂成天地之文；极其数，遂定天下之象"（《系辞上》）。正是因为《周易》"通其变""极其数"，才能将孔子具体而动态的身心思想全面地展现出来；也正是因为《周易》能"成天地之文""定天下之象"，孔子的身心思想才有可能以理论的方式加以探讨。

---

① 程树德撰，程俊英、蒋见元点校《论语集释》，中华书局，2014，第741页。

二 身之刚柔与心之仁义

对生命来说，身心一体，但是，分而析之，两者又有不同。身，从物质层面上来说是指肉体，与"心"相对的"身"主要是指身体中的认识器官，从功能上来说，身是指人的认识器官所具有的诸多感知与思维的能力。借用佛教的概念，身主要表现为眼、耳、鼻、舌、身之"五根"，眼能视、耳能听、鼻能嗅、舌能尝、身能触。关于对孔子"身"的理解，历代注家大多是从"身"的功能上来讨论。子曰："克己复礼为仁。"颜渊请问其目，子曰："非礼勿视，非礼勿听，非礼勿言，非礼勿动。"（《颜渊》）《论语集释》引马融曰："克己，约身。"引皇侃曰："言若能自约俭己身。"① 《四书章句集注》引程子曰："四者身之用也。"② 可见，视、听、言、动，皆是身的功能，即"身之用"，而且是身之中与道德、修身最为关切的部分，即"约身""约俭己身"。

身有柔、刚，分别体现于《周易》中的阴、阳二爻。不仅人有身，一切有情之物皆有，也都可以用柔、刚来论其不同。柔、刚的区分是以情、欲的多寡为标准。身有情有欲，但情、欲本无善恶之分，正如荀子说："饥而欲食，寒而欲暖，劳而欲息，好利而恶害。是人之所生而有也，是无待而然者也，是禹、桀之所同也。"（《荀子·荣辱》）所以，情、欲虽然需要后天的引导，身虽然要修，但是"身"本身并不属于人道的范畴，而是属于万物共有且平等的"地道"。《说卦传》曰："立天之道曰阴与阳，立地之道曰柔与刚，立人之道曰仁与义。"居仁行义是人道，而刚进柔退则正好对应着地道。在《周易》中，"坤"象征着"地"，地道也着重体现在《坤》卦的义理中。《坤·象》曰："至哉坤元！万物资生，乃顺承天。"可见，地道的作用在于养育万物以成其形。孔颖达曰："'坤'据成形，故云'资生'。"③ 朱熹曰："生者，形之始。"④ "形"即身，所以，身是地道的范畴，应以柔、刚来论，身上

① 程树德撰，程俊英、蒋见元点校《论语集释》，中华书局，2014，第1056页。
② 朱熹：《四书章句集注》，中华书局，1983，第132页。
③ 王弼，孔颖达编著《周易正义》，中国致公出版社，2009，第32页。
④ 朱熹撰、廖名春点校《周易本义》，中华书局，2009，第43页。

的情欲多寡是导致柔、刚的主要因素。孔子也是用柔、刚论情欲，以情欲论柔刚。"子曰：'吾未见刚者。'或对曰：'申枨。'子曰：'枨也欲，焉得刚？'"（《公冶长》）万物以柔、刚来分，人也是根据情欲之多寡区分柔与刚，并以柔、刚来分析作为身之功能的视、听、言、动。在《周易》中，柔、刚主要通过阴、阳二爻来表现，阴爻为柔，阳爻为刚，于是，人身的柔刚变化与情欲之多寡便可以放置于一定的卦爻之中，并与其他众多因素综合且具体地得到分析和判断。

人除了身之外，还有心，人的生命是身、心的统一，但心又是根本。天在上，地在下，人居其中，天与地共为万物的本源，《周易》称之为"乾元""坤元"。天地的功能各有不同，天创始万物之性，地孕育万物之形。万物有形、有身，亦有性，除了人之外，万物皆顺其天性，自然而然。人有心，既能自觉地率其本性，亦能有意背离本性。《中庸》曰："天命之谓性，率性之谓道，修道之谓教。""天命之谓性"就天道而言，天赋予了万物各自的本性；"率性之谓道"就地道来说，无心、自然，故能顺承天性；"修道之谓教"就人道而论，人有心，可顺道，亦可逆道，所以圣人广施教化以劝人修道。可见，"心"是人与他物的根本区别，"心"虽以天道为本原，以地道为载体，却专属于人道。对于人生修养来说，"心"是至关重要的。心对身的重要性主要体现于三个层面：其一，天道本体的层面，如孟子提出的"四端之心"，旨在说明心与身皆是先天有之，不可只顾身欲而遗忘了心性；其二，认识论的层面，如荀子曰："何以知道？曰：心。"（《荀子·解蔽》）只有心明了理，才能依理制礼，以礼克身；其三，人道工夫的层面，重视后天的学、习、教、化对身的作用，以"心"养气、"化性起伪"。在身心关系上，儒家认为心是根本，是关键，如《大学》云："欲修其身者，先正其心。"孔子曰："君子有九思：视思明，听思聪，色思温，貌思恭，言思忠，事思敬，疑思问，忿思难，见得思义。"（《季氏》）"九思"的主体是"心"，对象是"身"，孔子认为，先天之心要积极发挥能"知"的认识作用，并在身的"感"与"行"中发挥协调与制约的作用。

人心应该立足于仁义。《说卦传》曰："立人之道曰仁与义。"人心的积极作用一定要在仁、义中展现出来，在《周易》中，心也主要是通过仁、义来发挥作用。仁与义略有不同，仁为心之体，义为心之用。

先说"仁"。"仁"是孔子思想的核心概念，孔子用"仁"，总是很谨慎，"仁"与财富的多寡、地位的尊卑、知识的深浅、才能的高下、事业的大小无关，孔子也很少用"仁"来评价他人，唯独说过德行修养很好的颜回"其心三月不违仁"（《雍也》），孔子还说"仁者乐山"（《雍也》），"我欲仁，斯仁至矣"（《述而》）等。综合来看，孔子的"仁"是指人在内心中对先天之性的敬、诚与坚守，与外在的"事"不直接相关。"义"则不同，"义"是"仁"发用于事中所达到的适宜。《太玄·断》曰："庚断甲，谊断仁也。"司马光注曰："庚金主义，甲木主仁。……君子以义断仁，舍小取大，然后有治平之美也。"[1] 按照扬雄和司马光的说法，仁是内在的、未发的，遇事时，以"仁"加以裁决，但能运用"仁"得当地处理好事情的是"义"。《易传》也持同样的观点，《坤·文言》曰："直其正也，方其义也。君子敬以直内，义以方外。""敬以直内"是讲"仁"，"义以方外"是讲"义"，仁内义外，正是就心之体、用而言的。正如清代易学家牛钮与孙在丰在《日讲易经解义》中说："正言体，义言用……心不敬，则不直，君子主敬以存心，使私意不杂，而专出于理之一途，斯内直矣。事无义，则外不方，君子守义以制事，使歧念不生，而适合于理之至当，斯外方矣。"[2] 由仁行义，儒家的道德理想才能落实到具体的事上，而事情是变动不居的，事情在不同的发展阶段又有不同的特点和要求，所以主体在由仁行义时，必须因时、因地、因人而宜，不管是身的刚、柔，还是心的仁、义，都要超出生命的个体局限，放置于更大的时空中加以考察。

三　身、心与"位"的交织

身之刚柔与心由仁行义，都是具体而动态的，用《周易》阐明孔子的身心观，就是要将身、心放置于卦爻象之中，通过六爻各自的不同地位、各爻所在的不同处境以及上下位的关系来进行具体分析。孔子重视"位"，子曰："臧文仲其窃位者与！知柳下惠之贤而不与立也。"

---

① 扬雄撰，司马光集注《太玄集注》，中华书局，1998，第62页。
② 牛钮、孙在丰：《日讲易经解义》，中央编译出版社，2013，第50页。

（《卫灵公》）强调个人的作为和职责要与所处的"位"相统一，依"位"来规范和要求自己。子曰："不在其位，不谋其政。"曾子曰："君子思不出位。"（《宪问》）"位"既是要求，也是限度，在一定"位"上，君子要进退有常，刚柔合宜。可见，身、心及其关系不是抽象的、静止的，而是处在具体且变动的"位"之中，只有在"位"中，身与心及其关系才能得到具体而生动的展现。

在《周易》中，"位"对身、心的影响主要有三个方面。第一，卦中六爻的不同位置对身、心有不同要求。《易传》曰："爻者，言乎变者也。"（《系辞上》）《周易》每卦有六爻，六爻从初、二、三，到四、五、上，展现了事业在变化中的不同发展阶段，而人应该实事求是，根据事业不同阶段的特点和要求，来随时安排和调整自己的身、心状态。六爻变动不居，三百八十四爻各有不同，不过，变易之中亦有不易之则，六爻也有一些一般性的规律。初爻大多象征着事物的初生与事业的初创，此时是修身的时候，所以宜静不宜动、宜退不宜进；在心上，往往要求树立远大的志向，静心养德，不求事功。二爻处下卦之中，有德而无位，是君子的养成之时，处下要求身静，处中要求心不偏。三爻处下卦之极，欲进上卦而未能进，常有保守不进或急躁冒进的危险，爻辞和《小象传》常会根据卦的整体要求与其他关系对身心的调整做出具体的指导。四爻处上卦之初，近五爻君位，象征着重臣之位，常有功高盖主、势重专强的危险，所以在视、听、言、动上要有所节制，身要知止，心要忠信、敬畏。五居上卦中爻，象征君位，是大有作为之时，在此时，身宜刚与动，心也到了行义而实现"仁"的时刻。上爻是一卦之极，物极而反，身宜静待其变，心宜克制和反省。可见，身、心随六爻的变动具有不同的要求。

第二，各爻之阴阳与所处阴阳之位的关系是判断身心是否适宜的重要标准。在六爻中，初、三、五爻为阳位，二、四、上爻为阴位，阳爻居阳位、阴爻居阴位为当位，阳居阴位或阴居阳位为不当位。当位意味着主体的身心状态与客体的要求相符合，不当位意味不符合。子曰："邦有道，危言危行；邦无道，危行言逊。"（《宪问》）当政治清明时，行为端正、言语率直，是以阳处阳；当政治昏暗时，行为正义，言语谨慎，是以阴处阴。身心随着环境的变化而不断调整，既以理自守，又能明哲保身，仁、智方能统一。在不当位的情况下，若阴处阳位，常表现为该进时不能进，有身心保守的弊端；若阳居阴位，常表现为不该进则进，有身心冒进的危险。子曰："可与言而不与之言，失人；不可与言而与之言，失言。知者不失人，亦不失言。"（《卫灵公》）言语依赖身与心的共同作用，什么话可以说，什么话不可以说，不能只依凭主体自身的喜好与真假的判断，还要根据外在的环境与说话的对象，"可与言而不与之言"展现了以阴处阳的保守，"不可与言而与之言"则表现为以阳处阴的冒进。由此可见，身与心及其关系并没有一个是非、善恶的绝对标准，所追求的只是与所处的阶段与环境的适宜，不管是身之动或静、刚或柔，心之居仁或发动以行义，皆要随其时、应其机。

第三，上下卦中的同位爻之间是否相应也影响着身、心的状态。在各卦中，初爻与四爻同位，二爻与五爻同位，三爻与上爻同位。如果同位之间的两爻是一阴一阳则相应，如果两阳或两阴则不相应。同位相应常意味着有人相辅，得到他人的肯定和支持，此时利于身之前行；同位不相应意味着身陷孤立，独自奋战，不利于身之前行。曾子说："以友辅仁。"（《颜渊》）友能辅助"仁"的培养与实行。不过，是否有人相辅，只是外因，决定事业成败的根本还是在心。子曰："为仁由己，而由人乎哉？"（《颜渊》）对于君子来说，不管是否有人相辅，其"心"都应当坚守仁德，其"身"亦不可恃人而恣纵。子曰："学而时习之，不亦说乎？有朋自远方来，不亦乐乎？人不知而不愠，不亦君子乎？"（《学而》）"学而时习之"是修身的工夫；"有朋自远方来"是得到朋友的辅助，犹如同位相应，"二人同心，其利断金"（《系辞上》），有利于天下归仁的实现；"人不知而不愠"犹如同位不相应，君子不怨天，不尤人，独善其身。可见，身心问题还需要在上下位的关系中加以考察。

影响身心的"三位"又是相互交织、共同作用的。以《蒙》卦为例，"蒙"指蒙昧、启蒙，《蒙》卦主要讲教育，在教育中，不管是教育者，还是受教育者，以及不同的教育阶段，对身、心状态都有相应的具体要求。《蒙》卦初六象征一个人处蒙稚之时，习性未成，爻辞提出"利用刑人""用说桎梏"，要求对身加以约束，心不放纵。子曰："以约失之者，鲜矣。"（《里仁》）正是由此而发。九二阳刚正直，象征着一位才资良美、德高望重的老师；处阴位，要求虚怀若谷，有教无类；处中位，要求不偏不倚。《九二》爻辞曰："包蒙，吉。纳妇，吉。"说明九二之身被学生包围，其视、听、言、动，无处不影响着学生，所以身正为范，心也要广阔、平等，一视同仁。九二与六五同位正应，六五在上，却能虚心向九二求教，说明九二的师道得到尊重，有利于教化之功的实现。六三处上卦之极，虽与上九同位正应，但是自身阴柔，以阴居阳不当位，急于求成，见六四与六五阻隔，又见九二在下，便舍上九之正应，昵比九二，表现为食禄而弃真理的"小人之学"。所以，爻辞与其《象传》皆告诫六三，身要能刚，抵御物欲的诱惑；心要能静，牢记初心与理想。六四与初六，两阴不能相应，下临六三，无阳可乘，上遇六五，无阳可承，所以六四陷入孤立无援的境地，象征着童蒙无师可以求教。六四的孤立根本在内因，六四体质柔弱，虽然以阴处阴而当位，但是此时的当位却不合时宜，只会进一步导致其不敢进取，不愿主动寻师求教。正如蕅益所说："非实德之师友远我，我自独远于师友耳。"[1] 孔子也说："自行束修以上，吾未尝无诲焉。"（《述而》）所以，当求学的人处六四之时，身要刚强，心要坚定，勇于冲突环境的局限，自觉主动地拜师求学。六五处尊位，虽然以阴处阳而不当位，有急功冒进的危险，但与九二同位相应，加之自身柔弱不争，所以当"蒙"之时，能放下自己的身架，不耻下问、虚心求教。上九以阳处《蒙》卦之极，视蒙昧之人为贼寇，过分严厉，过度教育，犹如揠苗助长，物极而反，所以在身、心上要求上九能多一些体恤与宽容，尊重与耐心。

孔子重视"位"，但更重视德。子曰："不患无位，患所以立。"（《里仁》）认为德、才是"位"的根基，君子应思"德"与"才"，而不应求"位"。所以，对身、心的把握不能局限于"位"，还需要与善、恶结合起来分析。

四　身心在吉凶善恶中的权衡

《周易》经过孔子及其弟子们的诠释，由原本的卜筮之书变成反映儒家理想的德义之书，从单纯的吉凶判断演化为更加复杂的吉凶、善恶之间的交错。吉与凶，侧重现实的利益得失，属于身的层面；善与恶，侧重用心的动机与行为的道德原则，属于心的层面。身与心的协调是在

---

[1]　蕅益著，刘俊堂点校《周易禅解》，崇文书局，2015，第35页。

吉、凶、善、恶具体而动态的权衡中获得的。

在吉凶与善恶之间，孔子主张善恶是根本，善恶从根本上决定着吉凶，运用到身心关系上，身由心决定。在《易传》中到处可见这样的表述，如《坤·文言》曰："积善之家，必有余庆；积不善之家，必有余殃。"《系辞下》曰："善不积不足以成名，恶不积不足以灭身。小人以小善为无益而弗为也，以小恶而无伤而弗去也，故恶积而不可掩，罪大而不可解。"善恶对吉凶、心对身的根本决定作用，主要表现为善恶可以超越"位"的限制，并给予"位"所可能带来的吉凶结果以最终的决定性作用。

其一，当自身处在不利的发展阶段和形势中，善可以使主体及时调整身的状态，纠正错误，化解不利的形势，做到逢凶化吉；恶则会加重不利形势对身的影响，过而不改，进一步导致凶害。如《否》卦九四，"四"本就充满了畏惧，又处衰颓的"否"时，但九四却积极发挥了善的人道力量，知命而行义，推进否极泰来的天道运动，所以九四《象》曰："'有命无咎'，志行也。"另外，当自身处在有利的发展阶段和形势中，善可以时时警惕自我，守护正道，防止向不利的形势转化；恶则会使主体或者耽于享乐，丧失进取之心，或者逞强称能，不安分守己，将有利变成不利。子曰："不仁者不可以久处约，不可以长处乐。"（《里仁》）不管是不利的"处约"，还是有利的"处乐"，对于缺少仁德的人都是不利的。可见，不管主体身处在卦中哪一爻位上，心能守善而止恶都是必须要做到的。

其二，当自身与处境不协调的时候，善可以使主体超越环境的影响，或坚守正道，独善其身；或改变乱世，杀生成仁。以《乾》卦九四为例，九四以阳处阴，其环境是不利于主体进取的，从功利的意义来讲，九四应当顺应恶劣的形势，逃避现实，明哲保身，但如此一来，便背离了君子修身以安人的初衷和理想，所以九四知其不可而为之，当仁不让，舍我其谁。正如杨万里在解释这一爻时说："命不可逃，则孰若守义以听命。"[①] 正是在九四的努力下，《乾》卦才完成了由下卦飞跃至上卦的变革。反之，在恶的作用下，主体往往会被环境所摆布，为了个人的利益而同流合污。当自身与环境协调的时候，善会促使主体在有利

---

① 杨万里撰，宋淑洁点校《诚斋易传》，九州岛出版社，2008，第3页。

的条件下积极推进善的理想的实现，修己以安人，修己以安百姓；恶则会使人或者为所欲为，扩大对他人和社会的危害，或者不思进取，安于现状。如《屯》卦上六，《屯》卦象征冬尽春来时的新生，讲事业初创时的艰难，要求奋发有为，迎难而上，正如王夫之说道："方春之旦，雷发声，蛰虫启，百昌将出，将有迅风、疾雨、骤寒以抑勒之，物之摧折消阻者亦不可胜道。非资乎刚健，见险而不肭者，固不足以堪此。"①《屯》卦到了上六时，万事俱备，到了克服艰难、推动事物质变的时刻，但是上六以阴居阴，虽然当位，却安乐恬逸，不堪大用。可见，无论是身之当位，还是不当位，最终决定其吉凶的还是善恶。

其三，主体是否获得他人相辅，善恶仍然起着决定作用，这又可以从三个方面来加以说明。首先，获得他人相辅的内因不是他人，而是自身，子曰："君子居其室，出其言善，则千里之外应之，况其迩者乎？居其室，出其言不善，则千里之外违之，况其迩者乎？"（《系辞上》）其次，获得何人相辅也取决于自身，如《乾·文言》曰："同声相应，同气相求；水流湿，火就燥；云从龙，风从虎；本乎天者亲上，本乎地者亲下，则各从其类也。"人与人之间同类相感，所以己善可感招善人，己恶则会感招恶人。再次，当主体具备了他人相辅的条件，在善的主导下，主体"以文会友"，依照道德的原则取友择师，并在他人的辅助下，推动善的事业的实现。如《比》卦六二，在《比》卦中，六二与九五同位而正应，所以爻辞曰："比之自内，贞吉。"所谓"贞吉"，是说六二虽然有九五的辅助，但仍然要坚守中道，独立自强，所以六二《象》曰："'比之自内'，不自失也。"反之，在恶的主导下，主体往往见利忘义，结党营私。当主体不具备他人相辅的条件时，善之主体仍然会沿着正道，孤独行进；而恶之主体则或是自暴自弃，怨天尤人，或是被利欲蒙蔽，贪功冒进。如《屯》卦六三，爻辞曰："即鹿无虞，惟入于林中。""即鹿"指追逐鹿，象征着追求功利。"虞"是古代掌管山泽的官员，象征贤才的辅助，六三在"无虞"的情况下，贪功冒进，结果迷失了方向，导致失败。可见，不管是同位正应而得人相辅，还是同位不正应无人辅助，吉凶都受到善恶的根本决定。

不过，善与吉、恶与凶又不是绝对一一对应的。善未必会带来吉，

① 王夫之：《周易外传》，中华书局，1977，第17页。

只是从根本上会带来吉；恶未必会带来凶，只是从根本上会导致凶；心之好坏也未必能直接导致身之得失，只是从根本上体现得失的结果。因为在善与吉、恶与凶之间还存在诸多其他方面的因素，如《师》卦初六，爻辞曰："师出以律，否臧凶。"意思是：军事行动要符合军纪，否则，虽善也凶。程颐曰："不以律，则虽善亦凶，虽使胜捷，犹凶道也。"① 通过《师》卦这一具体的事例可以看出，身之吉凶与心之善恶之间在不同的情形之中存在诸多不确定的因素，微妙而难测，不过，正是因为不确定，主体才能在当下的利益取舍与价值选择的张力中，真实地展现其身心之修养。

吉与善、凶与恶的不确定关系，表明心对身的主导是曲折而非直接的，是具体动态而非抽象静止的，是最终决定而非立竿见影的。身之吉、凶是从现实的个人功利上来讲，以对自身有利与不利为身之进退的标准。心则不同，当心不正时，心受身支配，心的价值判断屈从于个人功利得失；当心有善念时，心支配身，心能超越个人吉凶得失，以所追求的崇高价值来规范身之进退。当然，利与义、身与心并非绝对对立，鱼与熊掌在有些时候是可以兼得的，如《乾》卦九五之"飞龙在天，利见大人"，又如《讼》九五之"讼，元吉"。《周易》也是以追求身心、利义、吉善的双收为目标的，不过，在很多时候，两者又存在矛盾，主体在其中就必须面临义或利、身或心之间的权衡和取舍。以《讼》卦的九四与上九两爻为例来说明。《讼》卦九四爻辞曰："不克讼，复即命，渝，安贞吉。"意思是：九四败诉，但能及时改正错误，回归正理，安守正义，因而获吉。九四在诉讼中失败，可谓凶，但是真正的凶，不是过，而是过而不改，子曰："过而不改，是谓过矣。"（《卫灵公》）九四能"渝"，及时地"复命""知常"，所以能致善，并逢凶化吉。反之，上九胜诉，却因为不善而导致最终的失败。上九爻辞说："或锡之鞶带，终朝三褫之。"意思是：上九胜诉，或许能得到高官厚禄，却会很快被剥夺。在官司上胜诉，自然是吉，但上九利用争讼的方式，以位压人，损人利己，所以遭到他人的怨恨，祸患也接踵而至。正如《日讲易经解义》解释道："天下事惟善者可成，讼则德丧而招尤，怨深而招患，揆之于理，断乎不可成也，终则不可成而成，所以

---

① 程颐撰，王孝鱼点校《周易程氏传》，中华书局，2011，第42页。

凶也。"① 由此可见，孔子所主张的身心和谐是在善吉、恶凶的选择中进行的，是在两者的张力中，在利与义、现实与理想的取舍中，来展现人道的立场。

人性存在于繁复的社会关系之中，身、心的状态以适宜、和谐为目标，将其抽象为一定的伦理原则是困难的，是不符合具体生命追求的，也是难以通达孔子及其他中国古代哲学家对身心问题理解的。身心问题作为一个理论问题，必须要回到现实的生活实践中去，结合主体的功利欲求、心性修养以及所处的境遇，加以具体而动态的分析。

（责任编辑　刘云超）

---

① 牛钮、孙在丰：《日讲易经解义》，中央编译出版社，2013，第69页。

阳明先生说"病"

高 丹[*]

摘 要 阳明先生一生疾病缠身。读《传习录》，很多时候先生都喜欢以病寓物，以病说理。古往今来圣贤人物，他是唯一一位喜欢说"病"的圣人，他对世人/士人"疾病"的心理认识与深刻洞察，读之如大医诊脉，望闻问切，娓娓道来；而其中贯穿的儒学思想更是精妙绝伦、发人深省。从阳明先生有关"病"的概念叙述与其心学思想交织而论，可以得到一点观察启示。

关键词 阳明 《传习录》 心学

一 《传习录》中的"病"

孟子云："夫道若大路然，岂难知哉？人病不由[①]耳。"早在先秦，孟子便从人的心性上立说，指出"道"就如同大路一样坦荡，并非难知难行，问题在于不去探求它。阳明先生遵循孟子的思想，将孟子的"病"扩充到人"心"上来，他分析了当年孟子与告子的对话，认为孟子反驳告子"仁内义外"，提出集义养气之说，就是因病立方。

孟子说忘助，亦就告子得病处立方。告子强制其心，是助的病痛。故孟子专说助长之害。告子助长，亦是他以义为外，不知就自

---

* 高丹，北京市海淀区教育科学研究院、文学博士，主要研究领域为中国古代文学。
① 《孟子·告子下》原文"求"。

心上集义，在必有事焉上用功，是以如此。若时时刻刻就自心上集
义，则良知之体，洞然明白。自然是是非非，纤毫莫遁。又焉有
"不得于言，勿求于心；不得于心，勿求于气"之弊乎？孟子集义
养气之说，固大有功于后学。然亦是因病立方，说得大段。不若
《大学》格致诚正之功，尤极精一简易为彻上彻下，万世无弊
者也。①

阳明先生以天下人之心为"吾之心"，以天下人之"病"为"吾之
病"，心怀天下苍生，无惧他人讥讽谩骂，于文中痛心疾首地说道：
"仆诚赖天之灵，偶有见于良知之学，以为必由此而后天下可得而治。
是以每念斯民之陷溺，则为之戚然痛心，忘其身之不肖，而思以此救
之，亦不自知其量者。……吾方疾痛之切体，而暇计人之非笑乎？……
呜呼！今之人虽谓仆为病狂丧心之人，亦无不可矣。天下之人心，皆吾
之心也。天下之人，犹有病狂者矣，吾安得而非病狂乎？犹有丧心者
矣，吾安得而非丧心乎？"②

因此，他透过明代种种"病态"的社会现象与制度，又亲历九死
一生的宦海沉浮，痛定思痛，将天下人之"心病"的起因、症状、治
疗等里里外外都研究得十分透彻，最终成就了心学在人类思想史上的地
位。本文对他所提出的有关"病"的概念与观点进行集中梳理与深入
探讨，以此视角或可为深入了解、把握阳明心学筋脉的一个重要切口。

据不完全统计，《传习录》中共有92处提到"病"，分别有以下三
种不同的含义。

第一，解释为"错误"之意。如："然谓良知常若居于优闲无事之
地，语尚有病。"③"荀子之言固多病，然不可一例吹毛求疵。大凡看人
言语，若先有个意见，便有过当处。'为富不仁'之言，孟子有取于阳
虎，此便见圣贤大公之心。"④

第二，解释为"疾病""害病"之意。如："贱躯旧有咳嗽畏热之

---

① 陈荣捷：《王阳明〈传习录〉详注集评》（以下简称《传习录》），重庆出版社，2017，第
216页。
② 《传习录》，第209～210页。
③ 《传习录》，第179页。
④ 《传习录》，第114页。

病，近入炎方辄复大作。主上圣明洞察，责付甚重，不敢遽辞。地方军务冗沓，皆舆疾从事。今却幸已平定，已具本乞回养病，得在林下稍就清凉，或可瘳耳。"① 又如："有一学者病目，戚戚甚忧。先生曰：'尔乃贵目贱心'。"②

第三，阳明先生学问大多以"心病"切入，这个"心病"就是知行不能合一的毛病。此概念首次出现在《徐爱录》中，已然直接点题："我如今且去讲习讨论做知的工夫。待知得真了，方去做行的工夫。故遂终身不行，亦遂终身不知。此不是小病痛，其来已非一日矣。某今说个知行合一，正是对病的药。"③ 知行合一，正是对病的药！那么阳明先生所说的"病"指的是什么呢？上面已经给出答案——"终身不行，亦遂终身不知"。千百年来，所有的大学问家都以天文地理古今方圆无所不知无所不晓为高才，岂不知先生这里却言，如果终身不践行，那么便终身不知道，大有乾坤颠倒、日月轮换之势。此非小病痛，而是大问题。

二 "心病"的种类

阳明心学主要强调从心上用力、事上磨炼，而先生又非常喜欢用"病"来形容与描摹知行无法合一的状态，如果以病的概念来指称先生对世人痛苦与困顿的点化，那么他所谈及的所有病症都可以称为"心病"。《传习录》中明确被先生指出的心病大致有二。

（一）好名、好利之病

名与利，是世人大多孜孜以求之物。"天下熙熙，皆为利来；天下攘攘，皆为利往。"名与利二者，历来被认为是世俗所追求的本质事物，传统文化中亦有其正当的合理内核。然而，在阳明先生看来，对于做学问之人而言，好名好利便是追求学问之道的大障碍。因此，先生屡次对好名好利之徒进行批评警告！

---

① 《传习录》，第214页。
② 《传习录》，第117页。
③ 《传习录》，第26页。

　　孟源有自是好名之病，先生屡责之。一日，警责方已，一友自陈日来工夫请正。源从傍曰："此方是寻着源旧时家当。"先生曰："尔病又发。"源色变，议拟欲有所辩。先生曰："尔病又发。"因喻之曰："此是汝一生大病根。譬如方丈地内，种此一大树。雨露之滋，土脉之力，只滋养得这个大根。四傍纵要种些嘉谷，上面被此树叶遮覆，下面被此树根盘结，如何生长得成？须用伐去此树，纤根勿留，方可种植嘉种。不然，任汝耕耘培壅，只是滋养得此根。"①

　　譬之病疟之人，虽有时不发，而病根原不曾除，则亦不得谓之无病之人矣。须是平日好色、好利、好名等项一应私心，扫除荡涤，无复纤毫留滞。而此心全体廓然，纯是天理，方可谓之喜怒哀乐未发之中，方是天下之大本。"②

　　先生曰："为学大病在好名。"侃曰："从前岁，自谓此病已轻。比来精察，乃知全未。岂必务外为人？只闻誉而喜，闻毁而闷，即是此病发来。"曰："最是。名与实对，务实之心重一分，则务名之心轻一分。全是务实之心，即全无务名之心。若务实之心，如饥之求食，渴之求饮，安得更有工夫好名？"又曰："'疾没世而名不称。'称字去声读，亦'声闻过情，君子耻之'之意。实不称名，生犹可补，没则无及矣。'四十、五十而无闻'，是不闻道，非无声闻也。孔子云：'是闻也，非达也。'安肯以此望人？"③

　　"只闻誉而喜，闻毁而闷，即是此病发来"。阳明先生毫不客气地指出了大多数世人对于名利毁誉的看重，并且语重心长地谈道："务实之心重一分，则务名之心轻一分。"人活到四五十岁依然无闻，是没有闻道，并非闻声名。许多人曲解了默默无闻的意思，想方设法包装宣传炫耀自己，以为世人皆知便是闻达。"世之学者，如入百戏之场，欢谑跳踉、骋奇斗巧、献笑争妍者，四面而竞出，前瞻后盼，应接不遑。而耳目眩瞀，精神恍惑，日夜邀游淹息其间，如病狂丧心之人，莫自知其

---

① 《传习录》，第48页。
② 《传习录》，第83页。
③ 《传习录》，第101页。

家业之所归。"① 先生笔下，描摹了利欲熏心的学士们的群像，并指出这些都是病态的现象，是丢失本心的表现，光鲜的外壳下包裹着一个个无处安放的灵魂。这士人的病症如脓包花瘤，被先生一刀进去，便丑态毕露、脓血横流。对当世的学者作如此严苛的批评与嘲讽恐怕世上无二。而且先生明察秋毫，认为许多人暂时没有表露出对名利的贪心，但是不代表没有此病症，只是"有时不发，而病根原不曾除"，他们还是有"病"的。应该如何祛除呢？先生指出，须将平日里好色、好利、好名的私心逐渐扫除涤荡，没有丝毫方为痊愈，方能得到一颗全体廓然的纯理之心，这才是立足天下的根本。

（二）因药发病

因药发病，大意应是：本来由于自身的问题而被迫开出了药方，但自身又因久久拿着药方犹疑不定，心神不宁，终致在问药上又添了新病。

> 侃多悔。先生曰："悔悟是去病之药，以改之为贵。若留滞于中，则又因药发病。"②

此条讲薛侃经常后悔，先生便劝导他，虽然悔悟是去病的药，改之才是最宝贵的品质。若总是将悔恨、恼悔盈于心中，挥之不去，滞留不掉，则会因药发病。中医讲求治病机缘，久久拿着药方不肯下药，苦恼之处，病上加病。阳明先生以药与病的关系作为联结，形象地说明了"药"有时候也是发病之起因，鞭辟入里可见一斑。

以下，还有许多"因药发病"的案例：

> 侃问："持志如心痛。一心在痛上，安有工夫说闲语，管闲事？"先生曰："初学工夫如此用亦好。但要使知'出入无时，莫知其乡'。心之神明，原是如此，工夫方有着落。若只死死守着，恐于工夫上又发病。"③

---

① 《传习录》，第158页。
② 《传习录》，第102页。
③ 《传习录》，第92页。

近日一种专在勿忘勿助上用功者，其病正是如此。终日悬空去做个勿忘，又悬空去做个勿助，濟濟荡荡，全无实落下手处。究竟工夫只做个沉空守寂，学成一个痴騃汉，才遇些子事来，即便牵滞纷扰，不复能经纶宰制。此皆有志之士，而乃使之劳苦缠缚，担搁一生，皆由学术误人之故，甚可悯矣。①

文蔚谓"致知之说，求之事亲从兄之间，便觉有所持循"者，此段最见近来真切笃实之功。但以此自为不妨，自有得力处，以此遂为定说教人，却未免又有因药发病之患，亦不可不一讲也。盖良知只是一个天理自然明觉发见处，只是一个真诚恻怛，便是他本体。②

文蔚识见本自超绝迈往。而所论云然者，亦是未能脱去旧时解说文义之习。是为此三段书，分疏比合，以求融会贯通。而自添许多意见缠绕，反使用功不专一也。近时悬空去做勿忘勿助者，其意见正有此病，最能担误人，不可不涤除耳。③

"自添许多意见缠绕，反使用功不专一也。""若只死死守着，恐于工夫上又发病。""濟濟荡荡，全无实落下手处。究竟工夫只做个沉空守寂，学成一个痴騃汉，才遇些子事来，即便牵滞纷扰，不复能经纶宰制。"这些都是因药发病的表征，为学最忌空想与不知变通！

为此，他又以"养生"为题，抓住典型，分析了"养生以清心寡欲为要"的议题，更加深刻地阐释"因药发病"。

很多人讲养生便知要清心寡欲，却很少有人能够做到真正的养生。阳明先生从"人欲"入手指出，欲寡则心自清，清心并非舍弃人事独居求静，而是修炼其心，使之纯乎天理，无一毫人欲之私。今人谈养生，是想随着人欲之生而克之，那么病根依然常在，"未免灭于东而生于西"，但若是将人欲"刊剥洗荡于未萌之先，则又无所用其力，徒使此心之不清"。欲望还未萌发就要搜剔出去，就好比引犬上堂又将之逐出去一样荒唐。因此，先生说，此心要"防于未萌之先，而克于方萌之际"，"今日养生以清心寡欲为要，只'养生'二字，便是自私自利，

①《传习录》，第215页。
②《传习录》，第217~218页。
③《传习录》，第220页。

117

将迎意必之根。有此病根潜伏于中，宜其有灭于东而生于西，引犬上堂而逐之之患也"①。古人云：大医治神，上医治心，中医治身，下医治病。阳明心学就是治神治心之术，养生的关键在于调养心神，心神不宁便是枉谈。

再深入一些：

> 今澄欲求宁静，愈不宁静，欲念无生，则念愈生。如之何而能使此心前念易灭，后念不生，良知独显，而与造物者游乎？……欲求宁静欲念无生，此正是自私自利，将迎意必之病，是以念愈生而愈不宁静。良知只是一个。良知而善恶自辨，更有何善何恶可思？良知之体，本自宁静，今却又添一个求宁静；本自生生，今却又添一个欲无生。非独圣门致知之功不如此，虽佛氏之学，亦未如此将迎意必也。只是一念良知彻头彻尾，无始无终，即是前念不灭，后念不生。今却欲前念易灭而后念不生，是佛氏所谓"断灭种性"，入于槁木死灰之谓矣。②

阳明先生将求宁静、念无生，作为求得真正宁静与真无生的阻碍，也一并归入自私自利、将迎意必之病。他指出，心念越生越是不宁静，就比如善就是善、恶就是恶，无须思考。由此引出良知学问，良知本是宁静体，本是一个心念，"前念不灭，后念不生"，而人们却为了求宁静而希望彻底消灭它，岂不是要人做槁木死灰了？后世学者对于此段叙述有极高的评价："非莹彻儒、释两家之说者，无此妙语。学者不可轻心错过。……乃直指佛氏有个自私自利之心，犹存门户之见，以为异同也。……其用佛入儒，用儒入佛处，自是唐宋以来第一人。"③ 此真为绝古断今之见！中国历史上尤其是魏晋时期，养生的话题成为全民热点，人们或断绝美色视听或一心炼丹吃药，若从阳明先生的理论，亦是自私自利、将迎意必之举。而事实也的确如此，魏晋之世，名士少全，他们大多因祸避难、混淆视听，看似逍遥奔放，实则苦痛不堪，发天地之问，悲身心之失，老庄的极致推崇者亦是儒家的极致崇信者，谈论养

① 《传习录》，第182页。
② 《传习录》，第183页。
③ 《传习录》，第184页。

生实为无奈之举。到了明代，有阳明先生发明"良知"学问，糅佛道入儒，援引佛道亦不可能主张断灭种性之法，世人何必为了养生而求断心念？便于理解，这里特写了人们对于意念缠绵的弊端，让人们注意到"思欲"过分、过剩后引起的萎靡不振，鼓舞人们应立刻从念头之中跳出来，行动起来，心无杂念，知行合一。正如他所言，若只死死守着，心心念念，恐于工夫上又发病。

三 治病之方

针对以上种种"病症"，阳明先生一生积极探索、反复实践，最终此心光明，无复病痛。

（一）返道而行法

《传习录·陆澄录》中载："日间工夫觉纷扰则静坐，觉懒看书则且看书，是亦因病而药。"①

你看，阳明先生就是从一个医者的角度，去阐释如何修习学问。如果说前面的"因药而病"是病，那么"因病而药"则是方，具体办法就是反其道行之，是从直觉思想到直接行为上的"逆行"。"觉懒看书则且看书"，通俗意义上，不想看书往往是因为懒惰，这时，人们或者思前想后，或者干脆放弃。而阳明先生的方法非常直接干脆，或许受佛学思想的影响，近似律宗的修行。"觉纷扰则静坐"②，也是修身、治学时常常遇到的境遇，"静坐中思虑纷杂，不能强禁绝"③，这是后来学生孟源提出的疑问。阳明先生也承认强禁绝不得，但他强调的是就思虑萌动处省察克治、物各付物、知止而后有定的意思。

（二）循循善诱法

此法是《传习录》中先生所用大多数法，乃是老师最基本最重要的教育方法。阳明先生在论"为学工夫""朋友问难""人生大病"等问题时，语气柔和笃定、耐心剖解，时而用比喻，时而抛问题，时而举

---

① 《传习录》，第48页。
② 《传习录》，第48页。
③ 《传习录》，第333页。

事例，很快就能让听者、学生心领神会，如沐春风。而面对学生的问题，他亦不疾不徐、娓娓道来，心平气和，毫无倨傲之气。这也是他多年修习心学思想纯熟于胸使然。请看条录为证：

> 一日论为学工夫。先生曰："教人为学不可执一偏。初学时心猿意马，拴缚不定，其所思虑多是人欲一边，故且教之静坐息思虑。久之，俟其心意稍定，只悬空静守，如槁木死灰，亦无用，须教他省察克治。省察克治之功，则无时而可间。如去盗贼，须有个扫除廓清之意。无事时，将好色、好货、好名等私，逐一追究搜寻出来，定要拔去病根，永不复起，方始为快。①
>
> 先生问在坐之友："比来工夫何似？"一友举虚明意思。先生曰："此是说光景。"一友叙今昔异同。先生曰："此是说效验。"二友惘然，请是。先生曰："吾辈今日用功，只是要为善之心真切。此心真切，见善即迁，有过即改，方是真切工夫。如此则人欲日消，天理日明。若只管求光景，说效验，却是助长外驰病痛，不是工夫。"②
>
> 先生曰："凡朋友问难，纵有浅近粗疏，或露才扬己，皆是病发，当因其病而药之可也。不可便怀鄙薄之心，非君子与人为善之心矣。"③
>
> 先生曰："人生大病，只是一傲字。为子而傲必不孝，为臣而傲必不忠，为父而傲必不慈，为友而傲必不信。故象与丹朱俱不肖，亦只一傲字，便结果了此生。诸君常要体此。人心本是天然之理，精精明明，无纤介染着，只是一无我而已。胸中切不可有，有即傲也。古先圣人许多好处，也只是无我而已。无我自能谦。谦者众善之基，傲者众恶之魁。"④

除此之外，阳明先生教学很有循序渐进的一套。据记载，他非常善于观察、实验，进而了解学生的心性动态，教学方法十分灵活，经过反

---

① 《传习录》，第60~61页。
② 《传习录》，第93页。
③ 《传习录》，第256页。
④ 《传习录》，第310页。

复的教学实践，从而得出"致良知"的真理。阳明先生擅用中医的视角看待学问的修习，自己常以医者自喻，注重"临床实践"。

　　一友静坐有见，驰问先生。答曰："吾昔居滁时，见诸生多务知解口耳异同，无益于得，姑教之静坐。一时窥见光景，颇收近效。久之，渐有喜静厌动，流入枯槁之病。或务为玄解妙觉，动人听闻。故迩来只说致良知。良知明白，随你去静处体悟也好，随你去事上磨炼也好。良知本体，原是无动无静的。此便是学问头脑。我这个话头，自滁州到今，亦较过几番，只是'致良知'三字无病。医经折肱，方能察人病理。"①

　　最终，他总结出著名的"四句教"："无善无恶是心之体，有善有恶是意之动，知善知恶是良知，为善去恶是格物。只依我这话头，随人指点，自没病痛。此原是彻上彻下功夫，利根之人，世亦难遇。本体工夫，一悟尽透。此颜子、明道所不敢承当。岂可轻易望人？人有习心，不教他在良知上实用为善去恶工夫，只去悬空想个本体。一切事为，俱不着实，不过养成一个虚寂。此个病痛，不是小小，不可不早说破。"②他怀揣医者之心，对世人悬空遐想却难以作为的弊病痛心疾首，苦口婆心。"诸君要识得我立言宗旨。我如今说个心即理是如何？只为世人分心与理为二，故便有许多病痛。如五伯攘夷狄，尊周室，都是一个私心，使不当理。人却说他做得当理，只心有未纯，往往悦慕其所为，要来外面做得好看，却与心全不相干。分心与理为二，其流至于伯道之伪而不自知。故我说个心即理，要使知心理是一个，便来心上做工夫。不去袭义于外，便是王道之真。此我立言宗旨。"③

（三）当头棒喝法

　　当头棒喝乃佛家传道法门，阳明先生早期深研佛理，对于此法运用亦是出神入化。

---

①　《传习录》，第264页。
②　《传习录》，第291页。
③　《传习录》，第302页。

一友问："欲于静坐时，将好名、好色、好货等根，逐一搜寻扫除廓清，恐是剜肉做疮否？"先生正色曰："这是我医人的方子，真是去得人病根。更有大本事人，过了十数年亦还用得着。你如不用，且放起，不要作坏我的方子。"是友愧谢。少间曰："此量非你事。必吾门稍知意思者为此说以误汝。"在坐者皆悚然。①

洪与黄正之、张叔谦、汝中丙戌会试归，为先生道途中讲学，有信有不信。先生曰："你们拿一个圣人去与人讲学。人见圣人来，都怕走了，如何讲得行？须做得个愚夫愚妇，方可与人讲学。"洪又言今日要见人品高下最易。先生曰："何以见之？"对曰："先生譬如泰山在前，有不知仰者，须是无目人。"先生曰："泰山不如平地大，平地有何可见？"先生一言翦裁，剖破终年为外好高之病。在座者莫不悚惧。②

学问之大，可容世间所有不平，一个成熟的理论必然经过反复的质疑、推敲、打磨，阳明先生对于心学的理解从任何角度都可以解释通达、圆融无碍，甚至一语中的，无需长篇大论，即达到醍醐灌顶的效果。先生善用修辞比喻，将复杂的理论用平实生动的语言作精简描述。"不要作坏我的方子。"③他棒喝偏狭诡辩，守护心学正统，旁敲侧击警醒门徒；"泰山不如平地大"，一语而出，心胸抱负卓然呈现，助弟子勘破好高骛远之病，令学众肃然起敬，使心学真正走向大众，落地生根。

结　语

一时代有一时代之命题，心学之所以成就大气候，是王阳明总结先贤经验、立足社会现实而开出的药方。《传习录》中，我们不仅看到师徒之间的问答，仿佛也看到了一位体察人间疾苦、诲人不倦、救人不倦的大医，无时无刻不在省察自我、督醒他人。已病难治且得治，未病已现治在先。阳明先生乃大医精诚，他引导人们"诚"于内心良知，扫

---

① 《传习录》，第272页。
② 《传习录》，第289页。
③ 《传习录》，第272页。

除病痛（心病）之源，知行合一乃能身心康健，疾病祛除，天地清朗。可以说，阳明心学，无论在明代社会还是以后，都为萎靡不振、思而不为的社会打了一针强心剂！

（责任编辑　张兴）

明儒邹善提学山东及其王学思想探析

武振伟*

摘　要	明儒邹善是江右王门承前启后的重要人物，在提学山东期间，以"变齐变鲁"为使命，创建书院，讲学其中，致力于传播王学，改变齐鲁士风，促进了王学在山东的传播。为政山东期间，邹善的王学思想除继承其父邹守益之学说外，又有新的发展，进一步丰富和完善。
关键词	邹善　书院　王学

邹善（1521~1600），字继甫，号颖泉，明代江西安福（今江西省安福县）人。正德十六年生，嘉靖三十五年进士，卒于万历二十八年，为王阳明大弟子邹守益（号东廓）之三子。[①] 邹守益是江右王学的核心人物，《明儒学案·江右王门学案一》收入安福邹氏一门五人：邹守益、邹善、邹德溥、邹德泳、邹德涵，邹善为邹守益子辈唯一入选者，邹德溥等三人为邹守益之孙辈、为邹善之子侄，可以说，邹善在江右王门传承中处于承前启后之重要地位，其子侄辈直接受其影响。无邹善，则江右王学不可能形成一个独立的学派。

《明史》邹善的传记附于其父邹守益之后，不仅简短，而且语焉不详。目前学术界对于邹守益的研究已较为深入，而对于邹善的关注度不够，研究较少，对邹善思想的研究，多是附于邹守益的研究之中，这无

---

* 武振伟，山东省齐文化研究院副研究员，主要研究领域为齐文化、地方文化以及古代书院史。

① 张卫红：《邹东廓生平及学术系年》，《国际阳明学研究》第三卷，上海古籍出版社，2013，第314~356页。

疑与邹善在江右王门中的地位是不相适应的。

本文拟就邹善在山东活动的事迹及所撰写的记文为研究对象，探讨邹善提学山东期间山东书院的发展、王学在山东的传播以及邹善王学思想的发展等问题。

一 邹善提学山东与山东书院建设

中国古代书院始于唐，兴于宋，而书院数量的激增则在明中期之后，有数据显示，明正德至万历年间，是书院最为繁盛、创建最多的时期之一。这一时期，书院的发展与王学的传播紧密相连。王阳明自贵州龙场悟道，开始在贵州创办书院，讲授传播心学，继而心学在南方各省迅速传播开来，阳明弟子也多为南方人。相较于南方，北方王学的传播则稍晚，据吕景琳分析，山东王学的传播得力于王阳明在山东为官的弟子，但直到张后觉（号弘山）的出现，才实现了王学的山东化。① 邹善提学山东，正是在山东王学传播的重要时期。相比于南方，北方受正统理学的影响更深，王学传播的难度更大。邹善提学山东的时间，《明史》无载，据《明世宗实录·卷五百六十三》记载：嘉靖四十五年（1566）十月，"郎中邹善为山东副使，提调学校"。同年十二月，明穆宗即位，改元隆庆。可知，邹善是在嘉靖末年任职山东的。接到任命后，邹善并没有感到任务艰难，而是喜山望外，感觉到自己肩负的传播王学的使命即将实现。邹善之子邹德溥在《先考太常卿颖泉府君行状》中称："已而擢山东按察司副使，督学政，喜曰：'变齐变鲁之机，其在我乎！'为条教数十，惓惓以劝学兴行为本务。每校士毕，辄集诸生，诲以圣人道大指，务密参性宗而显证于人伦庶物。已，又偕诸俊彦于湖南书院而日振策之，更名曰'至道'，盖其志也。"② 可以看出，邹善提学山东，即以"变齐变鲁"为使命，致力于传播王学，改变齐鲁士风。

传播王学，自王阳明、湛若水起，多以书院为主要传播场所，书院

① 吕景琳：《明代王学在北方的传播》，《明史研究》第三辑，黄山书社，1993，第93～101页。

② 张卫红：《〈澈源邹氏七修族谱〉所载邹守益子孙传记》，《广西大学学报》（哲学社会科学版）2017年第4期。

成为王学的基地。因书院讲授王学，嘉靖年间由御史发端，继而明世宗亲自发声，指斥王阳明"放言自肆，诋毁先儒，号召门徒，虚声附和，用诈任情，坏人心术，近年士子传习邪说，皆其倡导"，①导致了全国范围的禁毁书院运动。但朝廷的禁毁书院政策，并没有吓退王门后学，邹善之父邹守益仍然不遗余力地传播王学。邹守益曾在广德州创办复初书院，在家乡安福创办复古书院，在新泉书院、白鹿洞书院、复真书院、天真书院等书院讲学，在全国形成了更大的王学热潮。邹善在出仕前后，深受其父影响，对讲学表现出浓厚的兴趣，与耿定向、罗汝芳、胡直等王学中人"究切理学"。而参与首辅徐阶等组织的讲会，也对邹善日后提学山东产生了重要的影响。自嘉靖三十二年起，内阁大学士徐阶以王阳明再传弟子的身份大开讲会，轰动京师，及至嘉靖隆庆之际，徐阶位居内阁首辅，执政近十年，"一时趋鹜者人人自托吾道，凡抚台苍镇，必立书院以鸠集生徒，冀当路见知"②。

济南是山东省府所在地，在邹善任职山东之前，济南已经创建了诸如闵子书院、湖南书院等书院。其中创建于嘉靖二十一年（1542）的湖南书院，为时任山东巡按监察御史的山西沁州人张鹏所建，为课士之所，其后经提学道吕高增建，湖南书院成为济南当时最为重要的书院。嘉靖四十五年（1566），邹善提学山东，到任后，邹善改建湖南书院，并易名为"至道书院"，因邹善在至道书院的影响较大，以至于后世关于至道书院的记载，多直接记载至道书院为邹善所建，而埋没了张鹏的首创之功。《道光济南府志》记载："至道书院，明嘉靖时提学道邹善建，名湖南书院，后更名至道。万历间，改提学道署。"③但《雍正山西通志》记载："张鹏，字鸣南，沁州人，嘉靖丙戌进士……按山东，建湖南书院于会城，以课士。"④可见，湖南书院应为张鹏所建。⑤邹德溥也在《先考太常卿颖泉府君行状》中称："已，又偕诸俊彦于湖南书院而日振策之，更名曰'至道'，盖其志也。于是诸士始知大道之在

---

① （清）孙承泽著，王剑英点校《春明梦徐录》，北京古籍出版社，1992，第313页。

② （明）沈德符撰《万历野获编》卷二十四《书院》，中华书局，1959，第608页。

③ （清）王赠芳等修《道光济南府志》卷十七《学校》，《中国地方志集成·山东府县志辑》，凤凰出版社，2004，第364页。

④ （清）觉罗石麟修《雍正山西通志》卷一百二十六《人物二十六》，清雍正刻本。

⑤ 武振伟：《济南至道书院的兴衰》，《联合日报》2019年11月16日，第4版。

我，而信圣人为必可学，瞿然奋立志，即街巷编氓，下及隶卒，亦有感奋嗜义者。"姜宝《周怡墓志铭》中也说："（山东按察司佥事周怡）在山东，最肯留心于职业，与僚友义河李公幼滋、颍泉邹公善雅同调，时相与讲授湖南（书院），闻者鹊起。"① 可见，邹善将湖南书院改名为至道书院，并与同调一同讲学书院之中，使至道书院成为山东传播王学的重要基地，对山东士子产生了重要的影响。

隆庆元年（1567），东昌府高唐州武城县知县金守谅移建旧弦歌书院于城中，并将书院更名为"学道书院"。邹善作为提学道，在金守谅求记后，欣然为学道书院作记文。《乾隆武城县志》记载："武城旧有弦歌书院在城西，以邑名同子游为宰处故，建祠祀之，明隆庆时，知县金守谅移今所，改曰'学道'。"② 同年，邹善还到青州府凝道书院讲学。

隆庆二年（1568），莱州府昌邑县新建养志书院，书院旧为逢萌祠，县人孙应兆感念汉代高士逢萌之人品，建逢萌祠以祀之，邹善称"宜为书院，以养志名"，将书院改称养志书院。养志之名出自《后汉书·逢萌传》："养志修道，人皆化其德。"邹善欣然为之作记，并亲往讲学。《乾隆昌邑县志》记载："养志书院，城西二里西岩前，旧为逢萌祠，明隆庆二年，邑人孙梦旸重修，督学邹善改建书院，讲学于中。"③ 同年，青州府高苑县王士行、王士尚兄弟不忍战国时齐国高士鲁仲连墓之湮没，即在墓前修建高节祠，置祭田和奉祀生，以祀鲁仲连，并招收乡里子弟于祠中就学，"督学宪使颍泉邹公闻而嘉之，扁其额曰：'高节书院'"④。

隆庆三年（1569）⑤，邹善为鼓励山东王学的代表人物张后觉讲学，积极为其创造条件，在济南府长清县王遇岭东创建愿学书院，邹善亲作

① 陈时龙：《〈东廓先生遗稿〉的刊刻与流传》，《国际阳明学研究》第三卷，上海古籍出版社，2013，第308页。
② （清）骆大俊修《乾隆武城县志》卷四《学校》，《中国地方志集成·山东府县志辑》，凤凰出版社，2004，第262页。
③ （清）周来邰修《乾隆昌邑县志》卷四《学校》，《中国地方志集成·山东府县志辑》，凤凰出版社，2004，第441页。
④ （清）张耀璧修《乾隆高苑县志》卷八《艺文志》，清乾隆刻本。
⑤ （清）舒化民等修《道光长清县志》没有记载愿学书院建立时间，邹善所撰《愿学书院记》碑尚存今济南市长清区讲书院村，今据碑刻补充年岁。

《愿学书院记》以记其事。《道光长清县志》记载："愿学书院，隆庆间，安福邹公善督学山东，相地王遇岭东建，捐银助工，邑侯柴宗义司其事……邹公往来驻临，各邑生儒鼓箧听讲。茌平致仕教谕张后觉、恩县举人王牧、东阿贡生陈戒岁恒至焉。"① 《明史》载："东昌知府罗汝芳、提学副使邹善皆宗守仁学，与后觉同志。善为建愿学书院，俾六郡士师事焉。"② 起初只是张后觉、王牧"共卜居于长清王遇岭下，岁期一往，辄默居数日，究所学，凡十余年"。在建立愿学书院后，邹善也经常往来愿学书院，在其中讲学，与张后觉等人共同传播王学。

隆庆年间，济南府平原县旧有云龙寺，知县郑金将其改建为云龙书院，邹善又将其更名为"闲道书院"。《乾隆平原县志》记载："闲道书院，在东门外里许，先有僧欲建云龙寺，明隆庆中，知县郑金改为云龙书院，提学副使邹善改今名。"③ 虽然闲道书院创建时间已不可考，但至迟当于隆庆四年之前。

二　邹善书院讲学与良知之学的传播

嘉靖末年，在南方，王阳明心学已经得到广泛的传播和接受，但北方还是程朱理学的天下，王学没有得到大范围的传播，王学接受者较少。而作为王学大弟子邹守益之子的邹善，接受阳明心学已久，立志广泛传播心学，"（邹）善服习父训，践履无怠，称其家学"④。而邹守益是王阳明心学的继承者，很好地传承了王阳明的学说，如《明儒学案·江右王门学案》所说："姚江（王阳明）之学，惟江右为得其传，东廓（邹守益）、念庵、两峰、双江其选也……盖阳明一生精神，俱在江右，亦其感应之理宜也。""阳明之没，不失其传者，不得不以先生（邹守益）为宗子也。"⑤ 罗念庵曾说："方阳明公之存也，传良知之说

---

① （清）舒化民等修《道光长清县志》卷八《学校志下》，《中国地方志集成·山东府县志辑》，凤凰出版社，2004，第400页。

② （清）张廷玉：《明史》卷二百八十三《儒林二·张后觉传》，中华书局，1974，第7287页。

③ （清）黄怀祖等修《乾隆平原县志》卷四《学校》，《中国地方志集成·山东府县志辑》，凤凰出版社，2004，第44页。

④ （清）张廷玉：《明史》卷二百八十三《儒林二·邹守益传附邹善》，中华书局，1974，第7271页。

⑤ （清）黄宗羲：《明儒学案》卷十六《江右王门学案一》，中华书局，2008，第331～332页。

者，各以其意为解，惟先生（邹守益）则独公之言是述；及阳明公之没也，承良知之统者，各以其资为的，惟先生则独公言是守……而良知之发明，至于今，二十有五年，日以昌大而不废者，谁之力欤！……自绍兴之后，使人无疑于师说者，惟先生一人而己。"①邹守益主张"戒惧以致良知"，得阳明之真传，邹善又继承了其父邹守益的学说，"服习父训，践履无怠"，可以说邹善在传播之心学应为王学之嫡传。

良知之学是王学的核心。邹善提学山东期间，在山东多地改建书院，在书院中讲良知之学。王阳明曾讲："吾平生讲学，只是致良知三字"；"除却良知，还有甚么说得"；并且将良知之学上升到"千古圣圣相传一点滴骨血"的高度。黄宗羲曾高度评价良知之说，"自姚江指点出'良知人人现在，一反观而自得'，便人人有个作圣之路。故无姚江，则古来之学脉绝矣"②。邹善曾在山东多处书院讲"良知"之学。在济南至道书院讲良知之学，《康熙历城县志》："邹善，江西人，万历间督学，创湖南书院，置学田养士，遍遴海右名士陶镕其中。赵司农、王中丞诸名卿俱属品题。毁淫祠为社学，教童子歌咏，以养性情，训人自觅其良心，士人悦服。"③虽然县志将邹善任职山东时间记错，并且将创建湖南书院的功绩错给了邹善，但邹善在至道书院讲良知之学则是准确的。邹善还到青州府凝道书院讲良知之学，赵秉忠《云门书院记》记载："隆庆丁卯（1567），督学者邹公善讲明良知，羽翼圣道，设皋比函丈于此，一时贤哲师济景从，造士作人之盛，学士先生迄今数能言。"④邹善不仅在长清建愿学书院，而且亲往讲学。昌邑养志书院也留下邹善讲学的足迹。从邹善为书院创建、撰记、题匾、更名、讲学等活动看，邹善对山东书院建设倾注了更多的心血，给予了更大的支持，东至莱州府平度县，西至平原县、武城县，邹善的目光所及已到乡村书院，高苑高节书院虽僻处"县西五里"⑤，也得到了邹善的题匾褒奖，作为提学道，其行为无疑极大鼓励了书院和讲学的发展。

① （明）罗洪先：《祭邹东廓公文》，载《邹守益集》，凤凰出版社，2007，第1416页。
② （清）黄宗羲：《明儒学案》卷十《姚江学案》，中华书局，2008，第178页。
③ （清）李师白修《康熙历城县志》卷六《职官·宦绩》，清康熙六十一年刻本。
④ （清）张承燮等修《光绪益都县图志》卷十四《营建志下》，《中国地方志集成·山东府县志辑》，凤凰出版社，2004，第126页。
⑤ （清）宋弼修《康熙高苑县志》卷二《建置志》，清康熙刻本。

邹善提学山东期间，通过创建书院、讲学等方式，造就了一批人才，直至晚年，"益以觉士为己任"①。《雍正山东通志》记载："朱鸿谟，益都人，隆庆辛未进士……为诸生时，邹善首授良知之旨……遂为名儒。"② 邹德溥《先考太常卿颖泉府君行状》中称："自是东省多名人杰士。若孟公秋、朱公鸿谟、王公汝训、房公守士、孟公一脉辈，具先考所造士。其他惇行嗜修之俦，不可殚数。然务精鉴，士所拔多俊才……已而辟雍课天下贡士，东省列高等最多。"东昌府聊城县曾建有七贤祠，祀王道、穆孔晖、孟秋、张后觉、王汝训等。③ 孟秋、朱鸿谟、王汝训等后都成为明代著名的理学家。作为邹善的弟子，朱鸿谟在万历初年张居正父丧夺情之时，不顾严旨和廷杖、遣戍的危险，"慷慨上疏，当事内愧，不能重螫，乃勒之归"④。其气节为世人所重，其后官至都御史、巡抚应天，授刑部侍郎。后来邹善自福建入京经过山东时，得到众多弟子的欢迎，"过东土诸邑，故弟子靡不遮道迎，率以数百计。或曩所考劣士，自登、莱步涉数百里而至。垂别，涕泣依依，若婺无归者"。入京后，"东省故门人官都下者，旅拜谒先考，半受如督学时"⑤。可见，邹善在山东数年影响之大。

嘉靖、隆庆时期是王学广泛传播、得到接受的重要时期。山东本是程朱理学的重地，嘉靖、隆庆之后，出现了王学高涨的态势。隆庆初年，王学渐渐翻案，王阳明的名位也得以恢复，随着书院和讲学的兴盛，"王阳明对程朱理学的激进批判和它本身简捷明快的理想主义，在很短的时间内吸引着各种各样的人"⑥，王学很快就成了当时思想界的时尚。《明史·儒林一》说："宗守仁者曰姚江之学，别立宗旨，显与朱子背驰，门徒遍天下，流传逾百年，其教大行，其弊滋甚。嘉、隆而

---

① 邹德溥：《先考太常卿颖泉府君行状》，转引自张卫红《〈澂源邹氏七修族谱〉所载邹守益子孙传记》，《广西大学学报》（哲学社会科学版）2017年第4期。

② （清）岳浚修《雍正山东通志》卷二十八之三《人物》，清乾隆刻本。

③ （清）陈庆蕃修《宣统聊城县志》卷四《学校志》，《中国地方志集成·山东府县志辑》，凤凰出版社，2004，第47页。

④ （清）岳浚修《雍正山东通志》，清乾隆刻本。

⑤ 邹德溥：《先考太常卿颖泉府君行状》，转引自张卫红《〈澂源邹氏七修族谱〉所载邹守益子孙传记》，《广西大学学报》（哲学社会科学版）2017年第4期。

⑥ 葛兆光：《中国思想史》第二卷，复旦大学出版社，2001，第315页。

后，笃信程、朱，不迁异说者，无复几人矣。"① 至明末，如山东济阳人张尔岐所说："丑诋程朱如三家村老学究"，"乡塾有读《集注》者，传以为笑。《大全》《性理》诸书，束之高阁，甚至不蓄其本。"② 王学已经完全占据了理论的制高点，取得了压倒性胜利。王学传播之功绩，邹善应有一份。

邹善何时离开山东，史无明载，邹善曾任职湖广布政司参政、分守湖北。据明隆庆年间云南兵备副使向淇《当仁堂记略》中记载："辰州城西数百步有虎溪山，山有亭、有轩、有楼、有阁，其楹檐整饰而岿然中立者，则阳明王先生祠也。隆庆庚午（隆庆四年），颖泉邹公善奉命来镇湖北，诣祠谒之，将思所以倡明先生之遗教，而四方志学之士日彬彬焉。"③ 可见，邹善离开山东的时间当在隆庆四年（1570），邹善提学山东大概五年。邹善到湖北赴任后，继续以弘扬王学为己任，延续了提学山东时期的为政方针。据《道光重纂福建通志》记载，隆庆五年，邹善作为福建按察使，参与创建了福州道山书院。④ 可以说，邹善为官期间，所至之处多参与建修书院，以书院为阵地倡导王学。

虽然山东王学的传播始自王阳明的弟子山东东昌府人穆孔晖，"是阳明心学在北方的第一个传人"，⑤ 但穆孔晖的影响力较小，直到张后觉的出现，才使山东王学的传播进入一个新的时期，张后觉的声名及成就与邹善、罗汝芳等人的提携是密不可分的。邹善提学山东的数年，正是山东王学传播开来的重要时期。在邹善的提倡带动下，山东呈现出书院建设的一个高潮。隆庆元年（1567），汶上知县赵可怀重修圣泽书院。隆庆三年（1569），沂水绅士捐修闵子书院。万历元年（1573），汶上知县张惟诚改圣泽书院为复古书院，还创建了汶阳书院。万历元年，平阴云门书院创建。

① （清）张廷玉：《明史》卷二百八十二《儒林一》，中华书局，1974，第 7222 页。
② （明）张尔岐：《蒿庵闲话》卷一，粤雅堂丛书本，清咸丰刻本。
③ （清）守忠等修《同治沅陵县志》卷四十二《艺文志二》，清同治刻本。
④ （清）孙尔准等修，陈寿祺纂：《道光重纂福建通志》卷六十二《学校》，清同治十年刻本。
⑤ 吕景琳：《明代东昌王学述论》，《东岳论丛》1993 年第 2 期。

三　邹善提学山东时期王学思想的发展

邹善为政山东期间，邹善的王学思想除继承其父邹守益之学说外，又有新的发展，进一步丰富和完善，体现在以下几个方面：

阐说一体之道。邹善《新建学道书院记》中说："夫道率于性，吾之性，其于天地万物，本同一体者也。学也者，所以全此体而范围曲成之也。故孩提之爱敬，何尝庸学虑于其间，而固自知之、自能之，休戚而痌□同，民亦吾亲也；荣瘁而欣惨共物，亦吾与也。此皆天真之不容已。""故善学者，融天地万物于一身，不善学者，外吾身于天地万物之道，奈何默识吾此体之真。""一体之道明，则人知学不可已；一体之学明，则人知道不可离。大道为公之世，其庶几可见矣。""予愿与诸大夫诸师生，毕力于默识之旨，而无敢厌倦焉。"① 邹善对于默识之道是有深切体会的，正如邹善所说："子曰：默而识之。识是识何物？谓之默则不靠闻见，不倚知识，不藉讲论，不涉想像，方是孔门宗旨，方能不厌不倦。是故必识此体，而后操存涵养始有着落。"

混合佛老，以禅论道。邹善在平原县云龙书院改为闲道书院时，这样说："昔孟子欲闲先圣之道，而以正人心、息邪说为己任，今之为吾道害，非佛老耶？闲之将何如，欲辟邪以闲吾道。其惟明道乎？道之不明，虽日倡辟邪之说，终不可得。而闲也，何也？道本于心，吾心之体湛然至静，而足以涵天下之动，凝然至寂，而足以应天下之感。此吾道之全也。""二氏之言，其合乎道者，皆吾儒之道，而其拂经畔道，则以所见之偏。今欲辟其所见之偏，乃并其合道者，一切禁绝之而裂与之。若相污染，然其若何？夫子曰：吾有知乎哉？无知也。指吾空空之真，乃避空空而归诸鄙夫，其称颜子曰：回，庶乎屡空指，其几于此体也，而曰空匮，是何避之太深，而裂之太严耶？"（邹善《闲道书院记》）《乾隆平原县志》编纂者按语云："此记以闲道为名，而其中显不免宽假二氏之语，空空屡空，尤阐别解，竟似欲援此以入彼者，道之大闲，不几裂耶？盖邹公父文庄祭酒为姚江高弟，公沿袭其宗旨，而流弊

---

① （清）骆大俊修《乾隆武城县志》，《中国地方志集成·山东府县志辑》，凤凰出版社，2004，第 366～367 页。

转甚耳。"① 虽然黄宗羲说："颖泉论学，于文庄之教，无所走作，入妙通玄，都成幻障。"② 邹德溥也在《先考太常卿颖泉府君行状》中称："学故多自得，然要于阐发大父宗旨，语未尝不称先考也。"认为邹善的王学思想本自其父邹守益，对邹守益的思想是"无所走作"，但不可否认的是，邹善之思想已经"流弊转甚"，以禅论道，将佛学混入儒学，如清儒陆陇其曾批评王学说："自阳明王氏倡为良知之说，以禅之实，而托儒之名。"③ 可谓确论。

提倡良知之学。邹善服膺曾子之学，在《愿学书院记》中说："吾心有仲尼，发愤至于忘食，愿孔亦孔也，吾心有子舆惧泽之斩而私淑之，愿孟亦孟也。陶倚弗能为之阻，赵孟弗能为之夺，岂非愿吾之所自有哉？夫自有而愿，愿在我也，自愿而学，学在我也，然非时时习，终不可以尽此学。"④ 邹善改昌邑逢萌祠为养志书院，为高苑高节书院题匾，用意即在于培育良知，如其所说："天壤间自有一种高标，足以廉贪立懦，有补于世教者，若大暑郁蒸而清风倏来，喝者始有欲苏之渐……建祠撰记以高子庆（逢萌）之风，其欲缘此励世而冀养厥志。"⑤ 隆庆二年（1568），邹善携诸生作大泽山、崂山之游，其中有朱鸿谟、王道明、齐一经、杨耿光、李如旦等三十余人，在登山过程中，邹善不忘讲学，当日出之时，心中无妄，"其心寂寂然，廓廓然，炯炯然"，是因为保持了自己的内心，"吾心本自幽邃，本自广大，本自光明，一有所触，则心境会而本真露，斯固吾人平旦时也。能真识此体而时保之，处尘氛不异清境，居屋漏常对真明，则志气伍神喧寂一致，方可以言学，方可以言游"⑥。恰可作王阳明临终之时所说"此心光明，亦复何言"之语的注脚。

---

① （清）黄怀祖等修《乾隆平原县志》，《中国地方志集成·山东府县志辑》，凤凰出版社，2004，第123～124页。

② （清）黄宗羲：《明儒学案》卷十六《江右王门学案一》，中华书局，2008，第333页。

③ （清）陆陇其著《陆陇其集·三鱼堂文集》卷二《学术辨上》，王群栗点校，浙江古籍出版社，2018，第24～25页。

④ （清）舒化民修《道光长清县志》，《中国地方志集成·山东府县志辑》，凤凰出版社，2004，第400页。

⑤ （明）龙文明修《万历莱州府志》卷八《艺文志》，明万历刻本。

⑥ （明）龙文明修《万历莱州府志》卷八《艺文志》，明万历刻本。

结　语

　　邹善生于理学世家，其父邹守益、其兄邹义和邹美都是王阳明心学的接受者和传播者。邹守益致仕后，长期致力于传播王学，于嘉靖四十一年（1562）七十二岁病逝。邹善之兄邹义享年五十三，邹美享年五十，只有邹善最小且最长寿，享年八十岁，历官京师、山东、湖广、福建、广东等地，足迹遍及大江南北。邹善与其父一样，所到之处，修书院，开讲学，热心繁荣当地文教事业，对王学的传播和发展起到了重要的推动作用。

　　邹善师承其父邹守益，在仕途及学术影响方面均不及邹守益，但为江右王门承上启下所作的贡献是不可磨灭的。其后，其子邹德涵"以悟为入门，于家学又一转手矣"。邹德泳"既承家学，守'致良知'之宗，而于格物则别有深悟"①。邹氏家学得到进一步的发展。邹善为政山东，不仅创建书院，传播王学，丰富发展了自己的思想，还为山东造就了一批人才，为山东文化的发展做出了显著的贡献。

（责任编辑　李玉）

---

　　①　（清）黄宗羲：《明儒学案》卷十六《江右王门学案一》，中华书局，2008，第333～334页。

从"岩中花开花落"看王阳明生命哲学

曾 燚[*]

摘 要 《传习录》里"岩中花开花落"一段问答作为王阳明对
"心外无物"的明确文字表述，从侧面反映了他独特的生
命观。然而以往学者对于"心外无物"的解释多从"主
体—客体"的思维模式出发，将心与物看作二分且毫无联
系的两个实体。于是他们在解释心、物关系的时候就多从
意义世界建构或意向结构的角度出发，将其诠释为主体向
客体的一种精神性建构，从而忽略了宋明本来"万物一
体"的视域，也忽略了阳明的"心"作为贯通天人、主宰
生命、应感而明的主体所彰显的作用，而这正是阳明生命
观的体现。

关键词 心 物 王阳明 生命哲学

相较于西方文化而言，中华文化的突出特征在于她对生命的终极关
怀。生与死一直是儒、释、道三家所共同关注的话题，而儒家一直以来
作为中国主流文化，"天地之大德曰生""生生不息"等构成了其生命
哲学的基础。在这样的哲学中处处透露着对生生的关怀与赞颂，表达着
对生命的敬畏与善意，并以此贯穿始终。

王阳明作为明代大儒，继承了儒家的生命观并有所创新，而他与前
哲的不同之处在于他更注重从主体的角度去理解生命的现象，由内而外
地去体会生生的本意，所以它的生命哲学皆离不开"心"。概括起来主

* 曾燚，山东大学儒学高等研究院博士研究生，主要研究领域为中国古代哲学、比较哲学。

要体现为两种状态。第一，存有状态：生命一体，心外无物。第二，发用状态：心为主宰，流行应感。两种状态圆融无碍，本无先后之分，但为了描述清楚在此分而论之。

第一种状态从存有的基础来看待生命，将天地万物比作一个完整的生命体，人心即天心，万物不外吾心。这样的提法可以充分激励个体主观能动性的发挥，让人们意识到天下事即我事，天下生命之苦乐即我苦乐，"一体之仁"心作为源源不断的基础，为生命关怀提供动力。第二种状态从发用的角度出发，"心"不仅是本体之"理"，主宰天地万物，而且流行应感，作为生命的原动力而存在，为不息的生命活动提供活力源泉。

而就此两点，实则都可从阳明与友人的一段问答中体现出来。

> 先生游南镇，一友指岩中花树问曰："天下无心外之物，如此花树，在深山中自开自落，于我心亦何相关？"先生曰："你未看此花时，此花与汝心同归于寂。你来看此花时，则此花颜色一时明白起来。便知此花不在你的心外。①

在这段文字中阳明友人以心、花二分的思维质疑"心外无物"的观点，而阳明则用"心感花存，心未感花寂"的方式来阐述花在心内的事实。这样的阐述背后其实是有完整的生命观为支撑的。如前文所言，天地生命与个体生命是本来一体的状态。这种状态以"万物一体"为存有基础，心与花本来一体。而心体为主宰，花就心之感应而呈现，由此而知花在心内。

但是，及至现代。许多学者对这段文字的诠释皆是从现象学或者意义世界的建构的角度来阐述，而忽略了宋明本来的"万物一体"视域。如陈来说："综合即构成作用，这是说，作为意向对象的花的显现，并不是实在对象，而是意向构成作用产生的一个结果。"② 除此之外，杨国荣说："所谓花自开自落，着眼的是本然的存在；花的颜色明白与否，则是相对于观花的主体。就本然的存在而言，花之开与花之落与心

---

① （明）王守仁撰，吴光、董平、姚延福编校《王阳明全集》卷三语录三，上海古籍出版社，2017，第94页（版本下同）。

② 陈来：《有无之境——王阳明哲学的精神》，北京大学出版社，2013，第61页。

体似乎并不相干；但花究竟以何种形式呈现出来，亦即花究竟对主体来说具有何种意味，则很难说与心体无关。当王阳明说'此花不在你心外'时，似乎更多地是就以上的意义关系而言。"①

综合两位学者的意见来看，不难发现，很多学者对阳明"心外无物"的理解，更多的是以"心－花"二分的思维模式，从个体的角度出发去思考心与花的关系，将它们看作两个截然不同且并无联系的实体。所以"心外无花""与花同寂""看花颜明"就只能从主体与客体之间的精神意向建构或者意义世界建构的角度来理解，这样的理解实际上是基于个体的角度来讨论的，也就是说，站在个体的角度去思考阳明作为个体如何去构建这样一种"心外无物"的关系，忽略了阳明生命哲学中生命本来一体的视域，以及在此视域下，心作为贯通天人、主宰生命、应感而明的主体所彰显的作用。

所以，接下来笔者将通过三个方面来展开论述，以此来重新解释"心外无物"所蕴含的生命观。第一，还原阳明"一体"的视域，指出人的生命与天地的整体生命本来一体的构成。第二，讨论"心"的超越性，指出"心"作为贯通天人的"理"而成为生命的主宰，不仅主宰一身，亦主宰天地，所以心外无物是实然描述。第三，论述"心外无物"的发生境遇——心之感应。指出人心之所以能感通天地、天人合一是因为心体之发用，应感而流行。

一 存有：生命一体——气

"气"在传统的生命观中一直占据着重要的地位，小野泽精一提出"气的思想概念，就宏观而言，可以视为组成人和自然地生命、物质运动的能量"②，曾振宇在《中国气论哲学研究》中也指出："精气化育自然万物和人类。"③的确，自先秦至明清，对于"气"的讨论从未停止

① 杨国荣：《心学之思——王阳明哲学的阐释》，三联书店，2015，第95页。
② 〔日〕小野泽精一、福永光司、山井涌：《气的思想——中国自然观与人的观念的发展》，上海人民出版社，2007，第5页。
③ 曾振宇：《中国气论哲学研究》，山东大学出版社，2001，第28页。

过，庄子曾说："人之生，气之聚也；聚则为生，散则为气。"① 又说："通天下一气耳。"在庄子看来天下万物皆是一气流行，其中人的生命也是由气而聚，所以生老病死等诸多的生命现象实际上也是气的运化过程。

继庄子之后，许多的哲学家都以气来解释生命的构成与运动。张载对此也有所借鉴，他曾说："气聚则离明得施而有形，气不聚则离明不得施而无形。方其聚也，安得不谓之客?"② 显然张载对于"气－物关系"的解释与庄子并无二致，除此之外二程与朱熹也以气为生物之本。程颐说过："离了阴阳更无道，所以阴阳者道也。阴阳，气也，气是形而下者，道是形而上者。形而上者则是密也。"③ 朱熹曾言："天地之间，有理有气。理者也，形而上之道也，生物之本也；气也者，形而下之器也，生物之具也。是以人、物之生，必禀此理，然后有性；必禀此气，然后有形。"④ 上述言论均阐述了一个事实："气"是万事万物存在的依据，无论是事物的产生还是消亡，皆离不开"气"的作用。虽不同的人对"气"的界定有所不一，但都是承认这个事实的。

对于浸润于传统思想中的阳明来说，"气"化万物给予世界以及生命的解释，会潜移默化影响他对万物构成的理解。而更为重要的是阳明自己对"万物一体"的体悟，据王龙溪对阳明在阳明洞天的修习记载：

> 自谓尝于静中内照形躯如水晶宫，忘己忘物，忘天忘地，与空虚同体。光耀神气，恍惚变化，似欲言而忘其所以言，乃真境象也。及至居夷处困，动忍之余，恍然神悟，不离伦物感应而是是非非自见。⑤

我们可以发现，在这种切身的体会当中，阳明达到了无我忘己的境界，不仅忘掉了自己亦忘掉了天地。刹那间与空虚同体，处于恍兮惚兮

---

① （宋）朱熹撰，朱杰人、严佐之、刘永翔主编《朱子全书》第二十三册，上海古籍出版社、安徽教育出版社，2002，第2755页。

② （宋）张载：《张载集》，中华书局，1978，第8页。

③ （宋）程颢、程颐：《二程集》，中华书局，1981，第162页。

④ （宋）朱熹：《朱子全书》，上海古籍出版社，2010，第1064页。

⑤ （明）王畿撰，（明）万历四十三年张汝霖校刊本，《王龙溪先生全集》卷二语录，1615。

的状态。于此境界当中没有物与意的区分，全部融为一境。因此阳明得以识得前贤所说的"万物一体"并非虚妄。

所以当涉及需要解释世间万物以及周遭生活际遇的时候，阳明也继承了先哲对于"气"的运用。如他所说："盖天地万物与人原是一体，其发窍之最精处，是人心一点灵明。风、雨、露、雷、日、月、星、辰、禽、兽、草、木、山、川、土、石，与人原只一体。故五谷禽兽之类，皆可以养人；药石之类，皆可以疗疾：只为同此一气，故能相通耳。"[1] 在他来看，无论是我们维持生命基本活动的进食，还是生病之后所进行的疗养，其发生作用的关键都在于"气"。正因为五谷禽兽是由"气"构成，而我们的五脏六腑也是由"气"而成，所以我们才可以吸收五谷之中的精气存活，疗养疾病也是同样的道理。相通相用的依据在于同构性。如果把这种观念扩大到整个天地，那么便会明白原来风、雨、雷、露、日、月、星、辰、草、木、山、川其实都是这一气的流行。所以从构成的角度来讲，人的个体的生命实际上与天地整体大生命是一体的，同构同进。

因此，当我们以"万物一体""一气流行"的视域来观察，便知无论是岩中之花还是人的物质身心，从构成的角度来讲皆是"气"，所以实际上花与物质的身、心皆是一体，没有任何分离。但从空间的广延来看，花的实体自然是在物质之心外的。所以"心外无物"中的心并非指物质之心，而是本体之心、主宰之心、感应之心。

二 未发：生命主宰——心

对于"心"，儒家在先秦时期就有过专门的论述。孟子以"四心"确立"四性"，指出"心之官则思"。荀子以"心有征知"，将心看作身之"天君"，注重心对身的主导作用。自宋以降，二程视"心"为"理"之所化。朱熹以明镜喻"心"，注重心的照物之用。陆九渊视"心"即"理"，倡导"吾心即宇宙"。显然，不同的人对"心"的理解有差别，由此可见对"心"的理解呈现多元性、多义性。所以只有恰当地理解阳明所言的"心"方能明白"心外无物"的含义。

---

① 《王阳明全集》卷三语录三《钱洪德录》，第95页。

在阳明的思想中，"心"有两种：物质之心、本体之心。这种划分只是逻辑上的区分，实则只在一心。相较而言，阳明对物质之心讨论得最少，显然是认为物质之心作为一种通识无须讨论，故而本文在此也不予论述，我们重点讨论本体之"心"。

（一）心即理

"理"字早已有之，但直至二程的出现才将其提高到本体的地位。他们曾说："天理云者，这一个道理，更有甚穷已？不为尧存，不为桀亡。"① 天理作为终极意义上的本体具有实存性与恒久性。在天为命，在人为性，贯通天人，作为一切的主宰而出现。朱熹继承了这样的思路，认为"理"就是"无极而太极"的本体，所以"理"成了天地万物的终极根据，是至高无上又遍在万物的存在。当涉及个体之"心"与终极之"理"的关系时，"心包众理"构成了他对"心""理"关系的理解。对于朱熹而言，"理"在人中是作为"性"而存在，是先验于人心的本质结构，而心则是后天的经验范畴。所以想要认识到生命的真理就无法通过自身来呈现，而要诉诸外在的格物穷理。

不同于朱熹的是，"心即理"作为一种明确的表述在《传习录》中多次出现，如阳明所说："心即理也。天下又有心外之事，心外之理乎。"② "心即理也，无私心即是当理，未当理便是私心。若析心与理言之，恐亦未善。"③ "都只在此心，心即理也。此心无私欲之蔽，即是天理，不须外面添一分。"④ 阳明清晰地对"心""理"关系做了界定，心与理的关系不再二分，本心即天理，道心与人心也不再并立。这样的思想一方面来源于阳明"格竹"以及"龙场悟道"的生命实践，另一方面来源于陆九渊。在"龙场悟道"中，阳明"始知圣人之道，吾性自足，向之求理于事物者误也"⑤，由此萌发了"心即理"的观点。除此之外，阳明对陆九渊的思想也有所吸收。陆九渊曾说："盖心，一心

---

① 《二程集》卷二上，第42页。
② 《王阳明全集》卷一语录一《传习录》上，第2页。
③ 《王阳明全集》卷一语录一《传习录》上，第24页。
④ 《王阳明全集》卷一语录一《传习录》上，第2页。
⑤ 《王阳明全集》卷三十三年谱一，第1007页。

也，理，一理也，至当归一，精义无二，此心此理，实不容有二。"①
而阳明对他的观点表示认同，称赞："象山之学简易直截，孟子之后一
人。其学问思辨、致知格物之说，虽亦未免沿袭之累，然其大本大原断
非余子所及也。"② 后来阳明在仕途沉浮中确定了对"心即理"的理解，
又在与甘泉的讨论中明晰了自己的思想，最终确立了"心即理"的
论述。

（二）理即良知

"良知"一词来自《孟子·尽心上》，孟子曰："人之所不学而能
者，其良能也，所不虑而知者，其良知也。孩提之童，无不知爱其亲
者，及其长也，无不知敬其兄也。亲亲，仁也，敬长，义也。无他，达
之天下也。"③ 显然，依孟子所言良知是人人本有、普遍存在、不需思
虑的一种知。良知不仅体现在能知，还兼具德性之知，因此见父知孝，
见兄知悌。所以说，在孟子这里，"良知"是人所共有的善性，是人之
所以为善的善性之知。显然，孟子讨论的良知还是具有很大的经验成分
的，其良知的开显依据于见父、见兄等经验活动，而并非超越的实体。
阳明对此"良知"的善性并没有怀疑，不过不同的是阳明对"良知"
进行了重新的界定。如他所说："性无不善，故知无不良，良知即是未
发之中，即是廓然大公，寂然不动之本体，人人之所同具者也。"④ 也
就是说，在阳明看来，"良知"不仅仅是经验的善性之知，更是超越的
天理。

所以，阳明将"良知"与二程、朱熹等人所言的本体"理""性"
等同起来，使之成了心之本体，并使其功能发生了变化。如他所言：
"吾心之良知，即所谓天理也。"⑤ "至于尽性知天，亦不过致吾心之良
知而已。"⑥ 通过这些描述，我们知道阳明所言的"良知"更多的是表
现为超越于经验的存在，良知是性、理、廓然大公的未发之中。

---

① （宋）陆九渊：《陆九渊集》，中华书局，1980，第4页。
② 《王阳明全集》卷五语录二，第153页。
③ 杨伯峻译注《孟子译注》，中华书局，2016，第283页。
④ 《王阳明全集》卷二语录二《答周道通书》，第55页。
⑤ 《王阳明全集》卷二语录二《答顾东桥书》，第39页。
⑥ 《王阳明全集》卷二语录二《答顾东桥书》，第42页。

除此之外，阳明还赋予了"良知"更丰富的内涵。作为心之本体，"良知"的突出特征在于其"虚灵明觉"。他曾言："心者身之主也，而心之虚灵明觉，即所谓本然之良知也"①。也就是说，"良知"由此获得了"皎如明镜，略无纤翳。妍媸之来，随物见形，而明镜曾无留染"②的性质。在这样的基础下，良知既是寂然不动之本体，又可以动而成意感应万物，因此为贯通天人打好了基础。

（三）良知即主宰

在阳明看来，对于身体而言，"心"作为主宰是自明的事实。这并非因为心脏是整个身体的血液中枢，而是因其为"性"。他认为，若无"心"的发用，我们则无法视听言动，我们之所以眼能观、耳能听、鼻能闻是因为"心"的在场。如他所言："这性之生理，发在目便会视，发在耳便会听，发在口便会言，发在四肢便会动，都只是那天理发生，以其主宰一身，故谓之心。"③ 心作为身体的中枢，指挥着各个器官的运行，人的任何活动都离不开心的发用。

在此基础上，阳明进一步指出人的良知不仅是个体之灵明，还是天地万物之灵明。也就是说，心不仅是个体的主宰，还是天地万物的主宰。他曾说："我的灵明，便是天地鬼神的主宰。天没有我的灵明，谁去仰他高？地没有我的灵明，谁去俯他深？鬼神没有我的灵明，谁去辨他吉凶灾祥？天地鬼神万物离去我的灵明，便没有天地鬼神万物了。我的灵明离却天地鬼神万物，亦没有我的灵明。如此，便是一气流通的，如何与他间隔得！"④ 显然，当心作为本体"良知"出现时，这一点灵明不仅仅是个体的主宰，还是"一气流通"的天地主宰。于是心便具有了"虽主乎一身，而实管乎天下之理"⑤ 的地位，阳明称之为"天地万物之主也"。

综上所述，我们可以得知，阳明所论的心不专是那一团血肉的物质之心，更是本体之"理"，此"理"在心中即为"良知"，由此心就有

---

① 《王阳明全集》卷二语录二《答顾东桥书》，第42页。
② 《王阳明全集》卷二语录二《答陆原静书》，第61页。
③ 《王阳明全集》卷一语录一《传习录》上，第32页。
④ 《王阳明全集》卷三语录三《传习录》下，第110页。
⑤ 《王阳明全集》卷二语录二《答顾东桥书》，第37页。

了超越性，所以可以做到既主宰一身，又主宰整个天地，由此而贯通天人，实现"心外无物"。这就是说，在"岩中花开花落"的问答之中，阳明所言的"心"是物质之心，但其实更多的是指本体之心，所以岩中之花作为整体的一部分自然难逃"心"外。

三　已发：生命流行一感

如前所述，从构成的角度讲天地万物皆是"一气"，无论山川草木、鬼神鸟兽亦或星辰雷雨都是"气化流行"的一部分，因此我们可以将天地比作一个巨大的生命体，而此生命体的主宰则是心。此心不仅是天地之心，还是人之本心。故从存有的角度来讲，当阳明说"心外无物"时就不会再有疑惑。然而，这其中有个隐含的问题尚待解决，即"心外无物"作为一种实然的存在状态如何呈现出来。

接下来让我们重新回忆一下这段问答。

先生游南镇，一友指岩中花树问曰："天下无心外之物，如此花树，在深山中自开自落，于我心亦何相关？"先生曰："你未看此花时，此花与汝心同归于寂。你来看此花时，则此花颜色一时明白起来。便知此花不在你的心外。①

在阳明对友人的回答中，我们可以发现，从常人的角度来看，花与心自然是分属的两个不同的客体，而在这其中一个连接的动作——"看"显得极其重要。显然，只有当"你来看此花时"，两个不同的客体才有了交融，此时花颜色"明白起来"，这时才知道"此花不在你的心外"。这也就意味着"心外无物"的呈现在此处是依靠人的"看"来达到的。

"看"在这里有两层含义。

其一，生命流行不止。阳明曾说过："天地气机，元无一息之停。"②天地万物是一个生生不息的生命体，在时间的长河中从未有过停止，一

———————————

① 《王阳明全集》卷三语录三《钱洪德录》，第94页。
② 《王阳明全集》卷一语录一《传习录》上，第27页。

直在往前奔流不息，这也是儒家生命哲学的基础。人作为这个巨大生命体中的一分子显然也是如此，所以人看与不看实际上都是生命流动的显现。而人之所以能体会到生命的奔流不息，则是因为本体之心的发用。

其二，"有感"与"明觉"并存。"看"用阳明的话来说即"汝心之视，发窍于目"，也就是说，"看"实际上是心体的"感触神应"，正因为有此感才能"见花颜明"，知花在心内。不过又需知道的是，此处的"看"不仅仅是"感知"这一经验的范畴，还包含了超越的"心"。我们知道，动物与人一样皆能视听言动，然而它们并不会意识到生命的流动，也不会有"心外无物"这样的想法，因为就动物而言，它们在"看"的时候并不存在"虚灵明觉"的本心。动物与人不同的是，此心在人的已发之感中无处不存，如阳明所说："'未发之中'即良知也，无前后内外而浑然一体者也。有事无事，可以言动静，而良知无分于有事无事也……有事而感通，固可以言动，然而寂然者未尝有增也。无事而寂然，固可以言静，然而感通者未尝有减也。动而无动，静而无静，又何疑乎？无前后内外而浑然一体，则至诚有息之疑，不待解矣。未发在已发之中，而已发之中未尝别有未发者在。"① 这就是说，当我们的心作为感知的主体，看见花时，则是有事而感通，此时这寂然者也就是"心之本体"未尝有增。而当我们未看花时，虽然心与花同寂，但此感通者也未尝有减。心作为寂然感通的主体，不仅发用流行，而且在发用流行之时其"虚灵明觉"亦从未离场。因此虽说"心外无物"的体验是发生在两个不同的客体之间的接触之后，但是这样的体验是基于二体本自一体的事实。在这个过程中，一切的发生与结束都依赖于心。

综上所述，我们可以发现，"心外无物"的呈现首先依赖于万物一气的存有，在此一气流行的基础上才有可能体会到万物本是一体。其次从区别对待的角度来看，天地万物生生不息，由之而来的个体生命流行是体验万物一体的基础，最后则来源于人"心"的寂然感通。人"心"不仅是血肉之心，还是虚明灵觉之心，在感知万物的同时，这明觉之心从未离场。此心即天心，天心之外无有一物，故而"心外无物"。

---

① 《王阳明全集》卷二语录二《答陆原静书》，第56页。

结　语

　　生命一直是儒家密切关注的主体，"生生不息"体现了他们对于整体生命状态的感悟，"为仁由己"则体现了他们实现个体生命价值的追求。如何认识生命、认识自我、实现价值是贯通他们生活、学问、事功的主线。其中王阳明以"万物一体"为存有基础，以"心外无物"为直观体现，以"应感而明"为大化流行，充分展现了生命的同构性以及个体的主观能动性，描述了个体生命与天地大生命的互动圆融。为实现生命价值、回归生命本真状态提供了一条可行之路。而其理论构架来源于他的真实体验，"岩中花开花落"这一段对话，反映了王阳明对生命构成、生命主宰、生命流行的理解。天地万物作为整体生命流行不已，其主宰即心。此心不仅是天心，还是人的本心。对于人而言，此心既是主宰一身的根本之"理"，又是寂然感通的发用流行，"心外无物"的呈现即仰仗于此。当人心感知万物时，此心作为未发亦在已发之中。故而此廓然大公的本心之外自然无有一物。由此可知，若想认识生命的本真就需要从心出发，以心为重点，时时不忘"尽心知性"。

　　心之本体的"良知"应当是观照的重点，"致良知"则成了人类认识生命以及认识自我的根本途径。若能不因执着所迷，让"良知"充塞流行，即得活泼洒落而豁达自在、证生死不二而无所畏惧、感一体之仁而心系苍生。于是在生命的进程中自然知晓心外无物，于闲暇处感受花开花落，观生命之美，如曾皙般感天地万物之同流，悠然洒脱，不拘一格；于动心处感受众生之苦，施慈悲之行，如孔子一般制礼作乐，奔走各国，为民而行。

　　阳明这种天人一体、人心即天心的生命观，不仅彰显了儒家"万物一体"的世界构成，还从主体的角度出发倡导"仁心"所发之处，天下即我之天下，百姓即我之百姓。每一个人都应当承担起天下兴亡的责任。就个体而言，寂然感通的心体朗现，顺应自然流行，又为儒家自然和乐的情怀提供了土壤。这样的理论可谓公私兼备，圆融无碍，为儒家生命观的形成与发展做出了创新性的贡献。

（责任编辑　刘云超）

宇野哲人与明治大正时期
日本的《周易》研究[*]

李伟强[**]

摘　要　宇野哲人是日本明治后期成长起来的著名汉学家、哲学家，致力于中国古典哲学研究，对《周易》有比较具体、深入的思考。宇野哲人的《周易》研究主要分三项进行：《周易》社会观、伦理观和宗教观。其研究呈现两个特点：采用社会学、伦理学、哲学、宗教学等西方学科的概念与方法，对中国古典哲学文本进行重新归纳和整理；在明治大正时期国家主义盛行的社会政治环境中进行学术研究，研究观点深受此左右。宇野哲人《周易》研究的视角和方法，在中日儒学史、《易》学史上具有重要的学术史意义，后世学者汲取学术史经验和成果时自当取其精华，去其糟粕。

关键词　日本　明治大正　宇野哲人　《周易》

日本是东亚儒家文化圈的重要参与国，儒学研究十分发达。易学作为儒家经学的冠冕，也广为日本学者关注，在江户时期（1603～1868）涌现了大量易学家和易学撰述。当前国内学界对日本江户时期的《易》学史多有关注，明治（1868～1912）以降的《易》学史则少有学者注

　　*　本文系国家社科基金重大项目"清人文集经义整理与研究"（17ZDA259）阶段性成果。
　　**　李伟强，浙江嘉善人，天津师范大学历史文化学院博士研究生，主要研究领域为《易》学史。

目。宇野哲人（1875～1974，字季明，号澄江）是日本明治后期成长起来的著名汉学家、哲学家，致力于中国古典哲学研究，对《周易》有比较具体、深入的思考，其研究在中日儒学史、《易》学史上具有一定地位和影响力①。

一　宇野哲人的治学历程

宇野氏是 20 世纪上半叶日本东京大学的重要代表学者。1900 年，宇野氏毕业于东京帝国大学文科大学汉文学科，1904 年任文科大学助理教授，1906 年来华留学，1908 年又前往德国留学，1919 年，任东京帝国大学文学部教授，同年获本校文学博士学位，1936 年退休，获名誉教授衔②。

宇野氏的学术历程和治学路数深受东京大学及井上哲次郎、服部宇之吉、根本通明等教授的影响。1900 年，宇野氏从东京帝国大学文科大学毕业时撰写的《二程子之哲学》一文受到了文科大学校长井上哲次郎的赏识，在学术上初露风采。1906 年，宇野氏经文科大学教授、清朝京师大学堂师范馆正教习服部宇之吉的介绍来华留学、游历。根本通明 1895～1905 年在东京大学讲授《周易》，宇野氏的易学观即受其影响。

东京大学是明治初期成立的以西学为基础的近代大学，采用哲学、社会学、政治学、心理学等西方学科分类体系授课。早期大量聘用西人担任教职，如讲授语言学的张伯伦（Basil Hall Chamberlain）、讲授历史学的利斯（Ludwig Riess）、讲授哲学的科培尔（Raphael Koeber）和欧内斯特·费诺罗萨（Ernest Fenollosa）等，后吸收西方留学归来的本国知识分子任教，如白鸟库吉、井上哲次郎和宇野氏等。

在宇野氏入读东京大学的前夕，东京大学经历了一场教育改革。

---

① 当前学界对宇野氏学术的研究，主要有两种情况：一，对宇野氏中国游记的研究，如孙志鹏《近代日本新儒家学派的中国认知——以宇野哲人〈中国文明记〉为中心》（《北方论丛》2003 年第 2 期）等；二，对宇野氏儒学成就的研究，如严绍璗《中国儒学在日本近代"变异"的考察——追踪井上哲次郎、服部宇之吉、宇野哲人的"儒学观"："源文化"在异质文化中传递的"不正确理解"的个案解析》（《比较文学与文化"变异体"研究》，复旦大学出版社，2011，第 230～253 页）等。

② 李庆：《日本汉学史》第 2 部，上海人民出版社，2010，第 136 页。

1886 年，日本政府发布《帝国大学令》，将东京大学改组为帝国大学，"以讲授适应国家需要的学术技艺及研究其蕴奥为目的"。这次改组表明东京大学的教育方针向国家主义方面转变。1890 年，政府发布《教育敕语》，甫从德国留学归来的井上哲次郎立作《敕语衍义》，为之宣扬、鼓舞。《教育敕语》的发布和推广表明东京大学在儒学基础上，向国家主义教育方向发展①。在东京大学任教的井上哲次郎、服部宇之吉、根本通明等学者的思想观念均不同程度地具有国家主义倾向。

井上哲次郎、服部宇之吉、宇野哲人都具有德国留学经历。日本认为德国的国情与日本相似，故东京大学改组为帝国大学后，积极输入德国哲学，于是，德国浓厚的国家主义通过派遣留学生赴德和聘任德国教师这两种途径，更为汹涌地传入日本，成为日本社会中的主流思想。

传入日本的国家主义是"全面揭示作为一个共同体——国家的理念，排拒外来压力与干涉，推动其国家统一、独立、发展的思想与运动"②，也被译作民族主义、国民主义或国粹主义。宇野氏既受学于积极引进国家主义的东京大学，又曾身陷国家主义的重要源地——德国，其思想观念中有明显的国家主义倾向。

宇野氏一生数次来华，拥有丰富的在华留学、游历和任职经验。1906 年，宇野氏首次来华，入京师大学堂留学，并游历中国多地。1919 年，再次来华游历、视察③。1939 年，再次来华，任日占北京大学名誉教授，此后常往来中日间讲学。宇野氏在华期间对中国的长期观察和思考，深刻影响了其之后的汉学、儒学研究④。此外，作为宇野氏来华的组织者，服部宇之吉对宇野氏也有一定影响。宇野氏在《孔子教》《中国文明记》等著中表现出的对孔孟的认识，就与其对中国的长期观察和思考有关，且与服部宇之吉的思想观点一脉相承⑤。

宇野氏的著述很早就传入中国。现已得知的有：1912 年，《进步》第 3 卷第 1 号刊载其文《满清一代学术思想小史》（缩章译）；1925 年，

---

① 〔日〕近代日本思想史研究会著，马采译《近代日本思想史》第一卷，商务印书馆，1983，第 157 页。

② 〔韩〕金采洙著，廖钦彬译《近代日本国家主义的形成与发展》，徐兴庆编：《东亚知识人对近代性的思考》，台湾大学出版中心，2009，第 227 页。

③ 《宇野哲人博士来华》，《大公报》天津版，1919 年 12 月 30 日，第 2 版。

④ 刘岳兵：《中日近现代思想与儒学》，三联书店，2007，第 147 页。

⑤ 严绍璗：《日本中国学史稿》，学苑出版社，2009，第 315 页。

《南开周刊》第 1 卷第 3 号刊载其文《儒教史序论》（陈彬和译），同年
3 月 24 日至 4 月 7 日，《顺天时报》连载其文《周易研究》（陈彬和
译），3 月 30 日至 4 月 24 日，天津《大公报》再次连载前文；1926 年，
商务印书馆出版其著《孔子》（陈彬和译，2015 年收入山西人民出版社
"近代海外汉学名著丛刊"再版）；1933 年，《河南大学周刊》第 18 期
刊载其文《周末之二大思潮及诸子百家》（汪全真译）；1934 年，《国
立中山大学文史学研究所月刊》第 3 卷第 1 期刊载其文《易十翼质疑》
（罗霈霖译）；1935 年，南京《国风半月刊》第 6 卷第一二合期刊载其
文《儒教与日本精神》（张其春译），《国立暨南大学琼崖同学会会刊》
第 3 期刊载其文《先秦史概观》（陈良盛译），正中书局出版其著《中
国哲学概论》（王壁如译）。新中国成立后，台湾学者马福辰 1965 年译
其著《中国哲学史——近世儒学》，改题《中国近世儒学史》，付中国
文化大学出版部印行。大陆学者张学锋 1999 年译其著《中国文明记》，
收于光明日报出版社"日本人眼中的近代中国"丛书印行，2008 年收
于中华书局"近代日本人中国游记"丛书再版。

　　宇野氏在 20 世纪上半叶长期从事中国古典哲学研究，"在重新发掘
中国思想，构建中国哲学史学科体系方面"，是"东京大学的开拓性的
领军人物"①，是明治以后坚守汉学，并将汉学传承下去的重要代表学
者②。同时，由于宇野氏数次往来中日，且著述较早传入中国，故其对
中国学界的影响甚巨。

二　宇野哲人《周易》研究的主要内容

　　宇野氏的《周易》研究主要分三项进行：《周易》社会观、伦理观
和宗教观。宇野氏认为《周易》作者虽"非以此书述自家之社会观，
及伦理说，亦非鼓吹宗教思想"，但由于"著作《易》及解释《易》之
学者，自己受当时之社会状态、伦理、宗教等影响，故表现于此书之思

---

① 徐水生：《中国哲学与日本文化》，中华书局，2012，第 151 页。
② 〔日〕疋田启佑：《日本儒学家吉川幸次郎与冈田武彦》，李凤全译，《孔子研究》2005 年
　　第 6 期。

想，即为当时社会之反影"①。因此，宇野氏主张从《周易》经传中发掘作者及解释者②的社会观、伦理观和宗教观。

（一）《周易》社会观

宇野氏认为"《易》是公认社会之阶级制度"，《周易》创作时的社会性质是阶级社会，《周易》作者在经文中极力宣扬阶级思想。宇野氏从《周易》频将君臣比作天地的表述中得出，《周易》"以君臣譬之如天地之位，一定不易，正上下尊卑之位，以定民志，为至当之事也"③，这些都是阶级社会的表征。

《周易》作者何以极力宣扬阶级思想？宇野氏分析，首先是由于《周易》作者本身对阶级社会价值的认可。《周易》作者相信在人类社会中，"上下相依而社会成立，上下之意思疏通，始能使社会之和平及个人之幸福得完全"④，因而极力宣扬阶级思想，希冀通过构建阶级社会来"维持国家之平和与社会之秩序"。其次，从反向思之，《周易》作者之所以极力宣扬阶级思想，粉饰阶级社会，正是由于当时社会许多人不持阶级思想，反对阶级社会。宇野氏认为，"中国民族本于天人之思想，谓王侯将相皆无种，虽匹夫若有德者可为王，虽君主若无德则只为匹夫，人人抱平等思想，不认阶级之别"⑤，导致社会秩序在一定范围发生混乱，不利于国家统治与社会治理，《周易》作者因而极力宣扬阶级思想，呼吁建立稳定的阶级社会。

宇野氏认为《周易》重视"礼"也是由作者的阶级思想决定的，"《周易》既认阶级制度，故结果当然重礼"。"礼"在社会中具有重要功用，宇野氏在《中国哲学概论》中指出："礼系所以规定国家社会的

---

① 〔日〕宇野哲人：《周易研究九》，陈彬和译，《顺天时报》1925年4月2日，第7549号第4版。

② 宇野氏所谓解释《易》之学者特指《易传》，认为《易传》十翼是"《易》之最古注解，舍十翼，则《易》不可解矣"（《周易研究二》，《顺天时报》1925年3月25日，第7541号，第4版）。

③ 〔日〕宇野哲人：《周易研究九》，陈彬和译，《顺天时报》1925年4月2日，第7549号，第4版。

④ 〔日〕宇野哲人：《周易研究九》，陈彬和译，《顺天时报》1925年4月2日，第7549号，第4版。

⑤ 〔日〕宇野哲人：《周易研究十》，陈彬和译，《顺天时报》1925年4月3日，第7550号，第4版。

阶级，维持秩序而使人人各守其分的。"① 在《周易研究》中，宇野氏引《易传》对《履》卦的解释来说明"礼"的功用②。《易传》言："上天下泽，履，君子以辩上下，定民志。"君子观此卦象体悟"礼"，于是实施礼教，辨明上下尊卑，使人各守其位，各安其志，构建稳定的阶级社会。

在社会阶级尊卑上下的问题上，宇野氏又补充道，《周易》作者虽然强调上下尊卑之位一定不易，但这种上下居位非绝对的对立，而是上下相应相依。宇野氏引《易传》对《泰》《否》卦的解释来说明《周易》作者的这种社会观。《易传》释《泰》卦言："天地交而万物通也，上下交而其志同也。""天地交泰，后以财成天地之道，辅相天地之宜，以左右民。"宇野氏从此中得出《泰》卦"以乾之尊，而下坤之卑，天气下降，地气上升，二气相交，为天下泰平之卦"；《易传》释《否》卦言："天地不交，而万物不通也，上下不交，而天下无邦也。"宇野氏从此中得出《否》卦"乾在上，坤在下，天地之二气不相交，上下之志不相通，故为天地否塞之卦"。由《泰》《否》卦一为泰平之卦，一为否塞之卦的分别中，宇野氏得出了《周易》作者对社会阶级的认识："天地虽定位不易，然不通其气，则万物不能化醇，上下尊卑之位虽一定不可动，然上下须相依而社会成立，君臣之意思须疏通而图国家之安宁"③。

宇野氏关于《周易》社会观的一些观点受到了根本通明的影响，并在根本通明的认识基础上有所进步。根本通明在《读易私记》中言："《易》义不明，则天子一姓，君臣不可易位之道灭矣，君臣不可易位之道灭，则以革命为常也。"④ 宇野氏认为《周易》"以君臣譬之如天地之位，一定不易，正上下尊卑之位，以定民志，为至当之事"，但"若

---

① 〔日〕宇野哲人：《中国哲学概论》，王璧如译，正中书局，1935，第 138 页。

② 宇野氏认为"当解《易》之时，必须参酌最古注脚之十翼"（《周易研究十四》，《顺天时报》1925 年 4 月 7 日，第 7554 号，第 4 版），十翼"为必须而不可或缺之书也"（《国立中山大学文史学研究所月刊》第 3 卷第 1 期），对卦的引用和解释，都以《易传》为主，有时甚至只用《易传》，不用本经。

③ 〔日〕宇野哲人：《周易研究十》，陈彬和译，《顺天时报》1925 年 4 月 3 日，第 7550 号，第 4 版。

④ 〔日〕根本通明：《周易象义辩正》，台湾大学图书馆子龙氏藏版，1937，第 2 页。

君主无德，臣下有德之时，则天命无常，惟德是辅，故革命亦不得已者也"①。相比之下，显然宇野氏的观点更趋全面且理性，学术意义多于政治用意。

（二）《周易》伦理观

宇野氏肯定《周易》"原始的意义在于占筮，至后世渐加以伦理的解释，又加以哲学的解释"②，《周易》遂包含丰富的伦理思想，如义务论、德论、修习论等。

宇野氏将《周易》中的义务总结为三类：个人与国家、个人与家族和个人与社会，并称"见于《易》之义务论，可谓正与儒家五伦说一致"③。义务论与五伦说是如何建立联系的，在宇野氏另著《孔子》中有比较明确的解答。宇野氏称，"上古纯朴之世，君主即氏族之酋长，臣民即其弟子。申言之，则君臣之关系，只家长与家族之关系耳，故其所教，只家庭道德已足矣"，当氏族形成国家，"于家庭道德之外，不得不加以社交道德及国家道德"，后"因国家之发达与社会之变迁，于是复杂之义务论遂起矣"④，义务论与五伦说就此紧密联系了起来。

宇野氏将国家和君主直接划归一体，将《周易》描述的君臣关系概括为个人与国家的关系，并分别阐述君主和臣民的义务。君臣共同的义务在于，"《易》以九五为君，以六二为臣，君臣皆须有中正之德"。君主的义务在于"奉戴大意，而君临天下也"。大意即天命。至于如何守持君位，则按《易传》之言："圣人之大宝，曰位，何以守位？曰仁。何以聚人？曰财。理财正辞，禁民为非，曰义。"臣民的义务在于

① 宇野氏对《周易》和孔子革命观的认识有一个转变的过程，其初认为"中国国民自古以来是民主主义国民"，孟荀以后儒者"皆惮于明言革命之非，故而孔子尊王主义未能得到充分之发扬，中国遂成易姓革命之国家"（《中国文明记》，中华书局，2008，第220页），与服部宇之吉认为"孔子于《春秋》，明尊王主义，示大一统之主张，而以易姓革命为非"，而"荀孟二子，反圣人之旨，以汤武放伐为是"（《东洋伦理纲要》，日本汉文学会，1916，第143～144页）的观点相通，但在后来出版的《中国哲学史讲话》中又改变了这种观点，变得更为辩证和理性。

② 〔日〕宇野哲人：《周易研究五》，陈彬和译，《顺天时报》1925年3月29日，第7545号，第4版。

③ 〔日〕宇野哲人：《周易研究十二》，陈彬和译，《顺天时报》1925年4月5日，第7552号，第4版。

④ 〔日〕宇野哲人：《孔子》，陈彬和译，商务印书馆，1926，第59页。

"以顺为大","不敢与天争其位"①，同时也要求奉事王侯，蹇蹇匪躬，"不事王侯，高尚其事"则为其所不倡。

宇野氏肯定《周易》是"取家族主义者"，故于个人与家族关系所论甚详。在个人与家族三伦中，宇野氏首重视夫妇之伦，称"阴阳二元为万物之根本，一夫一妇为家族之本"，"夫妇即为家族之本，家族即为社会之单位"，因而，以"结婚为天地之大义，人生必须之义务"。男女既结为夫妇，那么夫妇和合便是一种重要的义务，"恰如天地相感应，而万物化生，男女相感应相和合，始为夫妇，男女不贞正，则不能相和合"，夫妇和合，才能"有父子，有兄弟、姊妹，家庭之圆满，亦可期待"。家庭既有父子、兄弟、姊妹，那么又有家道守正的义务，"男女正，天地之大义也。家人有严君焉，父母之谓也。父父子子、兄兄弟弟、夫夫妇妇而家道正，正家而天下定矣"②。

个人与社会的关系对应朋友之交。宇野氏以《周易》言朋友之交甚夥，"皆以得朋为吉，以无朋为凶"③，不遑枚举，故只举《同人》卦一例说明朋友"二人同心，其利断金"的义务。宇野氏另著《中国哲学概论》对朋友义务探论较详，所论如"朋友之交宜以信"，"宜互相切磋琢磨"④等。

德论和义务论是伦理学中两个互为独立的概念名词，但在有的方面又互相联系，各有同异。宇野氏分析，义务表示"应乎位置境遇所当履行的规范"，德是"完全履行此规范"，应用到《周易》伦理中，义务指个人在国家、家族和社会关系中应当遵守的五伦，德指完全履行这些义务⑤。

在中国古典哲学中，德的名目众多。《周易》中的德，据宇野氏阐发，有中正、元亨利贞、直方大、让谦。其中，中正之德在君臣义务论中已有详论，故不赘述。

① 〔日〕宇野哲人：《周易研究十》，陈彬和译，《顺天时报》1925年4月3日，第7550号，第4版。

② 〔日〕宇野哲人：《周易研究十一》，陈彬和译，《顺天时报》1925年4月4日，第7551号，第4版。

③ 〔日〕宇野哲人：《周易研究十一》，陈彬和译，《顺天时报》1925年4月4日，第7551号，第4版。

④ 〔日〕宇野哲人：《中国哲学概论》，王璧如译，正中书局，1935，第94页。

⑤ 〔日〕宇野哲人：《中国哲学概论》，王璧如译，正中书局，1935，第97页。

元亨利贞，宇野氏分之为四德，分别对应仁礼义信。元亨利贞具体为乾卦的四德，还是《坤》、《屯》、《随》、《临》、《无妄》、《革》卦之德，宇野氏认为二说可并存不废。元亨利贞为乾卦四德，宇野氏的理由是：一，"乾唯云元亨利贞，然其他六卦，于此四字之上或下，附加许多之字句。申言之，则乾绝对承认此四德，然其他六卦，加以或条件而限制之"①；二，由《易传》"元者，善之长也。亨者，嘉之会也。利者，义之和也。贞者，事之干也。君子体仁足以长人，嘉会足以合礼，利物足以和义，贞固足以干事。君子行此四德者，故曰：乾，元亨利贞"可见，元亨利贞为乾卦四德。至于以元亨利贞为坤等六卦之德的说法，宇野氏认为可信从《左传》对穆姜释《随》卦的记载，穆姜言："元，体之长也。亨，嘉之会也。利，义之和也。贞，事之干也。体仁足以长人，嘉德足以合礼，利物足以和义，贞固足以干事。"故元亨利贞分别对应仁礼义信。

直方大，宇野氏以之为《坤》卦三德，并分别解释三者含义，"地生物而不邪，故云直。地体安静，且依当时之天圆地方说，故云方。又凡物无不载，故云大"②。又引《易传》"敬以直内，义以方外"作解，释直方大分别指恭敬正直，行宜端方，内外交养。

让谦在《谦》卦中体现得最多。宇野氏用《谦》卦说明让谦的价值：一，"《易》以让谦为君子有终之美"；二，"谦，德之柄也"。谦为德之柄，其意不明，宇野氏亦未细论，实可引孔颖达疏释之，"为德之时，以谦为用，若行德不用谦，则德不施用，是谦为德之柄，犹斧刃以柯柄为用也"③，喻谦为施德之柯柄，无让谦则德无法施为，故足见让谦的重要性。

修习论，或称修养法。《周易》中的修习论，据宇野氏阐发，有诚敬、博文、改过和自强不息四种。宇野氏认为诚敬是"修养之法第一着手"的，诚敬具有四方面表现：一，"存诚敬于心"，如《震》卦所

---

① 〔日〕宇野哲人：《周易研究十二》，陈彬和译，《顺天时报》1925 年 4 月 5 日，第 7552 号，第 4 版。

② 〔日〕宇野哲人：《周易研究十二》，陈彬和译，《顺天时报》1925 年 4 月 5 日，第 7552 号，第 4 版。

③ 〔日〕宇野哲人：《周易研究十二》，陈彬和译，《顺天时报》1925 年 4 月 5 日，第 7552 号，第 4 版。

示，"心当祭祀之际，诚心诚意，与神明相对，目惟视神明，耳惟听神明，故虽有俄然惊倒百里之迅雷，亦泰然不惊，不丧失其供于神明之匕鬯，如此始能守宗庙社稷以为祭主"；二，修习诚敬的"实际着手之处"是注重庸言庸行，如《易传》所释，"言行，君子之枢机，枢机之发，荣辱之主也。言行，君子之所以动天地也，可不慎乎？""小人以小善为无益而弗为也，以小恶为无伤而弗去也，故恶积而不可掩，罪大而不可解。忽略庸言庸行，则其极实如斯者也"；三，"戒慎恐惧而不苟懈"，"君子安而不忘危，存而不忘亡，治而不忘乱，是以身安而国家可保也"；四，"内正心，外方行之二法须并用也，如此则修养上乃有效果"①，诚敬只是"敬以直内"，还须"义以方外"，落于实践。

诚敬而后，博文继之。宇野氏认为"思而不学则罔，故《易》既教以存诚敬于心，复教以博学而富其蕴蓄，将以日新其德"。博文不只是熟知"前言往行"，还是进一步要求"深穷尽性命之所本，以达立命之域"②，此之言尽性立命，典出《孟子·尽心上》，故《周易》所谓博文，"即尊重天赋之德性，同时又借学问磨炼知识，以此二法为修养法"③。

关于改过，宇野氏认为"《易》以改过为修养之法，彰彰明矣，《易》称改过为悔，所以向于吉，遂过为吝，所以进于凶也"④。关于自强不息，宇野氏只是列目而未加细论，其或以为自强不息出自乾卦无疑，内涵易知，故不劳详说。

（三）《周易》宗教观

宇野氏辩证地看待《周易》是否属于宗教的问题，认为《周易》具有浓厚的宗教观，称"此书之原始的意义，即谓为宗教的，亦无不可也"，同时也指出《周易》中一些属于宗教的思想内容，其实"渐脱

---

① 〔日〕宇野哲人：《周易研究十三》，陈彬和译，《顺天时报》1925 年 4 月 6 日，第 7553 号，第 4 版。

② 〔日〕宇野哲人：《周易研究十三》，陈彬和译，《顺天时报》1925 年 4 月 6 日，第 7553 号，第 4 版。

③ 〔日〕宇野哲人：《儒教与日本精神》，张其春译，南京《国风半月刊》1935 年第 6 卷第一二合期。

④ 〔日〕宇野哲人：《周易研究十四》，陈彬和译，《顺天时报》1925 年 4 月 7 日，第 7554 号，第 4 版。

宗教之范围，将入于纯正哲学之范围者也"①。

宇野氏指出，《周易》占筮是"迷而不决者，问之于神明，从神明之告示而决之也"，且《周易》经传中数有对神明的描述，故认为《周易》作者是有神论者，"承认上帝、宗庙、社稷以下种种之神明"。古人多奉自然神教，"以为山川草木、禽兽虫鱼与吾人同有感情，有活动力，且有超人的能力，故以之为神明"②。宇野氏认为《周易》中也有自然神教的体现，如八卦象征"八大神"，八卦"视为自然现象而言，则为天泽火雷风水山地，而此等八者，在天地间的现象中，实系最显著者，而为彼等所崇奉之神。所谓八卦，实即八大神"③。

宇野氏认为，《周易》的宗教观比一般的自然神教有所进步，主要体现在对天的信仰上。《周易》非单纯地信仰自然界诸神，也非单纯地以天为至上，信奉"天生一切及主宰一切"，而是"以地配天，以天地二元支配一切"，以"阴阳二元之消长屈伸而生万物"，这是一种"有组织的信仰"④。

宇野氏认为，《周易》反映的生死问题和因果报应思想都是由《周易》对天的信仰引发的。《系辞传》"原始反终，故知生死之说"等反映了生死问题，《周易》有一阴一阳，生命便有生有死。《周易》经传"履霜坚冰至"，"积善之家，必有余庆。积不善之家，必有余殃"，"臣弑其君，子弑其父，非一朝一夕之故"等，反映了因果报应思想，阴阳有消长屈伸，凡事便有积累和报应，二者可见同理。纵有不幸的善者、沉沦的德者，也能够遁世无闷，安心立命，不违因果报应的规律。

《周易》作者于书中寄托宗教思想的目的，宇野氏肯定为"神道设教"说，通过卜筮来教导蒙昧的人民。"神道设教"典出《彖传》之《观》卦，"圣人以神道设教，而天下服矣"，圣人之作所指便是《周易》。

---

① 〔日〕宇野哲人：《周易研究十四》，陈彬和译，《顺天时报》1925 年 4 月 7 日，第 7554
号，第 4 版。

② 〔日〕宇野哲人：《周易研究十四》，陈彬和译，《顺天时报》1925 年 4 月 7 日，第 7554
号，第 4 版。

③ 〔日〕宇野哲人：《中国哲学概论》，王壁如译，正中书局，1935，第 51 页。

④ 〔日〕宇野哲人：《周易研究十四》，陈彬和译，《顺天时报》1925 年 4 月 7 日，第 7554
号，第 4 版。

三 宇野哲人的《周易》研究评析

"哲学思想作为特定时期的政治经济等关系的现实运动的反映，不能不受到这些关系的规定和制约"①，宇野氏的《周易》研究就是在明治大正时期特定的社会、学术环境中形成的，并且在中日儒学史、《易》学史上具有一定的学术史意义。

（一）明治大正时期日本的社会与学术环境

明治、大正时期是日本向近代国家转型的重要时期，日本在政治、经济和社会文化方面采取的"富国强兵""殖产兴业""文明开化"等维新措施，使日本在短期内迅速壮大，这种急激的发展同时也引发了种种社会矛盾。国家和社会如何发展成为时人的困惑，于是在学界引发了对社会性质和社会史的研究②，宇野氏便在这种社会背景中展开对《周易》社会观的探究。

宇野氏对《周易》伦理观的阐发，符合明治、大正时期日本儒学偏重伦理道德和国家事功的基本特征③。日本"文明开化"政策主张积极引入西方思想文化，甚至提倡在生活习俗、社会文化等方面全盘西化，引发了不少社会弊病。"有的人为西方物质文明所迷惑，染上了奢侈的恶习，即使有再高的收入，也会吃光花净，一心追求金钱和物质享受，成了失去精神主宰的物质的奴役；有的人为了发洋财，乞求于洋人脚下卑屈献媚，只要给大钱，无论什么丧失人格、国格的事都可以做出……"④ 起草《教育大旨》的元田永孚也说道："輓近专尚知识才艺，热中于文明开化之末，破品德、伤风俗者不尟（同鲜，笔者注）。究其原因，在于维新之初，以破陋习、广求知识于世界之卑见，一时取西洋之所长，奏日新之效，但其流弊则为置仁义忠孝于不顾，一味竞相崇

---

① 牛建科：《试论明治哲学思想的主要特点》，李威周编《中日哲学思想交流与比较》，青岛海洋大学出版社，1991，第 203 页。

② 朱彦民：《史学视野下的易学》，华南理工大学出版社，2017，第 169 页。

③ 李威周：《略论日本哲学思想史的特点》，李威周编《中日哲学思想交流与比较》，青岛海洋大学出版社，1991，第 285 页。

④ 吴潜涛：《日本伦理思想与日本现代化》，中国人民大学出版社，1994，第 28 页。

洋，恐将其或达到不知君臣父子大义之境地。是诚非我国教学之本意也。"① 明治中后期，越来越多的有识之士认识到全盘西化对伦理道德造成的巨大负面影响，于是要求反思并重建具有本国特色的伦理道德，以维护维新成果，推动社会的长期、有效发展。

西方自由、平等、民主思想在维新中一并涌入日本，对日本社会产生了很大影响。明治中期以后，倡导自由、平等、民主的自由民权运动迅速席卷日本，对天皇统治造成巨大威胁。为了消弭社会上流传的自由、平等、民主思想，平息自由民权运动，天皇发布了《教育大旨》《教育敕语》等一系列文件。《教育敕语》表面上是一些伦理道德规范，实质上，"这是一份针对在自由主义日益高涨中、传统价值观念日益受到毁灭性贬损而决心极大地振兴皇权主义国家论的纲领"②，为的是巩固政治统治的思想基础。《教育敕语》发布后，站在政府立场上的学者们纷纷接受，并为之宣传鼓舞。

宇野氏是明治时期东京大学成长起来的学者，深受当时流行的国家主义和《教育敕语》的影响，致力于从儒家经籍中阐发伦理道德，以附和社会、政治需求。宇野氏认为，"儒教在大体上为《教育敕语》之注释，恐且为最切当之注释"③，其自述己从事儒学研究的原因，在于痛思"日本思想界，旧道德已失却其权威，而新道德亦未见其确立"，所谓新道德，即《教育敕语》中宣扬的伦理道德规范。宇野氏认为"见于《易》之伦理观，殆不外儒教伦理"④，其本质是《教育敕语》的延续。君臣、父子、兄弟、夫妇、朋友的义务论实呼应了《教育敕语》"臣民克忠克孝，亿兆一心"，"臣民孝于父母，友于兄弟，夫妇相和，朋友相信"等语。其他如德论、修习论等，亦多能与《教育敕语》一一呼应，如德论约为《教育敕语》中的"恭俭持己，博爱及众"等语，修习论约为"修学习业，以启发智能，成就德器，进广公益开世

---

① 《关于日本教育方面的几个资料》，吉林大学日本研究所编《日本问题研究参考资料》1978 年第 1 期，第 29～30 页。

② 严绍璗：《比较文学与文化"变异体"研究》，复旦大学出版社，2011，第 232 页。

③ 〔日〕宇野哲人：《儒教与日本精神》，张其春译，南京《国风半月刊》1935 年第 6 卷第一二合期。

④ 〔日〕宇野哲人：《周易研究十四》，陈彬和译，《顺天时报》1925 年 4 月 7 日，第 7554 号，第 4 版。

务"① 等语。

《周易》是否属于宗教，这个问题曾一度引发学者热议。伴随该问题展开的，是儒教是否为宗教的问题。明治、大正时期，西方基督教及宗教概念一并传入中日，康有为、服部宇之吉等学者出于政治动机，力主儒教为宗教②，虽然遭到不少学者的反对，但儒教宗教论依然在学术史上深深埋下基因，在后世不时复生。在儒教是否为宗教的争论中，宇野氏明确表示，儒教"当然并非宗教"，"但颇有宗教之要素，乃不可讳之事实"③，作为儒家经籍之首的《周易》就具有浓厚的宗教思想。

鉴别《周易》是否属于宗教的一个关键点在于如何看待占筮，宇野氏指出《周易》"原始的意义在于占筮"，占筮是将迷而不决者问于神明，这就"预想神之存在"，故认定《周易》"原始的意义，即谓为宗教的，亦无不可也"，但《周易》在后世被"渐加以伦理的解释，又加以哲学的解释"④，一些属于宗教的思想内容"渐脱宗教之范围，将入于纯正哲学之范围者也"⑤。在《周易》宗教观研究中，宇野氏同时表达其对儒教是否为宗教、《周易》是否属于宗教的看法，渊源有自，持论公允，可备为一家之言。

（二）宇野哲人《周易》研究的学术史意义

宇野氏从社会学的角度出发，探究《周易》的这种研究视角和方法，在中日儒学史、《易》学史上具有一定的学术史意义。国内学者中，郭沫若较早从社会角度研究《周易》，1928 年，郭沫若化名杜衎，在《东方杂志》发表《〈周易〉的时代背景与精神生产》。该文在论《周易》创作时期的社会结构时，认为当时"国家的基础是建设在阶级的对立上，那时的阶级国家不消说是很幼稚的，仅仅是由细胞的宗法社

① 文本依据《台湾总督府版官定汉译教育敕语》，载陈玮芬《近代日本汉学的关键词研究：儒学及相关概念的嬗变》，华东师范大学出版社，2008，第 160 页。

② 〔日〕加地伸行：《论儒教》，于时化译，齐鲁书社，1993，第 25 页。

③ 〔日〕宇野哲人：《儒教与日本精神》，张其春译，南京《国风半月刊》，1935 年第 6 卷，第一二合期。

④ 〔日〕宇野哲人：《周易研究五》，陈彬和译，《顺天时报》1925 年 3 月 29 日，第 7545 号，第 4 版。

⑤ 〔日〕宇野哲人：《周易研究十四》，陈彬和译，《顺天时报》1925 年 4 月 7 日，第 7554 号，第 4 版。

会变成的两三个月的胎儿罢了，与这样的社会情形相应，自然也有它的意识上的表现"①。1930 年，郭沫若出版《中国古代社会研究》时收录了此文，并补充说："那时的阶级国家显然是奴隶制的组织，支配者为奴隶所有者。"② 郭沫若这些表述实与宇野氏的观点有所相通，宇野氏认为"《易》是公认社会之阶级制度"，"著作《易》及解释《易》之学者，自己受当时之社会状态、伦理、宗教等影响，故表现于此书之思想，即为当时社会之反影"③。

郭沫若与日本学界一向有密切联系，其撰成《〈周易〉的时代背景与精神生产》时正寓居日本，撰文所用的《周易》底本也是日文训点本④。日本学者在"明治以降，受西方近代史学的激荡，始知以科学的方法研究中国"，至 20 世纪初已卓然有成，国内学者学习西方稍晚于日本，时多借鉴日本学者的研究本毋庸讳言⑤。郭沫若既受中日前人研究启发，又在前人研究基础上有所进步，其以马克思主义唯物史观为指导思想，探究《周易》创作时的社会生活、社会结构和精神生产，则较宇野氏的研究更加客观且深入⑥。

宇野氏采用社会学、伦理学、哲学、宗教学等西方学科的概念与方法，对中国古典哲学文本进行重新归纳和整理。宇野氏对这种研究方法已运用得相当纯熟，在《中国哲学史讲话》《中国近世儒学史》等著中，宇野氏对先秦至明清多部哲学典籍都做了此项研究，涉及百余位哲学家。兹录《中国哲学史讲话》部分纲目以见其概：

> 第一编第八章 老子：第一节 事迹及著书；第二节 老子学系；第三节 本体论；第四节 伦理观；第五节 政治论；第六节 结论；

---

① 杜衔：《〈周易〉的时代背景与精神生产》，《东方杂志》，1928 年第 25 卷，第 21 号。
② 郭沫若：《中国古代社会研究》，《郭沫若全集·历史编》第一卷，人民出版社，1982，第 57 页。
③ 〔日〕宇野哲人：《周易研究九》，陈彬和译，《顺天时报》1925 年 4 月 2 日，第 7549 号第 4 版。
④ 郭沫若：《海涛集·跨着东海》，《郭沫若全集·文学编》第十三卷，人民文学出版社，1992，第 332 页。
⑤ 李孝迁：《域外汉学与中国现代史学》，上海古籍出版社，2014，第 5 页。
⑥ 杨庆中：《二十世纪中国〈易〉学史》，人民出版社，2000，第 99 页。

第二编第八章　文中子：第一节　事迹及著书；第二节　文中子之目的；第三节　政治说；第四节　伦理观；第五节　结论；

第三编第七章　程伊川：第一节　事迹及著书；第二节　宇宙论；第三节　心理说；第四节　修养论；第五节　结论。

宇野氏采用西方学科的概念与方法展开中国古典哲学研究，有的研究虽止步于初级的重新归纳和整理阶段，但其研究"在东方思想和欧洲的哲学体系之间，构筑一条可以互相沟通的桥梁"[1]，在中日儒学史、《易》学史上仍具有重要的学术史意义。

结　语

宇野氏的学术历程起于明治后期的东京大学，在 20 世纪上半叶长期从事中国古典哲学研究，是明治以降日本儒学研究的重要代表学者。宇野氏的《周易》研究主要分三项进行：《周易》社会观、伦理观和宗教观。其研究呈现两个特点：一，采用社会学、伦理学、哲学、宗教学等西方学科的概念与方法，对中国古典哲学文本进行重新归纳和整理；二，在明治大正时期国家主义盛行的社会政治环境中进行学术研究，研究观点深受此左右。宇野氏的这种研究视角和方法，在中日儒学史、《易》学史上具有重要的学术史意义。其研究缺陷在于：一，有的研究止步于初级的材料的重新归纳和整理阶段，在"寻找传统文化与近代化的接点，创造地扬弃传统文化，有选择地接受西方文化，实行两者的融入"[2] 方面有所局限；二，浓郁的国家主义也影响了其学术研究的方向和深度，后来国家主义更是超出了学术层面，被热衷战争和权力的政客利用而走向极端。综而言之，宇野氏的《周易》研究在中日儒学史、《易》学史上具有一定的地位和影响力，后世学者汲取学术史经验和成果时自当取其精华，去其糟粕。

（责任编辑　刘云超）

---

[1]　李庆：《日本汉学史》第 2 部，上海人民出版社，2010，第 137 页。

[2]　王家桦：《儒家思想与日本文化》，浙江人民出版社，1990，第 180 页。

儒学视域下贝原益轩的"孝"思想探析

魏凤麟*

摘　要　日本江户时代的儒学家贝原益轩具有丰富的"孝"思想。"理气一体"是益轩孝思想产生的基石,"万物一体"是益轩所主张的孝的范围,"施仁报恩"是益轩所倡导的孝的实践。益轩的孝思想继承了儒家孝思想传统,对考察儒家文化圈内儒家孝思想的传承与弘扬具有重要的意义。

关键词　贝原益轩　"孝"思想　理气一体　万物一体　施仁报恩

一　引言

　　孔子创立的儒学及其所代表的中华传统文化不但对悠久的中国历史产生了巨大的影响,也深刻地影响了周边其他国家,形成了"儒家文化圈",推动了整个人类文明史的进程。儒家思想在公元五世纪左右传入日本,经过日本人千百年来的吸收与消化,其合理成分已经成为日本人精神世界中重要的组成部分。江户时代是日本历史上武家封建时代的最后一个时期,统治者为德川家族。从1603年德川家康在江户(今东京)开创幕府开始,德川幕府共经十五代、历时265年,是日本历史上最强盛也是最后的武家政治组织。儒家思想中所包含的"天道""忠义"等观念在巩固幕府体制统治秩序、维护武家社会稳定方面发挥了重要的作用,儒学逐渐发展成为德川幕府的官学。"孝"作为儒家思想所倡导的重要内容,在德川幕府时期也得到了儒学家们的重视。

---

*　魏凤麟,广东外语外贸大学在读博士研究生,主要研究领域为日本思想文化和日本文学。

贝原益轩（1630～1714），名笃信，字子诚，号益轩，生于筑前国（今日本福冈县），是日本江户时代前期至中期的儒学家、博物学家和教育思想家。益轩一生著述颇丰，涵盖了儒学、文学、医学、制造等多个领域，代表作有《初学知要》《和俗童子训》《养生训》《慎思录》《大疑录》等。益轩从十四五岁起便广泛阅读医书和佛教经典，后又倾心于陆王心学，36岁后改而推崇朱熹，之后受中国明朝哲学家罗钦顺等人影响走上了怀疑朱子学的道路。目前国内外学者对贝原益轩的研究主要集中在其教育思想、对朱子学的批判以及养生观三个方面，而对其"孝"思想鲜有涉及。基于前人的研究成果，本文试从儒学的角度对益轩的"孝"思想进行考察和分析。

二 孝的基石——理气一体

按照《易》中对宇宙的解释，太极是宇宙中原始的混沌之气，是万物万象的根源。益轩也认为太极是由一种混沌不分的气所形成的，是万物生成的根源所在。他在《大疑录》中写道："道是阴阳之流行，纯正而有条理之谓，是阴阳之本然而不纷乱者。理是气之理，理气不可分为二物，且无先后，无离合，故愚以为理气决是一物，朱子以理气为二物，是所以吾昏愚迷而未能信服也。理即是气之理，一气之行于四时也，生长收藏而不变乱者，自顺正不乖庚，故须就气上认取。"① "天地之间，都是一气"，"理气决是一物，不可分为二物焉。苟无气则何理之有？是所以理气不可分为二，且不可先言理而后有气，故不可言先后。故气能生万物。"② 益轩认为"天地之间，都是一气，理即是气之理"，这就是说"整个宇宙都充满了物质性的气，而这种气的变化运动是有条不紊富有规律的，即为气之理，只有从物质性的气上才能看出这个理来，离开了气的理是不会独立自存的"③。因此理气是一物，不可分为二物。所谓太极，即气之流转。太极的动静产生阴阳，阴阳的流转

---

①　〔日〕贝原益轩：《大疑录》，朱谦之《日本的朱子学》，人民出版社，2000，第266页。

②　〔日〕贝原益轩：《大疑录》，朱谦之《日本的朱子学》，人民出版社，2000，第267～268页。

③　孙方坚：《贝原益轩的气一元论唯物主义思想》，《延边大学学报》（哲学社会科学版）1982年第12期。

又生成了万物，此流转有条不紊、恒常不变，这是宇宙的本来面目。归根结底，是气产生了宇宙间的万物，而理不能产生万物，气才是构成万物的根本要素。

学界普遍认为贝原益轩的理气一体论是受中国明代学者罗钦顺的《困知记》影响而形成的。罗钦顺（1465～1547）是明朝中叶著名的气论思想家，是可以和王阳明分庭抗礼的大学者，时称"江右大儒"。他在《困知记》中主张气是天地万物的根本，自然界的各种变化、万物的生长规律、万民的生活准则、人事的成败得失都是气运行的结果。气是运动的，往来、升降、阖辟等都是气的运动形态。气的有秩序的运转即谓"理"，理就是气之理，理气为一物。对照两者的论述，不难看出，益轩完全继承了罗钦顺的气一元论唯物主义观。据考证，罗钦顺的《困知记》朝鲜翻刻本在丰臣秀吉侵朝战争（1592～1598）期间即已传入日本，其后在日本被广泛刻印阅读，对日本思想界产生了极大影响。贝原益轩非常推崇罗钦顺，赞其"虽师尊程朱，而不阿其所好，其所论最为正当"①。益轩的思想已经接近了唯物主义真理，它以理气一体论为基石，进而推导出包括人类在内的万事万物皆由天地所生。益轩在《五常训》中写道：

> 虽说人人皆为父母所生，但归根溯源，皆得益于天地之恩。出生之后，其一生都受惠于天地之恩。犹如借父母之精气、凭父母之养育成为真正的人。此乃无上之大恩。是故天地即为父母。天为父、地为母。人为天地之子。天地之无限大恩，虽以山河比拟亦不足矣。②

益轩认为人是受惠于天地之恩而诞生的天地之子，从出生的客观事实来看，人诚然为父母所生，是父母之子，然而，从本质上讲，人也是由构成物质的要素——气所衍生出来的。"益轩抓住了天是人的根源这一根本关系，将天和人紧紧连接在一起，进而为人的存在意义以及人生

---

① 王家骅：《儒家思想与日本文化》，浙江人民出版社，1990，第96页。
② 〔日〕贝原益轩：《五常训》，荒木见悟、井上忠校注《日本思想体系34 贝原益轩·室鸠巢》，东京岩波书店，1970，第95页。

方向指出了一条明确的道路。"① 益轩认为："天是还未成形的运动变化着的气，而地是气凝结后形成的肉眼可见的形状的总和，包括高山、河流、人类等各种各样的有形之物。从构成有形之物的要素这一点来看，人类是天（气）凝结之后所形成的一部分。"② 从这个意义上而言，人的本质源于天地，人类有两种父母：一种是现实中的生身父母，另一种是形成物质根基的天地。可见，益轩的孝思想正是根植于他的理气一体论。

三　孝的范围——万物一体

儒家理学创始人之一张载（1020～1077）在其著作《西铭》中曰："乾称父，坤称母；予兹藐焉，乃混然中处。故天地之塞，吾其体；天地之帅，吾其性。民，吾同胞；物，吾与也。"张载认为《易经》中的乾卦揭示天道创造的奥秘，称作万物之父；坤卦表示万物生成的原则，称作万物之母；自我虽渺小，却处于天地之间。如此看来，充塞天地之间的坤地之气，即我的形体，而引领天地万物的是我的天然本性；人民百姓是我的同胞，万物皆与我为同类。《西铭》里论述的万物一体主张天地为生民之父母，民众都是自己的同胞，万物与我气息相通，人类要同万物和谐共处、善待他者。益轩深受张载《西铭》思想的熏陶，在其著作《慎思录》中反复提及万物一体、仁者无私：

> 西铭以天地为父母，以万物为一体，而发明于事天地之道为亲切。学者须先知此理，终身服膺而无失也。天地万物之与我为一体，本是自然之理；然众人有私意之障碍，而不能为一体。唯仁者，无物我之私，以为间隔，故依旧为一体，非勉强为一体尔。《西铭》以乾坤称父母，"民为同胞，物与吾与"；此亦本有斯理，非强名之也。③

① 王杰：《关于贝原益轩的神儒一体论思想》，《外国哲学》2017 年第 1 期。
② 〔日〕早川雅子：《近世後期における民衆の孝道德の源流をめぐって—『古文孝経孔子伝』と貝原益軒を中心に》，《目白大学人文学研究》2014 年 10 月卷，第 1～13 页。
③ 〔日〕贝原益轩：《慎思录》，载朱谦之《日本的朱子学》，人民出版社，2000，第252 页。

仁者以天地万物为一体，此理本自如此，非勉强为一体而已。盖吾身自天地而生来，天地为万物之父母，故天、地万物与吾身本自为一体。仁者至公无私，故无物我之间隔，不能不以天地万物为一体尔。①

益轩认为天地为万物之父母，故万物一体、万物平等是自然之理，仁者应该摒弃狭隘的私念，与万物保持亲密关系。世间万物诞生到这个世界是平等的，没有尊卑高下。从宏观角度来讲，人类与动物、植物都是自然界产生的一种物质形式；从所有人类皆是天地之子这个层面来看，人类都是兄弟姐妹，就像君主是嫡兄、大臣是嫡兄的助手一样，必须像手足一样互相关爱。据年谱记载："益轩虽然出生于福冈城内的东邸，可是由于父亲宽斋的失职而移住博多町，生长于町民子弟之中，在这里度过了六七年，由于宽斋再度取得实禄，益轩又随父移住穗波郡八木山的知行所，在这个山中度过数年，宽永十七年，益轩十一岁那年的冬天，一度回到福冈，第二年春天，又随父亲移住怡土郡井原。就这样，益轩的少年时代多半都是在博多的街镇以及近郊地区度过的。"②从这些记述中可以得知益轩的少年时代是在辗转中度过的，在此过程中，他一直是和平民大众紧密相连的，自然亲眼目睹了普通民众的生活。存在决定意识，少年时代的经历为益轩万物一体的思想打下了基础，使他从少年时代起便对广泛的天地万物以及普通民众都抱有深厚的感情。益轩将他的万物一体观念也渗透到了其著作之中。例如，他写《和俗童子训》时多次强调了平等的观念，不仅论及了富贵之家的儿童教育，也谈到了贫贱之家的儿童教育，主张无论富贵与贫贱，都应对其进行教育，无论天子还是庶民，都应该以爱敬之心为根本，学习孝悌之道。由此可见，益轩所主张的孝不是个人主义、家庭主义的，也不是国家主义的，而是以宇宙间万物平等为准则，其范围包含了天地间的万事万物。天地生万物，人类作为天地之子，理应如同天地包容万物一样对万物存包容之心、慈爱之念。

① 〔日〕贝原益轩：《慎思录》，朱谦之《日本的朱子学》，人民出版社，2000，第258页。
② 〔日〕冈田武彦：《贝原益轩》，台湾东大图书公司印行，1987，第11页。

四 孝的实践——施仁报恩

孔子曰："弟子，入则孝，出则弟，谨而信，泛爱众而亲仁。行有余力，则以学文。"（《论语·学而》）孔子认为为人子弟在家要孝顺父母，出门要顺从兄长，做人言行要谨慎守信，博爱大众而亲近仁者；在上述几点都做到之后，若有余力则可研习六艺之文。由此可见，孔子认为在学习知识之前应先尽孝道，这正好体现了"孝"在孔子心目中地位之高。孔子的弟子有子更是继承了孔子的思想，将"孝弟"视为人的立身之本，他在《论语·学而》中说道："其为人也孝弟，而好犯上者，鲜矣；不好犯上，而好作乱者，未之有也。君子务本，本立而道生。孝弟也者，其为仁之本与？"在有子看来，孝顺父母，顺从兄长，而喜好触犯上层统治者，这样的人是很少见的；不喜好触犯上层统治者，而喜好造反的人是没有的；君子专心致力于根本的事务，那么治国做人的基本原则也就有了；孝顺父母、顺从兄长，这就是仁的根本。孔子及其弟子为传统孝道的合理性找到了根基，解决了孝道存在的哲学前提——仁。仁是人行为的最高准则，而要实现这一准则，必须有一个近的切入点，这就是孝。《礼记·中庸》曰："仁者，人也，亲亲为大。"仁就是爱人，亲爱亲族是最大的仁；仁是智者的最高追求，而孝是最基本的道德底线；在孝的基础上，进一步扩展就称得上仁，仁是孝的延伸。于是益轩在《初学知要》中论述道：

> 笃信窃按天地之大德曰生，天地别无勾当，只以生物为心而已。人受天地之性而生焉，故以天地之心为心，所谓仁也。仁者人心而爱之理也，爱莫大于爱亲，故人之行莫大于孝，莫先于孝。以孝事君则忠，以孝使臣则惠，凡百事以孝则无所不善，故孝为为仁之本，又为百行之源，万善之首。[①]

益轩认为"孝为为仁之本，又为百行之源，万善之首"，显然，益

---

① 〔日〕贝原益轩：《初学知要》，载朱谦之《日本的朱子学》，人民出版社，2000，第257～258页。

轩接受了儒家传统孝道思想，在仁的框架内突出了孝的重要性，仁与孝相互统一，孝是仁的根本，也是仁的体现。天地以"生物"为心，此心即为"仁"，人类是天地之子，理应继承天地之本性，对万物存仁心，"仁与孝即为一理。天地之恩与父母之恩等同。以侍奉父母之心侍奉天地即为仁，以侍奉天地之心侍奉父母即为孝"①。"施仁，即是遵循天地之心，不违背天地之心，对主君赐予的官职尽忠职守。作为天地之子，应施行仁心、重视人伦、侍奉天地。"② 益轩认为，天地同现实中的父母从存在的本源这一点看是等同的。天地之恩即父母之恩，报答天地之恩的仁义之德，对应报答父母之恩的孝道之德。怜悯万物之仁与体恤父母之孝，从报答生身之恩这一点来看，其意义是相同的。

益轩又云：

> 人类是万物之灵，理应懂得天恩浩荡。故人之道，在于知天地之恩并报天地之恩。虽承蒙天地之无尽恩惠却浑然不知，困惑于世事无常，悖行天理，不施仁心，丝毫不报天地之大恩，何其可悲。③

益轩认为报天地之恩首先要懂得天地之恩，知天地之恩、感天地之恩是报答天地之恩的先决条件；知天地之恩，即明白承蒙于天地之恩惠才有自己的存在。这是审视自己、追问自己存在的原因，进而认识到自身存在的本源来自天地。只有理解了自身存在的原因，才会将天地作为人的本源而供奉于上位，从而将报答天地运行产生万物的恩情转化为人的实际报恩行动。

益轩进一步指出：

> 父生母育，君主育养，圣人教导，师长诱导。在在都对我们有

---

① 〔日〕贝原益轩：《五常训》，荒木见悟、井上忠校注《日本思想体系34 贝原益轩·室鸠巢》，东京岩波书店，1970，第101页。

② 〔日〕贝原益轩：《五常训》，荒木见悟、井上忠校注《日本思想体系34 贝原益軒·室鸠巢》，东京岩波书店，1970，第45页。

③ 〔日〕贝原益轩：《五常训》，荒木见悟、井上忠校注《日本思想体系34 贝原益軒·室鸠巢》，东京岩波书店，1970，第96页。

着无穷的恩典，无一日可以忘怀。山犬、狼等尚知报恩。故望恩背德者不如山犬、狼也。为学问者躬省吾身，对于君亲天地，圣人师长，不得或忘报恩之念，对君主尽忠，对父母尽孝，事天地，报恩德之志更不可一日有怠。……如有忘恩负德者，此人事父则为不孝之人，事君则为不忠之人。因忠孝乃报恩之大事也。如无报恩之心则不可能竭尽忠孝。君子之所为非常多，而其中以报恩一事最为重要。如有忘恩之事，则其他之所为皆不足观也。[①]

益轩强调对天地、君父、圣人、师长等都应抱有一颗真切的敬畏、感恩之心，认为犬狼尚知报恩，人类更应该随时随地抱有一颗感恩之心。他认为对天地没有敬畏恭顺之念、对人没有报恩之心的人是忘恩负义之徒、不孝不忠之人；君子所为中报恩之事最为重要，报恩之志一日不可懈怠；不知侍奉天地与父母，则一生如在梦中，如醉酒不醒，如草木禽兽而困顿不悟，毫无作为人类的价值可言。由此可见，益轩的孝思想是基于内在的觉醒而积极进行报恩实践。

然而，芸芸众生之中大部分都是能力有限的平凡之人，作为普通人又该如何报答天地之恩与父母之恩？针对这一疑问，益轩也有相应的论述。

天生万民，顺应其才任以益于人之事，上自经世下至有一材一艺者皆适其才任其事，是为其天职也。皇天生我，又以饮食、衣服、居室、才用养育我身，无一不备，无一不足，此皆天赐也，吾辈难报其恩德于万一，唯谅天怜人之心，做有益之事，庶几可报之于万一也，苟非如此，食嘉谷，度百日，空过一生，诚足恐也。自忖才艺无他，幸读古人书，略知为文之事，是以晓喻庸俗，庶几裨益于人。性命道德之精微非后学所能及，况先贤之遗言既已著明且详悉，诵之有余，不待末学之赘言也。仅著些少文字，使成童蒙民俗之一助，是为己任也。[②]

---

① 〔日〕冈田武彦：《贝原益轩》，台湾东大图书公司印行，1987，第115～116页。
② 〔日〕冈田武彦：《贝原益轩》，台湾东大图书公司印行，1987，第113页。

益轩认为自己别无可以发挥的学问，也没有广济众人的权势地位，想要解说经书而先贤早已写下了不朽的文字。于是，他以通俗易懂的语言为乡里庶民儿童教化著述，以期为补益民生尽绵薄之力。益轩认为只有这样自己才能免于成为天地间之害虫，免去陷入有愧于天地的不孝之罪。

益轩自述在经学之外，研究当时为人所认为的"小道鄙陋之事"。他说："虽小道鄙陋之事，苟有裨民用者，撰述之亦惟事也。……吾辈食嘉谷、消白日，生无益于时，与禽兽同生，便是天地间之一蠹耳。苟有助于民生，则虽执方技之小道，受世儒之诽议，亦所不辞也。"① 由此可见，益轩认为为天地众人做一些力所能及的实事就是报恩。

益轩在《五常训》中曾如此定义儒学："儒学之道，是经世济民之道，是安定民心之道。修身养性，行人伦之道，是为家国天下、万事万物有用之学问。不做无用之空谈。"② 益轩认为儒学是有用之学，所谓有用，就是能使国家社会安定，能对天地万物有利；如果没有具体的效用，那就只是无用的观念，不是儒学。实学是中国古代儒学的一种重要学术倾向，其核心内容是"经世致用"与"格物致知"。显然，益轩的孝思想也体现了儒家重视实学的传统：报恩不是一句空话，而是要付诸实践；报恩并非难事，从身边之事做起，从力所能及之事做起便是报恩。益轩一生推崇民生日用，在著书立说时将他的实学思想贯穿其中，用平实易懂的语言撰写了《家训》《君子训》《乐训》《养生训》等著作，以他自己独特的报恩方式向日本民众灌输了儒家道德观念，在伦理思想方面丰富了日本民众的心智。

益轩讲：

> 盖道之所在，乃亲其亲、长其长，是孝弟而已。此日用常行之事，可谓至浅近且卑也，故虽愚夫愚妇，易知易行，苟舍孝弟而求道于高远，是求道于所无也，犹缘木而求鱼也。孝弟之道，积于身而不可及谓之高；孝弟之理，通于神明不可窥测谓之深；孝弟之理，达于天下谓之远；此君子之道所以高深且远也。故曰："夫妇之愚可以与知焉，及其至也，虽圣人亦有所不能焉。"异学之说，

---

① 〔日〕贝原益轩：《慎思录》，朱谦之《日本的朱子学》，人民出版社，2000，第260页。
② 〔日〕贝原益轩：《五常训》，荒木见悟、井上忠校注：《日本思想体系34 贝原益轩·室鸠巢》，东京岩波书店，1970，第81页。

舍孝弟而不务，独于孝弟伦常之外，欲求其高深者；不知孝弟伦常之外无高深者。苟于此外求高深者，譬如系风捕影，此舍实有而取空无也。①

由此可见，所谓孝悌之道，从小处讲，不过亲其亲、长其长，平常人在日常生活中亦可践行，然而这世间至高至深的大道理也正是潜藏在这普通的日用常行之事中。从孝悌出发，由近及远，由浅及深，最终可达于天地万物一体之仁的境界。

五　结语

综上所述，益轩的孝思想吸收和继承了儒家孝思想传统，将自然界和人类社会合而为一，从自然界法则引申出人类社会的伦理秩序。它根植于理气一体论，即气是构成万物的根本要素，理是气之理，人类来源于天地，是天地之子。从这一朴素的唯物主义思想出发，益轩进而推导出了万物一体、万物平等。他所主张的孝的范围已经超越了个体的局限性，推及天地间万事万物；从实践的角度来看，益轩主张在报恩的过程中践行仁心，从日常生活中力所能及的事情出发，为民众做实事来报答天地之恩，使道德良知真正贯彻落实于道德主体的实际行为之中。

评价一个社会义明与否不仅仅要看其物质文明程度，更要看其精神文明程度。"孝"作为儒学重要理论之一，对人们的思想意识、心理结构和行为习惯产生了深远的影响，对社会的安定与和谐、家庭的稳定与幸福起到了积极的促进作用，是衡量一个社会精神文明发展水平的重要标志。社会在发展，时代在进步，然而任何时代、任何国家都离不开对孝思想的推崇和发扬，关于孝思想的研究可以说是一个永恒的课题。儒学作为一种世界性的精神文化资源，在全球多元文化的交流中扮演着重要角色。在新的时代背景之下，考察儒家文化圈内对孝思想的传承与弘扬，汲取传统孝文化中的合理成分仍然具有重要意义。

（责任编辑　涂可国）

---

① 〔日〕贝原益轩：《慎思录》，载朱谦之《日本的朱子学》，人民出版社，2000，第258页。

《论语》在明代政治与教育中的
地位和作用[*]

唐明贵^{**}

摘　要 ┊ 由于明朝政府重视儒学，所以作为儒学核心经典的《论语》便与明代社会结下了不解之缘，在政治生活和教育领域中扮演了重要的角色。一方面，不仅君主理政、臣下言政引用《论语》，而且在中朝交往中对朝赐书中也包括《论语》；另一方面，《论语》不仅在经筵日讲、官学教育中受到重视，而且在私学教育、八股考试中也占有一定的地位。

关键词 ┊ 论语　明代　政治　教育

　　立朝之初，朱元璋就非常重视儒学，一方面，他积极延揽儒生，除刘基、章溢、叶仪、叶琛、宋濂等大儒外，还"辟儒范祖干、叶仪。……召儒士许元、叶瓒玉、胡翰、吴沉、汪仲山、李公常、金信、徐孳、童冀、戴良、吴履、张起敬、孙履，皆会食省中，日令二人进讲经史，敷陈治道"①。另一方面，他大力发展儒学教育，"天下既定，诏择府、州、县学诸生入国子学"，"所习自《四子》本经外，兼及刘向说苑及律令、书、数、《御制大诰》"，"郡县皆立学校，延师儒，授生徒，讲论圣道"②。受此影响，以《论语》为核心的儒学便与明代社会

---

　　* 本文是国家社科基金项目"明代《论语》学研究（16AZX010）"的阶段性成果之一。
　　** 唐明贵，聊城大学哲学系教授，中国哲学博士，主要研究领域为儒学、《论语》学。
　　① 甄洪永、孔德凌：《明代经学学术编年》，凤凰出版社，2015，第5页。
　　② 《明史·选举志一》。

结下了不解之缘。

一 《论语》在明代政治中的地位和作用

在明太祖看来，"孔子明帝王之道以教后世，使君君、臣臣、父父、子子纲常以正、彝伦攸序，其功参乎天地"①，所以他尊孔崇儒，倡言经世致用，"所谓学经者，上可以为圣，次可以为贤，以临大政则断，以处富贵则固，以行贫贱则乐，以居患难则安，穷足以为来世法，达足以为生民准，岂特学其文章而已乎？"② 于是，《论语》在明代政治中也扮演了重要的角色。

（一）君主理政引用《论语》

君主理政引用《论语》，主要表现在三个方面。

首先，皇帝发布的上谕中屡屡征引《论语》，以之为理政之据。如明朝皇帝比较重视作为为官之魂、从政之本、用权之道的官德，在谈及这一问题时，时常引证《论语》。如据《明太祖实录》卷一百三十八记载，洪武十四年（1381），朱元璋谕诸行人曰："凡为使臣，受命而出，四方之所瞻视，不可不谨。孔子曰：'行己有耻，使于四方，不辱君命，可谓士矣。'尔等当服膺是言。若纵情肆欲，假使命而作威作福，虐害下人，为朝廷之辱矣。自今，或捧制书，或奉命出使，或催督庶务，所在官吏淑慝，军民休戚，一一咨询，还日以闻，庶不负尔职也。"③ 在明代，行人掌管捧节奉使之事，经理颁诏、册封、抚谕、征聘诸事，其品德如何，关乎朝廷声誉，故朱元璋借孔子之言要求他们不能纵情肆欲、作威作福、虐害下人。另据《明太宗实录》卷五十二记载，永乐四年（1406）三月，进士陈纪等拜谒后辞别还乡。明太宗朱棣谕之曰："为学至以进士，发身亦出乎等伦，然道理无穷。古人至老务学不厌，今人苟遂一得遂不复前进故远不达。故汝等年富力强，当立志远大，务进修非独成己之德，将来国家亦得实才之用。"进士皆叩首谢。复谕之曰："乡里，父兄所在，不可以一得，辄生骄慢。骄慢凶

---

① 甄洪永、孔德凌：《明代经学学术编年》，凤凰出版社，2015，第239页。

② 宋濂：《宋文宪公全集》卷三十二。

③ 甄洪永、孔德凌：《明代经学学术编年》，凤凰出版社，2015，第233页。

德。孔子于乡党，恂恂似不能言。汝曹勉之。"① 两次引用《论语》经文，告诫进士们要"为学不厌"，要通过修身立志成为国家栋梁之材；要谦恭慎言，对待父老乡亲切勿骄慢。

又，明宣宗朱瞻基曾引用《论语》强调分赐要公平。据《明宣宗实录》卷三记载，洪熙元年（1425）七月，上谕行在户部尚书夏原吉等曰："比观卿等所言，天寿山营造军匠月支粮赐，旗军所给比工匠差减，勤劳既相而粮赏不一，何以协人心？孔子曰：'不患寡而患不均。'工匠、旗军其一例给之。"② 借《季氏篇》之言要求户部对工匠和旗军赏粮相同，以便稳定人心。宣宗还曾引用《论语》强调在祭祀历代帝王、名山大川、先师孔子时要抱以诚敬的态度，《明宣宗实录》卷十四记载，宣德元年（1426）二月，以初即位改元，遣永康侯徐安、安乡伯张安等祭告祖陵、皇陵、懿文太子陵及晋恭王等历代帝王陵寝、岳镇、海渎、钟山、太岳、太和山、先师孔子。谕之曰："列祖陵寝，庆泽之源，朕永念在心。若名山大川镇奠宇内及圣帝明王皆朕所向慕者，今即位改元之初，特命卿等往修祀礼。孔子曰：'祭如在，祭神如神在。'惟诚与敬，其往慎之。"③ 唯有态度端正，才能表达敬畏之意。

其次，君主在与臣下议政时征引《论语》。明朝皇帝在与臣下探讨治国理政之策时，往往引证《论语》经文，以彰显己论的权威性。如《明太宗实录》卷二十二记载，永乐元年（1403）八月，礼部言卤簿中宜有九龙车一乘，又旧有金钉红鼓各四面，魷灯、红油纸灯各三对，而今缺之，请增制。成祖曰："礼贵得中，过为奢，不及为俭。仲尼曰：'与其奢也，宁俭。'先朝定礼审之精矣。后之子孙遵用旧章，当自朕始，岂可辄有增益以启后世之奢哉？"④ 朱棣援引孔子之言，否定了臣下增置的请求，主张为政宜简不宜奢。另据《明太宗实录》卷六十八记载，永乐五年（1407）六月，上问礼部周围四夷情况，对曰："蛮夷由来叛服不常数年，陛下怀之以恩，待之以礼，今皆悦服，无复反侧之意。"成祖听后评价说："朕素待之以诚，彼或不诚，亦不与校，故亦有感激愧服者。孔子常曰：'言忠信，行笃敬，虽蛮貊之邦行之矣。'

---

① 甄洪永、孔德凌：《明代经学学术编年》，凤凰出版社，2015，第391页。
② 甄洪永、孔德凌：《明代经学学术编年》，凤凰出版社，2015，第446～447页。
③ 甄洪永、孔德凌：《明代经学学术编年》，凤凰出版社，2015，第449页。
④ 甄洪永、孔德凌：《明代经学学术编年》，凤凰出版社，2015，第373～374页。

圣人之言万世可行。"① 引用《卫灵公篇》经文，说明对待四周蛮夷之人应当忠信、诚敬。又，《明宣宗实录》卷三十二记载，宣德二年（1427）十月，宣宗罢朝御左顺门，少保夏原吉等侍，因语及古人信谗事。上曰："谗慝小人，真能变白为黑，诬正为邪，听其言若忠，究其心则险。是以帝舜堲谗说，孔子远佞人，唐太宗以为国之贼。朕于此等每切防闲，若有其萌必杜绝之，不使奸言得人枉害忠良。齐杀斛律光，国遂以弱，朕常非之；汲黯正直，奸邪寝谋，卿等所宣务也。"原吉等顿首曰："陛下之明，群臣之幸也，臣敢不效愚直，以仰答圣心。"② 宣宗引用《卫灵公篇》"远佞人"之语以自勉，鼓励群臣大胆进言。

最后，《论语》不仅出现在皇帝之口、大臣之口和官方文书中，而且运用到了实际的政治实践中。如在《子路篇》中，孔子提出了"举贤才"的政治主张。这一思想受到了明朝皇帝的重视。立国之初，明太祖就曾引用孔子之言要求大臣积极举荐贤才。据《明太祖实录》卷一百六十九记载，洪武十七年（1384）十二月己亥，上谕侍臣曰："孔子云：'十室之邑，必有忠信。'朕屡敕有司荐举贤才，而所荐者多非其人，岂山林岩穴真无贤者乎？特在位者弗体朕意，滥举以塞责尔？昔常何荐马周，唐太宗喜其有知人之明。今荐举者若能致一马周，朕岂爱爵赏？惜无以副朕望者，是以延伫之心，朝夕不忘。"③ 朱元璋认为大臣举才不力，引用孔子之语，希望大臣多多挖掘人才。明宣宗亦曾引用孔子此言诏求贤才，据《明宣宗实录》卷九十四记载，宣德七年八月乙未，上御奉天门视朝罢，召少傅杨士奇、杨荣至榻前，谕曰："今春命京官三品以上举方面郡守后，又出旧作《招隐》《猗兰》之诗以示意，已逾半岁，都不举一人，近因卿二人举黎恬等，朕思今天下之广，岂果无人才，但群臣不以国家生民为心，故往往视朕言为虚文，此由吏部之怠忽也，其降敕责之。仍令史部都察院在外方面及郡县官之昏儒不才者罢黜之。"于是敕谕行在吏部曰："致理之方，用贤为要；事君之道，荐贤为忠。朕主宰天下，思惟负荷之重必得贤才共图治理。夙夜在念，寝食弗忘。尝敕朝廷三品以上举荐所知。又出示《招隐》《猗兰》之作，庶几人臣咸明朕志。近惟一二廷臣曾有举荐，其余旷时积月不举

---

① 甄洪永、孔德凌：《明代经学学术编年》，凤凰出版社，2015，第395页。

② 夏原吉：《忠靖集·附录》，《四库全书》本，台湾商务印书馆，1986。

③ 甄洪永、孔德凌：《明代经学学术编年》，凤凰出版社，2015，第27页。

一人，岂果无遗贤欤？抑今中外所用皆得人欤？盖典铨衡者之怠忽也。朕以诚心求贤望理，不图臣下玩为虚文，孔子曰：'十室之邑，必有忠信者。'况今天下之广，生民之众乎？尔吏部即会在京三品以上官众议，推举以有才行者、有文学者，具名来闻，朕擢用之。"① 责备官吏不懂其"必得贤才共图治理"之意，举贤不用心；引用孔子之语说明贤者多有，关键是怎么去发现。

（二）臣下言政援引《论语》

不仅君主理政大量引用《论语》经文，臣下言政时也时常引证《论语》以为立论之据。

一方面，给皇帝上书言政，征引孔子之言，以为己见张目。据《明太祖实录》卷二十记载，"上阅古车制。至《周礼》五辂，曰：'玉辂太侈，何若止用木辂'？詹同对曰：'昔颜渊问为邦，孔子答以乘殷之辂，即木辂是也。孔子以其朴素、浑坚，质而得中，故取焉。'上曰：'以玉饰车，考之古礼，亦惟祀天用之，若常乘之车，只宜用孔子所谓殷辂。然祀天之际，玉辂或未备，木辂亦未为不可。'参政张昶对曰：'木辂，戎车也，不可以祀天。'上曰：'孔子，万世帝王之师，其斟酌四代礼乐，实为万世之法，乘木辂何损于祭祀？况祀事在诚敬，不在仪文也。'昶顿首谢。"② 参照孔子之言，酌定祭祀制度。其中"颜渊问为邦，孔子答以乘殷之辂"源自《卫灵公篇》。据记载，颜渊问为邦。子曰："行夏之时，乘殷之辂，服周之冕，乐则韶舞。放郑声，远佞人。郑声淫，佞人殆。"又，隆庆三年（1569）正月，徐阶上书请明穆宗朱载垕亲自奉庙享："皇上之躬亲对越，而后来格来歆，故孔子曰：'吾不与祭，如不祭。'自非有甚不得已之事，未有可以遣官代行者。况今朝觐官吏、会试举人咸集京师，观望朝廷之举动。《易》曰：'萃亨王假有庙。'先儒程颐释之曰：'天下萃合人心，总摄众志之道非一，其至大莫过于宗庙。'"③ 徐阶引用孔子之语劝告皇帝亲自祭祀天地神灵。与之相关的还涉及孔庙从祀制度，据《半村野人闲谈》记载，洪武癸酉（1393），崇仁县儒学训导吉水罗公恢上疏言："孔子庙廷从

---

① 甄洪永、孔德凌：《明代经学学术编年》，凤凰出版社，2015，第480页。
② 甄洪永、孔德凌：《明代经学学术编年》，凤凰出版社，2015，第25页。
③ 徐阶：《世经堂集》卷四，明万历年间徐氏刻本。

祀者，当以道学论。当时有若优于宰予，《论语》记有若言行者四，皆有裨于世教。记宰予者亦四，皆见责于圣人。宜以有若居十哲位次，而宰予居两庑。公伯寮沮坏圣门，不宜从祀。蘧伯玉，孔子之故人，行年六十而化，今居两庑六十位次之下，未当，宜例升启圣王庙。"疏奏不报，时皆服其论之当云。① 罗公恢认为在孔庙从祀者，当以道学论。上疏综合《论语》经文，倡言己见。

另一方面，臣下之间讨论政事，亦引证《论语》。如张居正在《答应天巡抚宋阳山论均粮足民》中曾借用《论语》经文，探讨均粮足民问题，指出：

> 来翰谓苏、松田赋不均，侵欺拖欠云云，读之使人扼腕。公以大智大勇，诚心任事，当英主综核之始，不于此时别刷宿敝，为国家建经久之策，更待何人？诸凡谤议皆所不恤。即仆近日举措，亦有议其操切者。然仆筹之审矣，孔子为政，先言足食；管子霸佐，亦言礼义生于富足。
>
> 自嘉靖以来，当国者政以贿成，吏朘民膏以媚权门。而继秉国者，又务一切姑息之政，为逋负渊薮，以成兼并之私。私家日富，公室日贫，国匮民穷，病实在此。仆窃以为贿政之弊，易治也；姑息之弊，难治也。何也？政之贿，惟惩贪而已。至于姑息之政，倚法为私，割上肥己，即如公言。豪家田至七万顷，粮至二万，又不以时纳。夫古者，大国公田三万亩，而今且百倍于古大国之数，能几万顷而国不贫？故仆今约己敦素，杜绝贿门，痛惩贪墨，所以救贿政之弊也。查刷宿弊，清理逋欠，严治侵渔揽纳之奸，所以砭姑息之政也。上损则下益，私门闭则公室强。故惩贪吏者，所以足民也；理逋负者，所以足国也。官民两足，上下俱益，所以壮根本之图，建安攘之策，倡节俭之风，兴礼义之教，明天子垂拱而御之。假令仲尼为相，由、求佐之，恐亦无以逾此矣！②

其中"孔子为政，先言足食"，源自《颜渊篇》"子贡问政。子曰：

---

① 甄洪永、孔德凌：《明代经学学术编年》，凤凰出版社，2015，第 317 页。

② 张居正：《张太岳先生文集》卷二十六，明万历四十年唐国达刻本。

'足食，足兵，民信之矣'"。由此出发，张氏系统论述了足民思想，并将其看作孔子之思想。

（三）君主赐书包括《论语》

自明初，中朝就交往频繁。明廷对朝鲜除册封、昭告、赏赐、援助外，还试图在文化层面予以影响，或主动或应其要求赏赐书籍，其中就包括《论语》。如明太祖洪武二年秋，就曾赐朝鲜《六经》《四书》《通鉴》：

> 明兴，王高丽者王颛。太祖即位之元年遣使赐玺书。二年送还其国流人。颛表贺，贡方物，且请封。帝遣符玺郎偰斯赉诏及金印诰文封颛为高丽国王，赐历及锦绮。其秋，颛遣总部尚书成惟得、千牛卫大将军金甲两上表谢，并贺天寿节，因请祭服制度，帝命工部制赐之。惟得等辞归，帝从容问："王居国何为？城郭修乎？兵甲利乎？宫室壮乎？"顿首言："东海波臣，惟知崇信释氏，他未遑也。"遂以书谕之曰："古者王公设险，未尝去兵。民以食为天，而国必有出政令之所。今有人民而无城郭，人将何依？武备不修，则威弛；地不耕，则民艰于食；且有居室，无厅事，无以示尊严。此数者朕甚不取。夫国之大事，在祀与戎。苟阙斯二者，而徒事佛求福，梁武之事，可为明鉴。王国北接契丹、女直，而南接倭，备御之道，王其念之。"因赐之《六经》《四书》《通监》。自是贡献数至，元旦及圣节皆遣使朝贺，岁以为常。①

为了改变朝鲜的现状，朱元璋想通过赐书，使其国人学习儒家经典和史书，以排斥佛教，知治国理政之道。

永乐元年（1403），成祖应朝鲜国王李芳之请，赐《五经》《四书》等书。据俞汝楫《礼部志稿》卷九十一《朝鲜请冕服书籍》记载，永乐元年（1403）辛未，朝鲜国王李芳远遣陪臣石璘、李原等，奉表谢赐乐并贡马及方物，且请冕服书籍。上嘉其能慕中国礼文，悉从之，命

---

① 《明史·朝鲜传》。

礼部具九章冕服、《五经》、《四书》，并钞及彩币表里，俟使还赐之。①

明宣宗时，曾两次赐朝鲜国王经史书籍。据《明宣宗实录》卷二十二记载，宣德元年（1426）十月，遣使以《五经四书性理大全》《通鉴纲目》赐朝鲜国王李祹。上谓行在礼部尚书胡滢曰："圣人之道与前代得失俱在此书，有天下国家者不可不读。闻祹勤学，朕故赐之，若使小国之民得蒙其惠，亦朕心所乐也。"② 希望朝鲜国王读书后，能嘉惠民众。另据《明宣宗实录》卷一百零七记载，宣德八年（1433）十一月，赐朝鲜国王李祹《五经四书大全》诸书。初，王奏欲遣子弟诣北京国学或辽东学校读书，上嘉之，故赐之书，且敕祹曰："王欲遣子入学，具见务善求道之心，但念父子远违，情不相舍，山川隔远，气候不同，或至不安，不若就本国中务学之更也。遣书易王，以为教子弟之资，王其体联至意。"③ 意欲使王室之子在国内受学，不必远涉明廷受教。及至明代宗，也曾赐朝鲜《五经四书大全》等书。据《罪惟录·艺文志》记载，景泰七年（1456），"赐朝鲜《五经大全》《四书大全》等书"④。

通过赐《论语》等书，不仅密切了双方的关系，而且扩大了《论语》及其注本在海外的传播，促进了朝鲜政治、经济和文化的发展。

二　《论语》在明代教育中的地位和作用

由于《论语》比较全面地反映了孔子的思想，是后人研究儒家思想的重要文本。因此，掌握《论语》，便逐渐成为攻治"五经"的条件之一。明人杨宗吾曾说："六经譬则山海，《论语》其泛海之航，上山之阶乎？"⑤ 而"六经"恰是经学教育的重要内容，因此《论语》与教育一开始就结下了不解之缘。

及至明代，政府重视教育，尊崇孔子。明太祖曾昭令访求古今书籍，以资教育。据《明太祖实录》卷二十记载，洪武二十六年（1393）"五月庚寅，上尝命有司访求古今书籍，藏之秘府，以资览阅。因谓侍

---

① 周春健：《宋元明清四书学编年》，万卷楼图书股份有限公司，2012，第 224 页。
② 甄洪永、孔德凌：《明代经学学术编年》，凤凰出版社，2015，第 451 页。
③ 甄洪永、孔德凌：《明代经学学术编年》，凤凰出版社，2015，第 484 页。
④ 甄洪永、孔德凌：《明代经学学术编年》，凤凰出版社，2015，第 553～554 页。
⑤ 朱彝尊：《经义考》卷二百十一，中华书局，1998。

臣詹同等曰：'三皇五帝之书，不尽传于世，故后世鲜知其行事。汉武帝购求遗书，而《六经》始出，唐虞三代之治，始可得而见。武帝雄才大略，后世罕及，至表章《六经》、开阐圣贤之学，又有功于后世。吾每于宫中无事，辄取孔子之言观之，如'节用而爱人，使民以时'，真治国之良规。孔子之言，诚万世之师也。"① 明成祖也曾亲临太学，要求释奠先师，以孔子为师。据《明太宗实录》卷五十二记载，永乐四年（1406）三月，"上视太学。先是，敕礼部臣曰：'朕惟孔子帝王之师，帝王为生民之主。孔子立生民之道，三纲五常之理，治天下之大经大法，皆孔子明之，以教万世。朕皇考太祖高皇帝，膺君师亿兆之任，正中夏文明之统，复衣冠礼乐之旧。渡江之初，首建学校，亲祀孔子，御筵讲书，守帝王之心法，继圣贤之道学，集其大成，以臻至治。朕承鸿业，惟成宪是遵，今当躬诣太学，释奠先师，以称崇儒重道之意。其合行礼仪，礼部详议以闻。'"② 在政府的大力支持下，明代的教育与儒学尤其是《四书》建立了密切联系。

（一）《论语》与经筵日讲

经筵日讲是对皇帝进行儒学教育的重要形式，"所谓经筵，是指每月逢二（初二、十二、二十二日）举行的三次为皇帝讲授经史的教学活动，也称为'月讲'或'会讲'；所谓日讲，是指除去逢三、六、九（初三、初六、初九、十三、十六、十九、二十三、二十六、二十九）上朝之日外，每日举行的为皇帝讲授经史的教学活动。经筵和日讲都举行一定的仪式，前者盛大而庄严，是皇帝接受儒家教育的象征；后者较为简略，重在加强皇帝对学习内容的掌握。习惯上，广义的经筵也包括日讲"③。实际上，很少有皇帝能按此来举行经筵日讲。

明代的经筵日讲始自太祖，完备于英宗和万历。他们专门制定了相关的仪式。正统元年（1436），英宗制定了经筵讲《四书》仪。据《明史·礼志九·嘉礼三·经筵》记载：

> 明初无定日，亦无定所。正统初，始著为常仪，以月之二日御

---

① 甄洪永、孔德凌：《明代经学学术编年》，凤凰出版社，2015，第25~26页。
② 甄洪永、孔德凌：《明代经学学术编年》，凤凰出版社，2015，第390页。
③ 谢贵安：《张居正对明神宗的儒学教育与经筵日讲新论》，《孔学堂》2018年第4期。

文华殿进讲，月三次，寒暑暂免。其制，勋臣一人知经筵事，内阁学士或知或同知。尚书、都御史、通政使、大理卿及学士等侍班，翰林院、春坊官及国子监祭酒二员进讲，春坊官二员展书，给事中御史各二员侍仪，鸿胪寺、锦衣卫堂上官各一员供事，鸣赞一赞礼，序班四举案，勋臣或驸马一人领将军侍卫。

礼部择吉请，先期设御座于文华殿，设御案于座东稍南，设讲案于案南稍东。是日，司礼监先陈所讲《四书》、经、史各一册置御案，一册置讲案，皆《四书》东，经、史西。讲官各择撰讲章置册内。帝升座，知经筵及侍班等官于丹陛上，五拜三叩头。后每讲止行叩头礼。以次上殿，东西序立。序班二员，举御案于座前，二员举讲案置御案南正中。鸿胪官赞进讲。讲官二员从东西班出，诣讲案前，北向并立。东西展书官各至御案南铜鹤下，相向立。鸿胪官赞讲拜，兴。东班展书官诣御案前，跪展《四书》，退立于东鹤下。讲官至讲案前立，奏讲某书，讲毕退。展书官跪掩书，仍退立鹤下。西班展书官展经或史，讲官进讲，退，如初。鸿胪官赞讲官拜，兴。各退就东西班，展书官随之，序班彻御案讲案。礼毕，命赐酒饭。各官出至丹陛，行叩头礼。至左顺门，酒饭毕，入行叩头礼。

英宗还曾命儒臣日讲。据《篁斋琐缀录》卷一记载："今上御经筵，肇于嗣极之初，是为天顺八年甲申之八月三日。岁率以二、八月中旬起，四、十月末旬止，月三会讲，日皆逢二。进讲，每两人，一《四书》，一经。讲章皆预呈阁老，转付中书缮录正副各二纸，隔日进司礼监官奏知。"[①]

及至万历年间，还制定了日讲《四书》仪。据《礼部志稿》卷十四记载，"万历二年（1574），定春讲，以二月十二日起，至五月初二日止。秋讲，以八月十二日起，至十月初二日止。不必题请。日讲仪，"上御文华穿殿，止用讲读官、内阁学士侍班，不用侍卫、侍仪、执事等官。侍班、讲读等官入见，行叩头礼，东西分立。先读《四书》，次读经，或读史。每本读十数遍，后讲官先讲《四书》，次讲经，或讲

① 甄洪永、孔德凌：《明代经学学术编年》，凤凰出版社，2015，第575页。

史，务在直说大义，明白易晓。讲读后，侍书官侍上习书，毕，各官叩头，退。文华殿赐茶，文华门赐酒饭"①。

崇祯帝时，日讲中涉及《论语》较多。据《明史·文震孟传》记载，崇祯元年（1627）"以侍读召。改左中允，充日讲官。……震孟在讲筵，最严正。时大臣数逮系，震孟讲《鲁论》'君使臣以礼'一章，反覆规讽，帝即降旨出尚书乔允升、侍郎胡世赏于狱"。据孙承泽《春明梦余录》卷九《文华殿》记载，崇祯十五年（1642）八月，讲官丘瑜等进讲《论语》："至'师挚之始'章，帝问'咸、英、韶、濩'，瑜对是四代乐名。上曰：'子在齐，闻《韶》乐。'瑜对即此《韶》乐。上复问'《关雎》之乱'乱字，瑜对是乐之卒章。上曰：'当时夫子闻《韶》，三月不知肉味，是何等气象！'"② 崇祯十五年九月，讲官讲《论语》"子罕言"一节，"帝召辅臣前，问：'夫子论仁，如欲立欲达、克己复礼、天下归仁及出门使民等语，言仁尽多，何云罕书？'辅臣延儒对：'此即性与天道不可得闻之意。'德璟对：'圣人未尝不言仁，只门弟子悟者以为言，不悟者以为罕言耳。'又问："命与仁如何分别？"德璟对："总是一理，在天为命，在心为仁。"帝首肯。又问：'一日克己复礼，天下归仁'便是'修己以安百姓'意思，辅臣极赞，以为圣见明彻。吴甡言：'帝王学问，只是明德新民。'德璟言：'明明德于天下，便是天下归仁。'……次日，手谕：昨先生等论仁诸说，深当朕心，著即撰写进呈，以便观览。"③

在经筵日讲中，有时皇帝还御批讲稿。据廖道南《殿阁词林记》卷十五《月讲》记载，讲官伦以训进讲《论语》，上呈《论语》"阳肤为士师"章讲章，嘉靖批云："以训讲'哀矜勿喜'，云是'慈悲怜悯'，夫'慈悲'二字，是释氏之教也。朕所传者二帝三王之道，所习者孔孟之学也，非释氏之教也。"④ 嘉靖指出大臣释解《论语》经义有误。有时大臣也当面批评皇帝之错，据《谷山笔麈》卷二记载："万历丁丑，行在讲筵。一日，讲官进讲《论语》，至'色，勃如也'，读作入声，主上读作'背'字，江陵从旁厉声曰：'当读作"勃"字！'上

---

① 甄洪永、孔德凌：《明代经学学术编年》，凤凰出版社，2015，第1277页。
② 周春健：《宋元明清四书学编年》，万卷楼图书股份有限公司，2012，第267页。
③ 周春健：《宋元明清四书学编年》，万卷楼图书股份有限公司，2012，第267页。
④ 周春健：《宋元明清四书学编年》，万卷楼图书股份有限公司，2012，第243页。

为之悚然而惊，同列相顾失色。及考注释，读作去声是也。盖宫中内侍伴读，俱依注释，不敢更易，而儒臣取平日顺口字面，以为无疑，不及详考，故反差尔。此一字不足深辨，独记江陵震主之威，有参乘之萌而不自觉也。"① 张居正敢于当面纠正皇帝《论语》读音之误。

大臣们希望通过经筵日讲，引导皇帝关注现实问题。如万历八年（1580）十一月，神宗"夜宴宫中，为近侍孙海、客用所惑，杖二内使几毙"，次日，神宗有些后悔遂要求张居正作为"辅弼大臣，宗庙社稷所系"之人不能"坐视不言"。张居正指出："自临御以来，讲学勤政，圣德日新，乃数月之间，仰窥圣意，所向稍不如前，微闻宫中起居，颇失常度。但臣等身隔外庭，未敢轻信，而朝廷庶政未见有缺，故不敢妄有所言。然前者恭侍日讲，亦曾举孔子'益者三乐，损者三乐''益者三友，损者三友'两章书，请皇上加意省览，盖亦阴寓讽谏之意。"他要求神宗与这些损友划清界限，如司礼监太监孙德秀、温恭，兵仗局掌印周海者，宜将他们"一体降黜，以彰日月之明"，且下定决心将身边"谄佞放肆者悉加汰黜，从而戒掉不良嗜好，专心治国，"皇上亦宜痛自改悔，戒饮宴以重起居，专精神以广胤嗣，节赏赉以省浮费，却玩好以定心志，亲万几以明庶政，勤讲学以资治理"②，以便光显圣德。

（二）《论语》与官学教育

明初，皇帝重视学校教育，如太祖朱元璋于"洪武元年令品官子弟及民俊秀通文义者，并充学生"。次年，"初建国学，谕中书省臣曰：'学校之教，至元其弊极矣。上下之间，波颓风靡，学校虽设，名存实亡。兵变以来，人习战争，惟知干戈，莫识俎豆。朕惟治国以教化为先，教化以学校为本。京师虽有太学，而天下学校未兴。宜令郡县皆立学校，延师儒，授生徒，讲论圣道，使人日渐月化，以复先王之旧。'于是大建学校，府设教授，州设学正，县设教谕，各一。俱设训导，府四，州三，县二。生员之数，府学四十人，州、县以次减十。师生月廪食米，人六斗，有司给以鱼肉。学官月俸有差。生员专治一经，以礼、乐、射、御、书、数设科分教，务求实才，顽不率者黜之。十五年，颁

① 甄洪永、孔德凌：《明代经学学术编年》，凤凰出版社，2015，第 1305 页。
② 张居正：《请清汰近习疏》，见《张太岳先生文集》卷四十四，明万历四十年唐国达刻本。

学规于国子监，又颁禁例十二条于天下，镌立卧碑，置明伦堂之左。其不遵者，以违制论。盖无地而不设之学，无人而不纳之教。庠声序音，重规叠矩，无间于下邑荒徼，山陬海涯。此明代学校之盛，唐、宋以来所不及也"①。在官学教育中，《论语》扮演了重要角色。

一是《论语》成为官学教材。一方面，政府多次颁赐《论语》予学校。据清谷应泰《明史纪事本末》卷十四《开国规模》记载，洪武"四年春三月，上以北方自丧乱后，经籍残缺，命颁《五经》《四书》于北方学校"②。另据《明太祖实录》记载，洪武十四年（1381）三月，"颁《五经》《四书》于北方学校。上谓廷臣曰：'道之不明，由教之不行也。夫《五经》，载圣人之道者也，譬之菽粟布帛，家不可无。人非菽粟布帛则无以为衣食，非《五经》《四书》则无由知道理。北方自丧乱以来，经籍残缺。学者虽有美质，无所讲明，何由知道？今以《五经》《四书》颁赐之，使其讲习。夫君子而知学则道兴，小人而知学则俗美，他日收效亦必本于此也"③；洪武十九年（1386）三月"辛巳，复赐北方郡县学校《五经》《四书》"④。讲习《四书》《五经》可以明教化，有助于国家的长治久安。

另一方面，在各层次学规中都将《论语》列为教材。学规，亦称学约、学则、规约、揭示、教约等，是古代学校规章制度的总称，包括办学的宗旨和基本原则，课程设置、教学组织和成绩考核，学官和掌教的职责，弟子的思想行为规则等。宋人徐度《却扫编》卷上曰："先生乃制为学规，凡课试讲肄，劝督惩赏，莫不有法。"

明朝皇帝非常重视学规建设，其课程内容中就涉及《论语》。如太祖定国子监规，凡通《四书》者居正义、崇志、广业堂。据清人孙承泽《春明梦余录》卷五十四《监规》记载，洪武十六年，"定监生三等高下，凡通《四书》未通经者，居正义、崇志、广业堂；一年半之上，文理条畅者，升修道、诚心堂；一年半之上，经史兼通、文理俱优者，升率性堂。升率性堂者方许积分"⑤。《明史·选举志一》对此记载得更

---

① 《明史·选举志一》。

② 周春健：《宋元明清四书学编年》，万卷楼图书股份有限公司，2012，第220页。

③ 甄洪永、孔德凌：《明代经学学术编年》，凤凰出版社，2015，第226页。

④ 甄洪永、孔德凌：《明代经学学术编年》，凤凰出版社，2015，第282页。

⑤ 周春健：《宋元明清四书学编年》，万卷楼图书股份有限公司，2012，第220页。

为详细："六堂诸生有积分之法，司业二员分为左右，各提调三堂。凡通《四书》未通经者，居正义、崇志、广业，一年半之上，文理条畅者，升修道、诚心；又一年半，经史兼通、文理俱优者，乃升率性。升至率性乃积分。其法：孟月试本经义一道，仲月试论一道，诏、诰、表、内科一道，季月试经史策一道，判语二条。每试，文理俱优者与一分，理优文劣者与半分，纰谬者无分。岁内积八分者为及格，与出身。不及者仍坐堂肄业。如有才学超异者，奏请上裁。"将《四书》作为监生的基本条件。

洪武三十年（1398），明太祖又针对"师道不立，学规废弛，诸生惰业，至有不通文理、不精书算、不谙史事，甚者抗拒师长，违越礼法，甚非育材养贤之道也"的现象，重新厘定了学规："各堂教官，所以表仪诸生，必躬修礼度，率先勤慎，毋惰训诲，使后学有所成就，斯为称职。诸生每三日一背书，日读《御制大诰》及本经、《四书》各一百字，熟记文词，精解理义，或有疑难，则谦恭质问，务求明白，不许凌慢师长。若疑问未通，阙疑勿辨，升堂背书，必依班次序立以俟，不许搀越。每月作本经、《四书》义各二道，诏诰、章表、策论、判语内科二道，每日习仿书一幅二百余字，以羲、献、智永、欧、虞、颜、柳等帖为法，各专一家，必务端楷。旦暮升堂，必衣冠严整，步趋中节；坐堂必礼貌端庄，恭勤诵读，不得脱巾解衣；往来别班会馔，必敬恭饮食，不得喧哗；朔望随班谒庙毕，方许与假，出近处游访，不得放肆醉饮、颠倒街巷及与人争斗，有伤风教；一应事务，必先告本班教官，令堂长率领升堂，告于祭酒可否行之。若有疾病，无妻子者养病房调治，每夜必在监宿歇。虽在诸司办事者亦必回监，并不许群聚酣饮，遇有选人除授及差遣办事，从祭酒公选差遣，违者罪之。"① 要求每天背诵《四书》一百字，且"精解理义"；每月作《四书》义两道，且行为举止要求亦多循孔子之思想。

及至明英宗时期，颁布了地方官学学规。据《明英宗实录》卷十七记载，正统元年（1436）五月，赐敕谕之曰："朕惟国家致治在于贤才，贤才之成本于学校，帝王相承之盛典也。朕自临御以来惓惓于此，而所在有司率不究心，苟具虚文用应故事，如此而望成贤才、致治化，

---

① 甄洪永、孔德凌：《明代经学学术编年》，凤凰出版社，2015，第342～343页。

其可得乎？今慎简贤良分理学政，特命尔等提督各处儒学。夫一方之学总于汝，是一方之师系于汝矣。率而行之必自身始，必自进其学，学充而后有以论人，必自饬其行，行端而后有以表下，学有成效惟尔之能，不然惟尔弗任，尔其懋哉。所有合行事宜条示于后，其敬承之。一，学者不惟读书作文，必先导之孝弟忠信、礼义廉耻等事，使见诸践履以端本源。一，士贵实学，比来习俗颓敝，不务实得于己，惟记诵旧文，以图侥幸，今宜革此弊。凡生员《四书》本经必要讲读精熟，融会贯通；至于各经、子、史、诸书，皆须讲明，时常考试勉励，庶几将来得用，不负教养。一，学者所作《四书》经义论册一等文务要典实，说理详明，不许虚浮夸诞；至于习字亦须端楷。一，学校无成皆由师道不立。今之教官贤否不齐，先须察其德行，考其文学，果所行所学皆善，须礼待之。若一次考验，学问疏浅，姑且诫励。再考无进，送史部黜罢。若贪滥不肖，显有实迹者即具奏逮问。"① 要求生员对《四书》须"讲读精熟，融会贯通"，所作《四书》经义"说理详明"。

二是《论语》成为官方蒙学教育的必读物。在明代，设有宗学，专门培养高级官员的孩子，其教材中涉及《论语》。据《明史·选举志一》记载，"宗学之设，世子、长子、众子、将军、中尉年未弱冠者俱与焉。其师，于王府长史、纪善、伴读、教授等官择学行优长者除授。万历中，定宗室子十岁以上，俱入宗学。若宗子众多，分置数师，或于宗室中推举一人为宗正，领其事。令学生诵习《皇明祖训》《孝顺事实》《为善阴骘》诸书，而《四书》《五经》《通鉴》《性理》亦相兼诵读。寻复增宗副二人。子弟入学者，每岁就提学官考试，衣冠一如生员"。要求宗学生诵读《四书》。

不惟高级蒙学要求诵读《论语》，地方官办蒙学组织——社学亦如此。据《明史·选举志一》记载，"社学，自洪武八年，延师以教民间子弟，兼读《御制大诰》及本朝律令。正统时，许补儒学生员。弘治十七年，令各府、州、县建立社学，选择明师，民间幼童十五以下者送入读书，讲习冠、婚、丧、祭之礼"②。除习冠、婚、丧、祭之礼和法律外，在其阅读的书目中，也有《论语》。据清代道光年间撰修的《遵

---

① 甄洪永、孔德凌：《明代经学学术编年》，凤凰出版社，2015，第496～497页。
② 《明史·选举志一》。

义府志》记载，明代社学社学读书之法"先读《四书集注》《孝经》《小学》，次读《五经传注》《周礼》《仪礼》《三传》《国语》《国策》《性理》《文选》《八家文集》《文章正宗》及应读史传、文集等书，依朱子读书法，用书程册子，人各一本"；"蒙童读《四书》《孝经》《小学》《五经》《性理》毕，应对进退，礼貌可观，方向成童师受业，不可躐等"①。可见《论语》及朱子《集注》是必读的。另据阳信县社学教约规定："左右教读各塾师，必教之以孝亲、敬长、隆师、亲友之道，以动其恻隐、是非、礼让、羞恶之良。居处必恭，步立必正，视德必端，言语必谨，容貌必庄，衣冠必整，饮食必节，出入必省，几案必整，斋堂室必洁净，相呼必以齿，接见必有定程。董氏之教其乡者，学礼、学坐、学行、学立、学言、学揖；真先生之教其子者，其习读先《弟子职》，次《小学》，次《论语》，次《大学》，次《中庸》，次《孟子》，次《孝经》，次《通鉴纲目》。非圣人之书不得一概杂施，以坏正学。其习举业者，必典实，必淳正，勿崇靡浮以伤雅道，每日读书作课之余，仍教之歌诗必关伦理者。"②《论语》也被列入开蒙之目。

由上可见，无论是中央官学还是地方官学，《论语》都是不可或缺的重要学习内容。

三是重视《论语》类官方教材的修订。为了统一思想，明朝政府十分重视官方教材的编修。肇基之始，朱元璋不仅亲自解《论语》，而且要求孔克表等依照他的样式编纂《群经类要》。据朱彝尊《经义考》卷二百四十七记载，"孔氏克表等《群经类要》，未见。黄虞稷曰：'明太祖命儒臣孔克表、刘基、林温等以恒言注释群经，使人易通晓。亲解《论语》二章以为之式，克表等承命释《五经》《四书》以上，赐今名'"。另据《文宪集》卷十二《恭题御制〈论语解〉二章后》记载，"右解《论语》二章，乃皇上所亲制以赐翰林修撰臣孔克表者也。初，上留心经籍，以为经之不明，传注害之。传注之害在乎辞繁而旨深。洪武六年，乃诏克表及御史中丞臣刘基、秦府纪善臣林温取诸经要言析为若干类，以恒言释之，使人皆得通其说而尽圣贤之旨意。又虑一二儒臣未达注释之凡，乃手释二章以赐克表，俾取则而为之。克表等承诏释

① 郑珍：《道光遵义府志》卷四四《艺文三》载毋扬祖《社学规条》，清道光刻本。
② 王允深：《乾隆阳信县志》卷八《艺文》，乾隆二十四年刻本。

《四书》《五经》以上，诏赐名曰《群经类要》"①。

及至明成祖，更是编修了影响深远的《四书大全》。据黄佐《翰林记》卷十三记载，明成祖永乐十二年（1414）十一月，上谕学士胡广、杨荣、金幼孜曰："《五经》《四书》皆圣贤精义要道，其传注之外，诸儒议论有发明者，尔等宜采，附于下。周、程、张、朱诸君子性理之后，如《太极图》《通书》《西铭》《正蒙》之类，皆六经羽翼。然各为书，未有统会。卿等亦类聚成编，务极精备，用垂永久。命广等三人总其事，仍举朝臣及在外教官有文学者同修。开馆东华门外，命光禄寺给朝夕馔甚丰。"② 时隔不到一年，至永乐十三年（1415）九月，"《五经四书大全》及《性理大全》成。上御殿，受之群臣，表贺"③。两部著作共计二百二十九卷，朱棣"览而嘉之，赐名《五经四书性理大全》，亲制序于卷首"④。该丛书得到了部分儒者的认可："恐尔学识不广，不称师道。只宜买内府《五经性理四书大全》。回家闭户三年，自可淹贯博洽。纵将来不中，亦是有学之士，推之治理仕路，无不过人。"⑤ 尤其是其中的《四书大全》，更是评价甚高："《集注》者，《四书》之孝子忠臣，而《大全》者，又《集注》之孝子忠臣也。后之欲窥圣人之道，非《集注》何由进？非《大全》，则《集注》之微言奥义亦几不明。《大全》一书岂非入德之门、致治之基哉！"⑥

书成后，很快便被定为官学教材，永乐十五年（1417）三月，颁《五经大全》《四书大全》及《性理大全》于六部，并两京国子监及天下郡县学。据俞汝楫《礼部志稿》卷二《学校之训》记载，永乐十五年（1417）三月，"颁《五经四书性理大全》书于六部，并两京国子监及天下郡县学"。朱棣谓礼部臣曰："此书学者之根本，而圣贤精义悉俱矣。自书成，朕旦夕宫中披阅不倦，所益多矣。古人有志于学者苦难得书籍，如今之学者得此书而不勉力，是自弃也。尔礼部，其以朕意晓谕天下学者，令尽心讲明，无徒视为虚文也。"⑦ 将颁《五经大全》《四

① 甄洪永、孔德凌：《明代经学学术编年》，凤凰出版社，2015，第137~138页。
② 周春健：《宋元明清四书学编年》，万卷楼图书股份有限公司，2012，第225页。
③ 周春健：《宋元明清四书学编年》，万卷楼图书股份有限公司，2012，第225页。
④ 《明太宗实录》卷一六八。
⑤ 张萱：《西园闻见录》卷四《教训》，《续修四库全书》本。
⑥ 魏裔介：《四书大全纂要序》，《兼济堂文集》卷三，中华书局，2007，第63页。
⑦ 周春健：《宋元明清四书学编年》，万卷楼图书股份有限公司，2012，第227~228页。

书大全》及《性理大全》视为学者之根本和圣贤精义的载体，号召天下学子研习之，以此来统一思想。

（三）《论语》与私学教育

《论语》不仅在官学教育中具有一定地位，而且在私学教育中也扮演着重要角色。

私学教育形式多样，有的是在家长督课下研读《论语》，如刘宗周从季叔刘瓒受读《论语》，据《刘宗周年谱》记载："万历十三年（1585）乙酉先生年八岁，从季叔瓒受《论语》。"[1] 又，崔统从父学习《四书》，据《中州人物考》卷一记载："崔文敏铣，铣字子钟，一字仲凫，安阳人也。……十岁，从父延安授《四书》《毛诗》。"[2] 有的是在里师教授《四书》，如据《菽园杂记》卷十四，沈玙归乡后，被乡人聘为里师，教授子弟："吾乡布衣沈先生名玙，字孟温。洪武中，其家坐累谪戍云南之金齿。宣德初，归省坟墓。乡人以其经学该博，留教子弟。时年几六十，目已眚，终日端坐，与诸生讲解《四书》《五经》，章分句析，亹亹不倦，微辞奥义，亦多发明。"[3] 有的是名儒传授下研读《四书》，如明代崇仁学派的创立者吴与弼，一生不应科举，讲学家乡，屡荐不出。在其制订的《学规》中，强调对《四书》本文的诵读："须用循序，熟读《小学》、《四书》本文，令一一成诵，然后读《五经》本文亦须烂熟成诵，庶几逐渐有入此个工夫，须要打捱岁月方可，苟欲早栽树晚遮阴则非吾所知也。"[4]

在明代，私学教育的一个主要场所是书院，在其《学规》中，大多强调对《论语》类文献的学习。如陕西的弘道书院，建院伊始，其学规中不仅在诵读中要求学习《论语》："三曰诵读。每日读经书，一般《易》《诗》《书》《春秋》《礼记》之类。四书，一般《论语》《大学》《中庸》《孟子》之类。史书，一般《通鉴纲目》《续通鉴纲目》《通鉴节要》《续通鉴节要》《史略》《史断》之类。随其资质高下，限以遍数，多读熟记，厥明升堂背诵。"而且将《述而篇》"游于艺"也

---

① 甄洪永、孔德凌：《明代经学学术编年》，凤凰出版社，2015，第1363页。
② 甄洪永、孔德凌：《明代经学学术编年》，凤凰出版社，2015，第659页。
③ 甄洪永、孔德凌：《明代经学学术编年》，凤凰出版社，2015，第455页。
④ 甄洪永、孔德凌：《明代经学学术编年》，凤凰出版社，2015，第474页。

予以落实："十四曰游艺。《传》曰：'游于艺'。圣人教人且从事于斯，诸子进德修业之暇，或鼓琴，或习射，求造精妙。每月朔，鼓琴者，援琴升堂，各鼓一操。每月望，习射者会集，备行乡射礼。非时不可泛弄。"① 将《论语》列为必读书。又，位于山东大明湖畔的湖南书院，在吕高提学山东时，为其制订了《湖南书院训规》，《论语》成为其中的主要课程：

> 为学工夫在学者自尽而提撕，考验之法在教官不可不勤。安定有条约之方，朱子有紧课程之说，况今中人之资，多乐宽纵。今亦不敢过为严密，聊以必讲之书，必守之法，约为程限，非独以稽学者，亦将以考教官云。
>
> 春三月：《四书》，上下《论语》；《易》，《上经》；《书》，《虞书》；《诗》，国风、王风；《春秋》，隐、桓、庄三公；《礼记》，《曲礼》至《文王世子》；《性理》，《太极通书》《西铭》《正蒙》；《纲目》，周威烈至东、西二汉；及《孝经》《小学》。
>
> 夏三月：《四书》，《大学》《中庸》；《易》，《下经》；《书》，夏、商《书》；《诗》，《小雅》；《春秋》，僖、闵、文三公；《礼记》，《礼运》至《学记》；《性理》，《皇极经世》至《洪范皇极》；《纲目》，晋至隋终；及《近思录》《皇明正要》。
>
> 秋三月：《四书》，上下《孟子》；《易》，《上系》；《书》，《泰誓》至《多士》；《诗》，《大雅》；《春秋》，宣、成、襄；《礼记》，《乐记》至《经解》；《性理》，《理气》至《为学》诸卷；《纲目》，唐至五代；《大学衍义》前半部。
>
> 冬三月：《四书》复究一遍；《易》，《下系》至终；《书》，《无逸》至《秦誓》；《诗》，三颂；《春秋》，昭、定、哀；《礼记》，《哀公问》至终；《性理》，自朱子至终；《纲目》，宋、元；《大学衍义》后半部。
>
> 以上诸书，在所必读必精者，皆须讲究贯彻。除考试之日，教官循此彻讲命题，每月逢三日作《四书》、经各一篇，初六日论一篇，十六日时务策一道，二十六日表一篇。俱于本日午后呈递，各

---

① 来时熙：《弘道书院志·学规》，明弘治十八年刻本。

经教官亲笔改正，面论疵纯，领还，候本道不时下院撤看。逢九日，教官列诸生堂上，各另一簿，面试三篇，批评高下，分别次序。次日，同将考簿呈解本道查考。本道于每 季终考试劝赏，学无进益者，发回本学。以上书课，皆不过为中人设耳，其有志意高广，欲成鸿巨，则非书程所能限也。①

不仅在春、冬两季研习《论语》，而且还要练习与科举考试有关的《四书》方面的试题。

（四）《论语》与科举考试

明初，科举考试沿袭唐宋之旧，《论语》在其中："科目者，沿唐、宋之旧，而稍变其试士之法，专取四子书及《易》《书》《诗》《春秋》《礼记》五经命题试士。盖太祖与刘基所定。"② 其中的"四子书"就是《四书》。另据《明朝开天纪》记载，洪武三年（1370）四月，诏自"八月为始，乡试、会试第一场试《五经》义，各试本经一道，《四书》义一道"③。王世贞《弇山堂别集》记载得更加详细，诏曰："自洪武三年八月为始，特设科举，以取怀才抱德之士，务在经明行修，博古通今，文质得中，名实相称。……一，乡试、会试文字程式：第一场，试《五经》义，各试本经一道，不拘旧格，惟务经旨通畅，限五百字以上。《易》，程朱氏注、古注疏；《书》，蔡氏《传》、古注疏；《诗》，朱氏《传》、古注疏。《春秋》，《左氏》《公羊》《榖梁》，胡氏、张洽《传》。《礼记》，古注疏。《四书》义一道，限三百字以上。"④ 不仅阐明了特设科举的目的，而且规定了《四书》义的字数。洪武十七年（1384），朱元璋命礼部颁行科举成式，进一步凸显了朱熹的《四书章句集注》。据《明太祖实录》卷一百六十记载，"洪武十七年三月戊戌朔，命礼部颁行科举成式。凡三年大比，子、午、卯、酉年乡试，辰、戌、丑、未年会试举人，不知额数，从实充贡。乡试八月初九日第一场，试《四书》义三道，每道二百字以上。经义四道，每道三百字以

---

① 吕高：《江峰漫稿》附刊本，明嘉靖四十一年吕克念刻本。
② 《明史·选举之二》。
③ 周春健：《宋元明清四书学编年》，万卷楼图书股份有限公司，2012，第226页。
④ 周春健：《宋元明清四书学编年》，万卷楼图书股份有限公司，2012，第218~219页。

上。未能者，许各减一道。《四书》义主朱子《集注》"①。增加了《四书》义的道数，减少了字数。

不过，在实际操作过程中，有时也会有所变化。如成化年间，顺天乡试定《大学》《中庸》内量出一道，《论语》《孟子》各出一道。据《贤弈编》附录《中华野史》本明朝卷二记载，"成化元年顺天府乡试，出《论语》二道，《孟子》一道，而不及《大学》《中庸》。其后定《大学》《中庸》内量出一道，《论语》《孟子》各出一道，遂为例"②；"正统元年会试，出《大学》《论语》《中庸》，而不及《孟子》"③。

在具体考试题目中，各个级别的考试试题中都有涉及《论语》的内容，如针对《宪问篇》"管仲相桓公"，就出现在多篇会试试卷中，"据清代乾隆年间学者方苞奉敕编纂的《钦定四书文》记载，明孝宗弘治七年（1494）进士李梦阳殿试作有《管仲相桓公（四句）》，明世宗嘉靖八年（1529）会元唐顺之会试作有《一匡天下》，明思宗崇祯十六年（1643）进士黄淳耀作有《管仲非仁者与（一章）》"④。其中唐顺之的《一匡天下》最受人关注：

> 佐霸者有辅世之功，圣人所以取之也。甚矣，圣人取善之公也。以管仲正天下之功，而夫子称之，其亦不没人善之意欤？自今观之，春秋之时何时也？繻葛一战，而天下之人不知有君臣之分；蔡师一败，而天下之人不知有夷夏之防。天下之不正也甚矣！其孰能匡之？管仲之相桓公也，志同道合，而一以取威定霸为己任；言听计从，而一以招携怀远为己责。虑王室之衰也，于是乎有葵丘之会焉，誓之以五命之严，申之以载书之信，而以下陵上者，始知所惧矣；虑夷狄之横也，于是乎有召陵之师焉，连八国之援以摧其锋，许屈完之盟以怀其德，而以裔谋夏者，始知所警矣。虽曰借其名以遂其私也，而名之所以不亡者，亦其借之之功；虽曰假其义以文其奸也，而义之所以不泯者，亦其假之之力。君尊臣卑，视夫周、郑交质之际，不有间乎？内夏外夷，视夫凭陵江汉之日，不有

① 甄洪永、孔德凌：《明代经学学术编年》，凤凰出版社，2015，第 265 页。
② 甄洪永、孔德凌：《明代经学学术编年》，凤凰出版社，2015，第 581 页。
③ 甄洪永、孔德凌：《明代经学学术编年》，凤凰出版社，2015，第 493 页。
④ 张艳丽：《明代会元唐顺之科举八股文〈八股文〉考述》，《考试研究》2019 年第 4 期。

殊乎？管仲正天下之功如此。身系天下之重，故北面请囚而不以为耻辱；心存天下之图，故忘君事雠而不以为嫌。子贡何议其未仁耶？[①]

该文以《论语·宪问篇》"孔子与弟子子贡评价管仲的内容为中心，应合南宋理学家朱熹《论语集注》中的观点，从当时春秋时期的治国实情出发，认为管仲辅佐齐桓公称霸诸侯，尊王攘夷，取得了卓越的贡献。唐顺之肯定管仲的同时，也肯定了孔子、朱熹的理念，对二程的观点则进行了修正和发挥"[②]。

另外，明初王鏊参加殿试，以《颜渊篇》"百姓足，君孰与不足"为文，取得第一。其文曰：

民既富于下，君自富于上。（破题）

盖君之富，藏于民者也；民既富矣，君岂有独贫之理哉？有若深言君民一体之意以告哀公。（承题）

盖谓：公之加赋，以用之不足也；欲足其用，盍先足其民乎？诚能百亩而彻，恒存节用爱人之心；什一而征，不为厉民自养之计，则民力所出，不困于征求；民财所有，不尽于聚敛。（起讲）

闾阎之内，乃积乃仓，而所谓仰事俯育者，无忧矣。（第一股）

里野之间，如茨如梁，而所谓养生送死者，无憾矣。（第二股。以上起二股）

百姓既足，君何为而独贫乎？（出题）

吾知藏诸闾阎者，君皆得而有之，不必归之府库，而后为吾财也。（第三股）

蓄诸田野者，君皆得而用之，不必积之仓廪，而后为吾有也。（第四股。以上中二股）

取之无穷，何忧乎有求而不得？（第五股）

用之不竭，何患乎有事而无备？（第六股。以上中二小股）

① 方苞编，王同舟、李澜校注《钦定四书文校注》，武汉大学出版社，2009，第153页。
② 张艳丽：《明代会元唐顺之科举八股文〈八股文〉考述》，《考试研究》2019年第4期。

牺牲粢盛，足以为祭祀之供；玉帛筐篚，足以资朝聘之费。借曰不足，百姓自有以给之也，其孰与不足乎？（第七股）

饔飧牢醴，足以供宾客之需；车马器械，足以备征伐之用，借曰不足，百姓自有以应之也，又孰与不足乎？（第八股。以上后二股）

吁！彻法之立，本以为民，而国用之足，乃由于此，何必加赋以求富哉！（收结）①

又，据《钦定四书文化治四书文》卷三《论语》下记载，王守仁围绕《卫灵公篇》"志士仁人，无求生以害仁，有杀生以成仁"成文，中进士第。其文曰：

圣人于心之有主者，而决其心德之能全焉。（破题）

夫志士仁人皆有心定主而不惑于私者也，以是人而当死生之际，吾惟见其求无惭于心焉耳，而于吾身何恤乎？此夫子为天下之无志而不仁者慨也。（承题）

故言此而示之，若曰：天下之事变无常，而生死之所系甚大。固有临难苟免，而求生以害仁者焉；亦有见危授命，而杀身以成仁者焉，此正是非之所由决，而恒情之所易惑者也。吾其有取于志士仁人乎！（起讲）

夫所谓志士者，以身负纲常之重，而志虑之高洁，每思有以植天下之大闲。

所谓仁人者，以身会天德之全，而心体之光明，必欲有以贞天下之大节。（起二股）

是二人者，固皆事变之所不能惊，而利害之所不能夺，其死与生，有不足累者也。（过接）

是以其祸患之方殷，固有可避难而求全者矣，然临难自免则能安其身，而不能安其心，是偷生者之为，而彼有所不屑也。

变故之偶值，固有可以侥幸而图存者矣，然存非顺事则吾生以全，而吾仁以丧，是悖德者之事，而彼有所不为也。（中二股）

彼之所为者惟以理，欲无并立之机，而致命遂志，以安天下之贞者，虽至死而靡憾；

---

① 刘乾先：《中国古代常用文体规范读本、八股文》，吉林人民出版社，2004，第95～97页。

心迹无两全之势，而捐躯赴难，以善天下之道者，虽灭身而无悔。（后二股）

当国家倾覆之余，则致身以驯过涉之患者，其仁也而彼即趋之而不避，甘之而不辞焉，盖苟可以存吾心之公，将效死以为之，而存亡由之不计矣；

值颠沛流离之余，则舍身以贻没宁之休者，其仁也而彼即当之而不慑，视之而如归焉，盖苟可以全吾心之仁，将委身以从之，而死生由之勿恤矣。（束二股）

是其以吾心为重，而以吾身为轻，其慷慨激烈以为成仁之计者，固志士之勇为，而亦仁人之优为也。视诸逡巡畏缩，而苟全于一时者，诚何如哉？以存心为生，而以存身为累，其从容就义以明分义之公者，固仁人之所安，而亦志士之所决也，视诸回护隐伏，而觊觎于不死者，又何如哉？是知观志士之所为，而天下之无志者可以愧矣；观仁人之所为，而天下之不仁者可以思矣。（收结）

由上可见，《论语》在八股考试中占有一定的地位。

（责任编辑　石永之）

从孔、孟到荀子：儒家精神之演变

李峻岭*

摘　要　从孔孟到荀子，儒家精神经历了从产生到理想化又归于现实性的变化。孔子由礼而仁，为礼找到了人的内在根据；孟子由仁而"四端"，向内走，以孔子的仁为基础建立了一个形而上学的体系；荀子由礼而"礼义之统"，作为经验论者，他找到了实现仁的方法，那就是礼。

关键词　孔子　孟子　荀子　儒家精神

孔子是儒家学派的创始人，他所创立的以"仁"为核心的儒学体系为孟子、荀卿所发扬光大，并影响了两千年封建社会的政治走向。孟、荀于孔学的贡献，太史公曾经感叹道："自孔子卒后，七十子之徒散游诸侯……天下并争于战国，儒术既黜焉，然齐、鲁之间，学者独不废也。於威、宣之际，孟子、荀卿之列，咸遵夫子之业而润色之，以学显於当世。"[1] 孔子之后，孟子在推动和弘扬孔学上走的是一条向内的、形而上的路径；荀子则相反，他所遵循的是一条向外的、经验论的路径。[2]

夏商时代，统治阶级垄断了天人相通的途径，帝王作为唯一的天命继承者，自认为可以无限制地拥有唯一的上帝所赐予的最高权力。而周的建立打破了"天命永恒"的神话，动摇了殷商时期"上帝"的唯一至上神的地位，为了维护统治，为政权寻求一个合理性依据，作为周朝

---

*　李峻岭，山东社会科学院国际儒学研究与交流中心副研究员，研究领域为先秦两汉荀学。

①　（汉）司马迁：《史记》，中华书局，1982，第3116页。

②　参见路德斌《荀子与儒家哲学》，齐鲁书社，2010，第18页。

的创立者之一，周公担负起了重新建立新的宇宙观和天命观的任务。

周以武力取代殷商的事实让周初的统治者意识到了"天命靡常"，即"上帝"并非殷商一家之"上帝"，也非"周"一家之至上神，这使得周人有了极大的恐慌和危机意识，这种危机意识时刻警醒着周初的统治者，因此，他们不断地反思殷商灭亡的经验教训。在这样的反思之中，周公意识到了夏商覆亡的原因是"惟不敬厥德，乃早坠厥命"，周朝若要长久，首先要做到的就是有"德"。在《尚书·周书》中很多地方都提到了"德"，"明王慎德，四夷咸宾"，"王乃昭德之致于异姓之邦，无替厥服"①，"惟乃丕显考文王，克明德慎罚"，"丕则敏德，用康乃心，顾乃德，远乃猷"②，"其惟王位在德元，小民乃惟刑用于天下"③，"嗣前人，恭明德"④，"惟我周王灵承于旅，克堪用德，惟典神天"⑤。可见，周人对于"德"的重视。周人的"德"大致有两方面的内容，一是内心对天命保持敬畏，时刻提醒自己的行为符合"德"的要求；二是执政上爱护人民，保障他们的生活，简单来说即"敬德保民"。周人认为，"德"发生于人的内心，存在于人的自身，这就意味着人可以从自身去寻找道德的依据。

"德"虽然是人内在的德行，在现实生活中是无法直接表现出来的，为了"德"的实践性，周公创造了"礼"，可以说，"礼"是"德"的外在表现。有"德"的周人被上天选中，其行为必须符合礼，这便是"以德配天"。"以德配天"是用道德的约束来论证周王朝政权的合法性，但道德只是源于人本身，"所以就其本质来说，'以德配天'只是寻求一种方式来论证权力的合理性，即用道德论证权力。在这里，道德仍然只是权力的配角。但另一方面，由于道德不是来自宗教或天命，而是来自人自身的'德'，这就为新的道德的建立提供了一条途径。而且，这种作为道德依据意义上的"天"和政权依据意义上的"天"的一语双义，形成了中国政治道德关系的基本格局。"⑥"以德配

---

① （清）阮元校刻《十三经注疏（嘉庆本）》，中华书局，2009，第413页。
② （清）阮元校刻《十三经注疏（嘉庆本）》，中华书局，2009，第431、436页。
③ （清）阮元校刻《十三经注疏（嘉庆本）》，中华书局，2009，第453页。
④ （清）阮元校刻《十三经注疏（嘉庆本）》，中华书局，2009，第475页。
⑤ （清）阮元校刻《十三经注疏（嘉庆本）》，中华书局，2009，第487页。
⑥ 朱青青、陈静：《从"以德配天"到"以仁释礼"——周公、孔子在儒学史上的地位考析》，《南京政治学院学报》2010年第6期。

天"不仅给予新兴的周王朝以合法性，更为重要的是将"德"纳入天人关系中，使得传统的神性之天开始向德性之天转变，以此为契机，中国文化精神也开始了深层次的变化——从宗教精神转向人文精神，并决定了此后两千余年中国文化的走向。这个过程由周公开启，孔孟完成。

一 孔子：儒学之奠基

西周末年，王室衰微，战争频繁，社会动荡不安，人文精神开始觉醒，人们从最初对天的完全崇拜与顺从转向怀疑其道德性与正义性，出现了一股"疑天""怨天"的思潮，这些思想在《诗经》中有着集中的表达，"昊天不僭，降此鞠讻。昊天不惠，降此大戾"①，"浩浩昊天，不骏其德。降丧饥馑，斩伐四国"②，"悠悠昊天，曰父母且。无罪无辜，乱如此幠。昊天已威，予慎无罪。昊天大幠，予慎无辜"③，"终窭且贫，莫知我艰。已焉哉！天实为之，谓之何哉"④。在这种情形之下，人们对"天"的崇敬之心崩塌，周人所倡导的"以德配天"在"礼乐征伐自诸侯出"和"陪臣执国命"的局面之下也无法成立，社会迫切需要为规范人们行为的"礼"寻求更深层的依据，以建立新的天人关系。

礼崩乐坏的局面让孔子意识到，单纯地恢复周礼已经不能够改变社会动荡、天子式微的局面，于是孔子开始从人的自身去寻找人与礼的关系，他循着周公的路径进入了更深层次的对于人心的发掘之中，发现外在的"礼"其实根植于人内心的固有的"仁"，换句话说，"仁"是作为礼的根本出现的。他说："人而不仁，如礼何？人而不仁，如乐何？"（《论语·八佾》）作为一个生命个体，人身上固有的一种品格便是"仁"，而"礼"只不过是人之"仁"的外在表现而已。当人心中没有"仁"的时候，"礼"和"乐"便没有了存在的价值，或者说，根本不会存在，因此孔子又说："礼云礼云，玉帛云乎哉？乐云乐云，钟鼓云乎哉？"（《论语·阳货》），礼和乐真的如同玉帛和钟鼓表现出来的那样

---

① （清）阮元校刻《十三经注疏（嘉庆本）》，中华书局，2009，第945页。
② （清）阮元校刻《十三经注疏（嘉庆本）》，中华书局，2009，第959页。
③ （清）阮元校刻《十三经注疏（嘉庆本）》，中华书局，2009，第973页。
④ （清）阮元校刻《十三经注疏（嘉庆本）》，中华书局，2009，第653页。

子吗？当然不是，它们是人心所固有的"仁"的外在表现。

那么，人心中固有的"仁"是如何表现出来的呢？答案是"爱人"。《论语·颜渊》曰："樊迟问仁。子曰：'爱人。'"仁所表现出来的就是对周围的人的爱，或者说情感。由于儒家思想体系是建立在宗法血缘关系之上的，因此孔子承认人对于他人的爱是有等差的，一个人首先应该爱自己的父母兄弟，然后去爱周围的人。也因为一个人对父母兄弟的爱，他才有可能去爱其他的人，因为"其为人也孝弟，而好犯上者，鲜矣；不好犯上，而好作乱者，未之有也。君子务本，本立而道生。孝弟也者，其为仁之本与"（《论语·学而》），作为一个生命个体，爱人，便是要承担起对他人的责任，一个人爱父母兄弟，必然不能够因为自己的行为不符合礼法的要求而置父母兄弟于险境，这不仅是爱，更是责任，对于家庭以及家族的责任。当一个人承担起某种责任的时候，他行为便有了外在的约束力，这个约束力便是"礼"，在"礼"的范围之内做事情，是不会令自己和家族蒙羞的。因此，孔子认为"孝悌"即对于父母兄弟之爱，是"仁"的根本。这样一来，人内心的"仁"通过爱人之情表现出来，爱父母兄弟，爱周围的人，然后爱天下之人。同样，一个人首先要对家庭承担责任，然后要对家族承担责任，最后要对天下人承担责任。为了实现这个目的，他所要做的就是很好地固守心中的"仁"，并且通过情感将仁表现出来，先惠及自己的父母兄弟，然后家人，再然后天下人，这便是儒家"修齐治平"的伦理基础，而"修齐治平"最初的发端便是个人的"孝悌"，即对父母兄弟之爱。

"仁"通过爱人的情感所表现出来的行为便是符合"礼"的，那么"礼"与"仁"又是什么关系呢？是不是一个人的行为符合礼了，他便将心中的"仁"都表达出来了呢？《论语·八佾》载："林放问礼之本。子曰：'大哉问！礼，与其奢也，宁俭；丧，与其易也，宁戚。'"在众多弟子的问学之中，只有林放的问题得到了孔子极高的赞扬，因为他涉及"礼之本"的问题，可见，孔子极为看重礼的本源。孔子这样回答林放：礼仪，如果很隆重，不如节俭些来得好；丧事，如果很奢侈，不如心中真正悲伤。儒家极为看重礼仪，故有厚葬久丧之传统，但这个厚葬久丧不是通过隆重与奢侈表达出来的，它必须是人内心的真实情感的流露。在孔子看来，如果一个人内心并不悲伤，为亲人举办的丧事却盛大奢侈，这就不符合礼的要求。相同的道理，礼仪尽管庄严隆重，却缺少发自内心的情感，这也并非礼。"礼"乃是人心中的"仁"的情感的表达，即"爱人"的表现形式，如果只看重形式而忽视了内心的情感，这就不是孔子心目中的礼。在另一段著名的对话中，孔子再次阐述了他对于"礼之本"的看法。《论语·八佾》载："子夏问曰：'"巧笑倩兮，美目盼兮，素以为绚兮。"何谓也？'子曰：'绘事后素。'曰：'礼后乎？'子曰：'起予者商也！始可与言诗已矣。'"这是子夏与孔子谈论《诗经》的记载，他们的对话涉及孔子极为看重的"礼之本"问题。"巧笑倩兮，美目盼兮，素以为绚兮"是《诗经·魏风·硕人》里面赞美女子美貌的句子，说一个女子巧笑盈盈，美目流盼，不施粉黛却光彩照人。子夏问孔子这句诗歌蕴含着什么意思，孔子回答"绘事后素"，意为先有好的底子，然后才能施以粉黛，聪明的子夏一下子触类旁通，由绘画引申到礼仪之上，就是说，先有仁义，后有礼仪。子夏的这个回答也得到了孔子的表扬，"礼"本是内心"仁爱"情感的外化，如果内心没有真实的情感表达，那么礼也就没有存在的必要了，如同美人如果没有美貌，粉饰再多也不能称为美人一般。

为什么孔子如此看重"礼之本"的问题呢？这与当时礼崩乐坏的社会局面息息相关。孔子生活的时代，诸侯僭越，"陪臣执国命"比比皆是，周天子已经沦落到实力不及中等诸侯的境地，更谈不上号令天下了。诸侯表面上对周天子恭敬，不过是为了挟天子以令诸侯，满足自己的私欲，周天子其实已经成了各个诸侯强国争利的工具。孔子深切地看到了这一点，因此他一再强调礼之本的问题。"礼"源于心中固有的"仁"，那么如何通过"礼"找到心中的"仁"，换句话说，在现实生活中，如何才能体现仁，实践仁呢？这个问题在孔门弟子中是一个很受关注的问题，《论语》中记载颜渊、仲弓、司马牛、樊迟、子贡、子张都曾经向孔子问仁，孔子回答颜渊"克己复礼为仁"（《论语·颜渊》），回答仲弓"己所不欲，勿施于人"（《论语·颜渊》），回答司马牛"仁者其言也讱"（《论语·颜渊》），回答樊迟便是"爱人"（《论语·颜渊》），回答子贡"事其大夫之贤者，友其士之仁者"（《论语·卫灵公》），与贤者、仁者交朋友，通过他们来约束自己的行为，回答子张"恭、宽、信、敏、慧"（《论语·阳货》）。孔子对于学生向来因材施教，因此虽然回答不同，但表达的意思却是相同的，"礼"是"仁"的外在约束，克制自己的私欲，使行为符合礼，便是达到了"仁"，"己所不欲，勿施于人"正是"克己复礼"的体现，而"克己复礼"表现在与人的交往之中便是尊重有仁德之人，与他们交朋友，对人恭敬言行谨慎，使得自己的行为拥有庄重、宽厚、诚实、勤敏、慈惠五种品德，这一切不正是"爱人"的表现吗？因此，孔子感叹道"吾道一以贯之"。孔子的"道"是什么呢？"忠恕而已矣"（《论语·里仁》）。何谓忠，尽心为人为忠；何谓恕，推己及人为恕。孔子的"忠恕"，不正是"己所不欲，勿施于人"的同理心，和"己欲立而立人，己欲达而达人"的处事之道吗？换言之，这正是仁之外在情感的表现——"爱人"。而"爱人"的情感是通过"礼"表现出来的。爱人的程度取决于一个人的修养程度，因此孔子说"为仁由己，而由人乎哉？"（《论语·颜渊》）克制自己的欲望，使自己的行为符合礼，这便是仁。而仁，是由每个生命个体所决定的，与其他人无关，因为，仁固有于每个人的内心，礼，只不过是仁的表现形式而已。这样一来，孔子"把有关于礼之依据问题的重心由天道转移到人心的方面，并把仁和礼紧密地联系起来。以此为前提，主要作为政治和修身原则的礼的意义就获得了重新的理解"①。

诚然，没有人不生来爱自己的父母兄弟，爱自己的家人，换句话说，没有人心中无"仁"。人心中有"仁"，这个仁便要表现出来，因为人是群居动物，总是生活在复杂的人际关系之中，这便是荀子所讲的"能群"，是人与禽兽的区别。孔子亦看重人的"能群"特性，他的理论体系就是建立在人能够群居合一的基础之上的，如果一个人离群索居，即便他心中固有"仁"，也无法通过情感的表达表现出来，因为"爱人"是人心之"仁"的唯一表达途径，或者说，孔子的儒学体系就是建立在人的社会性之上的，如果离开了这个前提，儒家学说便没有了存在的理论基础。虽然孔子没有明确地提出人的社会性的重要性，但他和弟子们用言行时时刻刻地体现着人的这种特有的"能群"特征，表现在现实中，便是对现实政治所抱有的极大的热忱。孔子承认人对于人的爱是有等差的，这是基于人在社会生活中实际的表现而得出的结论，一个人首先爱父母兄弟，然后爱周围的人，最后爱天下之人，在这个过程之中，他也慢慢地随着所爱之人范围的扩大而承担更多的责任，在这

---

① 王博：《中国儒学史·先秦卷》，北京大学出版社，2011，第58页。

样一个人人互爱的、人人承担家庭和社会责任的社会之中，必定天下太平，人民安居乐业。因此，儒家的最终目标是将心中的"仁"所表现出来的"爱人"的情感惠及天下之人。这当然需要天下人共同遵循"礼"的要求才能够做到，因此孔子对齐景公说"君君，臣臣，父父，子子"，君臣父子的行为都通过"爱人"符合了"礼"，哪里还会有动荡和战乱呢？百姓自然能够过上好的生活。换言之，一个人必须要保证在这个过程之中始终使自己的行为符合"礼"，才能最终成就"仁"。

孔子的最终目标是"修己以安百姓"，孟子的追求是"内圣外王"，荀子的梦想是"一天下""将养百姓"，这一切都源于儒家最初的政治目的，那就是用爱的情感去对待周围的人、天下的人。将这个爱人的情感转化为现实的唯一途径便是参与政治活动，这是孔、孟以来的儒者所孜孜追求的目标，是他们自认为的与生俱来的责任感。这个责任感使得孔子周游列国、明知不可而为之；使得孟子的行为"迂远而阔于事情"却仍不停止脚步；使得荀子生于乱世，却抱着"一天下"的目标高歌猛进，冒天下之大不韪改革儒学，使之更能够解决现实的问题。虽然他们所处的时代不同，虽然他们的行为无法被当世之人接受，但只有我们能够理解他们心怀仁爱，并且奋力将这份仁爱之心大而化之，以至于能够庇护天下苍生时，才能够懂得这才是真正的儒者的担当。

因此，孔子继承了周代以来的以宗法血缘关系为基础的"礼"的体系，并且创立了以宗法血缘关系为基础的儒家思想体系，将周代的以上天为约束的"德"转化为以人心为约束的"仁"，开启了儒家心性论的先河，在天人之路上为儒家开辟了一个全新的路径。

二 孟子：儒学之理想派

孟子是继孔子之后影响力最大的儒者，在儒学史上的地位仅次于孔子，被后人称为"亚圣"。孟子生活的时代虽然距孔子较远，但他本人一直以孔子弟子自居，认为自己的学术得到了孔子的真传，或者说，他才是孔学正宗的继承者。孟子一生孜孜不倦地弘扬孔子的学说，并为此与当时的其他学术流派进行了激烈的辩论，与此同时，他也步孔子的后尘周游列国，希望能够找到一个可以实践儒家理论的途径，可惜的是，孟子的遭遇并不比孔子好到哪里去，在四处碰壁之后，孟子也同当年的孔子一样，著书立说，教授学生，为儒家学说的推广和传播不懈地努力。

孔子创立儒学的初衷是恢复周礼，从而恢复周天子的权威，结束天下纷争的局面，这显然有着一厢情愿的理想化成分。孟子的时代，天下动荡更甚于孔子的时代，各诸侯国争霸，而且要在纷乱的时代求生存，他们迫切需要的是短时期内的强国之策，以避免亡国的危险。显然，儒家学说是远不能够满足这个要求的，而孟子本人被梁惠王批评为"迂远而阔于事情"，意为不够实际，不能够解决国家所面对的现实问题。既然孟子和他的儒学思想并不能够改变诸侯国的现状，他的政治理想四处碰壁也就在情理之中了。

在理论上，孟子将孔子的固有于人心的"仁"推向了更深的层次，或者说，孟子沿着孔子的"仁"向内心走得更远，他提出了"良心""本心"之说：

> 孟子曰："牛山之木尝美矣，以其郊于大国也，斧斤伐之，可以为美乎？是其日夜之所息，雨露之所润，非无萌蘖之生焉，牛羊又从而牧之，是以若彼濯濯也。人见其濯濯也，以为未尝有材焉，此岂山之性也哉？虽存乎人者，岂无仁义之心哉？其所以放其良心者，亦犹斧斤之于木也，旦旦而伐之，可以为美乎？其日夜之所息，平旦之气，其好恶与人相近也者几希，则其旦昼之所为，有梏亡之矣。梏之反覆，则其夜气不足以存；夜气不足以存，则其违禽兽不远矣。人见其禽兽也，而以为未尝有才焉者，是岂人之情也哉？故苟得其养，无物不长；苟失其养，无物不消。孔子曰：'操则存，舍则亡；出入无时，莫知其乡。'惟心之谓与？"（《孟子·告子上》）

> 非独贤者有是心也，人皆有之，贤者能勿丧耳。一箪食，一豆羹，得之则生，弗得则死，呼尔而与之，行道之人弗受；蹴尔而与之，乞人不屑也。万钟则不辨礼义而受之。万钟于我何加焉？为宫室之美、妻妾之奉、所识穷乏者得我与？乡为身死而不受，今为宫室之美为之；乡为身死而不受，今为妻妾之奉为之；乡为身死而不受，今为所识穷乏者得我而为之，是亦不可以已乎？此之谓失其本心。（《孟子·告子上》）

　　"良心"一词是由孟子首先提出来，指的是人内心固有的"仁义之心"，每个人心中都有"良心"，但只有贤德的人才表现出来，因为在现实生活中，大部分人的"良心"被放逐了，如同茂盛的树木被砍伐一样，光秃秃的山也不是本来就这样，是因为后天没有好好保护，人的仁义之心被过度的物质欲望所侵蚀，所以不能够表现出来。孟子对于"良心"的论述，颇有人没了良心就是忘本之意，因此，良心即本心，也是人的"仁义之心"。他说："仁，人心也；义，人路也。舍其路而弗由，放其心而不知求，哀哉！人有鸡犬放，则知求之；有放心而不知求。学问之道无他，求其放心而已矣。"（《孟子·告子上》）同孔子一样，孟子也认为仁义固有于人心，找回本心的途径是求学问道。为了更好地阐述自己的理论，孟子将"本心"分为四个方面：

　　　　恻隐之心，人皆有之；羞恶之心，人皆有之；恭敬之心，人皆有之；是非之心，人皆有之。恻隐之心，仁也；羞恶之心，义也；恭敬之心，礼也；是非之心，智也。仁义礼智，非由外铄我也，我固有之也，弗思耳矣。故曰："求则得之，舍则失之。"（《孟子·告子上》）

　　恻隐之心、羞恶之心、恭敬之心、是非之心即"本心"在仁义礼智四个方面的不同表现，这是人固有的，不是通过学习而得来的，人们求学问道的目的不是拥有"四心"，而是求得四心能够表现出来的途径而已。既然四心是人之固有，那么没有四心的人自然就不是人了：

　　　　无恻隐之心，非人也；无羞恶之心，非人也；无辞让之心，非人也；无是非之心，非人也。恻隐之心，仁之端也；羞恶之心，义之端也；辞让之心，礼之端也；是非之心，智之端也。人之有是四端也，犹其有四体也。有是四端而自谓不能者，自贼者也；谓其君不能者，贼其君者也。凡有四端于我者，知皆扩而充之矣，若火之始然，泉之始达。苟能充之，足以保四海；苟不充之，不足以事父母。（《孟子·公孙丑上》）

　　恻隐之心、羞恶之心、恭敬之心、是非之心不仅仅表现为仁义礼智，它们其实是仁义礼智的发端，即人固有"四心"才能够表现出仁义礼智来。这样一来，孟子不仅论证了孔子的"礼"发自人心的理论，更进一步指出，仁义礼智皆出自人心。仁义礼智即"心之四端"就像人的四肢一样普遍存在于每个人，只是有的人没有扩充出来，所以不能够展示于世人。在孟子看来，"四端"没有扩充的人连侍奉父母这样作为子女最基本的事情都做不好；得到扩充的人，不仅能够孝敬父母，治理国家，甚至可保全天下。可见，"心之四端"对于一个人有多么重要。

既然"四心"为人之本心，那么人是如何来表现本心的呢？孟子认为是"良知""良能"。

> 人之所不学而能者，其良能也；所不虑而知者，其良知也。孩提之童无不知爱其亲者，及其长也无不知敬其兄也。亲亲，仁也；敬长，义也；无他，达之天下也。（《孟子·尽心上》）

不通过学习就有的行为，即先天性行为，是良能；不用学习就知道的知识是良知。为了说明自己的观点，孟子以小孩子不知道爱父母兄弟，但长大了无一不是爱父母兄弟为例，认为这是良知良能所起的作用，换句话说，良知良能即为人之本性。这样一来，以心之四端为内容的本心，表现出来便是本性。人的本心是仁，表现出来是亲亲敬长，即孔子所谓"仁之本"，孟子谓之"仁"与"义"。

既然人人固有心之四端，那么任何一个人通过扩充这四端都可以实现"保四海"，换句话说，人人可以通过努力达到贤者、圣人的标准。这就是"人皆可以为尧舜"的理论根据。因为"人皆有不忍人之心。先王有不忍人之心，斯有不忍人之政矣。以不忍人之心，行不忍人之政，治天下可运之掌上"（《孟子·公孙丑上》），有恻隐之心，才有仁政，实行仁政的君王，天下无敌。所以，一个君王首先要做的就是扩充自己的四心，因为四心是人内心固有的，明君与暴君的区别便是对于四心扩充的程度不同而已。

对于君王来说，四心扩充的表现便是仁政，即"不忍人之政"。孟子认为人人皆有可以成为尧舜的潜质，所以在他看来，人与人的区别并没有那么大，百姓与君王的区别也没有那么大，甚至他还提出了"民贵君轻"的著名观点，认为民心才是决定天下归属的力量。

> 桀纣之失天下也，失其民也；失其民者，失其心也。得天下有
> 道：得其民，斯得天下矣；得其民有道：得其心，斯得民矣；得其
> 心有道：所欲与之聚之，所恶勿施，尔也。民之归仁也，犹水之就
> 下、兽之走圹也。故为渊殴鱼者，獭也；为丛殴爵者，鹯也；为汤
> 武殴民者，桀与纣也。今天下之君有好仁者，则诸侯皆为之殴矣。
> 虽欲无王，不可得已。今之欲王者，犹七年之病求三年之艾也。苟
> 为不畜，终身不得。苟不志于仁，终身忧辱，以陷于死亡。（《孟
> 子·离娄上》）

基于四心的理论，孟子创造性地提出了民心向背决定天下的归属。
桀、纣因失民心而失天下，汤、武因得民心而得天下，是桀、纣的不
仁，让位于汤、武，因为人民归附仁君如同水之下流一样，是天性使
然。对于人君来说，若要国家平治，天下顺从，必须实行仁政，因此，
孟子对梁惠王说："老吾老，以及人之老；幼吾幼，以及人之幼。天下
可运于掌。"（《孟子·梁惠王下》）爱自己的家人推及爱天下人，便可
以天下治治。这其实将孔子"孝悌也者仁之本"的理论放到治理国家
的高度上，即以仁爱治理国家的"仁政"。

孟子对仁政绝对不仅限于理论上的论述，他甚至还制定了一系列的
政治经济制度来保障仁政的实施。按照孟子的理论，君王应是将心之四
端扩充到极致的人，而非血亲的缘故代代相传，因此其理想的政治制度
乃是"尧舜禅让"制度[1]，这样的政治制度保障了只有实行仁政的人才
能够成为君王。在当时的社会局面之下，这显然富有鲜明的理想主义色
彩。持有这样的政治主张，孟子还未周游列国，失败的命运已经注定，
好在儒家所秉持的是"不可为而为之"的入世精神，有先师孔子的遭
遇，孟子或许对于当时的世界没有那么失望。因此，他退而著述讲学，
继续宣扬仁政。

在经济制度上孟子则为周代的井田制赋予了新的意义：

---

[1]　冯友兰：《中国哲学史》，华东师范大学出版社，2011，第71页。

夫仁政，必自经界始。经界不正，井地不钧，谷禄不平，是故暴君污吏必慢其经界。经界既正，分田制禄可坐而定也。夫滕壤地褊小，将为君子焉，将为野人焉。无君子，莫治野人；无野人，莫养君子。请野九一而助，国中什一使自赋。卿以下必有圭田，圭田五十亩；余夫二十五亩。死徙无出乡，乡田同井，出入相友，守望相助，疾病相扶持，则百姓亲睦。方里而井，井九百亩，其中为公田。八家皆私百亩，同养公田；公事毕，然后敢治私事，所以别野人也。（《孟子·滕文公上》）

不违农时，谷不可胜食也；数罟不入洿池，鱼鳖不可胜食也；斧斤以时入山林，材木不可胜用也。谷与鱼鳖不可胜食，材木不可胜用，是使民养生丧死无憾也。养生丧死无憾，王道之始也。五亩之宅，树之以桑，五十者可以衣帛矣。鸡豚狗彘之畜，无失其时，七十者可以食肉矣。百亩之田，勿夺其时，数口之家可以无饥矣。谨庠序之教，申之以孝悌之义，颁白者不负戴于道路矣。老者衣帛食肉，黎民不饥不寒，然而不王者，未之有也。（《孟子·梁惠王上》）

首先，"正经界乃是每个家庭都有田地的保证，其中包含着抑制豪强和贪暴的考虑，所以仁政必自此开始"[1]。其次便是减少赋税，"夏后氏五十而贡，殷人七十而助，周人百亩而彻，其实皆什一也"（《孟子·滕文公上》），建议"什一之税"，并规定对于森林渔业等自然资源按照自然规律有节制地使用，这样不会造成资源枯竭，使之能造福人民。

这样的经济制度的制定是为了保障人民的财产，因为：

无恒产而有恒心者，惟士为能。若民，则无恒产，因无恒心。苟无恒心，放辟邪侈，无不为已。及陷于罪，然后从而刑之，是罔民也。焉有仁人在位，罔民而可为也？是故明君制民之产，必使仰足以事父母，俯足以畜妻子，乐岁终身饱，凶年免于死亡；然后驱而之善，故民之从之也轻。今也制民之产，仰不足以事父母，俯不足以畜妻子；乐岁终身苦，凶年不免于死亡。此惟救死而恐不赡，

---

① 王博：《中国儒学史·先秦卷》，北京大学出版社，2011，第351页。

奚暇治礼义哉？王欲行之，则盍反其本矣：五亩之宅，树之以桑，五十者可以衣帛矣。鸡豚狗彘之畜，无失其时，七十者可以食肉矣。百亩之田，勿夺其时，八口之家可以无饥矣。（《孟子·梁惠王上》）

百姓上可以赡养父母，下可以养育妻儿，无论丰年凶年都能够衣食无忧的"养生丧死无憾"就是王道的开始。因为只有在此种情况之下，君王才可以实施教化，让百姓懂得礼仪，这很有些管子"仓廪实而知礼节"的意思。接下来孟子就提出如何教化百姓了。他说："谨庠序之教，申之以孝悌之义，颁白者不负戴于道路矣。老者衣帛食肉，黎民不饥不寒，然而不王者，未之有也。"（《孟子·梁惠王上》）在解决温饱的基础之上，国家设立学校，让人民学习礼仪，懂得孝悌人伦，必然国家强盛。孟子显然继承了孔子"先富后教"的政治观点。

"内圣外王"是孟子理想中的政治状态，其理论基础便是人心固有的仁义礼智四端，百姓扩充四端，便可以知善恶、明人伦；君王扩充四端，便可以王天下，这是孟子所提倡的由内圣而开外王的途径。将人的行为完全放到个体生命对于自我约束之上，对于自身"四心"的扩充之上，而没有外界条件的限制，这显然太理想化，因而孟子的由"仁政"而"王天下"的政治理论也就富有强烈的理想主义色彩而为当世所不容。其结果便是，由于孟子的"迂远而阔于事情"，他不仅自己陷入窘境，而且将儒家学说引入了进退维谷之境。这意味着，由内心的仁而生发出来的自我约束的礼，并不合于时宜，弘扬孔学必须另寻途径，这个任务是由荀子完成的。

三　荀子：儒学之实践派

荀子生活于战国末期，此一时期，诸侯国之间的战争已经呈白热化，秦国统一天下之势不可当，每个诸侯国所面临的是存亡攸关的局面，所需要的是能够在短时期内富国强兵的理论，这直接导致了法家昌盛而倡导仁政和王道的儒学被"打入冷宫"。所幸的是，战国末期最后的大儒荀子在继承孔学的基础之上，对儒学进行了合于时宜的改造，使得儒家学说从形而上的、远离社会现实的理想化状态转变为脚踏实地的、以解决社会现实问题为目的的理论学说，儒家学说因而在战国末期的百家纵横捭阖之中绽放出新的生命力，从而为汉代儒学独尊奠定了理论的基础，以至于影响了中国两千年的封建社会的理论和制度建设。

身处战国乱世的荀子，对包括儒家在内的理论学说进行了深入的思考，重新审视了孔孟以来的儒家天人观，意识到天已经无力解决社会动荡、诸侯纷争的局面，人才是这种社会局面的制造者，也是终结者，于是他把目光放回到人的自身。为了突出人在天地之间的地位，荀子一反儒家传统的天人观，提出了"天人相分"的理论，将天人的职责相分，还原天为自然之天，形成天、地、人并列的局面，同时，也将人间治乱的责任切切实实地落实到了人的身上，从而开辟了一个人的行为决定社会治乱的新时代。天既然是自然之天，当然对于人间的治乱没有影响，能够决定人间治乱的只有人的行为，具体来说是统治者的行为，这样一来，统治者的行为对于社会的治理便具有了决定性的意义。因为：

> 天行有常，不为尧存，不为桀亡。应之以治则吉，应之以乱则凶。强本而节用，则天不能贫；养备而动时，则天不能病；修道而不贰，则天不能祸。故水旱不能使之饥，寒暑不能使之疾，袄怪不能使之凶。本荒而用侈，则天不能使之富；养略而动罕，则天不能使之全；倍道而妄行，则天不能使之吉。故水旱未至而饥，寒暑未薄而疾，袄怪未至而凶。受时与治世同，而殃祸与治世异，不可以怨天，其道然也。故明于天人之分，则可谓至人矣。（《荀子·天论》）

天人各有其分，人所要做的便是"明于天人之分"，即顺应自然规律，尽力做好人事，从而实现"天生人成"的至高境界。

生于乱世的荀子沿着孔子的思想继续前行，他经过深入的思考发现，社会动乱的根源在于礼的缺失，而礼之所以缺失是因为人过于追求欲望的满足。于是，荀子把目光放到了人的身上，他最为后人所诟病的便是他的"人之性恶"的理论，这也是他的政治理论的基础：

> 人之性恶，其善者伪也。今人之性，生而有好利焉，顺是，故争夺生而辞让亡焉；生而有疾恶焉，顺是，故残贼生而忠信亡焉；

生而有耳目之欲，有好声色焉，顺是，故淫乱生而礼义文理亡焉。然则从人之性，顺人之情，必出于争夺，合于犯分乱理而归于暴。故必将有师法之化、礼义之道，然后出于辞让，合于文理，而归于治。用此观之，人之性恶明矣，其善者伪也。（《荀子·性恶》）

荀子首先肯定了人天生具有满足耳目口腹之欲的追求，这是合理的需求，但任由这样的欲望满足，势必造成纷争和社会动荡，这样外在的约束便成为必要，因此，荀子提出了"隆礼"的主张。显然，荀子对于"礼"的重视，是循着孔子"不学礼无以立"来的，如果没有了礼，人无法立足社会，更谈不上国家的治理了。

自孔子时代"礼崩乐坏"的局面持续到战国末期"礼"已经成为虚设，各国之间所看重的不过是阴谋和权术，儒学式微，法家却在诸侯国之中大行其道，秦国、三晋、楚国皆因为法家改革而强盛，这使得荀子意识到了法家合于时宜的一面，于是，他援法入儒，将法家思想纳入儒家的礼学体系之中，为儒学注入了新的生命力。

需要指出的是，荀子虽然"隆礼重法"，但礼、法于他是有所侧重，荀子的法是以礼为统的。虽然他说："故学也者，礼法也。"（《荀子·修身》）但学习礼法的前提是"礼者，法之大分、类之纲纪也"（《荀子·劝学》），礼是作为法的总纲来存在的，换句话说，如果没有了礼，法也就没有了存在的前提和基础。"朝廷必将隆礼义而审贵贱，若是，则士大夫莫不敬节死制者矣。百官则将齐其制度，重其官秩，若是，则百吏莫不畏法而遵绳矣"（《荀子·王霸》），上崇尚礼义，下就会遵守法制，这样国家才能获得良好的治理。

荀子毕竟是儒家学者，他对于儒家理论改进是站在儒者的立场上进行的，因此，荀子与法家本质上的不同之处在于，荀子是"以礼统法"，而法家是"法统一切"。荀子对于礼的重视也来源于孔子，其理论来源也是孔子的"道之以政，齐之以刑，民免而无耻；道之以德，齐之以礼，有耻且格"（《论语·为政》）。他说：

礼者，政之挽也。为政不以礼，政不行矣。（《荀子·大略》）
国无礼则不正。礼之所以正国也，譬之犹衡之于轻重也，犹绳墨之于曲直也，犹规矩之于方圆也，既错之而人莫之能诬也。

（《荀子·王霸》）

> 隆礼贵义者其国治，简礼贱义者其国乱。治者强，乱者弱，是
> 强弱之本也。（《荀子·议兵》）

礼不仅是法的前提，还是治国之本，国有礼则治，无礼则乱。礼的施行直接决定着一个国家的命运和前途。不仅人"不学礼无以立"，国家亦然。因此，法是作为礼的补充而存在的：

> 听政之大分：以善至者待之以礼，以不善至者待之以刑。两者
> 分别则贤不肖不杂，是非不乱。贤不肖不杂则英杰至，是非不乱则
> 国家治。若是，名声日闻。天下愿，令行禁止，王者之事毕矣。
> （《荀子·王制》）
> 隆礼至法则国有常。（《荀子·君道》）

治理国家要礼法并重，但法是在礼不能够达到的情况之下才执行的，因为礼的作用不仅在于治理国家，更重要的是尽人伦。荀子说："礼者，人道之极也。"（《荀子·礼论》）又说："礼者，人主之所以为群臣寸尺寻丈检式也，人伦尽矣。"（《荀子·儒效》）所谓人伦尽矣，便又回到了孔子的"其为人也孝悌"上了，即仁者所表现出来的对于周围人的有等差的爱。由此，我们可以看到，荀子虽然根据当时的实际需要对儒学进行了改革，但他的理论根源还是孔子的"仁者，爱人"，而且是有等差的爱。统治者只有尽人伦，才能修齐治平，以至于王天下。

礼法对于治国为什么这么重要呢？这要从礼的起源说起：

> 礼起于何也？曰：人生而有欲，欲而不得，则不能无求；求而
> 无度量分界，则不能不争；争则乱，乱则穷。先王恶其乱也，故制
> 礼义以分之，以养人之欲，给人之求，使欲必不穷于物，物必不屈
> 于欲，两者相持而长，是礼之所起也。（《荀子·礼论》）

礼是为了节制人的欲望而产生的。如果任由人的欲望无限满足的话，必然会导致社会物质匮乏，从而引起社会纷争，这显然不能够令国

家安定、人民乐业，因此，礼是为了节制人们的欲求，从而在某种程度上达到满足人们合理欲求的目的，使得人的欲望和有限的社会物质资源之间保持一种合理的平衡，即"欲不必穷乎物，物必不屈于欲"的完美境界。

当然，礼法的作用不仅仅是合理节制人们的物质欲求，它还有着另一项重要的社会功能，那就是"分"。儒家认为，人是群居性动物，不能够离群索居而生存。但拥有物质欲求的人居住在一起定会引起纷争，因此，需要对人们进行区别对待，这就是分。"故先王案为之制礼义以分之，使有贵贱之等，长幼之差，知愚、能不能之分，皆使人载其事而各得其宜，然后使悫禄多少厚薄之称，是夫群居和一之道也。"（《荀子·荣辱》）只有群体中的每个人都有着自己的身份认同，整个集体才能够各安其分、各司其职，这样才能产生无尽的、能够满足人们有节制的欲望的物质财富，从而实现"养人之欲，给人之求"，因此，荀子一再强调"礼者，养也"：

> 故礼者，养也。刍豢稻梁，五味调香，所以养口也；椒兰芬苾，所以养鼻也；雕琢刻镂，黼黻文章，所以养目也；钟鼓、管磬、琴瑟竽笙，所以养耳也；疏房、檖貌、越席、床笫、几筵，所以养体也，故礼者养也。（《荀子·礼论》）

礼的目的是约束社会团体中每个个体的物质欲求，而这个满足是建立在"分"的基础之上。社会之中每个人的职责决定了他们占有的社会物质财富的数量，而人是有阶层的，"分"就决定了每个人的社会阶层以及其所应该拥有的社会物质财富。这样一来，荀子就通过"分"实现了孔子所崇尚的"君君臣臣，父父子子"的社会秩序，而"分"是通过"礼"来实现的。

对于人君来说，维持社会秩序显然是治理国家首要的条件，如果"礼"不能够实现这个目标，就需要法的强制性来补充礼的不足，荀子礼法并重的目的就是通过"礼"来实现社会秩序，通过"法"来维持秩序的运行。一但礼法的作用能够充分发挥出来，国家一定会强盛，"人君者，隆礼尊贤而王，重法爱民而霸"（《荀子·强国》），能够实现王霸之业，是当时所有诸侯王的追求，不但能够免去灭国之祸，还能够兼并其他的国家。

身处乱世的荀子敏锐地觉察到，只有天下统一才能够结束纷争，实现太平，百姓结束流离失所、朝不保夕的日子，过上安居乐业的生活。而天下统一需要一个强有力的政权才能够实现，换句话说，需要一个强权的君主才能够出现一个强盛的国家，因此，荀子重新审视了传统的天人关系，给予了人前所未有的参与天地的地位，并创造性地提出了"天生人成"的理论，从而告诉人主只要做好分内的事情，就可以治理好自己的国家，不必理会天的阴晴变化和日月星辰瑞历。而保障君主的权势就需要礼的约束和法的强制，才能够通过霸道统一天下，从而谋求王道。关于王霸之道的问题，孟、荀也有歧义。孟子极力反对霸道，他说："以力假仁者霸，霸必有大国；以德行仁者王，王不待大——汤以七十里，文王以百里。以力服人者，非心服也，力不赡也；以德服人者，中心悦而诚服也，如七十子之服孔子也。"（《孟子·公孙丑上》）通过强力征服别国，可以使得自己的国家强大但不能够长久，因为对方并没有心服口服，而以德服人则能够实现长治久安，从而王天下。如果说孟子的时代实现王天下是个美好理想的话，到了荀子的时代，孟子所推崇的"仁政"已经没有了市场，诸侯国大者攻城略地灭他国以图强盛，小者朝不保夕在夹缝中图生存，当生存成为首要问题的时候，没有哪个君主会傻乎乎想去施行仁政。

荀子不同于孟子，作为一个儒家学者，他真诚地赞美了秦国的民风之淳朴，政治之清明，并承认秦"四世有胜，非幸也，数也"，秦国强盛的原因就是用法家。但他也指出，秦国虽然强盛，却有着致命的缺点，那就是"无儒"，以强力压人，不施仁政，必然内外离心，导致政权倾覆，而秦二世而亡证明了荀子独到的眼光。针对于秦国的弊端，荀子提出了"节威反文"，即克制法家，实行儒家的仁政，即建议大秦国舍弃霸业而实行王道，从而实现"全道德，致隆高，綦文理，一天下，振毫末，使天下莫不顺比从服，天王之事也"（《荀子·王制》）的王道之路。

可惜，大秦在法家的路上越走越远，也越走越窄，随着严刑峻法的升级，终于导致了政权的倾覆，使得哀鸿遍野、生灵涂炭，百姓再次遭遇兵燹之灾。大汉朝的建立，是从反思秦亡的教训开始，在这个过程中，以解决社会现实问题为主要目的的荀学引起了汉初诸儒的注意，他们循着荀学的路径继续探索，使得儒学与社会现实的联系更加密切，到了汉武帝的时候，终于成为唯一的官方意识形态，影响了中国两千年的历史进程。

（责任编辑　张兴）

程颢哲学思想探微

楠本正继　连　凡*

摘　要┊程颢的思想体系具有重视整体性和浑一性的特征。在本
　　　┊体论上，程颢有将道器、形上形下、诚神、性气、心性、
　　　┊性情、敬义等贯通起来融为一体的一元论倾向，而程颐、
　　　┊朱熹则有依据体用、本末关系加以严格区分的二元论倾
　　　┊向。在工夫论上，程颢提倡通过体认天命流行之本体
　　　┊（仁体），然后以诚敬工夫来存养栽培仁体，从而自然达
　　　┊到内外、天人合一的最高境界，不用做外在的防检穷索
　　　┊工夫。这种从形上贯通至形下的路数为湖湘学派及陆王
　　　┊学派所继承，而与程颐、朱熹强调居敬与穷理并行、下
　　　┊学而上达的工夫路数不同。程颢的本体性（道德本体）
　　　┊与实在性（生命活动）相即的立场上承周敦颐的有无合
　　　┊一论，下开程颐的体用一源、朱熹的全体大用立场，体
　　　┊现了宋学的根本精神。

关键词┊程颢　程颐　天理　本来性　现实性

---

*　本文系中央基本业务经费资助项目"楠本正继学术思想研究"（项目编号：413000057）
及教育部人文社会科学重点研究基地重大项目"阳明心学的历史渊源及其近代转型"（项
目编号：16JJD720014）的阶段性成果。本文原发表于日本九州大学《哲学年报》1955 年
第 17 辑。原作者楠本正继（1896～1963），日本著名中国哲学研究专家，生前长期担任
日本九州大学中国哲学史讲座教授，主要研究领域为中国哲学史及东亚儒学。译注者连
凡（1982～　　），武汉大学哲学学院副教授、日本九州大学文学博士，主要研究领域为中
国哲学史及比较哲学。

一　浑然的立场与本来性的立场

程颢（字伯淳，号明道）历来被认为是世上少有的哲人，其思想也与此相应，被用来显示已经完成的人的境界。果真是那样的吗？本文尝试阐明明道思想的本质，期待解答上述问题。明道思想的一个特色是将事情作为整体、浑一的（虽然使用庄子语说成浑沌的也可以，但是与庄子的浑沌概念相反，明道的立场是活泼泼地表现七窍的作用者），也就是说，比起注意事情相离、相判、相争的方面，专心去注意形成相合、相和、相亲、浑然状态方面的倾向更显著。例如，在明道这里，易不过是从体的方面、道不过是从理的方面、神不过是从用的方面、人性不过是从（天）命令人的方面、（人）道不过是从顺从（人）性的方面、教不过是从修养（人）道按品级节制它的方面出发建立名称者，一样都是上天的承载。同样，虽说形而上者是道，形而下者是器，但不得不说"器亦道，道亦器"。只有存在被认为是贯通古今跨越人我之道（参考《二程全书》一）①。这样，对于《周易·系辞传》以来以形而上者为道、以形而下者为器的传统，明道考虑两者的关联，尤其想指出其难以相离的构造。然而，这两者在怎样的意义里面是关联着的呢？尾藤二洲在《素餐录》里列举明道表达上述思想的话以为极有深意，说不能以"器亦道，道亦器"的"亦"字为"即"字，将此与明代吴廷翰所谓"理即气，气即理"的语句相比较而讥讽了明儒的鲁莽②。如果那样的话在明道的场合，道不是那样与器相即就完了，在那里一边相即一边相离，一边相离一边相即。也就是说，存在相对待的复杂关系，虽说是浑一的但其意思决不单纯。这是深刻了解明道思想的人。道不是与器难以完全区别的单一的东西，而是应该作为必须包含区别的东西来考虑。这一事实在理解明道的政治思想的时候特别重要。因为明道说"本乎人情，出乎礼义"（《二程全书》五五、《论王霸札子》）③，"本诸人情，极乎物理"（同、《论十事札子》）④，尤其"必有《关雎》《麟

① （宋）程颐、程颢：《二程集》（上册），王孝鱼点校，中华书局，2004，第4页。
② 〔日〕尾藤二洲：《素餐録》，山城屋佐兵衛，1838，第31页。
③ （宋）程颐、程颢：《二程集》（上册），第450页。
④ （宋）程颐、程颢：《二程集》（上册），第452页。

趾》之意，然后可行周公法度"（《二程全书》一二）①的语句，认为人情与礼仪、或者物理，《关雎》《麟趾》诗里面歌颂的爱情诚实敦厚的精神，与《周官》的法律制度之间形成上述那样浑一的关系，即两者可以说相即的同时，这时候到底前者树立为基本，——要注意"本"字——同时，以后者详尽——要注意"极"字、"明"字——为必要（虽然不是关于政治的事情，《二程全书·请修学校尊师儒取士札子》也有"其道必本于人伦，明乎物理"②，佐藤一斋也说"伦理物理同一理也，我学伦理之学，宜近取诸身，即是物理"——《言志晚录》③，物理应该更广泛地理解吧）。程门的邢恕认为明道叙述兴造礼乐的事情，讲自制度、文为以下直至行师、用兵、战阵的方法都达到其极致，又说夷狄的情状、山川道路的险易、边鄙、防戍、城寨、斥候、控带的重要，无不穷究知晓，其吏事、操决、文法、簿书又都精密详练，认为配得上通儒全才的名称（《伊洛渊源录》二）④。这虽然是关于明道的为人、才能的事情，但作为人的通儒全才在情况上不外乎上面叙述的浑一构造，实际上为了顺应人类社会的各个场合解决其问题，明道的思想里面有要求精当切合的手段的地方。从这点来说，能够将朱子（晦庵）的全体大用的思想追溯至明道。而且能考虑与弟程颐（字正叔，号伊川）的体用一源、显微无间的思想间的相似。于是，伊川写明道行状，说自己的道与明道相同，以后有想要知道自己的人可以在这篇文章中寻求（上述《行状》⑤或《伊洛渊源录》四）⑥，虽然对于只注意到明道兄弟的差异的人来说也许会感到奇怪，但决不是没有理由的。当然，虽说这事与兄弟以建立宋代新儒学为目标的根本理念是相同的这一事实相比较起来是小事。

　　如果那样，说明道的思想在上述地方与通常以二元性为特色的伊川或朱子的思想是完全一样的，那也不符合。为什么不符合呢？大概，明

---

① （宋）程颐、程颢：《二程集》（上册），第428页。

② （宋）程颐、程颢：《二程集》（上册），第448页。

③ 〔日〕佐藤一斋：《言志晚录》，《讲谈社学术文库》，讲谈社，1980，第127页。

④ （宋）程颐、程颢：《二程集》（上册），第333页；（宋）朱熹：《伊洛渊源录》，朱杰人、严佐之、刘永翔主编《朱子全书》（第12册），上海古籍出版社、安徽教育出版社，2010，第944页。

⑤ （宋）程颐、程颢：《二程集》（上册），第346页。

⑥ （宋）朱熹：《伊洛渊源录》，《朱子全书》（第12册），第971页。

道的场合像上述那样是浑然的东西，也就是说，保持着那样相即又各自相对待的关系，虽然其中要求去一一恰当地解开事情的场景，但是也进一步形成明显倾向，比起伊川，或者比起朱子，又位于这两家之间，尤其相比于扬其波澜的李延平等，是更加浑一的，不如说是相即的色彩更浓厚这点上。

例如，试着在性（人性）的思想上理解它吧。依据明道，因为人性的本体超越我们的认识，是不能用语言表达的东西，所谓"才说性时，便已不是性也"（《二程全书》一）[1]。这样，如果有我们能够知道的、能够说的性，那并非在现实的人性之外。因此在明道这里并不是离开生（生存）而有人性，人性直截了当地被认为与作为肉体的存在相即。所谓"生之谓性"，性即气，气即性，生之谓也（《二程全书》一）[2]。"生之谓性"一语是孟子否定告子的话，但是明道不怕使用这种说法，而且以为告子的这一说法合乎道理（《二程全书》一二）[3]。《近思录说略》的著者说此"生"字是生存的生，不是出生的生，接近告子的意思是适当的[4]。说起来，与告子相对比的孟子思想特色在于否定此语的同时，明道敢于使用此语。换言之，明道避免将人性脱离生超越地考虑。详细来说，孟子有"形色天性也"一语，明道也有前述"才说性时，便已不是性也"一语，从此出发虽然要求不可一概主张两者差异的周密解释，但目前先只是停留在说各自适用的地方吧。

那么，将生与人性相即（融合成一体）来考察的时候，产生出来的是中国古典思想里议论纷纷的"人性是善还是恶"的问题，即是如何处理所谓性善恶的问题。想要将人性建立在纯粹状态上的思想用本体之名求之于生以前，人性超越善恶，虽然暂且相信能在其中保存叫作至善的理由，但就生来考虑人性的人，被认为难以避免由生之事实的限定产生的善恶对立。因此明道说生为性，认为性中有善恶，说必须将善恶都作为人性的时候，人善恶相克，难道不会陷入心中纠结不能解开的严重纠葛中吗？后来朱子之徒对于自信这种思想的人抱有畏惧的念头，就

---

[1] （宋）程颐、程颢：《二程集》（上册），第10页。

[2] （宋）程颐、程颢：《二程集》（上册），第10页。

[3] （宋）程颐、程颢：《二程集》（上册），第120页。

[4] 〔日〕沢田希：《近思录说略》，冈田武彦、荒木见悟主编《和刻影印近世汉籍丛刊》，中文出版社，1977，第83页。

是因为接受忧虑这种纠葛会不会迷失其方向，彷徨于迷途的传统（参考《朱子文集·答赵致道》①、同七三《胡氏知言疑义》② 等）。想到不但伊川，而且继承伊川传统的朱子的学问毕竟从正面承认这种纠葛不容易的事实，从如何处理人背负的这个命运出发，追溯到孟子，其所谓性善说是响应此要求产生的思想。通常说的程朱学的二元性，实际上就不外乎是表明此学问的认真思索（如果不是那样的话，就很难能够理解曾经说理弱而气强，临死尚且讲艰苦功夫的朱子的态度）。然而，明道的场合，比起伊川、朱子诸人，二元的对立、人心的分离尽管有上面的情形，但远为少。明道以水的清浊比喻人性的善恶，就算有清浊但在作为水上没有差异。因此说恶也必须称为人性，同时对于浊水必须加澄清治理的功夫，虽然根据用力如何而有急速迟缓的差异，但等到其成为清时，则依然是元初的水，不是拿清来换浊，也不是取出浊来放在角落③。为什么明道的思想乍一看会认为像欠缺在深刻的人心内部善恶二元的斗争呢？我以为，正是"本来"的观点为解开这个的关键。这里姑且命名为"本来"，意味着所谓元初之水的"元初"这一文字所表示的东西。追溯寻找其例子的话《六祖法宝坛经》里"本来无一物"④ 的"本来"，更进一步追溯，《庄子·人间世》篇里"未始有回也"⑤ 的"始"的思想难道不足与这个大致近似吗？相反，如果往后寻求的话，王阳明《传习录》里有"知来本无知，觉来本无觉，然不知则遂沦埋"，"本"这一字是相当于这个吧。也就是说，所谓"本来"并非意味着时间上的最初，而是意味着最根本的、本质的立场。如果从这种意义的本来立场来说，实际上如同清浊都是水那样，善恶也都是人性。绝非两物相对各自出来的东西。明道比起善恶的人性相分相斗进退维谷的痛苦经验，毋宁说是将所谓善恶在深层的根底自然相调和的内情置于我与我身领悟的人。明道说：

---

① （宋）朱熹：《晦庵先生朱文公文集》（四），朱杰人、严佐之、刘永翔主编《朱子全书》（第二十三册），上海古籍出版社、安徽教育出版社，2010，第 2863～2864 页。

② （宋）朱熹：《晦庵先生朱文公文集》（五），朱杰人、严佐之、刘永翔主编《朱子全书》（第二十四册），上海古籍出版社、安徽教育出版社，2010，第 3557 页。

③ （宋）程颐、程颢：《二程集》（上册），第 10～11 页。

④ 〔日〕慧能：《坛经校释》，郭朋校释，中华书局，1983，第 16 页。

⑤ （清）郭庆藩：《庄子集释》（全 4 册），中华书局，2004，第 168 页。

事有善有恶，皆天理也。天理中物，须有美恶，盖物之不齐，物之情也。但当察之，不可自入于恶，流于一物（《二程全书》二）①。

为了不入于恶（实际上入于善或者美也是同样的吧。我们要透彻纸背看到此义）流于一物必须站在本来性的立场上。所谓"天下善恶皆天理，谓之恶者非本恶"（《二程全书》二）② 是明道的话。依据明道，被称为恶者不过是"本非恶，但或过或不及"（同上）③，例如成为杨朱为我、墨翟兼爱之类那样的东西。这样一来，也就是说，善恶这种质的差异被归于量的差异，其背反性变得稀薄，变得和谐起来。打个比喻来说，历来被认为是有不共戴天之仇的人，原来是同根所生的那样。从这样本来的立场出发，发现所有东西的亲近性，在浑然的气象中包含物是明道的体验。"圣人即天地也。天地中何物不有？天地岂尝有心拣别善恶，一切涵容覆载，但处之有道尔。若善者亲之，不善者远之，则物不与者多矣，安得为天地？故圣人之志，止欲'老者安之，朋友信之，少者怀之'"（《二程全书》二）④，这段话是从上面的体验产生的（这里，"但处之有道尔"一句被认为由其下"老者安之"以下语句给出示例）。在明道这里，如同在本来的立场上气与理相即一样，生与性相即。此事已经论述过。所谓心即理，理即心（《二程全书》一四）⑤ 也是同样的。心、生、气与理浑融而与宇宙之生意相通。是所谓"满腔子是恻隐之心"（《二程全书》四⑥，还有，关于这个后面论述）的原因。明道说人做学问的时候先立标准是不好的，如果循循不已自然会有到达的地方吧（《二程全书》三九）⑦。这无疑是因为担心欠缺逐渐自然归一的浑一观点而计较安排，急迫地陷于一偏的缘故。同样明道与门人讲论不合的时候更求商量，与弟伊川直接以为不是那样的态度不同

① （宋）程颐、程颢：《二程集》（上册），第17页。
② （宋）程颐、程颢：《二程集》（上册），第14页。
③ （宋）程颐、程颢：《二程集》（上册），第14页。
④ （宋）程颐、程颢：《二程集》（上册），第17页。
⑤ （宋）程颐、程颢：《二程集》（上册），第139页。
⑥ （宋）程颐、程颢：《二程集》（上册），第62页。
⑦ （宋）程颐、程颢：《二程集》（上册），第423页。

（《二程全书》三八）①。伊川由于彻底地研究清楚事理而坚定信念，而明道所有的事情必须全部关联起来研究，不容易找到一个坚定的立场。此人对待《诗经》之诗的方式也引起我们的兴趣，即明道对于古诗，全都不逐章、逐句作解释，只是优游玩味就能使人有所得（《二程全书》三九）②。又不下一个字的训诂，有时只是转换一两个字，点缀地念过就使人省悟，说古人贵亲炙（同上）③ 等故事流传。这想来是因为知道诗是生命的流露，有浑然的面目难以分析的缘故。依据明道之语（《二程全书》一二），将《周易·说卦传》中的"穷理，尽性，以至于命"的文字说成一种东西④。这未必只是明道的想法，二程似乎都是那样的。然后，对此张横渠是不满的，以为失于太快同样见于《遗书》⑤，明道的意思到底还是想在浑一的整体性的关联上解释这里吧。

二 流动的立场

如上所述，明道浑一地看事物。对于上述人性的思考、《诗》的读法等也能像那样考虑，这样的想法直接形成明道与在生命的立场、流动的立场中难以分离的特色。明道说"圣人用意深处全在《系辞》，《诗》《书》乃格言"（《二程全书》二）⑥。这里所谓《系辞》想来是指《易》之《系辞传》，可以认为此与《诗》《书》之格言不同的地方是从整体流动的哲学构成《系辞传》本质的地方来说的（此事将《诗》作为人类生命的表现，希望不要将明道对于《诗》的态度作为与前面从那里看到的记述相矛盾的东西。那是那，这是这，都是从各自适用的地方来发言的，按照自古以来的传统，依据《序》来读《诗经》之诗的时候，称其是格言也是一种观点）。那么，明代学者王一庵有如下的话：

① （宋）程颐、程颢：《二程集》（上册），第416页。
② （宋）程颐、程颢：《二程集》（上册），第425页。
③ （宋）程颐、程颢：《二程集》（上册），第427页。
④ （宋）程颐、程颢：《二程集》（上册），第121页。
⑤ （宋）程颐、程颢：《二程集》（上册），第115页。
⑥ （宋）程颐、程颢：《二程集》（上册），第13页。

　　明道先生终日端坐如泥塑人，自言其静坐有工夫在，非只恁地虚坐过了。他是在感应不息上用功，故及至接人则浑是一团和气。其天机活泼，岂兀然枯坐静而无动者所能及哉（《王一庵先生遗集》一）①

　　接触明道的人，感受到和气、春风是作为谢上蔡、朱公掞、游定夫诸人的经验讲述的事情②，是当时门人间经常说的俗话。只是必须说一庵上面的话触及明道主要的一点。因为这个，明道浑一的立场终归是从抓住生命性质的地方来的，浑一的立场总是伴随着其对于生命的体验。明道不作诗的训诂，而是从诗考虑人的生命、性质表现的地方。这么说是之前指出过的，只是不仅对于阅读古诗是那样的，此人自己所作的诗是赞美生命（即张横浦《横浦心传》上③或黄东发《日抄》④ 指出的那样，终归是从人的生命引进归于造化生意之妙。此事参考后述），并被很多的读者注意到了。关于明道的政治，伊川说：

　　常见伯淳所在临政，便上下响应到了，人众后便成风，成风则有所鼓动。天地间，只是一个风以动之也。（《伊洛渊源录》三）

　　明道的政治具有这种教育感化的倾向完全是从其人品自然产生的影响。门人谢上蔡是以生命为第一义的人，可见于《语录》中以觉说仁、以常惺惺说敬的思想里面⑤。成于上蔡手录的明道的话，明显指出了明道的上面倾向。这既是上蔡其人的特色，也是能理解明道的思想，此人所说道破老师的实际情况。例如，依据《上蔡语录》，上蔡举明道做鄠县主簿时作的"傍花（'傍'字在《程氏遗书》里作'望'字）随柳过前川"云云之诗，以及"万物静观皆自得，四时佳兴与人同"云云之诗，说明明道的胸怀摆脱得开，与门人周恭叔的放开态度相比较，论

①　（明）王栋：《王一庵先生集》，日本神州国光社，1912，第39页。
②　（宋）程颐、程颢：《二程集》（上册），第429页。
③　（宋）张九成：《张九成集》（全4册），杨新勋整理，浙江古籍出版社，2013，第1136页。
④　张伟、何忠礼主编《黄震全集》（第4册），浙江大学出版社，2013，第1259页。
⑤　（宋）谢良佐撰，曾恬、胡安国辑录，朱熹删定《上蔡语录》，朱杰人、严佐之、刘永翔主编：《朱子全书外编》（三），华东师范大学出版社，2010，第20、30页。

述与后者只是来自无所自立而放下不同的原因，又引门人吕与叔的话认为明道的场合是由于其所存者神（妙）①。这里所存者神（妙）可说是因为明道有流动不已的生命境界（上述张横浦听到从明道那里来的人，说从春风和气中来的话时说"便是天地发育时节，所见一草一木皆明道也"，黄东发说明道的诗"皆造化生意之妙"②）。朱子举明道的说话有使人感动的地方，如上蔡也说到明道那里立即受到影响，称明道说得响（说话有感化力），认为这点与伊川不同，与陆象山相似③。想来不仅仅是象山，与后来的王阳明等也有相似的地方。这一事实在理解这些人的思想上也成为一个线索。像前面论述的那样，明道的政治不在于用道理打动，而在于教育感化民众。这到底还是与明道的生命境界相关。有"天地之间，只有一个感与应而已。更有甚事"④ 这样的话。依据《外书》引尹和靖之语，这是明道的话，现在可见伊川对此的评论⑤。总之，感应无外乎就是生命的活动。只是，这样的感应里面并非盲目的兴奋，不能忘记那里有所谓明觉的睿智作用，彼我全忘而客观表现的公的立场。所谓"风竹便是感应无心，如人怒我，勿留胸中，须如风动竹"⑥。这是二程哪位的话虽不清楚，因为上半段从风竹至无心的境界，下半段对于怒说功夫的地方，与后出所谓明道《定性书》中的构成很相似，所以试着系于明道（不过，在怒的部分里，这里是别人对我发怒，《定性书》是我对别人发怒）。不管怎样，必须考虑这样无心里面的明觉。想来明道的这种立场，正是说教育时树立修学校尊师儒、风劝养励的方针。⑦ 请将此与同样被称为宋代重要教育思想的伊川《三学看详文》⑧，或者朱子《学校贡举私议》⑨ 相比较。内容分科的整齐上虽不及它们，却存在这一特色。如清陆桴亭比较这三篇文章，说"伊川

---

① （宋）谢良佐撰，曾恬、胡安国辑录，朱熹删定《上蔡语录》，《朱子全书外编》（三），第7~8页。

② 张伟、何忠礼主编《黄震全集》（第4册），第1259页。

③ （宋）黎靖德编：《朱子语类》（第6册），王星贤点校，中华书局，1986，第2458页。

④ （宋）程颐、程颢：《二程集》（上册），第152页。

⑤ （宋）程颐、程颢：《二程集》（上册），第440页。

⑥ （宋）程颐、程颢：《二程集》（上册），第393页。

⑦ （宋）程颐、程颢：《二程集》（上册），第448~450页。

⑧ （宋）程颐、程颢：《二程集》（上册），第562~563页。

⑨ （宋）朱熹：《晦庵先生朱文公文集》（四），《朱子全书》（第二十三册），第3355~3364页。

不如文公（朱子），文公不如明道，盖伊川文公不过就近代而言。明道则通于三代矣"①。著者虽不敢断定是否那样，但至少，承认明道的教育思想在教育感化人的生命，去鼓动它上面是有特色的。

　　明道的立场是这样作为生命的立场、流动的立场、活泼泼地动而不息的人的立场。如果那样，这样的立场是从哪里来的？接着上述"万物静观皆自得，四时佳兴与人同"的诗句有"道通天地有形外，思入风云变态中"②。《程氏遗书》里面有"静后见万物，自然皆有春意"③语，是二程哪个人的话虽然不清楚，《近思录》叶氏《集解》里面在其下列举明道的诗句作注释，认为是明道的话吧。据传二程的老师周濂溪"不除窗前草"，问他，回答"与自家意思一般"④。依据明道，所谓"观天地生物之气象"恐怕是濂溪之所见⑤。可见这种态度有打动明道的地方。明道如前文已经论述的那样，将生视作性，生也就是说生命其实无外乎天地的活动。因此，引用《系辞传》的"天地之大德曰生"一语⑥，将所谓"生之谓性"系在它上面，进而说"万物之生意最可观"⑦。而且，在明道这里"万物之生意"就是"仁"。因为"仁"无非是宇宙万物的生存之道。明道举医书称手足痿痹为不仁的惯用语说：

　　　　此言最善名状。仁者以天地万物为一体，莫非己也。认得为己，何所不至？⑧

　　又说"观鸡雏"⑨。所谓"观鸡雏"是指感受新生的鸡里面作为万物生意的仁。本注里面也有"此可观仁"⑩。依据谢上蔡所录，明道在

① （清）陆世仪：《陆桴亭思辨录辑要》（全三册），王云五主编《丛书集成初编》，商务印书馆，1936，第228页。
② （宋）程颐、程颢：《二程集》（上册），第482页。
③ （宋）程颐、程颢：《二程集》（上册），第84页。
④ （宋）程颐、程颢：《二程集》（上册），第60页。
⑤ （宋）程颐、程颢：《二程集》（上册），第83页。
⑥ （宋）程颐、程颢：《二程集》（上册），第120页。
⑦ （宋）程颐、程颢：《二程集》（上册），第120页。
⑧ （宋）程颐、程颢：《二程集》（上册），第15页。
⑨ （宋）程颐、程颢：《二程集》（上册），第59页。
⑩ （宋）程颐、程颢：《二程集》（上册），第59页。

坐席间切脉时说"切脉最可体仁"[1]。

《横浦日新》（又参考同《心传》中）里面列举明道不除去书窗前生长茂盛的草，说时常观察造物之生意，在盆池里蓄养小鱼数条，说想要观察万物自得之意的故事，感叹观草而知生意，观鱼而知自得之意的明道为人[2]。从一方面来说，同谢上蔡一样，张横浦正是这样观察明道的（无论是上蔡，还是横浦，重视生命的思想家是知晓禅学的人编织成宋代思想史上颇有意思的原委）。总之，尊重生命的立场是天的立场，然后作为其内容被认为是共同生存的人类的心，也就是仁，流动不息的生命立场成为广阔的生成立场（后世最能继承发挥如此广大生成伦理的是明代王阳明的《拔本塞源论》）。

那么，人性是生。生是动而不息的生命。动而不息的生命创造万物，与愿望和万物一同生存的天的意志不是别的东西。据明道所说，这是本来人的存在。上述所谓"满腔子是恻隐之心"[3] 说的就是这个。人在这里，被认为是在天生存者。明道说：

> 吾学虽有所受，天理二字却是自家体贴（体验）出来。[4]

那意味着生意的体贴对于明道来说自信最深（关于体贴后面说工夫的时候，想进一步论述。所谓体贴与体、体验、体当、体会、体究等一起是宋学家喜欢使用的文字，与我们今日常用的所谓"体验"一词意思相同）。所谓生意的体贴尤其是作为在于天的人之体验。讲述万物生意的明道说"人与天地一物也，而人特自小之，何耶"[5]。又说"视听思虑动作皆天也。人但于其中要识得真与妄尔"[6]。（真与妄是什么呢。《遗书》——《二程全书》一——里立真与假，认为真为是、假为不是，妄是假、假象，是本来没有存在根据的东西[7]，换言之，认为"真"意味着自然的原样，"妄"是依据人的私意安排的反自然的事，

①　（宋）程颐、程颢：《二程集》（上册），第 59 页。
②　（宋）张九成：《张九成集》（全 4 册），第 1272 页。
③　（宋）程颐、程颢：《二程集》（上册），第 62 页。
④　（宋）程颐、程颢：《二程集》（上册），第 424 页。
⑤　（宋）程颐、程颢：《二程集》（上册），第 120 页。
⑥　（宋）程颐、程颢：《二程集》（上册），第 131 页。
⑦　（宋）程颐、程颢：《二程集》（上册），第 1 页。

关于此事目前不涉及以上内容）进而想看如下的话：

> 言体天地之化，已剩一体字。只此便是天地之化，不可对此别有天地。[①]

这里体验之文字甚至已经堕入第二义。确切地说，述说着连体验也不能说的主客绝对融合。因此，体天地之化必须直接看作不在于天地之外。直接在于天地是原本的天地。想来"天人无间断"[②]是作为这样的存在而生存的意思。明道所谓"太山为高矣。然太山顶上已不属太山。虽尧舜之事，亦只是如太虚中一点浮云过目"[③]的说法，足以惊吓尊太山（按：今泰山）、敬尧舜的人们的耳朵吧。然而，这话的要点关系到太山顶上广大无边的宇宙，或者云流太虚的那边。因为关系到这里，结果登临而足令"以以天下为小"的高山也成了小而轻的东西。所谓"世事与我了不相关"，明道所谓"有甚你管得我？有甚我管得你？教人致却太平后，某愿为太平之民"[④]的话最深的意义在于只有把自己看作包含在这样世界的东西。借用诗人的话真是"云深不知处"。这样一来人本来在于天地。因此人方才能够享受其自在。明道认为，人的一举手一投足实际上就那样能够视作天地的活动。这时，不是人在造化中活动，而是造化在人中活动，天地以人为场所作用运行。那里与其说个人参加整体的活动，不如说整体通过个人而活动。

试着将此与其他古典思想相比较的话，想来明道的思想不是《庄子》郭注的立场，而是接近《庄子》的原意。也就是说，庄子虽然依据尖锐地指出彼我的对立及其相对性而考虑转移到绝对的立场，但是这时候，重点是说不停研究明白对立的彼我，即每个人的状态，结果在那里失望，一味归依融合到远离个人的绝对者。可是，郭注尽管同样考虑彼我的对立及其相对性，却一边要弄所谓相杀玄同的道理，一边将重点放在每个人的自为性上。我想这是应该注意的立场转移。即郭注如下说道：

---

① （宋）程颐、程颢：《二程集》（上册），第18页。
② （宋）程颐、程颢：《二程集》（上册），第119页。
③ （宋）程颐、程颢：《二程集》（上册），第61页。
④ （宋）程颐、程颢：《二程集》（上册），第62页。

天下莫不相与为彼我，而彼我皆欲自为，斯东西之相反也。然彼我相与为唇齿，唇齿者未尝相为，而唇亡则齿寒。故彼之自为，济我之功弘矣，斯相反而不可以相无者也。故因其自为而无其功，则天下之功莫不皆无矣。因其不可相无而有其功，则天下之功莫不皆有矣。若乃忘其自为之功而思夫相为之惠，惠之愈勤而伪薄滋甚，天下失业而情性澜漫矣，故其功分无时可定也。①

将人类之自为考虑为其情性，认为在人类跟从各自自为的情性的地方，承认相互的立场，自然调和出来，社会生活成立，如果反之，人类舍弃自为，想要去树立为他人施恩惠的话，反而只是增加伪瞒轻薄，产生混乱是上面郭注的旨趣。

如此想来，郭注积极承认自为之功并以之为基础，不管到哪里都采取那样宽容（这里所谓个人情性）的方向。庄子的立场完成这样的转移是以时代思潮为背景的思想史上的重要事件，明道的场合不是郭注的立场，而是接近庄子原意的立场。只是明道不是像庄子那样姑且用道理来填塞其立场，而是一贯依据体验来讲述（不用说对于人生的积极态度与庄子不同。这里不是以此为问题）。明道的境界在上述的意思里，是在于天的立场。依据明道，人原本在于天。如前面记载的那样，视听、思虑、动作都是天②。因为说体天地之化已经多余了一个"体"字，人只是那样居于天地化成之中。所谓不可以认为另外有一个离开自己的天地与其相对③。《遗书》有"道在己，不是与己各为一物，可跳身而入者也"④。又同书有"天人本无二，不必言合"⑤。这是二程哪个人的话没有明确记载，是门人李端伯所记录明道的话吧。明道自由思想的产生是根据体验此境界者。如果那样，明道的立场难道是不具有作为人的功夫，不问其责任的立场吗？曾经读明道的上述《秋日偶成》之诗有疑惑，疑问在于最后的一句。即说：

① （清）郭庆藩辑：《庄子集释》（全4册），中华书局，1978，第576页。
② （宋）程颐、程颢：《二程集》（上册），第131页。
③ （宋）程颐、程颢：《二程集》（上册），第18页。
④ （宋）程颐、程颢：《二程集》（上册），第3页。
⑤ （宋）程颐、程颢：《二程集》（上册），第81页。

闲来无事不从容，睡觉东窗日已红。

万物静观皆自得，四时佳兴与人同。

道通天地有形外，思入风云变态中。①

富贵不淫贫贱乐，男儿到此是豪雄。

"富贵不淫贫贱乐"与"男儿到此是豪雄"结束此诗，问题在于这最后一句。要说理由是什么的话，到"富贵不淫贫贱乐"一句为止借用《从容录》的文字，虽然能使人真正感到像"木马游春"那样的悠悠天地气象，但在末尾的一句难免堕入分别。也就是说，因为这一句并非在于天地者的口吻，而是表示愿望希求在于天地的教诲。如果说那样的理由是允许的话，被称为"浑沦、煞高，学者难看"②"恁地动弹流转"③的明道的言论有使人感到裂缝的不足之处，我们将其作为线索能够思考此人的工夫，进而人类的工夫吧。大概，明道叙说人与天地生意同在之境界的文字像语言那样浑然超迈，可以说好像具有不许人接触的天衣无缝的样子。然而，仔细读时注意到文字里面呈现出上面那样言不尽意的地方来吧。《秋日偶成》诗末尾一句是其一例，但不止于此。如所谓《定性书》④的末尾述说对于怒的地方也是这种例子不能漏掉的。在这篇文章里面提出对于怒的工夫，极为超迈的哲人可以离开超越工夫的天位，下降到带有工夫的人位，以处理对人发怒这种负面的感情作为线索，教导能够到达天位。朱子将《定性书》比喻为生龙活虎，说"只是一篇之中，都不见一个下手处"⑤"明道言语甚圆转，初读未晓得，都没理会"⑥，又说"子细看，却成段相应"⑦，又说"明道言语浑沦，子细看，节节有条理"⑧，以文末"第能于怒时遽忘其怒，而观理之是非"这一句作为一篇中着力紧要处。这不得不说是敏锐的见解。而且还能举出例子。想起依据关于明道曾经作为晋城令居任时流传的遗

---

① （宋）程颐、程颢：《二程集》（上册），第 482 页。

② （宋）黎靖德编《朱子语类》（第 6 册），第 2444 页。

③ （宋）黎靖德编《朱子语类》（第 6 册），第 2444 页。

④ （宋）程颐、程颢：《二程集》（上册），第 460～461 页。

⑤ （宋）黎靖德编《朱子语类》（第 6 册），第 2441 页。

⑥ （宋）黎靖德编《朱子语类》（第 6 册），第 2441 页。

⑦ （宋）黎靖德编《朱子语类》（第 6 册），第 2441 页。

⑧ （宋）黎靖德编《朱子语类》（第 6 册），第 2444 页。

事，明道在座右总是写"视民如伤"四个字作为告诫（参考《二程全书》三九①，及《伊洛渊源录》三②）。了解《定性书》《识仁篇》（后述）作者的我们对其过分平实的做法抱有奇怪的感觉。此外，回答门人尹和靖如何是道的问题，伊川说"行处是道"，明道说"于君臣父子兄弟朋友夫妇上求"③。不得不说越是具体越发接近。又或者关于《孟子》浩然章的解释，明道似乎与在"至大至刚以直"断句的古注说法相反，将"以直"二字系于下文作为"以直养而无害则云云"。此事虽然可见于以精密著称的李端伯记录，可是伊川以为"先兄无此言"而不采纳④，但是朱子反复推究的结果，改变了最初看法而跟从明道，说伊川性格执拗而以为"先兄无此言"⑤。伊川不采纳是因为他认为如果像明道那样以直养浩然之气，就会产生以一物养一物的嫌疑，这个朱子虽然不是不知道，但是承认明道的立场⑥。以上这些事实对于了解二十二三岁就已经巧妙地讲述定性妙境的天才明道的人来说，如上述那样不能没有奇怪的感觉。尤其，想来座右铭总写"视民如伤"一句自我警诫乍一看甚至似乎故意拘泥一样。然而，在于天的同时显示如此卑近的线索，合并说工夫有诱使我们深刻反省的东西。与伊川直到晚年还苦心写作《易传》相对比⑦，朱子承认明道天资高，年轻能容易理解而有透彻处，其言语也自然洒落明快。然而，我们相信明道的境界不是仅仅依靠器用的才力便能够达到的，到底还是依靠工夫，为工夫所支撑。上述这些例子是讲述这一事实的东西。与其说是对人教工夫，毋宁说是对自己教的东西吧。不论对于道的答语，还是《定性书》的场合，关于这一点与揭示"视民如伤"一语的场合相似。我想必须看到明道总是为工夫所支撑，不断反省自己的立场。明道对于人心的复杂性决不是盲目的。曾经在澶州的明道述怀因为要修桥欠缺一根长梁而广泛求之于民间，其后，每次看见好的材木必起计度的念头而告诫学者⑧，还有对于

① （宋）程颐、程颢：《二程集》（上册），第429页。
② （宋）朱熹：《伊洛渊源录》，《朱子全书》（第12册），第953页。
③ （宋）程颐、程颢：《二程集》（上册），第432页。
④ （宋）程颐、程颢：《二程集》（上册），第252页。
⑤ （宋）黎靖德编：《朱子语类》（第4册），王星贤点校，中华书局，1986，第1251页。
⑥ （宋）黎靖德编：《朱子语类》（第4册），第1251页。
⑦ （宋）黎靖德编：《朱子语类》（第6册），第2357～2358页。
⑧ （宋）程颐、程颢：《二程集》（上册），第65页。

爱好田猎的明道自负已经没有这个爱好，被周濂溪教诲以人心潜隐之秘，后来知道果然是那样的①。

如果那样，在于天的明道的工夫是什么样的东西呢？那只是未得在于天者，从此只希求在于天吗？如果是那样，人也许不外乎丧失其浑一性而陷入难救的支离中。明道说"人与天地一物也。而人特自小之，何耶"②又说"视听思虑动作皆天也。人但于其中要识得真与妄尔"③或者又留下上述"天人无间断"④的话。依据明道，人原本在于天地，所谓其间无间断，是人本来参天地之生意，作为生命流动、浑一的东西而存在，就是这个。因此人不应该刻意努力进入那边的天地，而且没有必要那样做。明道说"天地生物，各无不足之理。常思天下，君臣、父子、兄弟、夫妇，有多少不尽分处"⑤。因为多少有不尽分处，虽然产生工夫，但必须想没有不充足的道理。又说"忠信所以进德。终日乾乾"⑥。但是，那不过是"终日对越在天"⑦的意思。如此全都有工夫，并且那结果漏掉在于天者的工夫，即自然而然的工夫。《近思录》的《存养篇》里说人心的流转动摇，片刻也不停息，至此主体确立方才纠缠，而且其主体绝不是用一件来制缚心的东西，记录有引用张天祺、司马光例子的一节⑧，还有说明吕与叔烦恼思虑多的时候确立主体的必要的一节⑨。这也出现在《遗书》中，虽不清楚是二程哪一位的话，像《近思录》的叶氏《集解》本那样，全都系于明道的话，我想能够察知明道这里工夫的重要，而且那始终是在于天者的工夫。（后面一节里在于天这点虽不清楚，所谓'自然无事'的末尾的话决不是由防止一物而能够得到的。因为如果那样就丧失自然性。所以对于自然性这点立刻就明白了。）

---

① （宋）朱熹：《伊洛渊源录》，《朱子全书》（第12册），第926页。
② （宋）程颐、程颢：《二程集》（上册），第120页。
③ （宋）程颐、程颢：《二程集》（上册），第131页。
④ （宋）程颐、程颢：《二程集》（上册），第119页。
⑤ （宋）程颐、程颢：《二程集》（上册），第2页。
⑥ （宋）程颐、程颢：《二程集》（上册），第4页。
⑦ （宋）程颐、程颢：《二程集》（上册），第4页。
⑧ （宋）程颐、程颢：《二程集》（上册），第52～53页。
⑨ （宋）程颐、程颢：《二程集》（上册），第8页。

那么，明道引用孟子之语说："勿忘勿助长之间，正当处也。"① 又依据《遗书》② 所说，明道为侯世与讲《孟子》，至"勿正心勿忘勿助长"，说本文应当以"必有事焉而勿正"为一句，"心勿忘，勿助长"为一句，因为他举所谓"事则不无，拟心则差"（虽不可舍弃工夫，但拟疑的话就过头了）的禅语，而侯世与言下即省悟。"有事"之"事"作为工夫内容的"事"在孟子的言语里没有出现，指上文的集义，勿忘是不忘却工夫，勿助长是避免作意安排，因此不是抛弃工夫，而是超越它，成为保持其自然性的极为微妙的境界，《易》所谓"神"的境界。明道进而详细说道：

> 鸢飞戾天，鱼跃于渊，言其上下察也。此一段子思喫紧为人处，与"必有事焉而勿正心"之意同，活泼泼地。会得时，活泼泼地。不会得时，只是弄精神。③

为什么活泼泼地呢？那是因为"神"的缘故。为什么"神"呢？如前述可以说是不即不离，不，毋宁说即而离，离而即，或者穿过《易》所谓"不疾而速，不行而至"的妙境为作用的缘故，而且，这无外乎是生命的立场。为什么能领会时活泼泼地，不能领会时玩弄精神呢？那是因为依据能否把握得这一境界决定能否参与生命而不同。明道有这样的话：

> （文王之德）纯亦不已，天德也。造次必于是，颠沛必于是，（此《论语》里面颜回）三月不违仁之气象也。又其次，则日月至焉者矣。④

明道以为孔子在川上说的"逝者如斯夫，不舍昼夜"这句话的真正意思自汉儒以来都不知道其意义，认为那是表达圣人的心如上述"（共天）纯亦不已"。而《诗经》所谓"维天之命，于穆不已"一句

---

① （宋）程颐、程颢：《二程集》（上册），第62页。
② （宋）程颐、程颢：《二程集》（上册），第12页。
③ （宋）程颐、程颢：《二程集》（上册），第59页。
④ （宋）程颐、程颢：《二程集》（上册），第135页。

是说天之所以为天，同样"于乎不显，文王之德之纯"一句是说文王之所以为文王，理解它为"纯亦（共天）不已"是《中庸》作者的思想，明道继承说"纯亦不已，天德也"①。也就是说，相信"纯亦（共天）不已"的地方可见文王的天德。这样天地与圣人相与共同纯一无杂而无所停息。这里自天来说也好，自人来说也好，成为一个和天一样的人，和人一样的天，天人合一。那么，明道的功夫无外乎纯亦不已的天德流行其本身。即成为自然其本身。有人以恕的意思问明道，明道回答说："充扩得去则为恕。"问："心如何是充扩得去底气象？"答："天地变化草木蕃。"问："充扩不去时如何？"答："天地闭，贤人隐。"②此问答以《易·坤卦·文言传》的语句为根据，最能说明在于天地的人的工夫。这里天地交感、隔闭的气象直接描写出人心的扩充与否，事实上两者是一体的。因此明道对于乾之《文言传》的"大人者与天地合其德，与日月合其明"的语句，说"非在外也"③是理所当然的。据说同时代的哲学家张横渠当写作《正蒙》的时候，先处处备好笔砚，领会意旨就写，明道评论这事说"不熟"④。又听说有人一日三点检，认为是做错了曾子三省的说法。明道的意思在于不管任何时候，也不能停止点检⑤。所谓"君子时中"是"时无不中"⑥。从另一方面来说的话，经常不断地使用工夫虽然像是所谓"不熟"那样，但明道的心思并不是那样，而是认为在于天地所以"纯亦不已"。在这里，依据上述视民如伤劝诫的不间断工夫，绝非为工夫所束缚者，而是要理解为极为自然的，即工夫在于天地，自然是不论何时都能够进行，是经常不断的。

像上述那样，明道的工夫是天地生意的自然作用本身，在其意思里是真正的自由自在。明道所谓体贴（体验）在这种意思里是与天地生意同在的自觉，是其自然的领会。在这种意思里，是自然将其领会于自己。所谓"大抵学不言而自得者，乃自得也。有安（按）排布置者，

---

① （宋）程颐、程颢：《二程集》（上册），第135页。
② （宋）程颐、程颢：《二程集》（上册），第424页。
③ （宋）程颐、程颢：《二程集》（上册），第120页。
④ （宋）程颐、程颢：《二程集》（上册），第427页。
⑤ （宋）程颐、程颢：《二程集》（上册），第427页。
⑥ （宋）程颐、程颢：《二程集》（上册），第365页。

皆非自得也"① 是明道的话。"心得之，然后可以为己物"② 也是明道的话。明道取《论语》"己欲立而立人，己欲达而达人。能近取譬，可谓仁之方也已"的语句来说仁的自得（参照《二程全书》二、三页背面医书云云之条③，以及一、五页背面语仁云云之条④，后者是李端伯所录可系于明道）。明道如上述在切人身的脉搏上看到体会天地生意的仁（后述）的最好方法，是因为生命的鼓动由脉搏最能感触，可以相信能够证悟与生命同在。这种意义的体贴为明道所深深留意。明道说：

> 学只要鞭辟近里著己而已。⑤

依据谢上蔡所传，明道说：

> 别人喫饭从脊皮上过，我喫饭从肚里去。⑥

想必明道的场合如同食物进入肚里成为营养一样，摄取的东西都成为自己血肉的东西。进而，明道对王临川（安石）讲述的一段最能显示其立场，因此先不厌其烦地揭示出来吧。

> （明道）先生尝语王介甫曰："公之谈道，正如说十三级塔上相轮。对望而谈曰，相轮者如此如此，极是分明。如某则戇直，不能如此，直入塔中，上寻相轮，辛勤登攀，逦迤而上，直至十三级时，虽犹未见相轮，能如公之言，然某却实在塔中，去相轮渐近，要之须可以至也。至相轮中坐时，依旧见公对塔谈说此相轮如此如此。"⑦
>
> （明道又说）介甫只是说道，云我知有个道，如此如此。只佗说道时，已与道离。佗不知道，只说道时，便不是道也。有道者亦

① （宋）程颐、程颢：《二程集》（上册），第 121 页。
② （宋）程颐、程颢：《二程集》（上册），第 351 页。
③ （宋）程颐、程颢：《二程集》（上册），第 15 页。
④ （宋）程颐、程颢：《二程集》（上册），第 4 页。
⑤ （宋）程颐、程颢：《二程集》（上册），第 132 页。
⑥ （宋）程颐、程颢：《二程集》（上册），第 428 页。
⑦ （宋）程颐、程颢：《二程集》（上册），第 5～6 页。

自分明，只作寻常本分事说了。孟子言尧、舜性之，舜由仁义行，岂不是寻常说话？①

人这样从内心把捉东西，由体验归于生命而与生命同在。这就是孟子所谓深造自得吧。深入到达那里，自然领会理解它，在其意思里是领会于自己的东西吧。"心得之，然后可以为己物。"②"性与天道，非自得之则不知。故曰不可得而闻。"③所谓"学要在自得。古人教人，唯指其非。故曰：'举一隅不以三隅反，则不复也。'言三隅，举其近。若夫'告诸往而知来者'，则其知已远矣"④（此段本注里有：佛氏言印证者，岂自得也。其自得者，虽甚人言，亦不动。待人之言为是，何自得之有）等都是传达上述情况者。只有这样方才能够取之左右逢其源（与孟子一样以水来比喻的话）。也就是说，日用之间，在至近处领会它，往往没有不能合于其所依据的本源的，能够到达自在的境界。如前所述，明道采取极为卑近的事例作为线索示例其实是因为常常这样取之左右逢其源的缘故吧。卑近在某种程度上是说，人混混然不亲近，好像无论何时都涌出的水那样，无疑感到其源之深、流布之广。因此，明道对于物无所执着。

"二程先生一日同赴士夫家会饮。座中有二红裙侑觞。伊川见妓，即拂衣起去。明道同他客尽欢而罢。次早明道至伊川斋头语及昨事。伊川犹有怒色，明道笑曰：'某当时在彼与饮，座中有妓，心中原无妓。吾弟今日处斋头，斋中本无妓，心中却还有妓。'伊川不觉愧服。"⑤出自刘蕺山《人谱杂记》的这一报导不清楚其渊源，似乎也有将两者性格巧妙说出的架空的话。只是能认为明道的特色是那样。《遗书》里面记载明道在长安仓中闲坐数长廊的柱子。据说因为当时再次数之，其数不相合而使人一一声言而数的时候，初次数的是对的，所以知道越用心把捉越不定⑥。明道就像这样不执着于事。不由想起上述"风竹是感应

---

① （宋）程颐、程颢：《二程集》（上册），第6页。
② （宋）程颐、程颢：《二程集》（上册），第351页。
③ （宋）程颐、程颢：《二程集》（上册），第361页。
④ （宋）程颐、程颢：《二程集》（上册），第122页。
⑤ （明）刘宗周：《人谱杂记》，吴光主编《刘宗周全集》（第2册），浙江古籍出版社，2007，第65页。
⑥ （宋）程颐、程颢：《二程集》（上册），第46页。

参心"之语。然而，那绝非粗莽滑脱、对事冷淡的意思。前面所谓胸中原无妓绝不是故意无视妓，不是对其采取冷淡的态度。也可以说不是将花或红叶观为空，而是像花是花、红叶是红叶那样去享受。如果不是那样，下面的事就完全不能理解了。

> 因论将言而嗫嚅云，若合开时，要佗头也，须开口如荆轲于樊於期，须是听其言也厉。①

[明道由论述唐韩退之所作《送李愿归盘谷序》中所谓，口将言而嗫嚅——缄口——说。如果应该开口时得到他的头——印记。开口如果不是像荆轲拿着樊於期的首级乘机进入秦国那样就不行。必须像《论语》所谓听其言也厉（坚定）那样。]也就是说，如果不过只是冷淡洒脱的态度则那样的言行，荆轲一旦开口要樊於期的首级那样确实的言行到底是不被承认的东西。因此，明道的立场不是禅门里面使用的《十牛图》所谓《人牛俱忘第八图》的立场，而是《返本还源第九图》，进而《入鄽垂手第十图》的立场。此事在明道的《定性书》《识仁篇》等里面更为明确。据明道所说，人由于与"纯亦不已"的天地生意同在，不间断的功夫成为自然，由于体认它达到自得。明道考虑的人心绝非死物，活泼泼地起作用。这时候，自己与他人、内与外，由其对立引起的动静问题是当然的。友人张横渠虽然企图要绝外物而"定"其内心，以获得心的着落，但是仍然唯恐为外物所拖累，向明道请求建议。对此，明道以如下的考虑来回答。所谓真正的"定"是贯穿动静的称谓，像镜子照物那样不迎合，意味着不作内外的间隔。这是根据什么呢？说道：根据人性的立场。只有"性"的立场才不是取内舍外那样的东西，不间隔内外，没有他人与自己的对立。所谓"廓然而大公、物来而顺应"就是指这个。然而，人的"情"各有所蒙蔽，那里出现自私与用智。因此，"不能以有为为应迹"（人生日用之业也不能成为没有任何要花招的东西），又虽然拥有判断的明觉，却安排布置，难以自然作用。如果摆脱这种自私与用智，则成为内外两忘，澄然无事。心于是"定"。定则生明智。那么，还有什么"应物之为累"呢（朱子巧

---

① （宋）程颐、程颢：《二程集》（上册），第61页。

妙地解释这里说："言不恶事物，亦不逐事物。今人恶则全绝之，逐则又为物引将去。惟不拒不流，泛应曲当则善矣"——《朱子语类》九五）①。这里应当注意不要误解的是说这种"定"的立场不是情感的否定，而是求其公正的作用方法，像喜怒那样的东西也不系于心而系于物（这样说的原因是"动乎血气者，其怒必迁。若鉴之照物，妍媸在彼，随物以应之。怒不在此，何迁之有"②）。因此说喜怒随物，认为它不对，没有必要更加求在内部的。即只是喜怒于物之自然吧。依据明道，一般来说人性是道德法则的根源，即是理的根本。因此忘情而见理之是非，顺从道德法则的话，自然达到定性（朱子说此"性"字可以换读作"心"字③）的境界。人情易发作而难以抑制者是怒，只有在怒时赶快忘记其怒，依据看见理的是非，能凝集切近的功夫。得到定性的手段，发现外诱不足厌恶。这样，无论何时做都可达相同的境界。明道像以上那样思考。进而反复来说，明道根据人性从落着于这里出发，说明内外动静自然归于一去。人性为道德法则之根本。即为理之根本。遇到人心之动，例如，遇到怒之情感发动，可以忘其怒而观理之是非。如上之理使人立于"公"的立场。如果在古典思想里寻求表达理之所以为"公"的立场的东西，没有比得上"仁"的东西。因为仁无外乎是人人相亲相爱，尤其相互共同生存的社会生活原理。本来明道考虑的人性如前所述是与宇宙生意（天地的生意）相通的人的生命。因此，人性的立场考虑为"仁"的立场可说是妥当的（参考《二程全书》一二，四页背面，孟子曰："仁也者，人也"之条④，以及"天地之大德曰生"条⑤）。明道举医书有手足痿痹为不仁，说此言最能形容仁，接着述说"仁者，以天地万物为一体"以为无不在己是已经论述过的⑥，明道又说"仁者浑然与物同体"⑦。（明道指出"天地万物之理，无独必有对，皆自然而然，非有安排也。每中夜以思，不知手之舞之，足之蹈之

---

① （宋）黎靖德编：《朱子语类》（第6册），第2442页。

② （宋）程颐、程颢：《二程集》（上册），第129页。

③ （宋）黎靖德编：《朱子语类》（第6册），第2441页。

④ （宋）程颐、程颢：《二程集》（上册），第120页。

⑤ （宋）程颐、程颢：《二程集》（上册），第120页。

⑥ （宋）程颐、程颢：《二程集》（上册），第15页。

⑦ （宋）程颐、程颢：《二程集》（上册），第15页。

也"① ——《二程全书》一二——那因为独阴不成，独阳不生，人或者物虽说构成身体的阴阳的气有偏正，但都是一心同体②——《二程全书》一。前面也指出来这种万物一体观与后来王阳明的思想相关联。）必须将上述所谓满腔子恻隐之心视作这种意义的仁——体认天地生意之内在者的说法。

那么依据明道，体验这种意义的仁成为工夫的极致。所谓《识仁篇》即说此事，仁像上面那样浑然与物同体。义也好，礼也好，智信也好，都不是另外与仁不同的东西（那些只不过是从不同方面来看仁罢了）。我们识得（自觉）此道理，只是以诚敬存养它罢了。虽说"若不能存养，只是说话"③，但不须防检，不须穷索。为什么呢？心如果懈怠则有防检（心如果不懈怠则不认为有必要防检），理尚未得到所以必须穷索（存久自明，没有必要穷索）。此道原来与物没有对立，大不足以命名它④，即道是超越绝对、大小的东西。我们在这里不得不注意到明道思想应当注意的倾向，那就是工夫到底依据绝对者的完全性，如果说防检穷索，那么人为的手段使其身影稀薄，最终不过是具有应当使消失的消极之相（著者不是懈怠注意到明道的这种想法特别在吕与叔《东见录》中。与叔一般被认为是在张横渠下面，做防检穷索学问的人，只是这里不是以这期间的经过为问题）。像下面的文字（虽然没有说这是明道之语的确证）也可见同样的旨趣。

"（《大学》里面说的那样）致知（穷极己之知）在格物（至物），物来则知起，物各付物，不役其知，则意诚不动"（《二程全书》七⑤，物各付物的文字伊川也使用它，上面的话也许难以系于明道）。不役其知无外乎是内心里的人性即对仁为诚而敬之。然而这种人性即对仁为诚敬，对天地之生意为诚敬。诚敬而天地之作用方才直接全部作为我的作用而行动。乐的境界即指此。明道说（由穷理尽性）"'以至于命'，则全无着力处。如'成于乐'，'乐则生矣'之意同"⑥。即参于天地而同

---

① （宋）程颐、程颢：《二程集》（上册），第121页。
② （宋）程颐、程颢：《二程集》（上册），第4页。
③ （宋）程颐、程颢：《二程集》（上册），第5页。
④ （宋）程颐、程颢：《二程集》（上册），第16~17页。
⑤ （宋）程颐、程颢：《二程集》（上册），第84页。
⑥ （宋）程颐、程颢：《二程集》（上册），第136页。

其作用，天命的归依，生于其本来禀受。我们进入古语所谓"不识不知，顺（天）帝之则"的顺宁境界。恰似人听音乐而自然达到怡养性情（《论语》），快乐而畅茂条达不能停止（《孟子》）一样。因此即使说诚敬的工夫，实际上因为没有任何的做作修饰，自然恭敬，自然谨慎，并不意味着尽纤毫的力量。上述，孟子所谓"必有事焉而勿正，心勿忘，勿助长"的语句也用于《识仁篇》里面，是其本来的地方吧。同样，所谓"中者，天下之大本。天地之间，亭亭当当，直上直下之正理。出则不是"（想来包含俗语的这一难以解释的话终归是《中庸》里面自然的那样，表示意味着不容许人的私意的所谓喜怒哀乐未发前气象）的语句由敬的工夫而穷尽无疑也泄露了这样的情况。敬无疑是述说自然的东西。车若水的《脚气集》里可见如下的话：

> 明道先生所说——今学者敬而不见得，又不安者，只是心生，亦是太以敬来做事得重。此（《论语》所谓）"恭而无礼则劳"也。恭者，私（作为的）为恭之恭也。礼者，非体（形体化、技巧化）之礼，是自然底道理也。只恭而不为自然底道理，故不自在也。（以上是《二程全书》及《近思录》中的明道语，参见以下若水之说）
>
> 人把"礼者非体之礼"作句，所以都说不得。"礼者非体之"是一句，"礼是自然底道理"是一句。礼者不是将吾身体得出来，乃是自然底道理。才说体之，则便非自然，便身与礼为二。[1]

根据礼来说敬，礼的本质是人将与自己相分离的规范怀于自身而行动，不是嵌入，而是自然的道理。所以礼应该是自在的，明道敬之思想是自然而自在的，若水的理由是恰当的，其解释可说是对的。这样一来，敬也好，诚也好，终归是超越工夫的工夫，只是对于天地之生意的诚敬之心。明道也有劝静坐的事，也说"性静者可以为学"[2]，其最深层的意思在着眼于作为这种虔敬态度的"静"的重要性。我们浮想起上述"静后见万物自然皆有春意"[3]一语。同样上述"毋不敬。可以对

---

[1] （宋）车若水：《脚气集》，中华书局，1991，第16页。
[2] （宋）程颐、程颢：《二程集》（上册），第351页。
[3] （宋）程颐、程颢：《二程集》（上册），第84页。

越上帝"即说此。依据《诗经》的《周颂》《清庙》之文是"对越在天"。所谓"在天"意味在天的文王精神，明道的场合里明显指皇上帝。只是像已经论述的那样，李端伯所录之语（将其系于明道也没有关系）说忠信，是因为有"对越在天"当上述说敬时有意改字的吧。后出朱子的《敬斋箴》接受了这个意思。（而且，"对越上帝"的"越"字是与"于"使用方法相同的助词。）这样意思的敬方才"胜百邪"[1]。明道说："（《易》之《系辞传》里）天地设位，而易行乎其中，只是敬也。敬则无间断。（《中庸》所谓）体物而不可遗者，诚敬而已矣。（同样《中庸》所谓）不诚则无物也。《诗》曰：'维天之命，于穆不已，于乎不显，文王之德之纯'，'纯亦不已'，纯则无间断。"[2] 又说："至诚可以赞化育者，可以回造化。"[3] 如果这样的话，是人呢，还是天呢，谁能知道这个呢？

（责任编辑　李文娟）

① （宋）程颐、程颢：《二程集》（上册），第119页。
② （宋）程颐、程颢：《二程集》（上册），第118页。
③ （宋）程颐、程颢：《二程集》（上册），第120页。

"吾何以观之哉"：从李侗、
朱熹师弟子答问谈起

王海岩*

摘　要　《论语·八佾》篇"吾何以观之哉"既非程门诸人所谓"不足观"，亦非朱熹"以何者而观其所行之得失"的过度延伸。而是如下两种意义，就宽泛意义而言，结合《论语》其他章节"观"之意义以及《大戴礼记·曾子立事》篇中的"吾无由知之矣"，"吾何以观之哉"当作我通过什么来了解或者说鉴定你的德行呢；单就观礼而言，"吾何以观之哉"即孔子发出的感叹，其不欲观一些失礼的行为，而这些失礼的行为是由于在行礼的过程中内心缺乏"诚"的信念造成的，因此，孔子真正所欲观的即是"诚"。

关键词　何以观之　德行　诚

李侗，字愿中，南剑州剑浦（今福建南平）人，南平之旧称为延平，故世称"延平先生"。李侗师从罗从彦，乃二程之三传弟子，是杨时—罗从彦道南一脉的重要传承人。[①] 李侗是朱熹最为重要的老师，朱

---

* 王海岩，清华大学人文学院历史系博士研究生，主要研究领域为中国思想史。

① 至少朱熹是这样认为的，将李侗作为道南学派的嫡传，其在《与范直阁书》中言："李丈名侗，师事罗仲素先生。罗尝见伊川，后卒业龟山之门，深见称许，其弃后学久矣。李丈独深得其闻奥，经学纯明，涵养精粹。延平士人甚尊事之，请以为郡学正。虽不复应举，而温谦悫厚，人与之处久而不见其涯，郁然君子人也。先子与之游数十年，道谊之契甚深。"朱杰人等编《朱子全书21》，上海古籍出版社、安徽教育出版社，2002，第1605～1606页。

熹与其相交长达十年之久①，对其为学影响重大。因今不见李侗著作②，故《延平答问》是研究其思想的重要文本。《延平答问》是李侗、朱熹师弟子之间往来问学与论学的书信汇编，由朱熹亲自编订，时间跨度长达六年，从宋高宗绍兴二十七年（公元1157年，时年朱熹28岁）到宋孝宗隆兴元年（公元1163年，时年朱熹34岁），共计24封书信。其论学内容广泛，经典类涵盖《四书》中的《论语》《孟子》《中庸》，《五经》中的《春秋》以及周敦颐的《太极图书》等；具体内容又涉及《春秋》读法、论孝、论仁、论礼以及"理一分疏""洒然融释"诸说。其中不乏精辟论断，引人深思，于其中亦可管窥朱熹早岁学说之端倪。现今，笔者据李侗、朱熹师弟子二人关于《论语·八佾》篇中"居上

① 关于朱熹何时受学于李侗是存在争议的，因此，笔者此处说其相交十年，未讲从学十年。"至之日，疾作，遂卒于府治之馆舍。是年七十有一矣，隆兴元年十月十有五日也"（朱杰人等编《朱子全书13》，第349页）。以上记载于李侗卒后，朱熹为其作的行状中。朱熹从学于李侗，当止于隆兴元年（公元1163年）癸未。朱熹师事李侗止于何时，毋庸置疑；但对于其始于何时，历来众说纷纭，主要有以下几种说法：其一，癸酉（绍兴二十三年即公元1153年）始见李侗即受学，以李默、洪嘉植本年谱为代表（参见［清］王懋竑：《朱熹年谱》，中华书局，1998，第292页）；其二，庚辰（绍兴三十年即公元1160年）师事说，以清人王懋竑，钱穆、牟宗三、刘述先为代表（分别参见［清］王懋竑：《朱熹年谱》，第292页；钱穆：《朱子新学案》，九州出版社，2011，第31页；牟宗三：《心性与形体（三）》，台北中正书局，1969，第33页；丁为祥：《学术性格与思想谱系——朱了的哲学视野及其历史影响的发生学考察》，人民出版社，2012，第50页）；其三，丁丑（绍兴二十七年即公元1157年）师事说，以《延平答问》首书为标志，以束景南为代表（参见束景南《朱熹年谱长编卷上》，华东师范大学出版社，2001，第225页）；其四，明确区分"执弟子礼"与"尽弃异学"，从前者看，主张庚辰师事，从后者看，赞同丁丑师事，以丁为祥为代表（参见丁为祥《学术性格与思想谱系——朱子的哲学视野及其历史影响的发生学考察》，第50页）。关于朱熹何时受学于李侗，笔者认为当在尽弃异学之后，但是，我们也不必过于执着。钱穆曾言："自绍兴癸酉始见，戊寅再往，庚辰师事，壬午重谒，至于隆兴癸未延平作古，先后实阅十一年。在朱子自言，固不必有始见、再见、师事、从学之别。而后人细加区分，亦以见朱子之师事延平，其事郑重，其意义深长不苟，更值后人之追溯，可益增低徊景慕之情于不自已矣"（钱穆：《朱子新学案》，第5页）。笔者于此亦怀景慕之情，加以追溯李侗、朱熹之交往。朱熹幼时即知李侗为人为学如何也，其心向往，所谓"熹也小生，丱角趋拜"（朱杰人等编《朱子全书13》，第348页）。二十四岁时，始见李侗，谈学禅有所得，不为其所肯；此后音讯断绝四年，直至二十八岁时，有李侗于朱熹书，于此书李侗赞赏朱熹；同安官余，朱熹渐悟李侗之教不我欺也；三十一岁时，尽弃异学，始受学焉；三十三岁时再谒；三十四岁时，李侗两次往见朱熹，此年李侗亦作古，李朱之交止于此也。

② 据傅小凡考证李侗著作主要有三种：《萧山读书传》、《论语讲说》、《读易管见》，他且将《延平答问》称作李侗的语录。参见氏著《朱子与闽学》，岳麓书社，2010，第150页。如今除却《延平答问》外，均不见。

不宽"章的讨论，对此章予以疏证，端正今人之理解。

一 "吾何以观之哉"之传统释义

> 问："居上不宽，为礼不敬，临丧不哀，吾何以观之哉？"熹谓此非谓不足观，盖不诚无物，无物则无以观之也。先生曰："居上宽，为礼敬，临丧哀，皆其本也。有其本而末应，若无其本，粲然文采，何足观！"①

"居上不宽，为礼不敬，临丧不哀，吾何以观之哉？"语出《论语·八佾》篇。此段中，李侗与朱熹将此章讨论的重点放在了"吾何以观之哉"上。依朱熹语"此非谓不足观"，当知前人或时人应以"不足观"解此章：

> 杨曰："居上不宽，则无以容众，为礼慢而不敬，临丧易而不戚，皆失其本矣，尚何足观之哉！"②

杨即杨时，"何足观"即不足观。此处李侗之答，与杨时相较，无出其右，皆谓宽、敬、哀三者为治人、行礼、吊丧诸事之本，本无则末亡，无本之人不足观也。故延平并未正面回答朱子之问，而是重申程门一脉之学③。

再来看朱熹，其强调两点：其一，"非谓不足观"；其二，"不诚无物，无物则无以观"。"不诚无物"语出《中庸》："诚者物之终始，不诚无物。是故君子诚之为贵。"此处，朱熹将《中庸》之"诚"引入《论语》注解中，强调心不诚则无物（无物即没有什么行为表现），无

---

① 朱杰人等编《朱子全书13》，第318～319页。
② 朱杰人等编《朱子全书07》，第131～132页。
③ 杨时为二程之亲传，李侗为杨时之再传，二人此章之解均本自程颐，稍加发挥，程门之人多如此：伊川解曰："居上以爱人为本，主于宽厚。礼主于敬，丧主于哀。不然，是无本也，何以观乎？"范曰："居上则所治者大，所御者众，故不可不宽，宽者为上之本也。为礼则敬，临丧则哀者，理当然也。圣人之言，惟理而已矣。"尹曰："居上主于宽，为礼主于敬，临丧主于哀。不然，则无本矣，何所观乎？"（以上参见朱杰人等编《朱子全书07》，第131～132页）。其中范即范祖禹、尹即尹焞，均为二程门下。

物则无以观，无以观即没有什么可以拿来观的，以"无以观"来区别"不足观"。然而，朱熹此处的表达也是相当模糊的，并没有很好地解释为什么不是"不足观"，仔细看来，他所讲的"无以观"与"不足观"意思几近相同。然而朱熹并未止步于此，于《论语集注》中表达了自己更为确定的见解：

> 居上主于爱人，故以宽为本；为礼以敬为本；临丧以哀为本。既无其本，则以何者而观其所行之得失哉？①

此注与朱熹早岁之说相较，语义更加详焉，亦可看出朱熹业已吸收程门本末之解，但仍力持己见，不以"不足观"解此章，认为"吾何以观之哉"即"以何者而观其所行之得失"。其于《论语或问》中交代得更加清楚：

> 或问："卒章之说，或以为何所观，或以为何足观，子独以为无所观其事之得失，何也？"曰："此以其文意推而得之也。盖在上则以其量而观其大小，为礼则以其敬而观其浅深，临丧则以其哀而观其厚薄。今既无其本矣，则虽欲观之，其将何以观之乎？彼曰何所观、何足观者，虽于大义可通，然恐其未尽文意之曲折也。"②

前人释此章皆止于"何所观""何足观"，言外之意即"不足观"，为人如不居上宽、为礼敬、临丧哀，则不值一提，无所称道处；然朱熹将"吾何以观之哉"释为"以何者而观其所行之得失"，他认为，观察人物履行治人、行礼、吊丧诸事时宽、敬、哀三者之程度大小、浅深、厚薄可臧否人物之得失。朱子问学延平时，用一"诚"字意在表现如此，所谓"不诚无物，无物则无以观"，即只有至诚之心才能有所得。

不过，朱熹此解亦遭到后世学者的驳斥：

> 《四书辨疑》：不正责其现有之过，却欲别劝他处得失，亦迂

---

① （宋）朱熹：《四书章句集注》，中华书局，2012，第69页。
② （宋）朱熹：《四书或问》，上海古籍出版社、安徽教育出版社，2001，第169~170页。

阔矣。居上褊隘而不宽，为礼傲惰而不敬，临丧无哀戚之容，今人中似此者甚多，见其情态者无不恶之。夫子之言亦只是恶其现有之不宽不敬不哀而不欲观，非谓无此三本无以观其他所行之得失也。

高拱《问辨录》：只言大体既失，末节何耻。何以观之，犹世人所谓如何看得上也。《注》谓以何者观其所行之得失，添蛇足矣。①

此二说皆认为朱熹之解过于曲折，有画蛇添足的意味。后者即前面所讲的"不足观"，所谓"犹世人所谓如何看得上也"。前者则引出一新解，将此章置于具体的历史境遇中，将"吾何以观之哉"释为"不欲观"，表达当时夫子之心态，此解更早见之于《论语义疏》：

此说当时失德之君也。为君居上者，宽以得众，而当时居上者不宽也。又礼以敬为主，而当时行礼者不敬也。又临丧以哀为主，而当时临丧者不哀。此三条之事并为乖礼，故孔子所不欲观，故云：吾何以观之哉。②

此解将孔子置于一个失德之君统治的时代，失德之君君上不宽、为礼不敬、临丧不哀，孔子不想观看此中有悖于礼的行为。王闿运《论语训》更以此章作为孔子讥笑孟武伯的记录：

此盖讥孟武伯也。孟氏世事孔子，故言观之。程氏树德按：此章必有为而发，今不可考矣。王氏以为讥孟武伯，未知何据。③

正如程氏所言此章必有为而发，故以"不欲观"描述孔子心态，亦可通也。

此外，刘宝楠《论语正义》中另有一解：

正义曰：邢《疏》云："此章总言礼意。"案："居上"者，言

---

① 程树德：《论语集释》，中华书局，2014，第291~292页。
② （梁）皇侃：《论语义疏》，中华书局，2013，第80页。
③ 程树德：《论语集释》，第291页。

有位者居民上，礼乐所自出也。"为礼""临丧"，并只居上者言之。……"观"者，观礼也。礼无足观，斯懈于位，而民不可得而治也。①

此说包含两点：其一，此章专指在位者而言，与《论语·义疏》中所记载的"此说当时失德之君也"相呼应；其二，"不足观"的对象不是某事、某人，而专指礼。前者，今人钱穆先生不以为然，他认为若专指在上位者而言，临丧当作吊丧：

或说：本章三句连下，皆指在上位者，临丧当解作吊丧，兹不取。②

后者，《论语·八佾》全篇皆论礼乐之事，似可通。

综上所述，释"吾何以观之哉"有四说：

其一，释为"不足观"，以程门弟子为代表。

其二，释为"以何者而观其所行之得失"，以朱子为代表。

其三，释为"不欲观"，见于《论语义疏》《四书辨疑》。

其四，释为不足观，但此章专指在位者而言，不足观之对象专指礼而言，见于《论语正义》。

二　观"德行"

在上面我们已经分析了历代关于"吾何以观之哉"的诠释，主要表现在四个方面。那么于此四说，何以择取也，笔者认为当将其放置孔子谈话的具体语境中加以辨析，关于"不足观"之说，《论语》中亦有相关涉及处：

子曰："如有周公之才之美，使骄且吝，其余不足观也已。"（《论语·泰伯》）

---

① （清）刘宝楠：《论语正义》，中华书局，1990，第137页。

② 钱穆：《论语新解》，九州出版社，2011，第75页。

这章是在说，假如才能的美妙真比得上周公，只要骄傲而吝啬，别的方面也就不值得一看了。①"不足观"即是不值得一看。很显然，"吾何以观之哉"不是此处"不足观"的用法。倘若，孔子此处欲运用"不足观"的言辞，会直接运用，不会绕到"吾何以观之哉"。"吾何以观之哉"即"吾以何观之"，意即我凭借什么来观察你们。这一点，在《大戴礼记·曾子立事篇》亦可以得到印证：

> 临事而不敬，居丧而不哀，祭祀而不畏，朝廷而不恭则吾无由知之矣。②

"吾无由知之矣"即我没有方法来了解你，等同于"吾何以观之哉"。因此，后者即可以理解为，我通过什么来了解你呢。

显然，朱熹"以何者而观其所行之得失"是在上述理解的层面上对文意的推进，已经超出了文章的基本含义，他自己亦说："此以其文意推而得之也"。从朱熹这里可以看出，中国经典诠释史同时又是一部中国思想创新史，大思想家都是在诠释经典的同时形成自己的思想体系。这样孔子的思想便获得了诸多引申，正如梁启超在《保教非所以尊孔论》中所言："寖假而孔子变为董江都、何邵公矣，寖假而孔子变为马季长、郑康成矣，寖假而孔子变为韩昌黎、欧阳永叔矣，寖假而孔子变为程伊川、朱晦庵矣，寖假而孔子变为陆象山、王阳明矣，寖假而孔子变为纪晓岚、阮芸台矣。"③ 从另外一个方面又表现了孔子思想的博大，所谓"二千余年学圣人之学者，戴圣人之天而忘其高，履圣人之地而忘其深，此仲尼之天地所以为大也"④。言外之意，后世诸儒，无出其右，思想学说皆为孔子思想之变种，形式有所变，而其根不变。

朱熹之发挥引申有所过矣，更大的层面上不是在诠释孔子之学说，而是在诠释的同时着重于构建自己学说的体系。那么，我们在诠释前人的成果时，是不是应该仅仅就字面意思而言呢？显然不是的，不能局限于文字，更应该追寻其内涵。在这里，我们将"吾何以观之哉"理解

---

① 参见杨伯峻《论语译注》，中华书局，2009，第81页。
② （清）王聘珍：《大戴礼记解诂》，中华书局，1983，第75页。
③ 梁启超：《饮冰室合集》（第一册），中华书局，1989，第55页。
④ （清）孙奇逢：《夏峰先生集》，中华书局，2004，第131页。

为我凭借什么了解你呢，这是最符合字面意思的，但是止步于此，我们就会忽视孔子言辞背后隐藏的内涵。接下来，我们还要继续讨论《论语》中出现多次的"观"字。诸如：

> 子曰："父在观其志；父没观其行。三年无改于父之道，可谓孝矣。"（《论语·学而》）
> 子曰："视其所以，观其所由，察其所安。人焉廋哉？人焉廋哉？"（《论语·为政》）
> 子曰："人之过也，各于其党。观过，斯知仁矣。"（《论语·里仁》）

所举这些"观"字，都保留了"观察""观看"的本义。但是，它们都与鉴赏人物的品性相关。所谓"观其志""观其行"，即通过观察儿子在父亲在世之时的志向与父亲去世之后的行为表现，来判断一个人的德性或者说孝心。这一点朱熹在《论语集注》中表达得很明确：

> 父在，子不得自专，而志则可知。父没，然后其行可见。故观此足以知其人之善恶，然又必能三年无改于父之道，乃见其孝，不然，则所行虽善，亦不得为孝矣。①

关于"视其所以"章，皇侃《论语义疏》有言：

> 此章明观知于人之法也。云"视其所以"者，以，用也。其，其彼人也。若欲知彼人行，当先视其即日所行用之事也。
> 云"观其所由"者，由者，经历也。又次观彼从来所经历处之故事也。
> 云"察其所安"者，察，谓心怀忖测之也。安，谓意气归向之也。言虽或外迹有所避，而不得行用，而心中犹趣向安定见于貌者，当审察以知之也。然在用言视、由言观、安言察者，各有以也。视，直视也。观，广瞻也。察，沈吟用心忖度之也。即日所用

---

① （宋）朱熹：《四书章句集注》，第51页。

易见，故云视；而从来经历处，此即为难，故言观；情性所安，最为深隐，故云察也。

云"人焉廋哉人焉廋哉"者，焉，安也。廋，匿也。言用上三法以观验彼人之德行，则在理必尽，故彼人安得藏匿其情邪？再言之者，深明人情不可隐也。故江熙云："言人诚难知，以三者取之，近可识也。"①

皇侃之疏已经解释得相当清楚，"视其所以"章讲述的是"观知于人"的方式方法。"观"字同"视"字、"察"字，分别经由他人之所经历之故事、日常所行用之事、情性所安之处共同构成了一套观验人之德行的方法。此处释"观"为"广瞻"也，即更为广泛的考察之义；"观其所由"即广泛地考察一个人所经历之故事，通过此来观验其德行。

"人之过也"章，"斯知仁矣"当作"斯知人矣"②，如此，此章之义才更加明了。杨伯峻亦同意此种说法："仁——同'人'。《后汉书·吴祐传》引此文正作'人'（武英殿本却又改作'仁'，不可为据）。"因此他将此章翻译为，人是各种各样的，人的错误也是各种各样的；什么样的错误就是由什么样的人犯的；仔细考察某人所犯的错误，就可以知道他是什么样式的人了。③ 因此，此处"观"字还是意在品鉴人物之德行。

总之，《论语》中所运用之"观"字大多都是与品鉴人物之德行相关的。因此，"吾何以观之哉"中的"观"亦是此种用法，在前面，我们将"吾何以观之哉"理解为我凭借什么来了解你呢，如此这般，结合如上讨论，"吾何以观之哉"的意义就变成了我通过什么来了解或者说鉴定你的德行呢。前一种解法，符合《论语》文本的字面意思；后一种解法，深谙孔子思想之意蕴，但是又没有像朱熹那样过度引申发挥。

---

① （梁）皇侃：《论语义疏》，第32~33页。
② 《论语集释》云：【考异】《后汉书·吴祐传》曰："掾以亲故，受污秽之名，所谓'观过斯知人矣'。""仁"作"人"。陆采《冶城客论》曰："斯知仁矣"，"仁"是"人"字，与"宰我问井有仁焉"之"仁"皆以字音致误。参见程树德《论语集释》，第312页。
③ 参见杨伯峻《论语译注》，第36页。

三 观"诚"

在以上的论述中，我们已经确定"吾何以观之哉"的确切意义是我通过什么来鉴定你的德行呢，且认为这是符合孔子本意的、较为合理的解释。但是，这相对于"观"之主体以及被"观"之客体来说，此种理解是一个较为宽泛的解释。同时，在前面我们提出历来关于"吾何以观之哉"的四种解释。我们排除掉了程门"不足观"以及朱熹"以何者而观其所行之得失"的解释。此外，还有其他两种解释，即最早见于《论语义疏》中的"不欲观"以及《论语正义》中记载的所观之客体专指礼。我们可以将二者联系，结合起来理解，这样对于此章的解释也是可以通顺合理的。朱熹在《论语集注》之《八佾》篇题下曾言："通前篇末二章，皆论礼乐之事。"① 这是在表明，《八佾》全篇与《为政》篇之最后二章都是在讨论礼乐之事。在这样的预设之下，我们对"居上不宽"章的讨论就又出现了新的生长点，可以将其在一个宽泛意义上的理解置于专论礼乐之事的层面上。如此这般，孔子所谓的"吾何以观之哉"的客体对象就变成了"礼"。且在讨论观礼之事的时候，孔子曾经有过如下表达：

> 禘自既灌而往者，吾不欲观之矣。（《论语·八佾》）

因此，我们对于"居上不宽"章的解释，就变成了这样：居于统治地位不宽宏大量，行礼的时候不严肃认真，参加丧礼的时候不悲哀，（对于这样的失礼行为），我凭什么想要观看呢？② 那么，孔子不欲观"礼"的背后是否还隐藏着什么呢？这就要我们再次回到"禘自既灌而往者，吾不欲观之矣"这章中。孔子为什么要讲这样的话呢？前人已经多有论及。皇侃在《论语义疏》中表达了如下看法：

> 时鲁家逆祀，尸主飂次，当于灌时，未列昭穆，犹有可观；既

---

① （宋）朱熹：《四书章句集注》，第61页。
② 其中部分解释参看了杨伯峻《论语译注》，第33页。

灌以后，逆列已定，故孔子云"不欲观"也。①

皇侃在这里表达的意思是，孔子认为鲁国的祭祀是非礼的、不合于礼的，因此他不想看。朱熹引用赵伯循的观点对此也有分析：

> 赵伯循曰："禘，王者之大祭也。王者既立始祖之庙，又推始祖所自出之帝，祀之于始祖之庙，而以始祖配之也。成王以周公有大勋劳，赐鲁重祭。故得禘于周公之庙，以文王为所出之帝，而周公配之，然非礼矣。"灌者，方祭之始，用郁鬯之酒灌地，以降神也。鲁之君臣，当此之时，诚意未散，犹有可观，自此以后，则浸以懈怠而无足观矣。盖鲁祭非礼，孔子本不欲观，至此而失礼之中又失礼焉，故发此叹也。②

朱熹虽与皇侃的分析不甚相同，但是最终的观点是一致的，都是认为鲁国的祭祀非礼，因此孔子发出"不欲观"的感叹。但是，他们二人的分析似乎是存在矛盾的。让我们再次回到孔子的原始表达中"禘自既灌而往者，吾不欲观之矣"。在这里我们可以看到，对于禘礼，孔子并非全都是不欲观的，他观看了灌礼，而他不欲观的仅仅是灌礼之后要进行的礼。因此皇侃、朱熹二人的分析，就不能合理的解释孔子为什么"不欲观"了。如果说，这是因为鲁国的祭祀违背礼，那么孔子为什么观看了灌礼呢？且在朱熹看来，灌礼并非禘礼重要的阶段，仅仅是其准备阶段："灌者，方祭之始，用郁鬯之酒灌地，以降神也。"③ 这很显然，孔子不但想要观看灌礼，相较于灌礼之后的部分反而是对其给予了足够的重视。这些我们需要在《周易》"观"卦中去寻找答案。

> 观，盥而不荐，有孚颙若。

此处涉及古代祭祀中的两个礼仪，即"盥礼"与"荐礼"。"盥

---

① （梁）皇侃：《论语义疏》，第 60 页。
② （宋）朱熹：《四书章句集注》，第 64 页。
③ （宋）朱熹：《四书章句集注》，第 64 页。

礼"即开始祭祀时的净手仪式。"荐礼"即进献酒食。一说盥为以酒灌地。① 此处关于荐礼的释义笔者则取后者，即"以酒灌地"的解释②，这样"盥礼"即等同于《论语》中孔子所讲述的"灌礼"。如此，"禘自既灌而往者，吾不欲观之矣"即变成了"禘自既盥而往者，吾不欲观之矣"，"而往者"即等同于"荐礼"。

关于《周易》中的"观盥而不观荐"，前人已经有过讨论，诸如马融、王弼等：

> 王弼曰："王道之可观者，莫盛乎宗庙；宗庙之可观者，莫盛乎盥也。至荐简略，不足复观，故'观，盥而不荐'也。"
>
> 马融曰："盥者，进爵灌地以降神也。此是祭祀盛时。及神降荐牲，其礼简略，不足观也。'国之大事，唯祀与戎'，王道可观在于祭祀，祭祀之盛莫过初盥降神。故孔子曰：'禘自既灌而往者，吾不欲观之矣。'此言及荐简略则不足观也。"③

在王弼、马融看来，孔子"观盥而不观荐"的原因，就是因为"盥礼"要盛大于"荐礼"。这似乎有点矮化孔子形象，把孔子描绘成一位热爱热闹的乡村大爷，很显然，就现有文献看来，孔子应该不是一位这样的人物。同时，依朱熹所言"灌礼"应当是祭祀准备阶段的一种礼仪，一种准备仪式若过分隆重于正式礼仪，似乎也是不合理的。因此王弼、马融等给出的这个解释是不足以让后人信服的。我们要准确地去理解孔子"观盥而不观荐"的原因，应该将重点放在"观"卦的后半部分，即"有孚颙若"。马融注曰："孚，信；颙，敬也。"④ 其将"孚"理解成"信"，是没有疑义的；但是将"颙"解释为"敬"是有待商讨的。《诗·小雅·六月》有云："四牡修广，其大有颙。"毛传："颙，大貌。"⑤ 同样，"颙"在这里理解成"大"的意思更为妥当，表

---

① 李申等：《周易经传译注》，中华书局，2018，第78页。
② 廖名春亦是这个意见，其言："'盥'，灌，用香酒浇灌地面以降神也。"参见氏著《〈周易〉经传十五讲（第二版）》，北京大学出版社，2012，第87页。
③ （唐）李鼎祚《周易集解》，中华书局，2016，第139页。
④ 参见（唐）李鼎祚《周易集解》，第139页。
⑤ 参见（清）王先谦《诗三家义集疏》，中华书局，1987，第609页。

现为极致的意思。这样对于"有孚颙若"的解释，正如廖名春翻译的那样："观仰盥礼而不观仰荐礼，因为心中充满了诚信。"①这样看来孔子"观盥而不观荐"的原因就非常明了。因为"盥礼"相对于"荐礼"而言，其充满了诚信之意。孔子所欲观的或者说更为重视的就是这种诚信之心。这一点其实在《周易集解》中已经有了很好的表达，唐人李鼎祚案：

> 鬼神害盈，祸淫福善。若人君修德，至诚感神，则"黍稷非馨，明德惟馨"，故"观盥而不观荐"，绘其诚信者也。斯即"东邻杀牛，不如西邻之禴祭，实受其福"②，是其义也。③

祭祀活动中最为重视的就是保有一颗诚信之心，其余都是次要的，只有这种诚信之心才足以感动神灵，降福于自己。如果祭祀过程中没有一颗诚信之心，即使进献的供品至为丰盛，那也是不足以感动上天的；反之，即使你没有供品，心灵诚信，上天同样会赐福于你。这就是所谓的"东邻杀牛，不如西邻之禴祭"也。这样看来孔子观礼的背后意在观诚。孔子在阐述礼时，于诚是多有所关注的，同样是《八佾》篇中的记载："林放问礼之本。子曰：'大哉问！礼，与其奢也，宁俭；丧，与其易也，宁戚。'。"朱熹引范祖禹言："俭者物之质，戚者心之诚，故为礼之本。"④ 这无疑道出了孔子观礼之实质，即强调心之诚。这样看来，"居上不宽"章同样是这样的。在孔子看来，居上不宽、为礼不敬、临丧不哀均是行事过程中心中缺少诚的现象，因此孔子发出了"吾何以观之哉"的感叹。如此，"居上不宽"章作为《八佾》篇的卒章其意在总结，其道出了"禘自既盥而往者，吾不欲观之矣"的真实原因，同时它又强调了孔子观礼之根本，即内心中时刻保持之诚信，只有这样所行之礼才足观也。

如此，关于"吾何以观之哉"的讨论，我们就又回到了最初的起

---

① 参见廖名春《〈周易〉经传十五讲（第二版）》，第87页。
② "东邻杀牛，不如西邻之禴祭，实受其福"，是说东邻杀牛盛祭，不如西邻普通的禴祭，更能切实承受神灵的福佑。参见廖名春《〈周易〉经传十五讲（第二版）》，第139页。
③ （唐）李鼎祚：《周易集解》，第139页。
④ 参见（宋）朱熹《四书章句集注》，第62页。

点，回到了朱熹与其老师在书信中所讨论的内容："熹谓此非谓不足观，盖不诚无物，无物则无以观之也。"朱熹在其早岁研读《论语》之时，对"吾何以观之哉"已经给出了一个较为恰当的解释，并且抓住了孔子所认为的观礼最为根本性的东西，即"诚"。然而，朱熹在其后来编订《论语》著作或者与学生讨论时，抛弃了这一根本性的论断，过于引申发挥，得出了"以何者而观其所行之得失"的过度延伸结论。

四　余论

　　起始于李侗、朱熹师弟子二人关于《论语·八佾》篇中"吾何以观之哉"的讨论，我们借此梳理了历代关于"吾何以观之哉"的论断。大致共有四种情形：其一，释为"不足观"，以程门弟子为代表；其二，释为"以何者而观其所行之得失"，以朱子为代表；其三，释为"不欲观"，见于《论语义疏》《四书辨疑》；其四，释为不足观，但此章专指在位者而言，不足观之对象专指礼而言，见于《论语正义》。我们择取了其中的两种，即三与四，并且将其予以联系，结合《论语》的其他篇章以及《周易》等经典，指出孔子之所以发出"吾何以观之哉"的感叹，是因为不欲观一些失礼的行为，而这些失礼的行为是由于在行礼的过程中内心缺乏"诚"的信念造成的，因此，孔子真正所欲观的即是"诚"。这是将"居上不宽"章专就"礼"而言得出的结论。又，我们通过对《论语》中"观"字的分析，得出在孔子运用"观"时，多是与鉴定人物德行相联系，并结合《大戴礼记·曾子立事》篇中的"吾无由知之矣"，认为其与"吾何以观之哉"是相等同的。这样我们关于"吾何以观之哉"的解释，就变成了我通过什么来了解或者说鉴定你的德行呢。这种解释相对于前者是较为宽泛意义上的理解。在笔者看来，无论是专就礼而言所理解的观诚，还是宽泛意义上的了解你的德行，对"吾何以观之哉"的解释都是讲得通的。

（责任编辑　李文娟）

"学术不明，只是《大学》之教不明"[*]

——从《大学》学看刘蕺山诚意教的脉络体系及其归宿

程　旺**

摘　要　自朱子之后，《大学》成为儒学的纲领性文本，阳明对朱子的转向正是依傍《大学》系统展开论说。有见于阳明后学心体过度高扬所带来的种种偏弊，蕺山主张回归性体，以性体贞定心体，由心体彰显性体，为心体和性体重新保有互动的生机。"致知"转向"诚意"的理论脉络，无法脱离经典诠释视域中《大学》学的不同面相。蕺山指出"看《大学》不明，只为意字解错"，主以"诚意"立宗，将"诚意"定位为"专义""完义"，构建其《大学》学支撑性诠释之轴心。需注意的是，蕺山非常强调文本本身的逻辑，判别《大学》诠释正确与否的一个重要向度即是否合于"《大学》本文"、"《大学》本旨"。但当思想和经典两方面不能完全合拍时，蕺山还是无法避免一些理论纠结。按照理学发论依据之中心的《大学》工夫进路，在"致知"扭转了"格物"、"诚意"转进了"良知"后，还应有"正心"的环节才完满。宋明理学心性论的逻辑归宿，在被视为理学殿军的蕺山诚意教之后，似还有进一步推进之余地。

关键词　《大学》　诚意教　慎独　刘蕺山　《大学》学

---

*　本文系国家社科基金后期资助项目"《大学》学引论"（项目编号：19FZXB051）阶段性研究成果。

**　程旺，哲学博士，北京中医药大学马克思主义学院讲师，主要研究领域为儒家哲学、《大学》学。

如果说从朱子到阳明是"转向"，那么从阳明到蕺山则只能说是"转进"。因为蕺山之于阳明，并不是道德形而上学路向上的根本转变，只不过对良知学理论调适后的进一步发展，因此蕺山也被视为广义的王学者。① 有见于阳明后学对心体过度高扬所带来的种种偏弊，蕺山主张回归性体，以性体贞定心体，由心体彰显性体，为心体和性体重新保有互动的生机。"良知"转进于"诚意"，即是这一思想理路下的具体表现。

理论、教法的不一，无法与经典解释层面上的分歧相剥离。自朱子之后，《大学》成为儒学的纲领性文本，阳明对朱子的转向同样是套在《大学》的系统里面说。即使脱开《大学》，阳明心学系统的"致知"（致良知）同样要处理知与心、意、物的关系。到了刘蕺山，同样是这两方面的一体：思想内涵与经典诠释的双向反思。蕺山认为阳明良知教视域中的《大学》诠释，与《大学》本旨不能尽合，指阳明为以《孟子》合《大学》，不过是传孟子教法。② 以《孟子》解，并不是问题所在，能自成体系支撑自身的诠释本无可厚非，蕺山以"诚意慎独"为宗，也包含对《中庸》思想的吸收。经典诠释与思想的发展相互印证、吻合，就诠释效果言，不失相对理想的状态，关键在于能否秉持客观平正的态度进行了解。而蕺山往往是据己之见以为衡准，尤其是晚年，对阳明之说"辩难不遗余力"，难免出现一些曲解，牟宗三先生认为蕺山对阳明的批评甚至"一无是处"，这个评价或有过激，但绝非空穴之风。

其实，蕺山对此并非完全无见，他对阳明良知学与其《大学》诠释的区分定位，也有过入木三分的评论，之所以还围绕《大学》诠释对良知学不遗余力展开批评，实与他对自身学术使命的自觉担当有密切关系："今天下争言良知矣。及其弊也，猖狂者参之以情识，而一是皆良；超洁者荡之以玄虚，而夷良于贼，亦用知者之过也。夫阳明之良知，本以救晚近之支离，姑借《大学》以明之，未必尽《大学》之旨也。而后人专以言《大学》，使《大学》之旨晦；又借以通佛氏之玄

---

① 郑宗义：《明清儒学转型探析》，香港中文大学出版社，2009，第二章第一节。
② 有趣的是，与此相对照，罗近溪亦有见于良知教的偏差，认为阳明的失误在于太看重《大学》，而对《孟子》关照不够。具体即良知教在知解方面多了，而道德心的内容义不足，主张应"归本于仁"，在孝悌慈上下工夫。

览，使阳明之旨复晦。"① 一方面是阳明良知学的发展及其流弊，另一方面是对《大学》本身旨意的诠释效应。蕺山精到地指出，阳明的良知只不过是借《大学》而说，本非以《大学》本义匡之，阳明后学以此解读《大学》，失却《大学》本旨，同时流入"狂禅"之风，更使阳明本身的理论旨趣暗而不彰。这正构成蕺山治学所需关注的重心：努力回应、堵住良知学的流弊，在此基础上，使《大学》本旨得到彰明，实现两方面的融贯性诠释。故其有言："司世教者又起而言诚意之学，直以《大学》还《大学》耳。"② 正如阳明良知教"本以救晚近之支离"，蕺山"诚意教"则表现着扭转良知学弊的自觉承当，不变的是，《大学》始终是这一范式转换过程中的核心经典文本。

下面，围绕蕺山如何"转进"阳明、重树宗旨、建立体系并由之对《大学》作出一番新诠，进行专题考察。

一 "致知"转向"诚意"的理论脉络

其一，良知教的流弊与问题所在。

阳明的诚意，既包括可善可恶的意欲，又包括好善恶恶的意向，良知所具有的道德知性和道德决断的统合，可以保证好善恶恶，而避免意欲的偏弊。同时，阳明的良知是道德理性和道德情感的统合，必在具体的道德实践活动中落实并呈现。但良知被以二溪之学为代表的阳明后学转变为独标先天理性而导向实质情感活动的缺位，缺少道德知性而妄作道德决断；或偏骛高玄，或失于直截。本蕺山之学，阳明后学流弊之大端可暴露无遗："龙溪之学，教人参究一无善无恶之灵明，即教人欣慕一虚空玄漠之境，而使人不脱欣厌心。此亦即致良知而'荡之以玄虚'也。至于近溪教人于日用常行中，随处见天德良知，而不知人之日用常行，恒是真妄混糅，良知与情识，夹杂俱流。则此所见之天德良知，即成'参之以情识'之天德良知矣。"③ 蕺山提出"归显于密"的诚意说，在道德意向的先天定向中，意即好善恶恶之意，堵住情识之随妄；同时，性显诸心，在诚而实有的意义下必然由格致诚正修齐治平而得

---

① （明）刘宗周：《刘宗周全集》第二册，浙江古籍出版社，2007，第278页。
② （明）刘宗周：《刘宗周全集》第二册，浙江古籍出版社，2007，第278页。
③ 唐君毅：《中国哲学原论·原教篇》，中国社会科学出版社，2006，第306页。

存，一扫玄虚之空乏。具体说来，蕺山在"意"的独特厘定中，对
"情识"一面颇见针砭；而对"知止"工夫的特别强调，则对"玄虚"
一面不无警示。"从古本则以诚意摄知本知止之说……安见诚意之为专
义乎？曰：大学之言明明德也，必学以明之，而以知止为入门，全是学
问用工夫处，乃其要归之诚意而已。"① 蕺山以诚意为宗，统摄《大学》
之要义，将参究空虚玄漠的良知拉回到诚意本旨，本明起照，先天德性
良知切于实际，使修身为学工夫真正得其所止。"知止"作为学问工夫
下手的先在性指向，并非独立的另一工夫节目，而乃正明确着《大学》
之道以"诚意"为旨归而已。

这须结合蕺山对"意"的厘定问题去认识。完全迥异于儒学传统
一脉相传的"意为心之所发"说，蕺山甄定意实为"心之所存"，而所
发之"意"只是"念"。"意者，心之所存，非所发也。或曰：'好善恶
恶，非发乎？'曰：'意之好恶，与起念之好恶不同。意之好恶，一机
而互见；起念之好恶，两在而异情。'"② 心之所存的意，对道德实践起
着定向作用，是道德实践之所以然的根据，而"念"则是历史性、具
体性的，局限于具体的历史情境，无法为道德实践提供本然的价值导
向。"予尝谓好善恶恶是良知，舍好善恶恶，别无所谓知善知恶者。好
即是知好，恶即是知恶。非谓既知了善，方去好善，既知了恶，方去恶
恶。"③ "知善知恶"已是"起念"后的工夫，《大学》本文所言"好善
恶恶"方是"意"，"好善恶恶"为心之所存的原发一体，可以保证心
意共为一源、一机互见的本质特征。而以阳明良知教为代表的"以念
为意"，则不免缺漏之甚，其"所谓知善知恶，盖从有善有恶而言者
也。因有善有恶，而后知善知恶，是知为意奴也，良在何处？"④ 蕺山
认为阳明良知以念为意，良知虽然是道德活动的监察者，但其"知"
之可能，必在具体的善恶分辨之后才能成立，这样所谓良知成为受制于
后天意念的东西，何谈"好善恶恶"之"良"？"意无所为善恶，但好
善恶恶而已。好恶者，此心之最初之机，惟微之体也。"⑤ 这即针对阳

---

① （明）刘宗周：《刘宗周全集》第一册，浙江古籍出版社，2007，第614页。
② （明）刘宗周：《刘宗周全集》第二册，浙江古籍出版社，2007，第411～412页。
③ （明）刘宗周：《刘宗周全集》第二册，浙江古籍出版社，2007，第444页。
④ （明）刘宗周：《刘宗周全集》第二册，浙江古籍出版社，2007，第317～318页。
⑤ （明）刘宗周：《刘宗周全集》第二册，浙江古籍出版社，2007，第390页。

明"有善有恶意之动"的直接批评。由良知说而来，意为心之所发，则诚其善则为好人，诚其恶则为小人，只能做得"半个君子"。有鉴于此，蕺山坚定主张意不属动念，乃诚体流露，不加思勉而得。阳明的良知只是念，应该化念归思，从"意"上重新进行衡定。"意为心之所发，古来已有是疏，仆何为独不然？第思人心之体，必有所存而后有所发，如意为心之所发，则孰为所存乎？"① 以心为所存、意为所发的观点在蕺山看来不能成立，因为这样是将心、意二分、对待而言，二者内在的本原一体关系就被撕裂了。"存发只是一几，故可以所存该所发，而终不可以所发遗所存，则《大学》'诚正'一关，终是千古不了之公案，未可便以朱、程之言为定本也。"② 认清意为心之所存，所发之念也就有了相应的确定，但若只停留在念的层面，心之所存就难以得到保证。所以蕺山认为诚意、正心是《大学》的一大关节，也是他和良知教的重要分野所在。事实上，阳明之"意"确近于蕺山之"念"，不过阳明的良知并非由此缺少贞定，而是兼备了蕺山之"意"的意蕴，这点于下文还将述及。

其二，心体与性体之间。

蕺山之意与儒学传统定位不符，从文字训诂上也有疑问，如有质疑问道："《说文》：'意，志也'。《增韵》：'心所向也'。《说文》于志字下，'志，意也'。又曰：'心之所之也。'……未有以意为心者。"③ 蕺山实际是摆脱了训诂与传统理解上的"意念"说，不再把意视为"稗种"、"枝族"，转而以之为"嘉谷"、"根荄"④，重新定位在"意向"说的角度，为人心之主宰，为本根之定向，以之开显为儒学内在超越的根基。以往的意被归为"意念"，而将意重新贞定"意向"，是先天性体意义上良知进一步内向还原、向上提升的原初结构。

"《大学》言心不言性，心外无性也。《中庸》言性不言心，性即心之所以为心也。"⑤ 从心性分宗的视域看，心宗、性宗实均主张心性合一，区别在于，心宗提倡即心显性，性宗则强调以性定心和以心著性的

① （明）刘宗周：《刘宗周全集》第三册，浙江古籍出版社，2007，第379页。
② （明）刘宗周：《刘宗周全集》第三册，浙江古籍出版社，2007，第379页。
③ （明）刘宗周：《刘宗周全集》第二册，浙江古籍出版社，2007，第343页。
④ （明）刘宗周：《刘宗周全集》第二册，浙江古籍出版社，2007，第278页。
⑤ （明）刘宗周：《刘宗周全集》第二册，浙江古籍出版社，2007，第457页。

双向互成。与心体逼显出性体互为一体之两面，性体回归心体同样是诚意教的题中之义。这是与良知学流弊两大端相应而转出来的两方面。一方面本于性体，使心体之发用流行得其贞定；另一方面由乎心体，使性体之超玄绝待附体而生。① 心体之问题，在于未在性体之涵摄中收煞、定盘，所以会出现心体荡越，根本的解决之道即应重新立定性体、彰显性体，为心体发用奠定本然之定向。顺此思路，可以理解常难免沉溺于"物感""义理"的良知，如何能得到"提醒"，从而警觉于情识与意见之间以恢复其本有之能事的："良知一点，本自炯炯，而乘于物感，不能不恣为情识；合于义理，不得不胶为意见。情识意见纷纷用事，而良知隐覆于其中，如皎日之下有重云然，然其为良知自若也。覆以情识，即就情识处一提便醒；覆以意见，即就意见处一提便醒。便醒处仍是良知之能事，更无提醒此良知者。"② 良知即心体，本来心地光明，"便醒处"即其内蕴之性体贞定的结果。进一步明确言之，此性体正是"意"："良知原有依据，依据处即是意，故提起诚意用致知工夫，庶几所知不至荡而无归。"③ 至于性体之超玄，于慎独之说可见其宗趣。"《大学》之道，一言以蔽之，曰慎独而已矣。"④ 原典中最典型的慎独论述莫过于学庸，然二者所论之层次并不相同："《中庸》之慎独，与《大学》之慎独不同。《中庸》从不睹不闻说来，《大学》从意根上说来。"⑤ 这是说《中庸》之慎独有见于未发处做工夫，《大学》则直接落在"意根"，从"意根"到意之发用，则可转入并含着"已发"状态一起在内了。在蕺山看来，前者是性体上言，后者是就心体立论。"独是虚位，从性体看来，则曰莫见莫显，是思虑未起，鬼神莫知时也。从心体看来，则曰十目十手，是思虑既起，吾心独知时也。然性体即在心体中看出。"⑥ 性体高悬，然未发之独不脱自悬孤寂之障蔽，"心外无

① 牟宗三先生讲道："致良知是由道问学而内转，而诚意之教则复就良知之内而益内之，所谓归显于密。归显于密，就心体言，是使良知之虚用有收煞，此为内在之密；就性体言，则由良知与意所见之心体直透于性体，而益见心体之幽深邃远，则永绝荡肆之弊。"（《宋明儒学的问题与发展》，华东师范大学出版社，2004，177页。）

② （明）刘宗周：《刘宗周全集》第二册，浙江古籍出版社，2007，第403～404页。

③ （明）刘宗周：《刘宗周全集》第二册，浙江古籍出版社，2007，第348页。

④ （明）刘宗周：《刘宗周全集》第一册，浙江古籍出版社，2007，第650页。

⑤ （明）刘宗周：《刘宗周全集》第二册，浙江古籍出版社，2007，第381页。

⑥ （明）刘宗周：《刘宗周全集》第二册，浙江古籍出版社，2007，第381页。

性"，唯有反观自照，由此独知之心体显现自身、完成自身，故曰"性体即在心体中看出"；心体上的慎独及其发用，则即未发性体之呈现，故《大学》慎独虽涉已发，实有着心性一滚的内涵，正显示出吾心独知之时，其继发可大，其所承亦密。心性分说与以心著性应结合起来理解，以心著性既说明性体应收敛在心体之中，也体现出心体不能离却性体贞定之义，从蕺山对《大学》慎独的定位看，"从意根上说来"正反映着意根乃《大学》慎独之内在根据。

其三，诚意与致知之间。

蕺山对阳明之学始疑、中信，但最终辩难不遗余力。所辩之关键在于，良知教"专在念起念灭用功夫"，失之粗且浅。蕺山以其"意"的道德理性的纯粹为判准，认为阳明良知不够彻底。正是在这样的道德理性纯粹性上，蕺山为道德修养奠立最为合法的终极根基。阳明对意字看不清楚，蕺山认为以其四句教最甚，必须加以改编："有善有恶者心之动，好善恶恶者意之静，知善知恶者是良知，为善去恶者是物则。"① 因为阳明四句教中称"有善有恶是意之动"，若此则诚其好意为君子，诚其恶意不为小人乎，蕺山据此认为良知学教人只落得做半个君子。但问题在于，蕺山是以其"诚"意评阳明之"诚"意，有失滞碍，"意"在两者思想体系中内涵、地位及理论关联均有不同，不应一断于己意。阳明良知作为主宰，一贯而下，"虽未特别提揭意字，意字的意思在良知中已经包含了。"② 阳明是以知统意；蕺山则是以意摄知，以蕺山之诚意衡定阳明之诚意，无法对应乃理所必然，因为二者本不在同等的理论层面，而将阳明的致知与之对应，才能得其款曲。

从"意"的不同规定看，阳明以意为心之所发，即已发的"意念"，蕺山则以之为心之所存，理解为未发的"意向"；与意对应，"诚"的面相也不能一概而论，阳明的"诚意"指化其意、治其意，使之恢复心所本然的实际，而蕺山的"诚意"则指如其意、还其意，将深微的内在意向如实呈现而已。也就是说，"诚意"从后天对治的工夫结构转变为对先天的还原工夫。尽管"诚意"内涵不同，但蕺山"诚意"教所具之旨，在阳明并非无有，只不过阳明是通过"致知"来立

---

① （明）刘宗周：《刘宗周全集》第二册，浙江古籍出版社，2007，第391页。
② 张学智：《明代哲学史（修订版）》，中国人民大学出版社，2012，第441页。

教。故诚意教虽是对良知教的转进，但在各自问题意识、各自的体系架构内，二者其实不失异曲同工之趣。牟宗三先生透辟地指出："故其诚意即相当于阳明之致良知。在阳明，以致良知为先天工夫之关键，而意属于经验层。故致良知，则意诚而心自正。在蕺山，以诚意为先天工夫之关键，而以心之发用为经验层。故诚意而心自正，亦不必说致良知矣。而良知即在意之诚中见，良知即意之不可欺，故意诚，良知即见。"① 一方面诚意教与良知学的架构有同一性的一面，并不是完全的转向，是理论宗旨究竟面的不同体认，是心学系统内的调适；另一方面，又作为心学体系的拓展、深化，有推进的一面。良知亦具纯粹、超越之意涵，但浑融性更强，意乃形而上的，高拔的，主宰性更突出；良知是道德理性和道德情感的结合，意则凸显道德理性与道德意向的一面；良知教重实现原理，诚意教则重存有原理。从良知教到诚意教，从心性一体到心性分设，二者均不排斥彻上彻下，但良知教动静一如，即本体即工夫，诚意教则偏重即本体以为工夫，"静存之外无动察"（黄宗羲语）、"以静存摄动察"（唐君毅语），是则诚意之密教深根宁静，良知之显教更具实践动力。总之，诚意教体现出浓厚的现象学还原之意味，在内在先天本体的肯认上厘定得更明确。在诚意教下，良知主宰性及其本质结构进一步明确，同时吸收良知于其中，诚意本身也具有了更为具体的存在内容。

其四，良知学展开中主"意"说的演进。

蕺山诚意说对"意"的高扬，实现对良知学的转进，但并非孤鸿一缕，阳明后学的发展过程中已蕴此主"意"说兴起之潜流。如黄绾曾提出诚意与私意之分，有学者称为主意说的先声和关键。② 其中，泰州王栋的主意之意的强调，与蕺山诚意说之间的关联性较为突出。王栋主张："盖自身之主宰而言，谓之心；自心之主宰而言，谓之意。心则虚灵而善应，意有定向而中涵，非谓心无主宰，赖意主之"③，"诚意工夫在慎独，独即意之别名，慎即诚之用力者耳"④；"未发已发，不以时

① 牟宗三：《宋明儒学的问题与发展》，华东师范大学出版社，2004，第178页。
② 侯洁之：《黄九庵论"意"及其于阳明后学的意义》，（台）《文与哲》第二十八期，2016年6月。
③ （清）黄宗羲：《明儒学案》，中华书局，2008，第733～734页。
④ （清）黄宗羲：《明儒学案》，中华书局，2008，第734页。

言，且人心之灵，原无不发之时，当其发也，必有寂然不动者以为之主，乃意也。此吾所以以意为心之主宰，心为身之主宰也。"① 陈来先生认为王栋是蕺山心意之辨和诚意慎独的先导，二者有明显的继承关系。② 但蕺山并未见到王栋的著作，二者之间似不能谈有承继关系，此点在《刘子全书》卷首蕺山门人董瑒《刘子全书抄述》辨之已详，黄宗羲序文中也有相关说明。黄宗羲虽明指蕺山未见王栋之言，但同时亦认为王栋与蕺山所论若合符节。③ 张学智先生则对王栋之于蕺山的影响持怀疑态度。他倾向认为"意"的思想是其自得而来，是对现实学术流弊的纠正下得出的；张先生特别指出蕺山之意有天道根据，是天道论的自然推展，体现出天人秩序的一致，这点王栋意论不明显。④

无论如何，这一阶段实有此"意"观念的凸起，虽不一定存在明显的直接承继关系，但前后之间确可看出一些呼应性的端倪。除王栋外，还有江右王时槐亦有近似之论，主张意念之分、意者生生之密机、性之常生而为之。⑤ 可见，阳明后学主"意"脉络确乎存在，共同反映着良知学展开中对学术理路调教、修正及其中蕴含的某种转向契机；同时此类思想观念的凸起有一个从暗流到主线的过程。主张此意乃在念之先，并以诚意工夫为立本之学，乃一庵、塘南、蕺山所共见，但亦如唐君毅先生所论，蕺山之"意"："有下贯于好善恶恶之义，有超于好善恶恶，而行于爱敬之纯情之义；又除有塘南上贯于性体之无声无臭之义，更有上贯于天之元亨利贞之运于於穆，以诚通诚复之义。故蕺山能深知人之过恶之原始，并直陈人之改过于几先，以立人极之道，更上接

① （清）黄宗羲：《明儒学案》，中华书局，2008，第744页。

② 陈来：《宋明理学》，华东师范大学出版社，2004，第433页。

③ （清）黄宗羲《先师蕺山先生文集序》："先儒曰：意为心之所发，师以为心之所存。人心径寸间，空中四达，有太虚之象，虚故生灵，灵生觉，觉有主，是曰意。不然，《大学》以所发先所存，《中庸》以致和为致中，其病一。然泰州王栋已言之矣……若云心之所发，教人审几动念之初，念既动矣，诚之奚及？师未尝见泰州之书，至理所在，不谋而合也。"（黄宗羲：《黄梨洲文集》，中华书局，1959，第348页）

④ 张学智：《明代哲学史（修订版）》，中国人民大学出版社，2012，第434页。

⑤ 如："但举意之一字，则寂感体用悉具矣。意非念虑起灭之谓也，是生机之动而未形，有无之间也。"（黄宗羲：《明儒学案》，中华书局，2008，第473页）"意不可以动静言之，动静者念也，非意也。意者，生生之密机，有性则常生而为意，有意则渐著而为念。未有性而不意者，性而不意，则为顽空矣、亦未有意而不念者，意而不念，则为滞机矣。"（黄宗羲：《明儒学案》，中华书局，2008，第477页）

于宋明儒学中之濂溪之言立人极之旨，及程门言未发之旨；并于宋明诸子之学之言内外工夫不免对立之论，皆以诚意之学贯而通之。"① 唯有蕺山之"诚意教"最得其真，而为前两者所不及；故直到蕺山立宗诚意并由此构建其一套内外圆融的完整理论体系，"主意"说才真正表现为一种"显教"的形态。

其五，经典诠释视域中《大学》学的不同面相。

蕺山对阳明良知说的批评，很重要的一个面相是，从《大学》文本诠释角度下质疑阳明良知教的《大学》诠释。如良知偏重本体，这与《大学》明德相冲突，有明德不必更加一"良"字言知；《大学》的"致知"是工夫边事，不只是"致"，即"知"亦然，此知是"学而知之"，与阳明不合；将"知"解为"良知"，与《大学》其后的知止、知先后、知至、知本等无法统一，前后不一致；将致知与正心同等看待，诚意退次一等，诚意和正心的关系也被颠倒。蕺山还批评阳明良知是"以工夫参本体"，不够究竟，虽也有全体以本体言的例子，如"良知即天理"，但此时良知就和"明德"重复，亦可见不必言良知。然蕺山对阳明的批评，亦常有不契之嫌，原因在于，蕺山是以其诚意教为衡准，来审视阳明良知教视域下理论架构，如此，良知诸论在诚意宗旨的准绳下固然不能一一契合。但阳明良知教在其自身系统内亦自成一系，并不是如蕺山所评，乃错乱纷纠的，恰相反，阳明良知说亦是自本自根的体系。《大学》本文的工夫路径强调"诚意必先致知"、"知至而后意诚"，阳明以良知之超越发显的工夫对治经验之意，与这一工夫路径是可以相融的。蕺山则以意为超越面，与阳明的良知是一个层面的理论构造，但其发显出的工夫，又需拈出"念"来完成对治之功，就《大学》本文言，"念"为《大学》所无。可见，同样置于经典诠释视域下，蕺山诚意论与《大学》文本本身之间也可以发现一些不甚融通处。

故阳明以《孟子》解《大学》，而蕺山以《中庸》解《大学》，可各成一体。二者之异，究其缘由，乃出于问题意识和理论出发点之不同。阳明是要融摄朱子学，扬弃朱子学的格致论，彰显道德本体的主体性；蕺山是要纠正阳明后学的流弊，从心性本体上直接立定即本体即工

---

① 唐君毅：《中国哲学原论·原教篇》，中国社会科学出版社，2006，第308页。

夫的一体性。① 二者的理论自身都是主旨明确、自成体系的，且基本的旨趣相同，都是本体工夫合一之学，然由于流弊所致，导致蕺山对阳明学提出批判。实际上，如黄宗羲所言，阳明后学之流弊，龙溪要负责任，阳明本身无责任。从这个角度看，蕺山诚意教和阳明良知教实可并存，均不失为儒门教化理论的圆融一系。

二 "学以诚意为极则"

蕺山之为学宗旨经历了一个发展过程。《年谱》载云："先君子学圣人之诚者也。始致力于主敬，中操功于慎独，而晚归本于诚意。"② 具体说来，二十六岁到四十七岁提倡主敬，四十八岁至五十八岁着重于"慎独"，五十九岁之后方专讲"诚意"。从慎独到诚意的转变过程，和他的《大学》诠释相吻合，中年的《大学古记》和《大学古记约义》对慎独较重视；五十九岁，开始措意于《大学》诚意章，六十六岁作《大学诚意章章句》（今未见），据现存《大学》著作也可知，晚年诚意说则明确得到突出，转向诚意的宗旨后，并不是舍弃慎独，而是将其融摄在其内。"大学之道，诚意而已矣；诚意之功，慎独而已矣。意也者，至善归宿之地，其为物不二，故曰'独'。"③ 这一认识的意义在于，归本"诚意"，整全予以理解，才能准确把握其为学宗旨。有观点认为蕺山学说的宗旨在于慎独，他自己也多次讲道"慎独之外，别无学也"；或认为诚意与慎独两者都是蕺山学问的宗旨。此类观点的问题既没有看清蕺山学问本身的发展变动过程，更未勘破两者的转变并不是外在异质并列，而是同质的调适与转进，实乃一体相融的，晚年诚意说是已将慎独融入其中的诚意。

"学以诚意为极则"，蕺山认为历来学者却于此茫然，如朱子"于诚意反草草……不从'慎独'二字认取，而欲掇敬于格物之前，真所

---

① 当然，蕺山亦有针对朱子的一面，可以说是"兼斥朱王"。参王汎森《清初思想趋向与〈刘子节要〉——兼论清初蕺山学派的分裂》，《中央研究院历史语言研究所集刊》68 分第 2 册，1997，第 417～448 页。

② （明）刘宗周：《刘宗周全集》第六册，浙江古籍出版社，2007，第 173 页。

③ （明）刘宗周：《刘宗周全集》第四册，浙江古籍出版社，2007，第 417 页。

谓握灯而索照也"①，阳明学者则"不失之情识，则失之玄虚，皆坐不诚之病，而求于意根者疏也"②。故蕺山称"'诚意'之说晦而千古学脉荒"③，施展世教，必须从"诚意"立宗。以"诚意"作为为学之本，从《大学》看更是如此，"诚意一关，为《大学》全经枢纽"④。但在《大学》学的发展历程中，此解并非于史无徵。自孔疏八目，即指出诚意为本，王阳明早年亦有"诚意"立宗的阶段性主张，只是后来转向良知。对于诚意教与良知教的区别，蕺山亦有认清，阳明以念为意，不免即用而求体，关键即在"心之所存"的不同贞定，正是在这点上，蕺山对"诚意"展开全新诠释。

前文已说明，与以往主流解释不同，蕺山力主"意"为"心之所有"、"心所存主"，不以所发言。除了文本、训诂等方面的估量外，内在性的原因更不容忽略："如以所发言，则必以知止为先聘，而由止得行，转入层节，非《大学》一本之旨矣。"⑤ 这是从义理上对心之所发为意的反驳：诚其所发之意，亦应有本体澄明的先在根据的观照，透过本体而与工夫结合一体，展开层层工夫，但若此则先天本体与后天已发终是两截，不合一本之旨。如善恶之"意"，所谓"诚意"应即好善恶恶的心之所存的一一如实呈现而已，若为心之所发，则善恶之意因物而异并无定准，此时的"诚意"就是作为"为善去恶"而存在，这就不是与"好善恶恶"本体意向一本贯通的形态了。蕺山道："今以意为心之所发，亦无不可，言所发而所存在其中，终不可以心为所存，意为所发"，"意者，心之所发，发则有善有恶。阳明之说有自来矣。抑善恶者意乎？好善恶恶者意乎？"⑥ 这是从即本体即工夫的角度说明，存、发乃一体，"意"之已发也可以讲，但需知此已发是依存其内存本有的深微之体而来，具体讲如所谓善、恶，即本原于好善恶恶的意向而非具体的事物或行为才有，阳明以心、意分存、发言，实非究竟说法。

有见于"好善恶恶"的未发之体，在体用一如的意义上，有善有

---

① （明）刘宗周：《刘宗周全集》第二册，浙江古籍出版社，2007，第451页。
② （明）刘宗周：《刘宗周全集》第二册，浙江古籍出版社，2007，第278页。
③ （明）刘宗周：《刘宗周全集》第一册，浙江古籍出版社，2007，第613页。
④ （明）刘宗周：《刘宗周全集》第二册，浙江古籍出版社，2007，第451页。
⑤ （明）刘宗周：《刘宗周全集》第一册，浙江古籍出版社，2007，第613页。
⑥ （明）刘宗周：《刘宗周全集》第二册，浙江古籍出版社，2007，第442页。

恶、知善知恶可与之一脉贯通；但所谓"好善恶恶"，其善、恶非经验性的善、恶，乃是先验之意向，关键在于所好所恶上，并不受后天具体善恶情形的拘限，在境界上具有无执无滞性，故又可谓"无善无恶"。蕺山明确讲道："心无善恶，而一点独知，知善知恶。知善知恶之知，即是好善恶恶之意；好善恶恶之意，即是无善无恶之体，此之谓'无极而太极'。"①"好善恶恶"在境界层面可以说是"无善无恶"的，这有助于摆脱经验性善、恶观念的限定；但，在"无善无恶"的超拔中，"好善恶恶"之意向如何防止陷入虚无主义的窠臼，并贞定善恶意向的有序性（即不会导出"好恶恶善"之类）呢？首先在于这里所言善、恶均属先验层，"好善"、"恶恶"并非两事，好恶一体、善恶一机，二者实为一事，所好所恶正是先天本有之道德意向的显现，善恶失序问题自可消弭；此意向之一元与绝对，也指示出境界形式上的"无善无恶"，在内涵实质上却又是"至善无恶"的，"至善"理念乃此意向内聚显发的终极指向，并由此决定好、恶之意不会悬虚蹈空。故蕺山尝云诚意正是"止至善之极则"。在"至善"理念中，好、恶作为人心之意，如同"虞廷所谓'道心惟微'也。惟微云者，有而未始滞于有，无而未始滞于无。盖妙于有无之间，而不可以有无言也。以为无则堕于空寂，以为有则流于习见。"②"至善"与"意"一体互动，为"惟微"之"意"指明了自身的本己性内容，而在"意"的澄明中，"至善"的指向也得到确定和强化的保证，故云："意根最微，诚体本天；本天者，至善者也。以其至善，还之至微，乃见真止"③。不过，蕺山"意"论的独特规定还需进一步澄清。

儒家传统言"意"，大致包括三层含义：意识、意向、意志。"意志"作为"心志"问题，一般放在"正心"的范围中加以讨论，"诚意"主要涉及前两者。前两者分别对应着经验与先验、已发与未发的层面，构成了儒家"诚意"论的两个主要面向：一个是对已发"意识"的省察或针治，一个是本己意向的纯然显现。蕺山主要在后一层面上立意，前者是蕺山之前的主流解释所采用，也是蕺山指陈的"看《大学》

---

① （明）刘宗周：《刘宗周全集》第二册，浙江古籍出版社，2007，第411页。

② （明）刘宗周：《刘宗周全集》第二册，浙江古籍出版社，2007，第337页。

③ （明）刘宗周：《刘宗周全集》第二册，浙江古籍出版社，2007，第453页。

不明，只为意字解错"① 所出现偏失的问题所在：具体地说，戴山认为："心所向曰意，正如盘针之必向南也。"② 向非一般的指向，而是定向，是必定必为之心的主宰之向。胡居仁以"心有专主"、"情所专主"来理解，强调了"意"的主宰性，戴山认为未尽，盖仅以为"主"，还未将其中的必然义、定向义讲出来，"意者，心之中气；志者，心之根气。宅中有主曰意，静深而有本曰志"。③ 这里的"志"与"意志"的之"志"还有所不同，可理解为"志向"，是在更深一步之根据上对"意向"的刻画，彰显意向的内在性和确定性。反过来看，这种意向行为方式，因其"静深而有本"之"志"，说明其自身内蕴着本然的实质性内容，同时也因其渊然有定之必然"性向"，可以实现对其意向行为对象的构造和完成。

与"意"在先天与后天之间的不同区分对应，"诚"也有不同的解释：诚体保任存养（对"意"之先天、未发言）、对治还其本位（对"意"之后天、已发言）。④ 从先天层面讲"意"，"意还其意之谓诚"⑤，不过"以诚还之"，使其如实呈现即可，戴山自己称之为"性光呈露"："性光呈露，善必好，恶必恶……此时浑然天体用事，不著人力丝毫。于此寻个下手工夫，惟有慎之一法，乃得还他本位，曰独。仍不许乱动手脚一毫，所谓诚之者也。"⑥ 这里透露出，诚意实以慎独为内核，慎独是作为"诚意"的具体落实，重在言工夫。慎独工夫的根本在于，体察、存养未发的静存之意。从形态上看，慎独专属于静存，无关乎动察。但戴山主张动察摄归于静存，则静存为一贯之工夫，须臾不离，则慎独就成为一切工夫之轴心："君子之学，慎独而已矣。无事，此慎独即是存养之要；有事，此慎独即是省察之功。"⑦ 慎独由"意"中指出，"诚意"可由慎独工夫来保证实现出来，实现方式如上文所言及，意向

---

① （明）刘宗周：《刘宗周全集》第二册，浙江古籍出版社，2007，第422页。
② （明）刘宗周：《刘宗周全集》第二册，浙江古籍出版社，2007，第343页。
③ （明）刘宗周：《刘宗周全集》第二册，浙江古籍出版社，2007，第343页。
④ 戴山虽强调未发层面，对后天并非无视，如对改过迁善问题的重视，撰《人谱》等著作。这其实也是"诚意"教所关涉的一个方面：省察戒慎改过，这可视为对"意"之"走作"言。
⑤ （明）刘宗周：《刘宗周全集》第二册，浙江古籍出版社，2007，第442页。
⑥ （明）刘宗周：《刘宗周全集》第二册，浙江古籍出版社，2007，第454页。
⑦ （明）刘宗周：《刘宗周全集》第四册，浙江古籍出版社，2007，第118页。

行为已然内含着自身的意向对象："隐微之地，是名曰独，其为何物乎？本无一物之中而物物具焉，此至善之所统会也。"① 可以说，独之外无本体，慎独之外更无工夫。

与此一致，蕺山认为："《大学》之道，一言以弊之，曰慎独而已矣。《大学》言慎独，《中庸》亦言慎独，慎独之外，别无学也"②，尧舜以来相传心法，不过在此。但如前文已提及，《大学》与《中庸》之慎独，有不同侧重，前者是就心体言，后者则重在言性体。也就是说，《中庸》从戒慎恐惧，及其隐微本性，客观而超越地言及慎独；而《大学》更为具体，直面人之"用心"，切实地显示慎独的必要。正因为此，蕺山解"独"为本心之知、独知，慎独即其独知之致，致知即致其独知、本心之知，故慎独也即不"自欺"。当然，慎独作为致知之内蕴，还有一层意义在于，可以将《大学》"欲诚其意者，先致其知"的关系捋顺，"必慎其独，诚意先致知也"③，说的正是这层意思。相形之下，阳明将"知"理解为"良知"而非慎独之"独知"，则有善有恶"意之动"相对于知善知恶之"良知"的先在性，就会造成"知为意奴"，在蕺山看来，这样从致知到诚意的工夫展开是无法讲通的。

蕺山之慎独并不是独立于诚意之外的某项工夫，意作为主宰，在其收敛澄明中回复到性体分明之境，诚意由此推致开来，这就是慎独工夫；慎独本身即是诚意宗旨的显现流行，在意之诚的基础上，慎独工夫才能保有其真。他的学生黄宗羲评议道："先师之慎独，非性体分明，慎是慎个何物？"④ "学者但证得性体分明，而以时保之，即是慎矣。慎之工夫只在主宰上，觉有主，是曰意，离意根一步，便是妄，便非独矣。"⑤ 慎独工夫流行落实的过程，此意之诚作为主宰的地位亦不断得到确证。职是之故，黄宗羲认为只有如此把握慎独，才能真正了解乃师为学之宗旨，且对慎独的理解才真正"始得其真"。诚意慎独之间所分所合，不能离开此上下打通、内外交融的层面进行理解。

如果说，诚意宗旨下的工夫论在内为"慎独"；那么，其外显工夫

---

① （明）刘宗周：《刘宗周全集》第一册，浙江古籍出版社，2007，第649页。
② （明）刘宗周：《刘宗周全集》第一册，浙江古籍出版社，2007，第650页。
③ （明）刘宗周：《刘宗周全集》第一册，浙江古籍出版社，2007，第629页。
④ （清）黄宗羲：《明儒学案》，中华书局，2008，第1510页。
⑤ （清）黄宗羲：《明儒学案》，中华书局，2008，第1514页。

则是"治念"。"念"即先天之意落入后天经验中的结果，大略相当于阳明所言的"意"，蕺山之治念即阳明之诚意，即良知教中"致良知—诚意"的内容结构，在诚意教中对应转变为"诚意—治念"。但《大学》并无"念"之一节，蕺山另撰《治念说》以明之，大要是说，有念就落于后着，举念反拘于此念，非直就善恶用功，不可能实有为善去恶，且对念而言，刻意对治摒除不会有作用，应以思化之，以思之功警发于念之后，随时化除之。"治念"成为蕺山诚意教的一个重要组成部分。在其他地方也多有强调，"心意知物是一路，不知此外何以又容一念字？今心为念，盖心之余气也。余气也者，动气也，动而远乎天，故念起念灭，为厥心病。故念有善恶，而物即与之为善恶，物本无善恶也；念有昏明，而知即与之为昏明，知本无昏明也；念有真妄，而意即与之为真妄，意本无真妄也；念有起灭，而心即与之为起灭，心本无起灭也。故圣人化念归心。"① 念源乎心，亦动乎心，念有起灭、善恶、昏明、真妄，心随之亦失其本然，故治念、化念，方能得心之正。然念之化治，并非易事，心存动念，则事心亦难，如恍惚、纷纭、杂糅焉，又或放失之，而不知求，不胜其劳。在念之起起灭灭之余，仍有一念不起或事过寂然之时，"虚中受命，德合无疆"②，故蕺山提出"化念归虚"之说，"归虚"并非堕入空虚，而是体会意根先天未发之际；从"意"看，本无所谓起灭，这与其"化念归思"之说相合，此"思"即当以"思诚"解之，归本诚意，适可化念。总之，"君子求道于所性之中，直从耳目不交处，时致吾戒慎恐惧之功……一念未起之中，耳目有所不及加，而天下之可睹可闻者，即于此而在……君子乌得不戒慎恐惧、兢兢慎之！"③ 化念归心、化念归思，正需在诚意慎独之几微、一念未起之中用工夫，宜乎蕺山《人谱》之作以"卜动念以知几"为独体入动之首功。

由上，蕺山"诚意"乃意蕴深邃且包含丰富面向的工夫统一体：下与上——心宗与性宗；内与外——慎独与治念；正与反——涵养省察与改过迁善，等等。诸义会归一处，"诚意"被定位为"专义"和"完义"（"了义"），即宗旨义、核心义、根本义、第一义、完备义："必言

---

① （明）刘宗周：《刘宗周全集》第二册，浙江古籍出版社，2007，第417页。

② （明）刘宗周：《刘宗周全集》第二册，浙江古籍出版社，2007，第424页。

③ （明）刘宗周：《刘宗周全集》第二册，浙江古籍出版社，2007，第299页。

诚意先致知，正亦人以知止之法，欲其止于至善也。意外无善，独外无善也。故诚意者《大学》之专义也，前此不必在致知，后此不必在于正心也；亦《大学》之完义也，后此无正心之功，并无修齐治平之功也。"① 蕺山认为，诚意体现了《大学》工夫完备于其一身之义，其后的条目并不是时间先后的推展，而是逻辑上的先后，所谓"完义"，即"诚意"乃其后几项工夫的根据，实质乃涵括其后几条工夫在其中，故也可视之《大学》专门所设之义——"专义"，蕺山由之强调知本、知止，即依于"诚意"。那么，"诚意"如何展开"诚意"作为专义、了义的具体涵蕴，下节在与《大学》之教的支撑性诠释中可略窥一斑。

三　诚意与《大学》之教

在蕺山看来，立宗诚意，不过是"以《大学》还《大学》尔"，此点在《大学》文本结构中就有鲜明体现。其一，诚意章首尾单独专门提出"诚意"，而不像其他条目，并不与前后的正心、致知关联一起说，独标一格，专门立义之旨纯明，蕺山指出："古本圣经而后，首传诚意，前不及先致知，后不及欲正心，直是单提直指，以一义总摄诸义。至末又云'故君子必诚其意'，何等郑重。"② 其二，虽先言格致，而后由诚意，但并不是并列，而是"就格致中看出"诚意，由学问进路中显明其"要归"的意思，蕺山认为《大学》之学，不仅是格致的记闻思辨，更是学行一体的，而"诚意"即涵学问工夫于一体，是应由之显示《大学》之"学"的真精神。故而，蕺山认为他所做的诠释，不过是坐实《大学》诚意之本意，并在诚意如何贯穿整个《大学》之教的脉络中呈示出来。

其一，诚意与格物。

"盈天地间皆物也。自其分者观之，天地万物各一物也；自其合者而观之，天地万物一物也，一物本无物也。无物者，理之不物于物，为至善之体而统于吾心者也。"③ "物"的广泛存在是显见的事实，但如何应物则体现着不同的哲学主张。心学派建构以心为本的心物关系，万物

---

① （明）刘宗周：《刘宗周全集》第四册，浙江古籍出版社，2007，第417页。
② （明）刘宗周：《刘宗周全集》第二册，浙江古籍出版社，2007，第444页。
③ （明）刘宗周：《刘宗周全集》第一册，浙江古籍出版社，2007，第647页。

虽繁但可统之于心，同样，应物也成为修心的重要路径。真"格物"并不是别的，应该是直通天命之性的工夫。但在如何"格"物之的解读上，古今解读聚讼杂芜，据蕺山言，其时已有七十二种不同注解①。如其中几种要说就各有所本，难以会归："'格'之为义，有训'至'者，程子、朱子也；有训'改革'者，杨慈湖也；有训'正'者，王文成也；有训'格式'者，王心斋也；有训'感通'者，罗念庵也。其义皆有所本，而其说各有所通，然从'至'为近。"②"从至为近"，貌似赞同朱子，其实这只是表面，因为蕺山对"物"的规定，决定了"格物"只能是反躬内求，而不是外在的追逐物理，这就不难理解他对朱子的批评："朱子格物之说，置身于此而穷物于彼，其知驰于外，故格致之后，又有诚正工夫。阳明格物之说，置身于此而穷物于此，其知返于内，故格致之时，即是诚正工夫。要之，格致工夫原为诚正而设，诚正工夫即从格致而入，先后二字皆就一时看出，非有节候。"③格物应收归在诚意正心的轨范下，格、致、诚三者一而非二，并非时间上的先后环节，而是同为一体相续中的道德实践工夫，故与阳明更接近，这也反映了哲学宗旨对文本诠释的主导作用。本于反身内转的面相，蕺山当然会认同淮南格物说："后儒格物之说，当以淮南为正，曰'格知身之为本，而家国天下之为末'"，并作引申指出，"格知诚意之为本，而正修齐治平之为末。"④修身为本还不够彻底，诚意才真正具有终极的意义。向本心呈露时"随处体认"，就是格物，"隐微之地，是名为独，……致知在格物，格此而已。独者物之本，而慎独者，格之始事也。"⑤这又进一步就"诚意"中指出慎独工夫来统率"格物"，"格物"所主，只有慎独足以蔽之。

其二，诚意与致知。

格物主于慎独，独即独体亦是独知，独知又和致知连接，这样，以慎独为枢纽，将致知格物统一结合在一起，并归结到诚意中来。"格致者，诚意之功，工夫结在主意中，方为真工夫，如离却意根一步，亦更

① （明）刘宗周：《刘宗周全集》第一册，浙江古籍出版社，2007，第657页。
② （明）刘宗周：《刘宗周全集》第一册，浙江古籍出版社，2007，第657页。
③ （明）刘宗周：《刘宗周全集》第一册，浙江古籍出版社，2007，第656页。
④ （明）刘宗周：《刘宗周全集》第二册，浙江古籍出版社，2007，第448页。
⑤ （明）刘宗周：《刘宗周全集》第一册，浙江古籍出版社，2007，第649页。

无格致可言。"① 格致与诚意由此成为一而二、二而一的双向互成关系，这同时意味着诚意作为工夫之始的展开，就是格致的形态："诚意者，行之始也。即在学、问、思、辨时，即就格致中看出，非格致了方去诚意也。"② 慎独的意义还在于，独知不仅与致知本末一体，还与知止相贯通："独之知，即致知之知，即本源即末流也。独知之知，即知止之知，即本体即工夫也。"③ 这样看，致知与知止也应是一体的。此点实为蕺山特别强调的一点，出于两方面的缘由：一方面，蕺山强调要合乎《大学》"本文"，从文本内证的角度看，格物与物有本末之物，致知与知先、知止、知本之知，均应是一致的，这是基于文本诠释对义理的调教；另一方面，就致知问题看，经由独知的关联，致知和知止的贯通就不只是表面的比附，而是有着内在因由，而这一因由又内在关联着对阳明的批判，反映出良知说的不合文义之甚（同理，格物问题的贯通，其实批评了朱子格物说不知本）。"阳明将意字认坏，故不得不进而求良于知。仍将知字认粗，又不得不退而求精于心。"④ 认坏意字是说以意为已发，障蔽了其本然之意向；认粗知字是说未清楚区分善恶之知的本源，定知善知恶之知在善恶外，故还需反诸性体以求贞定。在蕺山看来，若有见于致知之知即贯通知止本原意蕴于其中，阳明就不会再费力讲什么"良"知了："且《大学》所谓致知，亦只是致其知止之知。知止之知，即知先之知；知先之知，即知本之知。惟其知止、知先、知本也，则谓之良知亦得。知在止中，良因止见，故言知止则不必更言良知。"⑤ 知止工夫之省思，并不是另立的某项工夫节目，不过是致知之知对自身本体的求索与奠基，明确言之，"然则致知工夫，不是另一项，仍只就诚意中看出。如离却意根一步，亦更无致知可言。"⑥

其三，诚意与正心。

蕺山称"诚、正之辨，所关学术甚大"⑦，《大学》之教不明，不争格、致之辨，而实在诚、正之辨。为何诚、正之辨如此重要？就在于历

---

① （明）刘宗周：《刘宗周全集》第二册，浙江古籍出版社，2007，第390页。
② （明）刘宗周：《刘宗周全集》第一册，浙江古籍出版社，2007，第615页。
③ （明）刘宗周：《刘宗周全集》第二册，浙江古籍出版社，2007，第420页。
④ （明）刘宗周：《刘宗周全集》第二册，浙江古籍出版社，2007，第318页。
⑤ （明）刘宗周：《刘宗周全集》第二册，浙江古籍出版社，2007，第318页。
⑥ （明）刘宗周：《刘宗周全集》第二册，浙江古籍出版社，2007，第444页。
⑦ （明）刘宗周：《刘宗周全集》第二册，浙江古籍出版社，2007，第452页。

来于此模糊其解，造成严重的理论后果，蕺山面临的良知末流之学就是如此："辨意不清，则以起灭为情缘；辨心不清，则以虚无落幻相。两者相为表里，言有言无，不可方物。即区区一点良知，亦终日受其颠倒播弄而不自知，适以为济恶之具而已。视闻见支离之病，何啻霄壤！"[1] 心体逼显出性体、性体显之于心体，此良知教转向诚意教的理路已昭然若揭，蕺山认为辨清意、心之义及二者之间关系，才能有效扭转良知学的流弊，而"诚意"本体意义的澄明是其中的关键。蕺山指出，意是心的最初动向，为心所本有，乃心之为心的主宰："心只是个浑然之体，就中指出端倪来，曰意，即惟微之体也……正心之心，人心也；而意者，心之所以为心也。"[2] 意对心的主宰，是本体论根据，而不是宇宙论式的生成关系。"心之主宰曰意，故意为心本，不是以意生心，故曰'本'。犹身里言心，心为身本也。"[3] 作为本体性的内在根据，意正是心之先天本然性向的表征；心为"径寸虚体"，有"意"才有定盘针，心才能获得存在论的贞定，蕺山形象地称之为"虚体中一点精神"："意者，心之所以为心也。止言心，则心只是径寸虚体耳。著个意字，方见下了定盘针，有子午可指。然定盘针与盘子，终是两物。意之于心，只是虚体中一点精神，仍只是一个心。"[4] 由此而来的心、意关系，实质上是体用关系："心不可以已发言，而《大学》之言心也，则近之……凡《五经》《四书》之言心也，皆合意知而言者也。独《大学》分意知而言之，故即谓心为用，意为体，亦得。"[5] 相应地，正、诚之间也可以体用视之，这样，《大学》虽分心、意、知不同节目，虽多从已发言心，需知其分乃体用之分、本末之分，其发乃一机之发、一如之发，有个打合贯通的底蕴在其中。"人心之体，存发一机也。心无存发，意无存发也。盖此心中一点虚灵不昧之主宰，尝尝存，亦尝尝发。"[6] 这将已发、未发"统而一之"，不以前后承继言，而以一如、一机、一本、一体言，在此基础上，心与意固非两件，意为心之

① （明）刘宗周：《刘宗周全集》第二册，浙江古籍出版社，2007，第452页。
② （明）刘宗周：《刘宗周全集》第二册，浙江古籍出版社，2007，第341页。
③ （明）刘宗周：《刘宗周全集》第二册，浙江古籍出版社，2007，第447页。
④ （明）刘宗周：《刘宗周全集》第二册，浙江古籍出版社，2007，第337~338页。
⑤ （明）刘宗周：《刘宗周全集》第二册，浙江古籍出版社，2007，第338页。
⑥ （明）刘宗周：《刘宗周全集》第二册，浙江古籍出版社，2007，第338页。

体、心之根据才可以顺理成章。此外，《大学古记》与《大学古文参疑》对《大学》章节做了两次厘定，前后有所不同，各分七章和八章，但解释"诚意"的章节内，都将"正心"涵括在内，前后一致，也显示着二者之间的基本关系。

其四，格致诚正合而观之。

四者均属内心实践活动的不同层次，不能陷入支离的理解，而未见其根本上的贯通："总之，一心耳，以其存主而言谓之意，以其存主之精明而言谓之知，以其精明之地有善无恶归之至善谓之物。识得此，方见心学一原之妙，不然未有不堕于支离者。"① 本于"意之存主"，四者可由一体展开而不支离，但这不意味着其间的逻辑关系是模糊的。"《大学》之言心也，曰'忿懥、恐惧、好乐、忧患'而已。此四者，心之体也。其言意也，则曰'好好色，恶恶臭'。好恶者，此心之最初之机，即四者之所自来，所谓意也。故意蕴于心，非心之所发也。又就意中指出最初之机，则仅有知善知恶之知而已，此即意之不可欺者也。故知藏于意，非意之所起也。又就知中指出最初之机，则仅有体物不遗之物而已，此所谓独也。故物即是知，非知之所照也。"② 牟宗三先生以"此四者心之体"与"四者之所自来"两句不妥③，前者作用见性式的不纯粹，后者是超越绝对层直接关联经验限定层的错位，认为措辞不严谨，义理不纯熟。尽管如此，蕺山此处对物、知、意、物相互关系进行集中说明的意思还是显明的，展现了四者之间一体而又多层、交错而又分明的内在逻辑。所以蕺山诚意教体系下的《大学》，既要看到"《大学》是一贯底血脉，不是循序底工夫"④，不能以线性思维去平面化地铺展，又要认清"《大学》之教，一层切一层，真是山穷水尽学问"⑤，否则就是自设阈限而不能曲尽精微。

其五，诚意与修身以下诸章。

作为层层切进的学问，对修齐治平的观照，亦是诚意教的题中之义。"合心意知物，乃见此心之全体。更合身与家国天下，乃见此心之

---

① （明）刘宗周：《刘宗周全集》第三册，浙江古籍出版社，2007，第380页。
② （明）刘宗周：《刘宗周全集》第二册，浙江古籍出版社，2007，第389页。
③ 牟宗三：《宋明儒学的问题与发展》，华东师范大学出版社，2004，第178页。
④ （明）刘宗周：《刘宗周全集》第二册，浙江古籍出版社，2007，第452页。
⑤ （明）刘宗周：《刘宗周全集》第二册，浙江古籍出版社，2007，第389页。

全量。"① 心是"大统会"，万物、万化、万形均有所统归，"一心统万心，退藏于密，是为金锁钥"，也皆有其体，"身者，天下万物之统体，而心又其体也"②，而意又是心之体，隐微的独体，正是此心作为"金锁钥"最终归宿，万化万物、家国天下，推本溯源，无不关此。"君子之学，先天下而本之国，先国而本之家与身，亦属之已矣。又自身而本之心，本之意，本之知，本至此，无可推求，无可揣控，而其为己也隐且微矣。隐微之地，是名曰独。"③ 诚意慎独乃为学之本，工夫节目逐层展开，无不是本此而来，由此展开，才获得相应效验。蕺山把物收归于心、本之于意，总之以内为本，避免了泛滥外求，但不意味着身外之物没有了解的必要。蕺山明确"盈天地之间皆物也"，认为虽可"不物于物"，但"不能不显于物。"④ 只是对纷纭外物的关注，应收束于"切于身"这一点上。"物无体，又即天下国家身心意知以为体，是之谓体用一原，显微无间。"⑤ 由此，以独体为本，"本无一物之中，而物物具焉"，在心物一体的意义上，蕺山偏内却并未遗外，"体天地万物为一本"的说法也有了更实在的意义。最有特色的是，《大学古文参疑》中，厘出"平天下"一节，并以"明明德于天下"为释，三纲与八目绾合一体，并于此见"明明德于天下"包裹《大学》全教。内外一本，立本达末，贯彻了儒家内圣外王的一贯传统。只是在明末乱世之道，急切希求显功之际，蕺山此论略显过阔，不合时宜，其行状中记载，几次廷对人主，都是一贯主张内圣之本，被斥为无益世道，亦无如之何矣。

四 结语

蕺山以《大学》之教作为学问工夫的要归、统会："予尝谓学术不明，只是《大学》之教不明。"⑥ 这一概括当然也反映着作为理学殿军的刘蕺山对整个宋明理学学脉的整体反思和把握，说明了《大学》在

① （明）刘宗周：《刘宗周全集》第二册，浙江古籍出版社，2007，第409页。
② （明）刘宗周：《刘宗周全集》第二册，浙江古籍出版社，2007，第389页。
③ （明）刘宗周：《刘宗周全集》第一册，浙江古籍出版社，2007，第649页。
④ （明）刘宗周：《刘宗周全集》第一册，浙江古籍出版社，2007，第647页。
⑤ （明）刘宗周：《刘宗周全集》第二册，浙江古籍出版社，2007，第389页。
⑥ （明）刘宗周：《刘宗周全集》第二册，浙江古籍出版社，2007，第452页。

理学演进中所引发的理论效应。就蕺山而言，其中之关键，如前文所述，在于"诚意"。在对《大学》之"诚意"作出创造性新诠、确立起自身为学之宗旨的过程中，蕺山非常强调文本本身的逻辑，判别《大学》诠释正确与否的一个重要向度即是否合于"《大学》本文"、"《大学》本旨"。所以与"六经注我"式的开放经学观相异，蕺山在心学系统中显示出较强的复归经典的意识。时刻将思想阐发与经典本身相结合，成为蕺山哲学的一个重要特征。如在《良知说》中批评阳明，认为其良知乃"知为意奴"、"知为心祟"，无所谓"良"；同时，与《大学》本身之致知与知止、知先、知本之知一贯，也无须再转为良知为说，良知之"良"实已在"知止"中透显。两面结合为证，蕺山认为才能得其妥帖。伴随着思想的发展，在经学文本上的观点也会随之变动，就《大学》改本看，从古本到高攀龙改本（实为崔铣改本），再到石经本，蕺山一直在寻找与其思想相印证的最佳文本依傍，直到被视为晚年定论的《大学古文参疑》，提出自己的改本①，但当思想和经典两方面不能完全合拍时，还是无法避免出现一些纠结，只能嗟叹"终不能释然于《大学》"②；蕺山从未对《大学》的经典地位产生过质疑，所谓的纠结也只是以"参疑"的形式聊备存说。但到其后学那里，问题的解决简单了许多，如陈确《大学辨》，直接否定《大学》是圣经。其中对"知止"的否定是关键点之一，这反映出先天本体意识的隐退，实际上对整个宋明理学的批判已经拉开序幕，同时代的姚志恒对《大学》（包括《中庸》）的质疑，体现了同样的路数和意识，就《大学》学的角度看，这反映着四书经典体系开始瓦解，《大学》以及《中庸》逐步被剥离出经典系统，而重新降格到《礼记》中去。思想与经学并重的天平也渐被打破，重文本考据的汉学路数将重新跻登"圣坛"。

从儒家教化的角度看，诚意教作为对良知教的调适发展，有其贡献，但也存在相应的问题。知行的合一即道德理性与道德实践的统一需要两个方面的保证，一是道德意向的指引，一是道德情感的推动。前者蕺山的诚意从深微的意向上来收摄道德理性，为道德理性铺陈着本然的意向指引，这方面比阳明的良知表达得更彻底；但在道德情感的推动

---

① 关于蕺山改本的分析可参林庆彰《刘宗周与〈大学〉》，《刘蕺山学术思想论集》，钟彩钧编，"中央研究院"中国文哲所印行，1998。
② （明）刘宗周：《刘宗周全集》第一册，浙江古籍出版社，2007，第608页。

上，诚意教则不如良知教更富感染力，阳明"致"良知的理论优越性就体现出来。这也是为什么阳明致良知显在"动"（"事上磨练"），而蕺山诚意论偏在"静"（"深根宁极"）。从这个层面看，阳明致良知虽饱受蕺山批评，但在道德理性和道德情感的统一上，可能比蕺山诚意论更偏重在道德理性的高扬上，更富圆融精神。更重要的一点在于，这启示我们，在"致知"扭转了"格物"、"诚意"转进了"良知"后，为了在道德理性和道德情感上重新达到新的统一，应在教化理论上提出新的论说，而这新论当然不是简单回到良知论，而乃应在格物—致知—诚意的螺旋上升中，达到一个新的历史高度。

按照理学发论依据之中心的《大学》工夫进路，这一更高的要求似已到了"正心"的环节，而从思想史自身的逻辑看，《大学》为宋明儒学立宗的逻辑再次得到验证——王船山提出独特的"心志"说①。在船山"正心"的全新解读中，道德理性和道德情感再次形成具有凝聚性的合力，对儒家教化论做出新的推动，也再一次推进宋明儒学心性论的发展、提升了《大学》学的哲学高度。② 由此，宋明理学心性论的逻辑归宿，在被视为理学殿军的蕺山诚意教之后，似还有进一步推进审思之余地。

（责任编辑　张兴）

---

① 拙文《持志以定心——王船山的"正心教"及其定位》（载《中国哲学史》2019 年 4 期），对此有专题探讨。
② 从心学发展看，从陆象山的"明心"到阳明的"致知"再到蕺山的"诚意"，也有一个发展深入的过程，但象山的"明心，主要得之于孟子的"本心"，而不是《大学》的"正心"，从《大学》学的视域审视宋明理学的范式演进，船山在《大学》诠释中提出的"心志"说，庶几近之。

论《老子》中辩证法对道的从属性地位

——以哲学史著作的界定和阐释为主要分析对象

姜晓琨*

摘　要　近人哲学史著作中常用辩证法来"反向格义"《老子》的部分思想。《老子》文本中确实可以解读出辩证法，但大部分近现代学人在写作哲学史著作时，为了强调《老子》思想中的辩证法，在引证、处理"天下皆知美之为美"章、"故物或损之而益，或益之而损""正复为奇，善复为妖"等文句时，过分强调形式上的相似，忽略了内容，割裂了文句与原所在章节的联系，因而不同程度曲解了文义，以至于让人以为《老子》的意图之一就是说辩证法。事实上，由于《老子》学说的特殊思考进路或者说"道"的特性，辩证法是依附于"道法自然""无为而治""守柔不争"等核心义理的副产品，是一种附属性、工具性的存在，绝对不是第一义，《老子》思想中最根本的一点辩证思考——"上德不德"与《老子》核心义理的关系亦可佐证这一点。

关键词　《老子》　哲学史　辩证法　反向格义　上德不德

　　自从 1932 年张岱年先生《先秦哲学中的辩证法》一文首次提出老子思想中的辩证法，并将其概括为三点[1]以来，由于多重原因，这一学

---

* 　姜晓琨，山东大学儒学高等研究院硕士研究生，主要研究领域为儒、释、道三教关系。

① 　张岱年：《张岱年文集》卷一，清华大出版社，1989，第 120~122 页。三点为：第一，认为事物的变化是经常要走向反面的；第二，如果预先采取了反面的形态，能自己先作一定程度的反、表面的反，便可以防止整个的反和真实的反；第三，差异是相对的。

术观点为学界所广泛接受。无论是个人性的研究著作，还是中国哲学史著作及教材，均沿用并发挥了这一观点。譬如，在萧萐父、李锦全主编的《中国哲学史》中，他们认为"在《老子》的哲学体系中，包含较为丰富的朴素辩证法思想。"① 类似主张影响广泛，以至连王力先生主编的《古代汉语》也引用其说②。目前，中国知网上可检索到的讨论老子辩证法的论文至少四百余篇，绝大部分认同这一观点。

但也不是没有学术上的分歧。譬如，张茂泽认为"《老子》只有朴素的自然辩证观，但还没有（它自己也不可能）转化成为它的方法论，没有具体贯彻下去成为它的认识方法和修养方法，故不能说《老子》有朴素辩证法。"③ 韩国良指出："老子具有辩证法思想是伪命题。"④ 他的理由是老子哲学是本末论，无为本，有为末，因而《老子》中"易/难、短/长、后/先、小/大、阴/阳、雌/雄、柔/刚、曲/直、祸/福等，其实都是'无/有'衍生的。与'无/有'相应，我们也同样只能将它们视为表示本末关系的概念，将其视为表示对立统一、相反相成的辩证关系的概念也同样是令人难以接受的。"⑤ 不过，细读《老子》文本，贵柔守雌这一辩证思想实际上已经是老子的认识方法和修养方法，故前文主张不成立；对于后文而言，即便无/有、易/难等是本末关系，它们很显然无论如何都是对立统一的辩证关系，这是无可置疑的，故后文的观点恐亦未安。

笔者认为，《老子》文本中确实可以解读出辩证法，如第三十六章（"将欲歙之"章）中所显示的歙/张、弱/强、废/举、夺/予之间矛盾双方相互依存与转化的对立统一关系，四十一章（"上士闻道"章）、四十五章（"大成若缺"章）中"明道若昧，进道若退，夷道若类……""大成若缺""大盈若冲"等体现的矛盾双方直接同一的辩证

① 萧萐父、李锦全主编《中国哲学史》，人民出版社，1982，第118页。
② 《古代汉语》中介绍《老子》时说："老子的哲学思想也含有朴素的辩证法因素，提出'有无相生，难易相成，长短相形，高下相倾'等命题，并且讲到'祸兮福之所倚，福兮祸之所伏'等祸福依一定条件互相转化的道理。"见王力主编《古代汉语》，中华书局，2016，第368页。
③ 张茂泽：《〈老子〉朴素辩证法问题》，《西北大学学报（哲学社会科学版）》1999年第2期。
④ 韩国良：《论老子具有辩证法思想是伪命题》，《商丘师范学院学报》2017年第4期。
⑤ 韩国良：《论老子具有辩证法思想是伪命题》，《商丘师范学院学报》2017年第4期。

关系，等等。但值得注意的是，大部分近现代学人在写作哲学史著作时，基于"反向格义"①的立场，为了强调《老子》思想中的辩证法，在引证、处理部分文句时，过分强调形式上的相似，忽略了内容，割裂了文句与原所在章节的联系，因而不同程度曲解了文义，以至于让人以为《老子》的意图之一就是说辩证法。事实上，由于《老子》学说的独特思考进路或者说"道"的特性，辩证法是从属于"道法自然""无为而治""守柔不争"等核心义理的副产品，是一种附属性、工具性的存在，绝对不是第一义，《老子》思想中最根本的一点辩证思考——"上德不德"亦可佐证这一点。

一 《老子》部分章节再认识

（一）"反向格义"中的喧宾夺主

对《老子》第二章，任继愈主编的《中国哲学史》中认为"有无相生，难易相成……前后相随"说明了"老子比较系统地揭示出事物的存在是相互依存的，而不是孤立的。如美丑、难易……都是对立的统一。一方不存在，对方也就不存在。"②萧萐父、李锦全主编的《中国哲学史》中"天下皆知美之为美……前后相随，恒也"这一句被单独引出来，用以说明"《老子》不但看到矛盾，也看到了事物的矛盾不是孤立、凝固的，矛盾的双方处在对立统一之中，都是相互联系、相互依存的"③。冯达文、郭齐勇主编的《新编中国哲学史》同样引用了这部分文句，并评述为"这是说一切事物都有其对立面。……没有美，也就不会有恶；没有善，也就不会有不善；有与无，难与易，长与短，高与低无不如此。"④冯友兰的《中国哲学史新编》、冯契的《中国古代哲学的逻辑发展》均表达了类似的意思。

问题的关键在于，第二章前、后两部分是通过"是以"这个表示

---

① 刘笑敢将"近代自觉以西方哲学的概念和术语来研究、诠释中国哲学的方法"称为"反向格义"。见刘笑敢《"反向格义"与中国哲学研究的困境——以老子之道的诠释为例》，《南京大学学报（人文科学·社会科学版）》2006 年第 2 期。
② 任继愈主编《中国哲学史》（一），人民出版社，2010，第 63 页。
③ 萧萐父、李锦全主编《中国哲学史》，第 118 页。
④ 冯达文、郭齐勇主编《新编中国哲学史》，人民出版社，2004，第 52 页。

因果的连词连接的。如果上文仅仅是在讲矛盾双方是对立统一的，那为何基于此，圣人就要"处无为之事，行不言之教"？这样的因果关系是难以成立的。要理解这一章的大意，必须联系老子主张"无为""不言"的宗旨来看。

不妨借助第三章来理解。吕惠卿注解"不尚贤……使民心不乱"时说："圣人知夫美斯恶，善斯不善，而我无容心焉……民之争常出于相贤，知贤非上之所尚，则不争矣，故曰举贤则民相轧。民之盗常出于欲利，知货非上之所贵，则不为盗矣，故曰苟子之不欲，虽赏之不窃。君子之所欲者，贤也；小人之所欲者，货也。我皆不见其可欲，则心不乱矣。"[1] 也就是说，百姓的价值分判、自私用智、相盗相争都是被统治者刺激出来的，如果统治者不刻意推崇强调某一方面，百姓原有的素朴、天真便不会被打破。因而下文紧接着便引出了老子所推许的治理模式，上下文之间与第二章一样用一个"是以"来连接："是以圣人之治，虚其心……为无为，则无不治。"这一部分林希逸注为："虚其心，无思慕也。实其腹，饱以食也。弱其志，不趋竞也。强其骨，养其力也。言太古圣人，但使民饱于食而无他思慕，力皆壮而无所趋竞，故其民纯朴，而无所知，无所欲。虽其间有机巧之心者，所知虽萌于心，而亦不敢有作为也。"[2] 上面是反着说，这里正着说，即统治者最关键的便是顺任百姓原有的天真质朴本性，不使他们有所思慕、趋竞，民众没有对"好"或者"坏"的事物的觉察，就会安于当下的生活，不会去比较，更不会为非作歹。引申得远一点，正因为没有意识去比较、争竞，亦即无知无欲、恬淡自足，小国寡民的社会就自然而然形成了——这一思路正是《老子》全书为现实政治开出的药方。

所以回过头来看第二章的前半部分，其真正所指已然呼之欲出。老子在这里讨论美恶、善不善及其他相对立的价值判断，想说的是，民众如果离开了"道"的境界，丧失了原有的素朴天真，就会对事物、价值有所分判，产生美、恶、善、不善等这些概念，欲望、机心、祸乱、纷争也就随之而来了。民国时冯振《老子通证》云："天地之始，浑然绝对，美恶、善不善之名，无由显也。分别既生，对待是出。美以恶

---

① （北宋）吕惠卿著、张钰翰点校《老子吕惠卿注》，华东师范大学出版社，2015，第4页。
② （南宋）林希逸著、黄曙辉点校《老子鬳斋口义》，华东师范大学出版社，2010，第5页。

见，善以不善彰。"① 元代李息斋亦云："此章言吾之本性，自未始有物，孰为美，孰为恶，孰为善，孰为不善。及有生既立，形名遂分，人皆知美之为美，而不知恶之名已从美生，人皆知善之为善，而不知不善之名已从善起……有其一，未有无其二。圣人知之，必立于物之先，顺物自然，为无为之事，行不言之教，不取善，不舍恶，未尝执一，未尝不一。"② 冯振和李息斋所言并不否认美恶、善不善是相对待而生的，但他们强调的是美恶、善不善的相互对待产生之前，曾有一个混沌不分的无知无欲境界，这是合于道的境界，亦是赤子之心真淳素朴的本然之态。顺着这样的人心，则无所谓美善而自然至于真美真善，因而治理天下根本无须造作，无为、不言即可，这就与第二章的后面一部分联系起来了。

对于第二章，开创中国哲学史写作范式的胡适没有使用辩证法的概念来分析，反而看得更清楚。他说："故人知美是美的，便有丑的了；知善是善的，便有恶的了；知贤是贤的，便有不肖的了。平常那些赏善罚恶，尊贤去不肖，都不是根本的解决。根本的救济方法须把善恶美丑贤不肖一切对待的名词都销灭了，复归于无名之朴的混沌时代，须要常使民无知无欲。无知，自然无欲了。无欲，自然没有一切罪恶了。"③

综上可知，近现代以来大多数哲学史著作在引用《老子》第二章时，为了强调这一章表明《老子》认识到了辩证法中矛盾双方相互依存的对立统一关系，基本直接忽视了文句的本然之意。事实上，《老子》全书的本意都不在于谈论辩证法，而是以现实政治为核心关切。具体到第二章，他想表达的是，如果没有实行"无为""不言"的治理模式，人心和现实便会从混沌无名落入美、恶，善、不善等二元对待之中，并最终因为有为之政而带来恶果。站在"反向格义"的立场来解读，这一段文字的确可以挖掘出对立统一关系这层意思，但这毕竟不是这句话最主要的意思。因而在阐述第二章时，如果一定要讲辩证法，须先将文句的本意讲明，再来讲对立统一，否则便是喧宾夺主、削足

---

① 冯振著、刘桂秋点校《老子通证》，华东师范大学出版社，2012，第5页。
② （元）李息斋注，转引自（明）焦竑著、黄曙辉点校《老子翼》，华东师范大学出版社，2011，第8页。
③ 胡适：《中国哲学史大纲》，民主与建设出版社，2015，第48~49页。

适履。

（二）离开具体语境就形式谈辩证法

萧萐父、李锦全主编的《中国哲学史》认为第四十二章中"故物或损之而益，或益之而损"一句说明《老子》认识到了"任何矛盾的双方无不向其相反方面转化"①。

该句所在的文本是"……冲气以为和。人之所恶，惟孤、寡、不谷，而王公以为称。故物或损之而益，或益之而损。人之所教，我亦教之。强梁者不得其死，吾将以为教父。"② 对这一部分，吕惠卿注云："古之制名者，以其所恶而为王公之称者，欲其贵而不忘贱，高而不忘下，抱而知所负，向而知所反，以不失乎冲一之和而已。"③ 这是说，王公的地位本已高贵，若贵而自以为贵，相当于"心使气曰强"，而失乎冲气之和，气强则速亡，所以用孤、寡、不谷自称便是减损贵，不以贵自居、凌人，如此则反而能长久的富贵，此即"或损之而益"。对于强梁者，由于其一味好刚用强，欲胜人，反而会招致祸患，此即"或益之而损"。所以"故物或损之而益，或益之而损"真正意在强调"弱者，道之用"，即要守柔、谦下、不争。正如冯振所注："然吾将以为教父者，其惟'坚强者死之徒，而柔弱者生之徒'乎？斯亦损益倚伏之数也"④，而并不在于"任何矛盾的双方无不向其相反方面转化"。

但如果要说损益之间的相互转化，在《老子》文本中，这一对立统一关系也的确是成立的，即减损贵反而是保存或者增加贵，自居为贵反而会减损贵。但如果不交代《老子》文本的具体语境，单单把"故物或损之而益，或益之而损"一句拿出来，读者可以反问为什么一定如此？物可以损之又损或损益无定等都是有可能的。也就是说，如果失去了文句本来意的支撑，这句话所表现的辩证法甚至可能是不成立的。因而"故物或损之而益，或益之而损"的本意是第一位的，辩证法是依附于文句的本意而存在的。

---

① 萧萐父、李锦全主编《中国哲学史》，第120页。
② 陈鼓应：《老子注译及评介》（修订增补本），中华书局，2009，第225页。
③ （北宋）吕惠卿著、张钰翰点校《老子吕惠卿注》，第49页。
④ 冯振著、刘桂秋点校《老子通证》，第69~70页。

　　回过头来看哲学史著作，哲学史家想呈现《老子》辩证法所达到的水平，意图是清楚的，但操作方法不当——离开具体语境，抽空文句的本意，只想就它的形式提取出一个一般的关于 A 与 A 的对立面的、抽象的而不是具体的对立统一规律——这就使辩证法失去了生命力。庞朴先生曾经对这一倾向有所警惕。众所周知，他曾用辩证法的视角分析出中庸有 "A 然而 B" "A 而不 A" "不 A 不 B" "亦 A 亦 B" 四种形式①。其中，就 "A 而不 A" 而言，他就指出 "君子和而不同，小人同而不和" 这一句中，和而不同是符合中庸的，同而不和则是反中庸的，亦即前者符合辩证法，后者不符合，"尽管在语词形式和逻辑形式上二者相同"②。这也说明，在哲学史的界定和阐发上，必须在具体的语境中来讨论事物的辩证关系。正如孙正聿所言："不能离开具体的思想内容去理解辩证法；如果把辩证法当作脱离思想内容的纯粹的'方法'，就会把'辩证法'变成否认思维确定性的'变戏法'，就会把'辩证法'变成被人嘲弄的、神秘莫测的东西。"③

　　与之相类似，《老子》全书关于祸/福、歙/张、强/弱、曲/全、成/缺等辩证关系的文句均应放在语境里来解释，不可因突出辩证法而丢失本意，只有保全了本意才能保证辩证法成立。

　　与之相类似而又不同的是《老子》五十八章中 "正复为奇，善复为妖" 这一句。任继愈主编的《中国哲学史》说："老子概括了当时自然现象和社会现象，他指出事物都向着它的相反的方向变去。他说'正复为奇，善复为妖'。"④ 萧萐父、李锦全主编的《中国哲学史》则认为《老子》："不仅看到了万物自身存在着矛盾，也看到了任何矛盾的双方无不向其相反方面转化，并深刻地表述了'反者道之动'这一矛盾运动的普遍法则。"⑤ 冯达文、郭齐勇主编的《新编中国哲学史》引用 "祸兮，福之所倚；福兮，祸之所伏" 和 "正复为奇，善复为妖"，并解说："这是说事物的对立面经常相互转化。"⑥ 冯友兰《中

---

① 庞朴：《儒家辩证法研究》，中华书局，2009，第 79～100 页。
② 庞朴：《儒家辩证法研究》，第 87 页。
③ 孙正聿：《马克思主义辩证法研究》，北京师范大学出版社，2017，第 12～13 页。
④ 任继愈主编《中国哲学史》（一），第 63 页。
⑤ 萧萐父、李锦全主编《中国哲学史》，第 120 页。
⑥ 冯达文、郭齐勇主编《新编中国哲学史》，第 52 页。

国哲学史新编》、冯契《中国古代哲学的逻辑发展》所表达的意思与上类似。

事实上，不少古人的理解虽然没有提辩证法，但也与近现代的哲学史家类似。如吕惠卿注云："今为正者，后或为奇；此为奇者，彼或为正。善与妖亦然。则天下之祸福、正奇、善妖，果未可定也。"① 林希逸注云："天下之事，奇或为正，正或为奇，善或为妖，妖或为善，是非利害，莫不皆然，此亦祸福倚伏之意。"② 不过，对比王弼和吴澄的注，即知上面的说法都脱离了文本。

王弼注为"以正治国，则便复以奇用兵矣。立善以和万物，则便复有妖之患也。"③ 也就是说，治国无须有为之政，一旦有为，有为之政将衍生出差的、邪恶的结果，甚至导致兵戈之事；一旦树立了善的价值，那么不善也就随之而来了，所以只能以无为治理天下。

吴澄注与王弼相似，但他更突出了"无所谓正，无所谓善"，消除二元对立，以凸显无事取天下这层意思。他说："以正治国，可谓善矣，而其民缺缺，则治国者将无所用于正邪？盖正与不正对，正一反则为不正之奇，正善而奇不善；善不善对，善一反则为不善之妖。惟无所谓正，无所谓善，而不至反为奇之妖也。能知此者，其惟圣人乎？常人迷昧不知此理，其日固已久矣，非自今日然也，故但知以正治国之为善，而不知无所谓正之为正也。以无正为正，则与无事取天下者何以异哉？"④

如何理解两人的意思？首先，天下人人不同，社会又有不同的职业、阶层，各地条件又不同，有为之政常常是执一以绳万，即用同样的政策法令去作用于所有人，这种政策法令未必合于百姓的本性，即使对部分人可能正合适，对其他的人则必然或过或不及，从而造成伤害，因而正宜仿效"道"之听任万物因其自然，方可收大成之效。如二十九章云："故物或行或随，或嘘或吹，或强或羸，或培或隳。是以圣人去甚，去奢，去泰。"⑤ 高明的注解"此之谓人事繁多，情性各异：有的

① （北宋）吕惠卿著、张钰翰点校《老子吕惠卿注》，第65页。
② （南宋）林希逸著、黄曙辉点校《老子鬳斋口义》，第62页。
③ （魏）王弼注、楼宇烈校释《老子道德经注校释》，中华书局，2016，第152页。
④ （元）吴澄著、黄曙辉点校《道德真经吴澄注》，第83页。
⑤ 陈鼓应：《老子注译及评介》（修订增补本），第178页。

行前，有的随后；有的性缓，有的性急；有的刚强，有的柔弱；有的自爱，有的自毁。凡此皆明人事参差，圣人顺而不施，因而不为，任其自然"[1] 正表达了上述意思。其次，正如上文讨论"天下皆知美之为美"章所言，善与不善是相对待的，一有了善，即有不善与之相对待，欲消灭不善，只有同时消灭善，复归于原初的混沌状态中去。

基于上述两个原因，"正复为奇，善复为妖"的转化是必然成立的。但假设真如哲学史著作所言"事物的对立面经常相互转化"，那么"奇复为正，妖复为善"也能成立，即坏的、出于恶意的施政必然带来好的结果，是这样吗？这必然是不能成立的——这里有正与奇、善与妖的二元对待，只有正向奇、善向妖的单方面转化。文句的本意才是决定辩证法是否成立的关键，而不是形式。因而，把"正复为奇，善复为妖"从语境中单独拿出来，讲成是形容"任何矛盾的双方无不向其相反方面转化"，就同样太过急躁，太想利用文句的形式来证成辩证法而失其本意了。

二 隐含的"上德不德"之辩证关系

此外，从辩证法的视角来看，《老子》思想和文本中最根本的一处辩证关系在诸本哲学史著作中是隐而不彰的，尝试论述如下。

《老子》三十八章云："上德不德，是以有德；下德不失德，是以无德。"清代徐大椿注解说："上德，德之最上者也。不德，以与德合体，而相忘于德也，如此则德常在我，而终身不离矣。不失德，言保守其德，唯恐失之，则身与德为二，而德终不在我也。"[2] 冯振亦云："上德不自德其德，故德全而不形，此乃真有德者也。下德拳拳守德而不敢失，未能与德相忘，于德盖有间矣，故曰无德。"[3] 也就是说，具有上德的人混沌真淳，不知何为"德"，但所行无不合于德，这才是真正有德；次一等的人谨慎地按照德的要求来立身行事，规行矩步，毫不苟且，虽强于无德之人，但终究不是最高境界。

---

① 高明：《帛书老子校注》，中华书局，1996，第380页。
② 转引自陈剑《老子译注》，上海古籍出版社，2016，第144页。
③ 冯振著、刘桂秋点校《老子通证》，第60页。

唐君毅先生曾对辩证法有所论断①，并把古今中外的辩证法分为八类，其中包括康德的二律背反、黑格尔的正反合之说、马克思恩格斯的唯物辩证法以及佛教般若学等。其所举之第七种辩证法是"乃由于思想概念之规定与此思想活动所对之'生活或生命主体心灵主体'之本性上的对反，乃使人去超化否定此前者，以成就后者之自明自证之辩证法。"② 他举例说，当一个人真快乐时，他不会有快乐这个念头，当他意识到自己快乐时，说明快乐已经过去了，他已经开始回味这种快乐。③ 从这里便可以看出，快乐这个概念与其心灵活动的辩证关系，二者必不能同时出现，要真正实现心灵活动则必须忘掉概念。这同样可以落实到道德上，"上德不德，是以有德；下德不失德，是以无德"正是这种辩证法的绝佳注脚。

赵妙法曾用唯物辩证法来分析第三十八章的这句话，认为不德—下德不失德—上德不德构成了一个否定之否定的螺旋上升，"上德是经否定之否定后的一种更高的道德境界"④。此亦可备一说。

那么"上德不德"这种思考方式的价值体现在哪里？具体来说，同是面对"周文疲弊"的现实，这是道家提出的、与儒家揭仁义以"开辟价值之源，挺立道德主体"⑤ 不同的另一种有代表性、重要性的救世进路，它一边体现了"道法自然""无为"政治思想的立论基础和人性考量，一边牵连着"致虚极，守静笃""损之又损"的工夫论。前一点又可从两方面加以分析。

自从郭店楚简出土，老子是主张"绝仁弃义"还是"绝伪弃诈"这一争论尚无定论。按照老子思想的内在理路，这两种说法都说得通。不过"绝仁弃义"虽然听上去惊世骇俗，反而更贴近"正言若反"的

---

① "辩证法不同于一般形式逻辑之说是即是，说非即非，说正面即正面，说反面即反面；乃由正到反，由说是到说非，或于是处说非，因而是者可兼为非，而非是亦可兼非非者。……故辩证法可视为不同于形式逻辑之另一种逻辑之理论，亦可视为一种对存在事物的律则之论法，一种哲学上之存在论的学说或观点。"见唐君毅《辩证法之类型》，《唐君毅全集》第28卷《中西哲学与理想主义》，九州出版社，2016，第302页。

② 唐君毅：《辩证法之类型》，《唐君毅全集》第28卷《中西哲学与理想主义》，第314页。

③ 唐君毅：《辩证法之类型》，《唐君毅全集》第28卷《中西哲学与理想主义》，第315页。

④ 赵妙法：《老子辩证法再认识与再评价》，《安徽大学学报（哲学社会科学版）》2000年第4期。

⑤ 牟宗三：《中国哲学十九讲》，吉林出版集团有限公司，2010，第54页。

话语风格。在这里，老子弃绝的不是"仁义"价值，而是它的实现方式。"大道废，有仁义"，仁义这种价值主张从原有的混沌无名中被揭示出来之后，不仁不义也就相对待产生了，而且仁义可以立马被工具化，被虚伪之人利用——《庄子·胠箧篇》正生动地描绘了后一点。看到了礼乐文明的弊病之后，老子追问：这样的实现方式真的好吗？牟宗三先生说："道家不正面对圣、智、仁、义，做一个分析的肯定，原则上的肯定。它只是顺着儒家所肯定的圣、智、仁、义，问一个问题：你如何以最好的方式，把圣、智、仁、义体现出来呢？"① 他认为，道家的智慧是"忘"的智慧："'有心为善，虽善不赏；无心为恶，虽恶不罚。'……道家的智慧就专在这个作用层上说这个'无'。"② 因为忘己，因为无心，所以无所谓仁义，但这才真正实现了仁义，实现了上德。

其次，正因为"端正而不知以为义，相爱而不知以为仁"（《庄子·天地篇》），"上德"的表现是"莫之命而常自然"，这看上去是天地那样的"不仁"，但正是这种"不仁"成就了万物各自按其本性生长衰亡，最终反而实现了"至仁"。按照儒家的救世思路，维系社会的礼乐因为缺少人内在的本真情感因而徒具形式，所以孔子提出从家庭内部父子兄弟之间的亲情特别是孝悌入手培养仁德，然后基于此慢慢推扩出去，实现对其他身份的人相应的温情和敬意，这也就是孟子所说的"亲亲而仁民，仁民而爱物"。众所周知，"爱有等差"是儒家的显著特征。这一点在道家看来，正好说明儒家所提倡的有意识的仁局限在亲近的人身上，而不能像道一样普遍平等地泽及万民万物。所以庄子继承老子的思路，提出"仁常而不成"（《庄子·齐物论篇》）"至仁无亲"（《庄子·天运篇》）。宣颖注解前句为"有常爱则不周"③，钟泰注解后句为"'无亲'者无往而不亲，即《礼运篇》孔子所云'天下一家，中国一人'者。如是，则亲疏之名不立。"④ 这也就是说，只有道和上德之人因为忘仁忘义，其自然而然的施与、成就不会局限于一人一家一国、一草一木，因而最终能实现对于万物的"至仁"。

---

① 牟宗三：《中国哲学十九讲》，第 123 页。
② 牟宗三：《中国哲学十九讲》，第 127 页。
③ （清）宣颖：《南华经解》，广东人民出版社，2008，第 20 页。
④ 钟泰：《庄子发微》，上海古籍出版社，2002，第 312 页。

综上所述，"上德不德"对于老子哲学甚至整个道家哲学都是关键性的，有别于其他学说的思考方式和理论主张，但很显然"上德不德"的辩证关系只是内含于老子"道法自然""无为而无不为"的整体思路之中的，是其中的一个部分，必须在整体脉络中去理解，而不是说《老子》的一部分思想是围绕着这层辩证关系来组织、布局的，辩证关系本身不是目的。

三　结语

近现代以来尤其是 1949 年之后的中国哲学史著作，用唯物辩证法来"反向格义"《老子》被视为理所当然。不过，虽然《老子》文本中确实可以解读出辩证法，但大多数哲学史著作对部分章节的界定和阐释脱离了具体语境，造成了"喧宾夺主"的解释，就形式来论辩证法等情况——这些都突出了辩证法，而忽视了文句的本意。而"上德不德"这一根本性的辩证关系也提示着我们如何看待辩证法与《老子》核心义理的关系。

平心而论，哲学史家们用辩证法来解读《老子》的意图之一，本是想在缺乏文化自信的心态下说明中国哲学与西方哲学有其相似性，不至于太简陋落后。刘笑敢说："反向格义可能深刻地揭示古人思想中潜在的意义，或者发现中国古代哲学与西方哲学可能相通的思想观点或概念……"[①] 因而，在"反向格义"当道的大背景下，辩证法便被大张旗鼓地放大、突出了出来，造成了上文所述的若干毛病。但事实上，《老子》全书的本意都不在于谈论辩证法，而是主张通过"清虚以自守，卑弱以自持"来处理现实政治。毋宁说，由于《老子》学说的特殊思考进路或者说"道"的特性，辩证法是从属于"道法自然""无为而治""守柔不争"等核心义理的副产品，是一种附属性、工具性的存在，绝对不是第一义，不是想要表达的目的本身。《老子》文本中体现辩证法的文句，其本意或者第一义都不在讲辩证法。因而，哲学史著作中如果一定要介绍辩证法，须先将文句的本意讲明，再来讲辩证法，否

---

① 刘笑敢：《"反向格义"与中国哲学研究的困境——以老子之道的诠释为例》，《南京大学学报（人文科学·社会科学版）》2006 年第 2 期。

则便是喧宾夺主、削足适履。

《老子》五十二章云："天下有始，以为天下母。既得其母，以知其子；既知其子，复守其母，没身不殆。"① 这里，始与母均指道，而子则为万物。这句强调的是万物要长久地生存，就必须回到、执守道。笔者将之引申借以说明中哲史研究中对任一文本的解读都当与文本所在语境的中心思想或宗旨相吻合，这是哲学史写作的基本。

作为很多人接触哲学的最初读物和入门地图，哲学史著作诠释古代哲学的典范意义不可谓不重要。严羽《沧浪诗话》云："夫学诗者以识为主，入门须正，立志须高……行有未至，可加工力；路头一差，愈骛愈远：由入门之不正也。"② 这句话启发我们，在中国哲学史学科成立百年之际，反思旧的写作范式，用新的见地来解读、还原、书写中国古代哲学，从入门处贴近古人原意，不误人子弟，是极重要而且应该被期待的。

（责任编辑　涂可国）

---

① 陈鼓应：《老子注译及评介》（修订增补本），第259页。
② （南宋）严羽著、郭绍虞校释《沧浪诗话校释》，人民文学出版社，1961，第1页。

傅山、傅眉的山水画艺术与"真"

张凌琪*

摘　要

道家思想作为中国传统思想显学之一，历来对文人墨客们产生着极大的影响。"道法自然"更是进一步推动了山水画的发展，文人们纷纷投身于山水及山水画的创作，在山水中寻找生命本源意义，传递道的精神。当然，除道家外，儒家、佛家思想也对山水画产生过重要影响。中国山水画一直以来不同于西方文艺复兴以来风景画的严谨透视以及忠实写生，流露着画家强烈的志趣以及平淡天真的境界。本文通过罗列中西方美学大家对"真"的不同定义，结合明末清初的时代背景，探讨傅山、傅眉父子山水画之真趣所蕴含的丰富指向。他们作为明末清初的明朝遗民，一方面受明末清初明道致用思想的影响，有了较自觉的唯物主义认识论倾向，追求山水画的写生之真：写生鲜活，不入因循之式；另一方面提倡返璞归真，通过稚拙的用笔和简约的造型，展现了自己独特的山水画风貌和美学旨趣。

关键词　道家　山水画　真　现代性

一　中国传统美学中"真"的特殊性

真、善、美问题在中西思想家那里一直都是很重要的问题。什么是

---

* 张凌琪，青岛科技大学硕士研究生，主要研究领域为中国美术史。

真？何为美？美指什么？不同的思想家有着不尽相同的看法。这三个概念也从来不能孤立地提出和解释，如何将真、善、美三者统一在一个体系中，中、西思想家在论证方式及偏重上则体现出很大的不同。

康德为了沟通针对自然为对象的纯粹理性（理智）与针对道德为对象的实践理性之间的鸿沟，"他提出将针对美为对象的'判断力'作为联结前面二者的桥梁。即人类心灵的意、知是由情联结的（善—美—真）。康德对真善美三者的统一方式是桥梁接通式结构"。①

黑格尔的精神哲学也探讨了真善美问题。他的"精神阶段"是逻辑阶段与自然阶段的统一，它经历三个阶段：主观精神、客观精神、绝对精神。道德（善）被黑格尔置于第二阶段"客观精神"；艺术（美）被置于第三阶段"绝对精神"的第一个阶段；哲学（真）被置于第三阶段的最高阶段。黑格尔认为艺术作为感性形式，"还是不能真正适合心灵的表现方式"②。只有哲学才是认识真理的最完善形式。他的序列是：真←美←善。"三者是进阶等差的结构"③。

亚里士多德将美与善视为二而一，真是二者的基础。④谢林则把美视为最高价值，提出只有"艺术的直观"才能实现"绝对统一"。这与庄子的心斋、坐忘境界很近似。谢林认为："真是必然性问题，善是自由的问题，美是二者的结合（美←善←真）。"⑤

中国道家老子与庄子同中见异，他们都把真善美统一于"道"，即"同于道"。老子对儒家的真、善、美持否定态度。他追求超越世俗的真、善、美，道是真、善、美的统一。老子不把一般对象作为认识对象，而追求超越经验的极高境界，即"绝圣弃知"、"知者不博"，大善与大美都是由真派生的。

庄子与老子不同处，在于特别提到了"大美"，也强调了精神的最高自由境界——至乐。《知北游》曰"天地有大美而不言，四时有明法而不议，万物有成理而不说"⑥，"万物有成理"即"真"，可见在庄子

① 汤一介：《再论中国传统哲学的真善美问题》，《中国社会科学》，1990年第3期。
② 黑格尔：《美学》第一卷，商务印书馆，1979，第133页。
③ 汤一介：《再论中国传统哲学的真善美问题》，《中国社会科学》1990年第3期。
④ 汤一介：《再论中国传统哲学的真善美问题》，《中国社会科学》1990年第3期。
⑤ 汤一介：《再论中国传统哲学的真善美问题》，《中国社会科学》1990年第3期。
⑥ 萧无陂：《庄子》，岳麓书社，2018，第245页。

那里，真与美一致，求真即是求美，均是返回到自然而然的本来状态。《渔父》篇说："真者，精神之至也。不精不诚，不能动人。"① 有真情才能动人，才能得到美的享受。这一点使庄子与老子有了更富有浪漫主义式的情怀，对后世文学艺术家影响巨大。庄子的"善"则与"真、美"同体而异名，即个体的绝对自由。②

道家的真善美何以统一，其方式与西方哲人略异，非桥梁连接式，也非严格意义上的序列等差结构。真即是美，亦是善，三者同于道。由此道家之"真"在含义上必与西方哲学之"真"互存异同。

邱明正曾指出："'真'是艺术的第一要义，是世界的本源，是客观世界在其运动、变化和发展过程中表现出的规律性。"③ 这一认识是由西方美学范畴生发出来的："真理即是对'真'的抽象和分门别类的结果，'真'本身还并非美，还有待概括、提炼、升华。"④ 中国道家美学的"真"第一方面指自然、道、天地万物运动的规律，这一含义与西方美学的"真"是有交集相近处的；第二方面指"本真"，自然而然，去人为的澄澈无遮蔽状态，在庄子那里还包含了"真情"；第三方面指"造化"，道的生化之功，即"气韵生动"之根源。宋代洪迈说"江山登临之美，泉石赏玩之胜，世间佳境也，观者必曰'如画'……至于丹青之妙，好事君子磋叹之不足者，则又以'逼真'目之。"⑤ 将美与真关联，是因为"真"的"气韵生动"从物象之客观呈现中看到道的造化之功，能领会真山水的生机变化，即谓得其意象之美；能从画中意象之美联想到真山水之生动，即谓"逼真"而"不虚"，正所谓实中见虚，虚中见实。

西方美学的"真"主要基于认识论，只有谢林的"真"与庄子超越认识论的直观体道方式近似。但是到明末清初，随着资本主义萌芽的出现，现代性的抬头，促使学者及艺术家跳脱僵化的传统思想框架，对于"真"的认识就不再仅仅停留在超验务虚的层面，出现了对经验及

---

① 萧无陂：《庄子》，岳麓书社，2018，第315页。
② 见汤一介：《再论中国传统哲学的真善美问题》，《中国社会科学》1990年第3期。笔者并不完全同意汤的序列结论。
③ 邱明正：《美学讲座》，江西人民出版社，1986，第121页。
④ 潘知常：《海德格尔的"真理"与中国美学的"真"——中西比较美学札记》，《天津社会科学》1992年第4期。
⑤ （宋）洪迈著、鲁同群、刘宏起点校：《容斋随笔》，中国世界语出版社，1995，第157页。

理性的重构。

二 晚明科学理性之真与现代性

明末清初是中国商品经济蓬勃发展的一段关键时期，不少学者提出明代已经产生了资本主义萌芽。明清时期，商品经济已经非常普遍，商品的交易、流通现象在各地非常活跃。傅山、傅眉遭遇国变后靠贩药鬻字画为生，足迹遍布各地，与底层人民接触颇多，市民意识抬头。他们在学问方面主张研究子学，强调经子平等思想；论证了佛教中存在欲望，肯定了人人都具有追求生存欲望的自然属性；认识论中存在着可贵的怀疑精神，有丰富的辩证思维，重视经验，具有类似康德的纯粹理性意识；反对"奴性"思想，主张个性解放、思想自由；在绘画中也有着超越性探索。这些都是市民意识的一种表现，代表市民阶层利益，越出了历代封建世人的局限，是中国社会发展的新趋势。

1. 中国社会内部的现代性因素

第一，经济因素。

萧萐父、许苏民在《明清启蒙学术流变》中对明清的经济情况进行了描述："明王朝被迫施行了有利于商品经济发展的政策。其特点是：'末富居多，本富益少'，商业资本更多转化为了手工业产业资本，弃儒从商的士人和弃农经商的地主大量出现；这导致大量农民进入城市，'延颈待雇'，形成了自由的劳务市场和'机户出资，机工出力'的生产关系；除去政治、军事目的的纯粹商业城市和乡镇兴起，早期市民阶层开始为维护自身权益而斗争。东林党人和许多无党派人士呼唤'工商皆本'，充当市民阶层的政治代言人。"① 根据萧萐父等对于明清经济的描述，能够看到明末清初经济的巨大变革和商业的发展，在一定程度上唤醒了知识分子的理性精神以及对于自身利益的维护。

第二，文化因素。

张光芒曾提出中国现代性的发展被内在的文化因素所推动，这些因素包括："一是非儒学派对非正统学派的研究为文化的启蒙孕育了内在的逻辑生长点；二是儒家的思想被学者重新阐释，焕发了现代性意识；

---

① 萧萐父、许苏民：《明清启蒙学术流变》，辽宁教育出版社，1995，第2页。

三是明末以来以'缘情以文'、'主情反理'为核心的人文主义文学精神激活了现代性精神。"① 历代的子学论著都受到儒学的影响或束缚，有的为弥补儒学不足对其进行研究，但都没有从本来的意义上恢复子学的历史地位。明清之际知识分子们个性逐渐觉醒，开始站在平等的角度上恢复子学原本的历史地位。李贽等思想家也掀起了反"宋明道学"的运动，主张明经致用之风，对中国的现代性推动起到了很大作用，为时代开拓了道路。

随着反空疏无用学风日盛，出现了一批科学技术等方面的研究书籍，例如：宋应星的《天工开物》、徐光启的《农政全书》等，在科学上和价值观上取得了很大的进步。知识分子们纷纷对先秦经典和权威提出了自己的见解和新思想，进行了一场儒学内部的自我批判运动——"儒理学"，这也是中国古代社会意识中自我否定的思想因素。"儒理学"反对儒家"空疏"现象，批评朱子理学末流，伪道学以及心学的空谈。叶飞在他的文章中认为"晚明时的"儒理学"运动，作为儒家内部自我批判运动，事实上是对程朱、陆王的一次反动。"② 傅山、傅眉父子也有如此批判性精神，傅山在精研诸子之学的过程中，大声地斥责"奴儒"，否定一些学者缺乏主见，步趋他人的行为。傅眉还具有了朴素的进化论思想和辩证的历史发展观，他在《感兴拟古杂诗》中说"竖儒争礼乐，阿奥妄引经……富贵自吾有，英雄非谩言。禄命无准拟，时务有变迁。俗士既卑鄙，儒生称圣贤。古今多辽阔，王霸唯行权"。③ 用激进的观点反映对儒学教条不信任，强调个体的自身价值，对士儒的腐朽以及以儒家独尊持严厉批判态度，激进程度甚至超过其父亲。傅山、王夫之均提出了"气"的唯物主义思想，"王夫之更是驳斥了退化史观，提出'文化中心多元论'及理性主义史观"④。

2. 西方传教活动对现代性意识的推进

中国自身经济的发展，资本主义的萌芽已经唤起了众多知识分子的

① 张光芒：《启蒙论》，上海三联书店，2002，第 4~5 页。
② 叶飞：《知识分子的现代性意识：从"内生型"向"外发型"的嬗变》，《社会科学战线》，2013 年第 1 期。
③ （清）傅眉：《我诗集十一卷》，清咸丰四年（1854）寿阳王氏刻本，卷一。
④ 冯天瑜：《明清之际中国文化的近代性转向——以明清学术四杰为例》，《武汉大学学报》（哲学社会科学版）2018 年第 4 期。

内省，西方传教士的到来更是在一定程度上促进西方科技的传入，对上层士大夫造成一定的正面影响；但同时由于当时的耶稣会是旧封建制度的维护者，竭力反对新思潮和科学、自由人文主义，又阻碍了西方最新科学的传入。

西方的传教士虽是为了传播基督教思想而来，但其并未引起中国士大夫的兴趣。上层士大夫，如徐光启、叶向高、李之藻等，对传教士带来之科技十分感兴趣，多借所传外来文化追求科学和新思想。"中国学者与外国学者一同编撰了多本科学技术书籍。传教士利马窦和徐光启一起翻译了《几何原本》，还有《天学初函》，以及《崇祯历书》等几十部书，这些都被称为历算学中的经典著作。"① 从梁启超的叙述中可以看到西方传教士的到来为中国的科学发展做了一定的贡献。他们带来的舆图使中国原有的"天下"概念得到充实。历法、火炮、几何学等虽然不是西方的最新科学，甚至在很大程度上阻碍了西方近代新科学的传播，但在思想界和科技领域激起了一定的波澜。传教士进入中国之前，中国科学已经取得了长足的进步与发展，但多是传统的经验科学，没有形成系统。明清时期的传教士活动为中国的士人阶层带来了西方系统的科学理论和科学方法，这是不容抹杀的。在这一现代性曙光中，"真"不再等同于老庄的"本真""自然而然"，而将范畴扩延到了老子所反对的"一般知识"为对象的理智领域。

三　傅山、傅眉父子的山水画与真

关于中国传统美学中的"真"，亦可与"名实相合"命题等同视之。名、言相合可以分三个层次面向：名、言上合天道，在儒家而言，发展出"文以载道"的文艺观，在道家而言，发展出"以技媚道"的艺术观；名、言中通人心，在儒家而言，发展出"诗言志"的艺术观，在道家而言，发展出"性灵说"的"情真"文艺观；名、言下合物事，在儒家而言，发展出"文质彬彬"的文质论，在道家而言，发展出"外师造化，中得心源"的主客融通艺术观及"图真论"。傅山父子山水画创作风貌、形式，即达到了上合天道、中通人心、下合物事的三合

---

① 梁启超：《中国近三百年学术史》，东方出版社，1996，第9～10页。

之境，可谓得"真"的妙旨。而且明末清初在科学理性主义及重视体验、逻辑学复兴的启蒙思潮下，"下合物事"在原来"天人合一"框架下又向"天人相分"拓展了一步，达到了傅山主张"天人相合"与"天人相分"辩证统一的新格局。①

1. 上合天道——返璞归真

傅山父子精研诸子百家之学，但是最钟爱者当推道家老子、庄子之学。故其人格精神及文艺观念往往体现出道家美学的旨趣。

傅山对道家天人关系是建立在批判扬弃的基础上做了更为精彩的发挥。即将天人相合与天人相分相统一。"凡事天胜。天不可期，人纯天矣。不习于人而自欺以天，天悬空造不得也，人者，天之便也。勤而引之，天不深也。"② 这里他既强调人的主观能动性，"勤而引之"，进而"执之而为之"，利用自然；但他又强调必须"顺动"，"天不可欺，人纯天矣"；"人者，天之便也"即傅山所谓"天人相合"之立场，"便"是变而安的意思。傅山认为人从自然界发展而来，人死亡之后也将归化于大自然。人的物质生活资料都是来源于自然，所以人在天即"自然之道"面前利用、控制自然的同时，应顺从自然规律，反映了傅山合于天道的思想。"及卒，以朱衣黄冠殓。"③ 傅山终以道家服饰回归于自己的理念世界，归宿于造化他的大自然中，返璞归真，回到元初的状态。他于死的描述是"略劳锹锸，了此一场春梦"④，这种视人生为"春梦"，视死如归的态度，含有道家与天道同一的诉求。

傅山有着"质不可为"的观念，"质不可为，为之者，是有所造作加上也，即是文之过者"⑤ 他的艺术创作强调"天机"，"全不事炉锤"。这里的"天机"是指与生俱来的灵性，就是在创作中进行真挚、纯粹的表达才能做到"纯任天机"。他还提出"四宁四毋"艺术观，"心手之不可欺也如此，危哉！危哉！尔辈慎之！毫厘千里，何莫非

---

① 魏宗禹：《傅山评传》，南京大学出版社，1995，第121页。

② （清）傅山著、丁宝铨刊，陈监先批校《陈批霜红龛集》卷三十八，《杂记三》，山西古籍出版社，2007，第1053页。

③ （清）全祖望著；黄云眉选注《鲒埼亭文集选注》，齐鲁书社出版，1982，第254页。

④ （清）傅山著、丁宝铨刊，陈监先批校《陈批霜红龛集》卷二十三，《寄陈又立》，山西古籍出版社，2007，第636页。

⑤ （清）傅山著、丁宝铨刊，陈监先批校《陈批霜红龛集》卷三十三，《詮言训》，山西古籍出版社，2007，第903页。

然！宁拙毋巧，宁丑毋媚，宁支离毋轻滑，宁直率毋安排，足以回临池既倒之狂澜矣。"① 这与明代万历年间的思想解放潮流有着密切联系。李贽提出的"童心说"强调个性解放，开启了肯定自我价值，不依据圣人，摒弃教条、做作，提倡自己"本心"的思潮。如此背景之下，傅山以"丑""拙""支离""直率"作为审美追求，突破常规正统，具有特立独行的浪漫主义色彩。他反对理学家的迂腐拘讷，对宋以来理学及其陈腐观念进行了大胆的批判，"凡所称理学者，多不知诗文为何事何物，妄自谓我圣贤之徒，岂可无几首诗、几篇文字为后学师范，遂高兴如何物清意味，何物天下理而已矣"②。

傅山有时通过"心斋""坐忘"来达到"虚、静、明"的境界，以此自得"天机"。此时因为进入了一种虚静的状态，人也就因此排除了内心固有知识和繁杂心绪的干扰。没有了这些杂念后，心就可以容纳万物，与天相通达，达到心物两忘的境界。"心斋坐忘"，不为外物所动，就能够像明镜一样照见万物，达到主客合一、天人合一的境界。《跌雪起二章》中就记载了他打坐冥想的状态"久闭眼亦懒，逃字如蒙童，孤山戏春色，淡墨谁能浓。守黑自阴符，知白真吾宗。"③ 傅山通过这种打坐的方式来舒缓应酬的压力，同时也助于心灵退返到原初之境，上合天道，以达到返璞归真的境界。由于思想上超前，他的绘画反传统常规范式，强调造型神似、用笔稚拙，似童子之迹，初步具有类似存在主义式的美学旨趣，超越集体无意识，力图摆脱前人面目，勇于拓荒。《崛围红叶》是傅山晚年回忆家乡崛围山所绘。图绘几个大山包围绕在湖的两旁，左边山包的后方整齐排列着松树，依着岸边逐渐远去，山包上有几株红树引人入胜。不似中国传统山水画笔墨的皴擦晕染来展现山的雄壮、峭拔或秀丽。傅山画中的山流露出更多是一种稚拙的趣味性，山锋被处理成几个圆圆的大山包罗列开来，松树枝干像燃烧后的火柴棍，弯弯扭扭的延伸向远方。可能是为忆起童年的天真时光，以这样图形化的稚拙处理方式来展现童年纯真之眼里的崛围山。他用退行的稚拙

① （清）傅山著、丁宝铨刊，陈监先批校《陈批霜红龛集》卷四，《作字示儿孙》，山西古籍出版社，2007，第92页。
② 魏宗禹、尹协理整理《傅山手稿一束》，《中国哲学》第十辑，三联书店，1983，第340页。
③ （清）傅山著、丁宝铨刊，陈监先批校《陈批霜红龛集》卷四，《跌雪起二章》，山西古籍出版社，2007，第92~93页。

用笔超越了文人主流绘画，与庄子提倡"天地有大美而不言"的思想相契合。

傅山《竹柏图》绘一山石横亘于两株竹柏之前，山石的边缘墨色浓重，露出簇簇的竹叶。柏树的枝干边缘通过大大小小的墨点表现树叶，在浓重的墨色之间，柏树枝干的留白及背景之留白愈加显得警醒瞩目，极富张力；傅眉在《傅山、傅眉山水合册》之十一中，描绘两块黑色怪石，左方有一红衣男子，似喻其父"朱衣道人"傅山。两块石头渲染得非常有层次，实为前后几个完形性很强的方形层层遮挡错位而成，每一层石块的走势、转折得以清晰展现，但远观之又整体黑而厚重。边缘处，墨色扩散出轮廓线，四周的藻泽地墨色浅淡，呈现出虚淡朦胧的美感。巨石的黑色与朦胧的周景互为补足，恬静朴素浑然天成。

黑白对比鲜明的视觉画面意味着更富抽象性，因此具有指涉哲学内涵的特性。傅山父子的文艺美学深深寝馈于道、释两家，富于辩证性认识和体悟对他们绘画的意象造境产生了重要影响。傅氏父子深悟"道是一与化的统一"、"无与有的统一"、"平阴阳"之理。傅山在《失笑辞》一文中说："天地幻无而有有，人人幻无而有有。……氤氲变化，无古无今。无模拟之天使，图彩本于皇神。何物主气也？何物主理也？何物炤应也？何物法度也？"① 他将有、无对立统一与事物运动联系起来，这体现在傅氏父子山水画中就是那些对立元素的巧妙统摄。傅山对阴阳之平衡尤为重视，反对"阳尊阴悲"之说，认为"阳不劳扶，阴不劳抑"。这使得傅山父子山水画对黑白对比及变化的表现方面胜出了很多更专业的画家。在《傅山、傅眉山水合册》之十一、十五及《竹柏图》等画作中，白的意象及张力超过一般的山水创作畦径。傅山诗句曾云："守黑自阴符，知白真吾宗"② "阴符"者，阴是说大道玄隐，符是说大道机显，即道机暗合道体之意。吾宗即个体与道同一。"知白守黑"出自《道德经》，其首章"故常无，欲以观其妙；故常有，欲以观其"徼"即与"知白守黑"对应同义。以感官知觉把握现象界的差异（徼），以超验体悟道之本体的内在关系。"黑"即可视之象，故以

① （清）傅山著；陈监先批校《陈批霜红龛集》卷二十六，《失笑辞一》，山西古籍出版社，2007，第707～708页。

② （清）傅山著；陈监先批校《陈批霜红龛集》卷四，《趺雪起二章》，山西古籍出版社，2007，第92～93页。

知觉感官、意识"守"而得之；"白"即无象之本体，故以超验方式（直觉、坐忘）而领悟之。傅氏山水画深味守黑而知白，故黑为机显之象，留白为虚隐之象，然由黑之显形反观白之隐形，即知白形，这正是道家哲学精髓在画面中的体现。故傅氏山水画可谓返璞归真，知白守黑，上合天道。

2. 中通人心——情真志诚

傅山父子强调自然本性之流露，对个性解放的追求在同时代尤为突出。傅山在文学创作上追求"情真"，主张"缘情以文"。他说："文者，情之动也；情者，文之机也。文乃性情之华，情动中而发于外，是故情深而文精，气盛而化神，才挚而气盈，气取盛而才见奇。"[①]"情深"即为情感真挚。于诗歌创作，傅山则提出了"诗为性情音"的主张，"生既须笃挚，死亦要精神。性钟带至明，阴阳随屈伸。"[②]傅山诗富悲怆之怀，豪迈之气，纵横之志，凄凉之情，愤懑中见奋发，深含憧憬。顾炎武曾作诗说傅山："相逢江上客，有泪湿青衫"，"苍龙日暮还行雨，老树春深更著花"。[③]这说明傅山是情感丰富真挚之士。傅山认为诗是人生的喜怒哀乐，悲欢离合中即有诗，诗情随时都会从胸中涌流。他年轻时痛失爱妻，中年悲失故国，沉郁悲壮之旨贯穿其一生的诗、画创作。

傅山曾言，丹青绘事"进乎道"，其中"各有性情"，宜从中各取所需："子美谓'十日一山，五日一水'，东坡谓'兔起鹘落，急追所见'，二者于画迟速何迥耶？域中羽毛鳞介，尺泽层峦，嘉卉朽蘖，皆各有性情。以我接彼，性情相浃，恒得诸渺莽惝恍间，中有不得迅笔、含毫，均为藉径，观者自豁然胸次……斯技也，进乎道矣。"[④]傅山指出通过中通人心之情真可上合天道，这与庄子主张"真"必须"顺性命之情"，必须"动人"是高度一致的。"泖湖词客妙丹青，吹落矶头

① （清）傅山著；陈监先批校《陈批霜红龛集》卷二十五，《文训》，山西古籍出版社，2007，第673页。

② （清）傅山著；陈监先批校《陈批霜红龛集》卷五，《病极待死》，山西古籍出版社，2007，第132页。

③ （清）傅山著；陈监先批校《陈批霜红龛集》附录卷二，山西古籍出版社，2007，第1195页。

④ 侯文正：《傅山论书画》，《论画之迟速与性情》，山西人民出版社，1986，第107页。

几片零。飘缈三林三十乘，流连点缀故人情"①，南方画家漂流北方为傅山画石，傅山联想这石是从遥远南方吹落下，寄托着从遥远南方而来的情感，石头也被作为"流连点缀故人情"纪念物，可见傅山对绘画总是饱含着真情欣赏、创作，寓情于绘画之中。

傅山在《题画自老柏》诗中说："老心无所住，丹青莽萧瑟……掷笔荡空胸，怒者不可觅。笑观身外身，消遣又几日。"② 傅山将老柏作为自己化身，寄寓自己感情，写胸中怒气，寓悲愤情怀。绢本册页《古城夕照》是傅山据太原古城实景绘成，展现了夕阳西下的黄昏时节，萧瑟景色中晋阳古城的残迹。停滞的溪水、丛生的杂草和干枯的树枝体现傅山对故国已逝的悲凉之情，但细观枯枝依旧挺拔屹立，蕴含向上生长的张力，是其内心昂扬斗志从未屈服的体现。《西村夜景》是傅山从西村返回土堂村，突觉西村的夜色美妙，令其如醉如痴，第二日，据回忆而作。在柔和的月色下，"雾霭丝带"的空隙间，西村的树木、村舍、小河和山冈若隐若现。画面在平静之中蕴含着灵动，又在超脱的境界中隐现出空寂落寞的情致，以及夜归途中因新奇迷离之境和泉水抖擞之韵引发的兴奋喜悦之情，这些情感混融于一处，引人产生无限的遐思。画中这一"兴发"之怀使傅山此画与主流画作枯寂、静寞意趣的画风拉开了距离。傅山父子对于受早期坐禅影响的道教追求偏于枯寂之道并不真正认同。一生"自强不息"的傅山父子深味庄子"生人之道"，庄子虽主张"坐忘"，但他怀有对"阳心"的眷恋；他批评慎到之道是"死人之道"而非"生人之道"。③ 他们和庄子一样追求一种生机盎然的精神状态。这在父子二人所绘诸多实景山水中可以得到很直观的印证。傅山、傅眉的画卷通过夸张的表达，将奇崛、新奇、朴素的形式美作为自己艺术风格，用迟涩的笔墨和觚觚拐拐的线条表现了内心的苦闷，以及遗民才子的气节，这也是明遗民心理世界的"自我放逐空间"。同时，对景物的生动表达，体现了他们昂扬的生命力和不屈服的奋进精神，其绘画的情感维度呈现为多面向的立体特征。傅氏父子的山水画可谓"缘情以绘""画言志"的典范，甚得情真之旨。

---

① 侯文正：《傅山论书画》，《借画为宾从绝句》，山西人民出版社，1986，第129页。
② 侯文正：《傅山论书画》，《题画自老柏》，山西人民出版社，1986，第137页。
③ 关于《庄子原文》，可见萧无陂《庄子》，岳麓书社，2018，第17~48页、第319~347页。

3. 下合物事——写生鲜活、 物理真实

潘天寿说："清代绘画于形式之摹拟，而少有振展，惟傅山等抱道自尊，故于绘画各有独特的造诣，尤其影响清初画学者不少。"[①] 潘天寿指出了清初绘画主流渐趋于空洞浮华，形式主义弊病较严重，他从傅山画中看到了建基于生活体验而提炼出的审美体验，做到了"外师造化，中得心源"的宗旨。傅山父子一方面求道德、性情之真，不被世俗虚伪礼教蒙蔽；另一方面注重写真，扎根于自然，不依附当时的潮流，作笔墨的拼凑。他们的精神世界附着在真实体验之上，具有高度的鲜活性，可谓具生机勃发之感。

傅山父子留存于世的绘画不多，无关实景的写意山水多体现出傅氏父子融会学习前人的踪迹，还有部分笔墨实验游戏之作。最惹人瞩目也是数量占多数的则是二人的实景山水。《傅山傅眉山水合册》都是实景入画，如傅山居住过的西村、土塘、虹巢、帛金湖等山西景观；在《晋阳八景》册页中，描绘了太原府古城夕照、崛围红叶、天门积雪、土堂怪柏、文笔双峰、翁泉难老等景致。这些实景山水描画相对精细，足见观察、游历、体验之真切。这种真切已经超过了名言"下合物事"的儒家范畴，而将"物事"之真的经验推及康德意义上的"理智"领域，这种基于经验基础的纯粹理性在晚明清初的文人学者那里获得启蒙和成长，天人相分的思想得到重视。在傅山父子那里表现为三个方面：一是气在理先的观念；二是"好学无常家"的认识论；三是对墨学逻辑及因明学的研究重视。"老夫尝谓：气在理先，气蒸成者始有理。山川、人物、草木、鸟兽、虫鱼皆然。若云：'理在气先'，但好听耳，实无着落。"[②] 傅山批判了理学的形而上观点，强调客观世界的本原性，坚持唯物主义观点，在自然物象中探索真理。他说："不沾沾于故纸，仍非罔于思维。山经若地如图，信足迹以搏扶。"[③] "好学无常家"[④] 的认识论更是具有早期启蒙思潮的意识。

---

① 潘天寿：《中国绘画史》，团结出版社，2005，第224~225页。
② 《孙郅藏傅山手稿照片》，转引自魏宗禹《傅山评传》，南京大学出版社，1995，第106页。
③ （清）傅山著、陈监先批校《陈批霜红龛集》卷一，《好学而无常家赋》，山西古籍出版社，2007，第26页。
④ （清）傅山著、陈监先批校《陈批霜红龛集》卷一，《好学而无常家赋》，山西古籍出版社，2007，第25页。

傅山于弱冠之年有了为解决社会弊端研究学问的理想，对知识有自己的独立见解，不盲目接受传统。从他的自述"此自吾家诗，不属袭古格"①、"法本法无法，吾家文所来"② 等来看，傅山祖辈就有独立思考学问之传统，并且将这一家学传统传递给自己的晚辈们，带领他们游历山川以增长见识。"念我弱冠年，命艺少旧袭。塾题试致身，满臆河山疲。遂云割裂收，如作残肢茸。不谓竟成谶，短绠艰自汲"③。他缅怀自己少年时不能常走出家门，身临各地景点的遗憾，有逆传统而动的胆识。明末甲国变后、傅山失去了以往的政治经济特权，家庭财富又受到战争毁灭性的摧损，使他不得不以行医和鬻书为生，要为很多日常生活操劳。因此更多接触下层人民，注意到人们改造自然的实践活动，提出"道在瓦砾"、"市井贱夫最有理"，赞颂了市井人民的作用；主张生财利民，重视积累社会财富，提出了"市井贱夫可以平治天下"这一超越性主张。"下合物事"的观点可以从傅山对老子关于上士、下士的观点评论进行窥见："山于此章，恰要以下士为得到之人，何也？勤行者、崇有者也。"④ 他认为因为下士经常接触实际，"道在器中"，即道在事物之中。下士生活在下层，需要为生计奔忙，不可能脱离实际，每每勤行，知行一致，具有崇真务实的精神。傅山也自号"闻道下士"，有市民意识。傅山的实学及科学思想以及社会变革思想，风标士林，具有超前地位，对近代中国发展有重要意义。而逻辑学的研究对傅山发展科学理性思维意义重大。

　　在傅眉一幅风格稚拙的画作——《傅山傅眉山水合册》之十二中，可以令人惊奇地发现，在建筑树木景观的描绘中运用了西方单点透视的成分，这与中国山水、家具描绘的传统方式大异。晚明以来朝廷内部斗争激烈，君主昏庸无能，正统儒家观念受到广泛的质疑，这一时期有自我意识的思想和艺术家获得解放，绘画上也出现了更多的可能。高居翰在他的《气势撼人》中探讨晚明阶段绘画的一种熟见的二极性：一种

① （清）傅山著、陈监先批校《陈批霜红龛集》卷四，《览自眉诗有作》，山西古籍出版社，2007，第102页。
② （清）傅山著、陈监先批校《陈批霜红龛集》卷十四，山西古籍出版社，2007，第383页。
③ （清）傅山著、陈监先批校《陈批霜红龛集》卷三，《始衰示眉仁》，山西古籍出版社，2007，第80页。
④ （清）傅山著、陈监先批校《陈批霜红龛集》卷三十二，《读子一·老子》，山西古籍出版社，2007，第857~858页。

是以董其昌为代表的依据传统形式构建绘画，另一种则是以张宏代表的忠实描绘自然景色，并将之视为"自然主义与人文秩序两种相反且对立方向的具体表现"。① 张宏为代表的"具象山水"强调自然景观的真实性，画家要尽可能地透过画笔表达其"视觉"所见到的"真实"景观。这一真实图景的构图布局借鉴了西方传教士带来的铜版画描绘，推动了具象山水构图形式的多样化。另一方面凸显了超乎一般视觉经验的奇特，助长了奇观山水的流行。1603 年顾炳之的《顾氏画谱》提供了中国有史以来第一部附图的画史书，"借用奇观图像想象性的匹配时代久远的古代名家山水，突破了过去以映照理想化之内心世界为主调的山水画的形式限制，满足观众的视觉经验探险。"②

16 世纪后期较为常见的"奇观山水"创作及消费之喜好可能与 16 世纪中叶以来旅游风气的渐盛有关。这一旅游热潮在人数、阶层上均有扩充，许多底层文人、商贾、僧道加入其中；品位上也逐渐由传统的"印证林泉"转向"搜奇猎胜"，甚至出现了像徐霞客这样现代型的地理学家、旅行家、探险家。他们的旅游目标不再只是追求与自然的结合，天人合一框架下的隐逸型体验和个人在自然面前的卑微感开始消解，"自我主体的标榜意识逐渐抬升，捕获、猎奇、凝视、占有、消费的意识大大增强"。③ 这是类似西方哲学"爱罗"④ 为根本的"惊异"与理智在明末清初启蒙思潮中的朴素体现。在奇观山水图像的流行潮流中，初刊于 1609 年的《海内奇观》是集大成之作，受到高度欢迎。此书原要作为旅游指南之用，为知名景点的文字所配的大量图绘混用了此前胜景图绘的四种模式：舆图式、全景单幅式、全景连续长卷式、分景集合图册式。这类图绘由于大部分具有强烈的地区性，对于某地的地方认同及宣传大有助益，在 16 世纪以来各地之地方意识提升后，更是重要，许多这类图绘进入作为地方意识载体的地方志中。随着士大夫旅游风气的兴盛，画坛中也较频繁地采用上述模式。《海内奇观》可谓上述

---

① （美）高居翰著、李佩桦等译《气势撼人——十七世纪中国绘画中的自然与风格》，生活·读书·新知三联书店，2009，第 6 页。

② 石守谦：《山鸣谷应：中国山水画和观众的历史》，上海书画出版社，2019，第 265 页。

③ 关于晚明旅游文化，可见巫仁恕《品味奢华：晚明的消费社会与士大夫》，联经出版事业股份有限公司，2007，第 177～213 页。

④ 爱罗：希娜爱神爱神厄洛斯 Eros 的音译，亦译作厄洛斯，意为材知、爱欲，表现为对实体世界之无限投企及对非我之占有。

地方意识及旅游风气两个发展合流后的结果。① 在此风气推动下，明末清初山水画更加肆纵、奇崛、真实，比如石涛就创作了大量胜景，既体现了画家的主体意志，又满足了当时人们对"奇观山水"的消费需求。傅山父子颇好旅游猎胜，其描绘晋地的实景山水创作亦应放在这股"奇观山水"图像流行、现代性"旅游"风气及地方意识上升的文化现象中来考量，他们的《晋阳八景》、《傅山傅眉十六册页》均属于分景集合图册式，也印证了这一点。

综上所述，傅山、傅眉父子的山水画既展现了他们在洗尽铅华之后的本真、朴素及"贵我"的精神世界，但他们又同时受当时的现代性萌芽和科学理性启蒙的影响，于自然界与社会中探寻真理。既立足于纯粹理性精神，又能上升到追求道家本真的超越性境界，体现出傅山父子在近代现代性曙光中统摄天人相合与天人相分辩证关系方面所达到的空前高度。

（责任编辑　张兴）

---

① 关于《海内奇观》，参见李晓愚《论晚明的旅游与出版风尚：以杨尔曾〈新镌海内奇观〉为例》，《南方文坛》2018 年第 6 期。

从诚悫到诚敬[*]

——求仁工夫论的衍进

王　堃^{**}

摘　要　从传世与出土文献的相互佐证中，"慎独"的郑注"诚悫"与先秦的"诚敬"观念有一贯之处，可以同归于既珍重内心本始情感，又形于外在礼义的求"仁"工夫论。从"诚悫"到"诚敬"即内心工夫由浅入深的衍进，其外在表现是礼义之道在日益精微的工夫过程中得到转化。"仁"发端于怵惕恻隐，珍重这种本源的哀素之情就是诚悫，这是礼义的复本之始。始于对本源情感的诚悫，直至心中忧乐两情的终始相应在诚敬中得以显现，从诚悫到诚敬的衍进既是礼义之道渐入精微的过程，也是内心的求仁工夫持续向"深泽"的推进。"诚悫"与"诚敬"标志着求仁工夫的不同进程，同样标志着礼的隆盛与精微两个层面，由两者的衍进关系可以探讨仁与礼的一贯。

关键词　诚悫　诚敬　工夫论　终始相应

"诚悫"，是郑玄注释《礼记·礼器》中"君子慎其独"时提出的，"致诚悫"在于"少其牲物"，这是"礼之以少为贵"的原则所在。① 礼

---

* 本文系中山大学青年教师培育项目"儒家'正名'伦理学研究"（项目编号：19wkpy118）的阶段性成果。

** 王堃，中山大学哲学系（珠海）副教授，哲学博士，主要研究领域为儒家伦理学。

① （汉）郑玄注，（唐）孔颖达疏《礼记正义》，《十三经注疏》影印本（卷二十三），中华书局，1980，第1434页。

贵于少，即以人的德性为贵，外在礼物不足与之相称，礼少利于维护内心的专注。郑玄的注释将对"慎独"的解释导向了两种面相，一是"诚"，二是"悫"；两者都有专注内心实在的意思，不同在于"悫"的意义层面。

"悫"在《说文·心部》的解释是"谨"，这与郑注、孔疏以及朱熹章句等以"慎"为"谨"的传统是一贯的。这个字在《荀子》文本中很常见，比如《非十二子》中的"其容悫"，杨倞注为"谨敬"。但其意义不限于此，《荀子》经常出现"材悫"、"端悫"、"原悫"等用法，在本始才朴的基础上，加入了"信""慎""畏"等情感、意志的因素，[①] 使"悫"的含义复杂化了——既可以是诚、信、或对内在情志的持守，也可以有敬、畏、谨慎等与外在事物、外来影响相关的意向。[②] 如此一来，"悫"的意义既包含了内向的"诚"，又有着注重外在的因素，从而表现出对于"诚"的某种扩展或衍化。

郑玄对《中庸》"慎独"的注释中，"慎其闲居之所为"就凸显了后一条脉路，而《大学》"诚意"、诚于中而形于外之说更近于前一条路径。[③] 值得讨论的是，从荀子的"诚心"守仁行义，到朱熹的诚与敬互为终始，可以发现一条致力于在两种脉路之间寻求统合的思路。这种统合的关节点在"仁"，以诚悫守仁是开始，诚的深化即转而为敬、谨、慎独，诚的极尽精微在于几微之际达到对"仁"的体察，如是终始往复。始于诚悫、终于诚敬，是诚的逐渐深化，在此深化过程中保持

---

① 《荀子·不苟》："庸言必信之，庸行必慎之，畏法流俗而不敢以其所独甚，若是，则可谓悫士矣。"

② 训"慎"为"谨"，可见于郑注、孔疏以及朱熹章句。王念孙关于训"慎"为"诚"有此说："凡经典中'慎'字，与'谨'同义者多，与'诚'同义者少。训谨训诚，原无古今之异，唯'慎独'之'慎'则当训为诚，故曰：'君子必慎其独'，又曰'君子必诚其意'。《礼器》、《中庸》、《大学》、《荀子》之'慎独'，其义一而已矣。"（清）王先谦：《荀子集解》，中华书局，2018，第55页。而如果"慎独"即"诚独"，则"悫"字未定，随而具有"诚"的意思。如《广雅·释训》："悫悫，诚也。"《吕氏春秋·去宥》"不以善为之悫"，《淮南子·主术》"其民朴重端悫"，高诱均注为"悫，诚也。"

③ "所谓诚其意者，毋自欺也，如恶恶臭，如好好色，此之谓自谦，故君子必慎其独也！小人闲居为不善，无所不至，见君子而后厌然，揜其不善，而著其善。人之视己，如见其肺肝然，则何益矣！此谓诚于中，形于外，故君子必慎其独也。曾子曰：'十目所视，十手所指，其严乎！'富润屋，德润身，心广体胖，故君子必诚其意。"（汉）郑玄注，（唐）孔颖达疏《礼记正义》，《十三经注疏》影印本（卷六十），中华书局，1980，第1673页。

着诚与敬的终始一贯。诚敬一贯的阐释脉络可以从荀子关于危微之几的讨论中发现，并延伸到宋儒的诚、几、仁之说。对参《荀子》《礼记》以及简帛等文本，可探寻作为一种求仁工夫的"诚"的衍进如何体现在"悫"的意义转化中，并可以从诚与敬的一贯中探讨仁与礼的一贯。

一 诚悫：始于哀、成于敬与礼之隆盛

关于"慎独"的训释，廖名春《"慎独"本义新证》所作的考辨是值得信服的。他从"慎"的初字"真"的缘起开始，确立其有"心""珍"的意思，结合简帛《五行》中的舍弃外在的"五行"而"慎于心"，得出慎独实为珍重内心德行的结论。[①] 在简帛的解释里，《邶风·燕燕》中的"参差其羽"为"至哀"的条件，唯当舍弃外在的孝服仪节，才能专一于内心的哀思。"礼"以丧礼为重。《礼记·檀弓下》记载："丧礼，哀戚之至也。"《荀子·礼论》以"卒［丧］礼"重在"以生者饰死者"，以象服作为品节、文饰，表现本始的哀敬之情，从而使生者得以节哀顺变，由此体现生死始终为一的义旨，这是制礼的初衷。礼以本始为贵，文饰应从本始的哀敬情感出发，礼之文饰的至备境地是达到"情文俱尽"，而即使达不到这个境地，礼的隆盛其实在于复归上古的哀敬、质素之情。在情与文的关系上，《荀子·礼论》主张"始乎税，成乎文，终乎悦校"，杨倞注"《大戴礼》作'终于隆'"。[②] "税"有减少、收敛之意，礼的起点应符合"以少为贵"的原则，以哀素之情为本始，以复归于平悦之情为文饰的终点，情感的吉凶、忧愉作为制礼者所应注重的两端，礼以体现情感的"终始相应"为其隆盛的旨趣。[③] 哀与悦是情感的始点与终点，也是礼之文饰的终始两端，礼文的隆盛旨归于情感由哀至悦的转化。

---

① 廖名春：《"慎独"本义新证》，《学术月刊》2004 年第 8 期。
② （战国）荀况著，王天海校释《荀子校释》（下），上海古籍出版社，2016，第 758、765～766 页。
③ 郝懿行的注解也合此意："此言礼始乎收敛，成乎文饰，终乎悦快。"而孙怡让将《大戴礼》"终于隆"解为"礼弥文则弥姣好"，并不符合荀子"贵始"、"贵本"、"复情以归大一"、"以为下则顺，以为上则明"之制礼旨趣。（战国）荀况著，王天海校释《荀子校释》（下），上海古籍出版社，2016，第 766 页。

1. 礼之隆盛在于始于哀、成于敬

哀敬是礼的本始情感，礼以文饰的隆盛为终点，在"成乎文"的过程中，即便达不到"情文俱尽"的至备之境，在忧悲到悦快之情的转化中，获得生死终始融为一体的安悦、中和之情也可称为隆盛之礼。戒惧忧患是哀敬的一种表现状态。《说文·口部》："哀，闵也。从口，衣声。"《孟子·梁惠王下》"哀此茕独"，焦循引《说文》"闵"作解。"闵"在门部，《说文》以"吊者在门"作解，哀、闵都有痛惜、悼伤之意。《释名·释言语》"来，哀也"，王先谦引述日本古文孝经，训"哀（偯）"为"依（□）"，痛哭的余声，可节为曲折从容。闵又有"忧"的解释，《孟子·公孙丑上》"闵其苗之不长而揠之"，朱熹注"闵"为"忧"；《周南·汝坟序》"闵其君子"，孔颖达疏"情所忧念"。忧思较哀悼更轻，并有生长为安和悦快的趋向。故哀、闵又有"怜"、"爱"之意，始于哀痛、而长于爱怜，正因君子念其所始、所依，故能哀而不伤、节而有渐，终归于仁爱、和乐之境。哀戚在丧礼中发到极致，而又顺变可节，哀闵之情可以在由凶而吉、自忧而愉的转变中，逐渐达到送死而养生的仁爱、和悦体验，情感的这种"终始相应"即哀、悦融为一体的专一体验。礼的旨趣在于达到这种体验，唯此才能称为隆盛之礼。

珍重心中的哀素之情，自然能升起敬、谨之意，在敬、谨的涵养中更易于获致终始相应、至精至一的体验。由丧礼转至祭礼，尤其能表现出情感的这种由哀转敬的过程。丧礼与祭礼皆以哀敬之情为重，而礼器节文均以少为贵，情感充沛胜过礼的不备。[①] 郑玄注："丧主哀。祭主敬。"孙希旦的解释是："若哀敬有余而于仪物或有所未尽，此虽未足以言备礼，而其本则已得矣。"[②] 以情为本，而礼器为末，仪节简省是次要的，难得的是突出对内心情感的珍重。比如"明旌"的施设是由于注重内心追思已逝亲人，以此仪节存录这种追思。[③] 哀本

---

① 子路曰："吾闻诸夫子：'丧礼，与其哀不足而礼有余也，不若礼不足而哀有余也。祭礼，与其敬不足而礼有余也，不若礼不足而敬有余也。'"（《礼记·檀弓上》）

② （清）孙希旦：《礼记集解》（上），中华书局，1989，第202页。

③ 铭，明旌也。以死者为不可别已，故以其旗识之。爱之，斯录之矣。敬之，斯尽其道焉耳。（《礼记·檀弓下》）孔颖达正义："'爱之，斯录之'者，谓孝子思念其亲，追爱之道。斯，此也。故于此为重，以存录其神也。"（汉）郑玄注，（唐）孔颖达疏《礼记正义》，《十三经注疏》影印本《卷九》，中华书局，1980，第1301页。

是爱之极，①从极致的哀必然转向追思已逝亲人的爱，而这种转向是趋于平悦、本真的爱敬亲人之情，"明旌"之礼只是为了标志这种情感的渐变。同样，以"设祭"来标志敬亲之情，意味着从质朴的哀素之情向有文饰的齐敬之心的转变。②以礼节哀，本身就是由哀起敬的表现。礼的文饰由简趋繁，"始于脱，成于文"，也可以被解释为"始于哀，成于敬"，礼趋于文的过程本身就是礼之隆盛——"终始相应"的宗旨所在。

2. 诚悫与慎独：体"仁"的修养工夫

注重哀与敬终始相应的制礼原则，同样体现在《荀子·解蔽》"虚壹而静"的养心工夫当中。既能使哀乐之情始终相应，又能保持"无始无终"、兼知众物而持衡为壹。"虚"而可纳是求道的前提，而容择、参稽万物的"虚"又需致力于使心能专注于"壹"，虚、壹、静互为依托。通过这种心术，在对志荣意满的戒惧中由"危"入"微"，获得荣而不知的微妙体验，这是志意畅遂、没有壅蔽的"大清明"状态，这也是体察到"仁"的心境。对于这种平和清明的心境，《不苟》中的描述是"端悫生通"，无蔽、清明的心境不是一蹴而就的，修为的起点是之日常言行中持守"信"、"慎"、"端悫"，即首先要成为一位"悫士"。"悫"即敬畏内心、规避流俗，将"悫"、"敬"、"慎"所表达的忧惧之情推到极致，以达到身处俗中而不知，并能起伪易俗的清明和乐之境，悫士也就有了上升为公士、通士的可能。养心就在于珍重、信守自己真实的敬慎忧患之情，并通过虚壹而静的工夫，最终达到化忧患为和悦，保持情感、意志的明通畅快。

节哀主于慎独，易言之，哀之可节始于珍重内心的本始之情，而终于忧患敬慎的养心工夫。由哀起敬，是因为丧亲者念其所始，不敢毁伤身体，节哀始于珍重哀素之情，转而升起了戒惧养正之心，将戒慎推到极致就是危而能微、由爱而仁。从信实于内心的质素之情，到谨慎于对

---

① 《左传·庄公二十七年》："夫民，让事、乐和、爱亲、哀丧，而后可用也。"孔颖达疏："爱极然后哀丧，哀丧谓爱也。"杨伯峻注："爱亲谓慈，哀丧谓爱。"杨伯峻：《春秋左传注》，中华书局，2016，第257页。

② "奠以素器，以生者有哀素之心也。〔郑注：'哀素，言哀痛无饰。凡物无饰曰素。'〕唯祭祀之礼，主人自尽焉尔，岂知神之所飨，亦以主人有齐敬之心也。〔郑注：'哀则以素，敬则以饰，礼由人心而已。'〕"（清）孙希旦：《礼记集解》（上），中华书局，1989，第256页。

此本真情感的戕害，郑玄注的"致诚悫"恰可涵盖"重""信""素""谨"这几层意思。"诚悫"既有"忠"、"信"于本始情感的意味，也有谨慎于放失这种本真情感的意味，谨慎于放失本心也是对"诚""忠""信"的加持。《大戴礼记·曾子立事》里的"慎"也有言行上的"信"而"谨"的意思，不过另有加谨于将来的"忠"的含义。①即将到来的几微之际，应当不假犹豫、谨慎地加以养护。这里的"慎"，除了珍重、涵养以外，"敬""谨"的意味更为突出，并具有鲜明的时间性，唯有谨于几微之际才能称为"忠""信"。这已经接近朱熹对"慎独"的训释，即加谨于未发与已发之际，以达忠信于已发的独知。朱注与简帛的异同素有争论，②若暂时搁置外在"独处"之意，而从朱注加谨于"己所自知"处着眼，那么"独知"的工夫未尝不可看作"诚于内心"的一脉相承。③独知是从始于哀、终于敬的"诚悫"开始的，由诚悫的工夫修养达到仁而乐的大清明境界的体会，这是礼之隆盛的最为原初的体现。

二　诚敬：哀乐相生的几微之际

从珍重本始的哀素之情，到谨慎于灭性毁伤，可以说是由"诚悫"的工夫实现由哀向乐的转化，以达到对"仁"的境界的体会。在此工夫过程中，敬、谨究竟如何发起，其依据是什么，依然有待说明。而在

① "君子虑胜气，思而后动，论而后行，行必思言之，言之必思复之，思复之必思无悔，言亦可谓慎矣。……来者不豫，往者不慎也，去之不谤，就之不赂，亦可谓忠矣。……君子多知而择焉，博学而算焉，多言而慎焉。"（《大戴礼记·曾子立事》）

② 一般认为，朱熹《四书集注》所注"慎独"异于简帛以及《大学》《中庸》《礼记》《荀子》中的"慎独"，后者被训为"专一"、"诚"于内心，而朱熹注袭郑注、孔疏而训为闲居谨独。参见庞朴《帛书五行篇研究》，齐鲁书社，1988，第53页；梁涛：《荀子与〈中庸〉》，《中国社会科学院研究生院学报》，2002年第5期。乐爱国提出异议，认为朱熹释慎独之"独"为"人所不知而己所独知之地"，而与郑注孔疏之"闲居"拉开距离；并认为朱熹的"慎独"专就"已发"上说，要求谨慎于人的内心活动，与简帛"专一"、"慎心"接近。乐爱国：《朱熹〈中庸章句〉对"慎独"的诠释》，《中国哲学史》，2012年第4期。

③ "独者，人所不知而己所独知之地也。"（宋）朱熹撰《四书章句集注·中庸章句》，中华书局，2012，第18页。"如'慎独'之'独'，亦非特在幽隐人所不见处。只他人所不知，虽在众中，便是独也。"（宋）黎靖德编，王星贤点校《朱子语类》卷二十四《论语六》，中华书局，1986，第567页。

简文《性自命出》（下文称为《性》）以及《礼记》中，另有一种由乐转哀的叙述。《礼记·孔子闲居》所论的"五至"可概括以"哀乐相生"，① 其实主要阐述的是自乐转哀。《檀弓下》与简文都有一段兴起于"喜、陶、奋"，继之以"咏、摇、作"，转而为"愠、忧、戚"，再续以"叹、辟、踊"的历程。这一系列由喜转忧的情感、语言和行为的变化，礼在其中起到"品节"的作用。自哀转乐是以"敬"的升起作为中介的，而从乐转哀的过程更是"敬"的推进。

《性》篇以"笑"为"礼之浅泽"，以"乐"为"礼之深泽"。听到笑声容易生出"喜"，歌声使内心鼓荡的欢喜将要发作，这是"陶"而"奋"，不同的音乐进入心中会引起各异的情感以及咏歌、叹息等行为表现，通过比类节序、理其情而体其义，以有序的教化方式使礼乐厚积于心，就可以起到返善、化性的作用。这种治气理情的养心工夫称为"义道"，施行"义道"使礼乐深入人心，是达到"敬"的方式。② 为敬之道需要极其精微的性情涵养，喜乐与忧悲通过"思"而得以转化，察识这种转化是获取"义"的方式，由义达敬，而笃行"敬"可以达到"仁"。反复笃行这种为"敬"、为"仁"之道，可以称为"慎"，因此"笃"与"慎"都是"仁之方"。③ 对于情感的发作，首先应当用忠信予以守持，由此察识其中的微妙转换，则进入义道，再反复笃行、积累在心中，从而达到"敬""仁"的目标。这样也可以说"仁"乃"性或生之"，由本始的性情可以至于"仁"，而若不加谨，乃至放失了本始质素的情感，也有可能沦于不仁。只有珍重、忠信于内心的情感发生，并加以持守、涵养的工夫，才有可能确定声称"情出于性"。"情出"是自然的、浅显的，然而经由义道将其笃定在敬、仁为主的礼乐之道，则需要长期的涵养工夫，故可谓"礼之深泽"。

"义道"始于察识自乐至哀的转变，这是礼之所以深入精微的关键。情自性而出，这本身属于"势"，"慎"于此"势"是珍重内心的

---

① 孔子曰："志之所至，诗亦至焉。诗之所至，礼亦至焉。礼之所至，乐亦至焉。乐之所至，哀亦至焉。哀乐相生。是故，正明目而视之，不可得而见也；倾耳而听之，不可得而闻也；志气塞乎天地，此之谓五至。"（《礼记·孔子闲居》）

② "君子美其情，贵其义，善其节，好其容，乐其道，悦其教，是以敬焉。"（《性自命出》）

③ "其居次也久（旧），其反善复始也慎，其出入也顺，司其德也。……凡思之用，心为甚。叹，思之方也。……察，义之方也。义，敬之方也。敬，物之节也。笃，仁之方也。仁，性之方也。"（《性自命出》）

开始，然而将"慎"推向深微，就需要"习"的"有为"之"故"才能完成，也就是需要持续的涵养工夫加以养护，以保存这种本始的情感。《荀子·修身》中的"体恭敬而心忠信，术礼义而情爱人"挽合了"敬"与"忠信"以成为修持"礼义"的工夫，其开端则是"端悫诚信"。"忠信"、"恭敬"、"慎谨"、"端悫"是荀子"行术"的次第。[①] 这与简文中的由"忠信"而情出、由"敬"而"义"入是一致的，出入的顺遂须由返善复始的"慎"的工夫予以保障，而"诚悫"则是必要的守门工夫。换言之，诚悫只是"慎"的前段工夫，自诚信于本心而达到"谨"、"敬"的发端，最初表现为节哀以顺变的历程。而当经过"慎"的持续反思，将这种起始的工夫加以深入推进，则需要更加留意乐—忧—思—哀—忻的转变过程。简文"凡至乐必悲"以"哭"作为比较，乐、哭都是至情的表现，然而哭声对心的影响仅到"戚然"而止，乐声则从陶然而奋流于忧、思、叹，进而至于悲，而由悲哀再经过思，又可能进入欣然悦快。[②] 正如哀乐之间有追爱之"思"的介入，乐、悲之间也需要"思"作为纽结，这种"思"既可以在悲哀中追爱而起到节哀之效，也可以在安乐中生发忧思而转向悲哀。联系《孔子闲居》中的"五至"，情志一到，以诚信立辞的诗也就来到了，慎思察识情志的转变，那么礼、乐也就到了，同时乐、哀融为一体的涌动相生也就得到了体会。所谓"五至"，其实是情志感通之际、耳目闻见未发之前的本源情思，也即情感、意志虽尚未表现于外、而几微之际已形于内的"三无"。[③] 在此情意相生的几微之际，如朱熹所言，应当慎上加慎、精思深察。[④] 将"慎独"工夫持久推行下去，义道才会通往为"敬"、成"仁"的"礼之深泽"。

---

① "恭敬以先之，忠信以统之，慎谨以行之，端悫以守之。"（《荀子·仲尼》）

② "哀、乐，其性情相近也，是故其心不远。哭之动心也，浸杀，其央悉恋如也，戚然以终。乐之动心也，濬深鬱陶（陶），其剌（烈）流女（如）也以悲，悠然以思。凡忧，思而后悲；凡乐，思而后忻。凡思之用心为甚。叹，思之方也。"（《性自命出》）〔日〕池田知久监修，东京大东文化大学大学院事务室编：《郭店楚简の研究》（七），东京大东文化大学大学院事务室，2006，第77页。

③ "孔子曰：'无声之乐，无体之礼，无服之丧，此之谓三无。'"（《礼记·孔子闲居》）

④ "问'慎独'。曰：'是从见闻处至不睹不闻处皆戒慎了，又就其中于独处更加慎也。是无所不慎，而慎上更加慎也'；'这独也又不是恁地独时，如与众人对坐，自心中发一念，或正或不正，此亦是独处。'"（宋）黎靖德编，王星贤点校《朱子语类》卷六十二《中庸一》，中华书局，1986，第1502、1504页。

　　这里需要提及《性》与《五行》之间的关系。一般认为，《五行》较前者更突出德性的内在化，也有观点认为《五行》所持的是将仁、义分别为内在与外在的双修之术。① 庞朴的一个考证值得注意，他支持简文"中心之智"是一种广义的智的说法，以有别于"仁之思""智之思""圣之思"相对狭义的思，并以这种智为忧、悦之间的转换枢纽。② 以此看来，"智不思不得"中的"智"也是这种广义之智，要经过"思"来获取。"思"需要心的专一才能察识，这种专一或精一如荀子的"虚壹而静"，是一种持续生长、深入而逐渐形成的工夫过程。③ 精一而能察是"仁之思"，能够生长久存的是"智之思"，尚此而不忘的是"圣之思"。④ 其中，仁之思是由内心的安悦向外推扩的，经过义、礼返回智之思，完成人道之"善"的终始轮回；而智、圣之思是长期积累在内的德行，有始而无终，需要源源不绝工夫持守予以深入推进。⑤ 只有经过三种"思"的长期存养，才能成就"中心之智"，使忧、乐的情感转化得以持久平和的进行下去。结合《性》篇，这种"智"的形成恰恰是在"义道"的持守中，在反复致"思"的精一辨察中达到的，而并非仅仅是内心的状态。

　　中心之智的表现是"智之思"，首先显现为察知，在察知中得以安悦则为"仁之思"，由自己所安推及他者所安，并能由此安悦而起敬，

---

① 持第一种观点的，可参见黄俊杰《孟学思想史论》（卷一）台北东大图书公司，1991，第 75 页；陈来：《竹简〈五行〉篇与子思思想研究》，《北京大学学报》，2007 年第 44 卷第 2 期；赵法生：《心术还是心性？——〈性自命出〉心术观辩证》，《哲学研究》，2017 年第 11 期。持第二种观点的，可参见梁涛《郭店竹简与思孟学派》，中国人民大学出版社，2008。

② 庞朴：《文化一隅》，中州古籍出版社，2001，第 127～134 页。

③ 《郭店楚简·五行》："思不精不察，思不长不形。"帛书"思［不］精不察"下有"思不长不得，思不轻不刑（形）。"《经6》《说》："'圣之思也轻'。思也者，思天也；轻者尚矣。'轻者形'。形其所思也。"

④ 《郭店楚简·五行》："仁之思也清。清（精）则察，察则安，安则温，温则悦，悦则戚，戚则亲，亲则爱，爱则玉色，玉色则形，形则仁。智之思也长，长则得，得则不忘，不忘则明，明则见贤人，见贤人则玉色，玉色则形，形则智。圣之思也轻，轻则形，形则不忘，不忘则聪，聪则闻君子道，闻君子道则玉音，玉音则形，形则圣。"清，帛书本作"精"。"轻"，依上注取"尚"意。

⑤ 《郭店楚简·五行》："君子之为善也，有与始，有与终也。君子之为德也，有与始，无与终也。"

这是礼乐最初形成的轨迹。① 这也是《性》篇中作为"敬之方"的"义道"。《荀子·解蔽》也说："仁者之思也恭，圣人之思也乐，此治心之道也。"由"仁之思"出发，自然会从明察哀乐转化之际，将情感的转变导向自我与他人共同体验到的安悦，在此过程中人会变得体貌恭敬，"圣之思"则是持守不忘而能长保安乐。这种心术工夫的持守是在"思"中贯彻的，"敬"从"仁之思"开始，至于"智之思"告终，完成人道"善"终始相应的一个轮回，而"圣之思"的有始无终正是在绵绵若存、善始善终的人道终始中，无限推进以达圣境。

庞朴等学者曾支持荀子所批判的孟子"五行"说与简帛"五行"是一回事，然而池田知久提出了反对意见，以其观点来看，简帛"五行"更接近先于观念形成的本源情感叙述。② 而在这一点上，荀子与简帛"五行"思想并无龃龉。简帛"五行"可以与《荀子·儒效》有关"圣境"的描述相参，荀子以"严严"来形容"能敬"，以"分分"形容"能终始"，继而是能"长久"、能乐而"执道不殆"。而执道不殆始于用智以明、统类以行，同时乐人臧匿小过，而又隐忧人行为失当，井井有条的礼义文理由此呈现，从而回到首句的"严严"而"能敬"。这样一个首尾接续之道，即荀子认为的应乐而固执的礼义之道、或人道。能执此"尽善挟治"的人道，并不断推进，则可以称为圣人。③ 这段话从礼义条理起始，严严之敬、有终始、能长久都是对向外推行此道的描写，接下来回到智之明、统类之行、仁之臧匿，又是从此道的始端叙述，恰合终始相应的旨趣，圣境就在慎终知始的执守中呈现。这套表述与简帛《五行》十分相似。简文以"敬而不懈"为"严"，"敬"是"远而庄之"，而"远"是"以其外心与人交"。《礼记·礼器》中，"外心"是"以多为美"的根据。"外心"，郑玄注为"用心于外"，孙希旦解为"发其心于外"，都有德行向外发用的意思。尊于内、乐于

① 《郭店楚简·五行》："见而知之，智也。知而安之，仁也。安而敬之，礼也。"
② 〔日〕池田知久：《马王堆汉墓帛书五行研究》，王启发译，线装书局、中国社会科学出版社，2005，第28～37页。
③ 《荀子·儒效》："井井兮其有理也，严严兮其能敬己也，分分兮其有终始也，猒猒兮其能长久也，乐乐兮其执道不殆也，炤炤兮其用知之明也，脩脩兮其用统类之行也，绥绥兮其有文章也，熙熙兮其乐人之臧也，隐隐兮其恐人之不当也：如是，则可谓圣人矣。此其道出乎一。曷谓一？曰：执神而固。曷谓神？曰：尽善挟治之谓神，万物莫足以倾之之谓固。神固之谓圣人。"

外，贵于少而美于多，"外心"以礼物繁美为乐，在简文与《荀子》里，其途径都是由"智"的察识而知通统类、"仁"的臧匿行小而实大。① 由此，心能得以安乐，而乐中又含有隐忧，须在礼义条理的发用中用"敬"来持守善道，保持忧乐、四德之间终始相应。

从"以少为贵"的慎独，到"以多为美"的外心，也是自诚于内心、由智、仁之思而发于礼义，最终又回到心中的忧乐之际。在此工夫过程的叙述上，《荀子》与简帛"五行"思想其实是一致的。荀子所说的"诚心守仁"、"诚心行义"，都需要"敬"的维持贯彻于终始之间；而回归人的内心，对"善"与"德"的持守体现于简文"中心之智"的保存，同样也是哀乐几微之间体会到的圣境。在"少"与"多"、博与约的扩充与复返之间可以发现，诚敬发端于诚悫，而其意涵又远超过诚悫，而足以称为一种融合了仁、义、礼、智以达圣境的合内外之道。那么"悫"与"敬"究竟有怎样的关联呢？

三　从悫到敬：礼的隆盛与精微

从孔子的"五至""三无"，可以扩展出"礼之深泽"的合内外之道，表现为"敬之方"的义道。杨儒宾曾融合孟子与简帛中"形—气—心"一体论，与荀子的"礼义观"并列为两派工夫论，但同时也承认孟荀这两派之间界限并不明确。② 相较而言，池田知久等日本汉学家强调气化外向，倾向将德行内形诠释为先天端绪而置于次要位置，③这种进路并不甚得到中国学界的迎合。礼义之道之所以能合内外，恰在于礼义在终始相应的工夫过程中得以不断入于"深泽"，而与心中的圣境融合无间。"敬"正是终始之间加以持续反思而不间断的工夫，与先于反思的前段工夫——"悫"相比，明显更为深入、精微。德行的终始相应也是一个频频"回头"的工夫，即在持"敬"中重返内心的哀

① 《郭店楚简·五行》："不匿，不辩（辨）于道。[说]："匿者，言人行小而轸者也。小而实大。……轸者，多矣[也]。""匿"的含义是有小罪而赦之，故能大其道而行；若有小罪而不赦，是不辩于道的行为。简文又有："匿，仁之方也。"
② 杨儒宾：《儒家身体观》台北中研院文哲所，1996，第4~8页。
③ 〔日〕池田知久：《马王堆汉墓帛书五行研究》，王启发译，线装书局、中国社会科学出版社，2005，第140页。

乐之际，持存心中的一段先天之气，孟子称之为"平旦之气"或"夜气"。由"悫"至"敬"，正是在持守着礼义之道的终始相应工夫中，顺应着本始之情而循循履行回头的工夫，使先天之气得以涵养、深化而达到的。

"五至""三无""五起"描述的都是心中忧乐萌蘖的存养，尚未显发在外，近似屈原与孟子的"夜气"说。① 程颐发展此说，"夜气"所存的就是即良知良能，一旦扩充下来，可为至圣之道。② 朱熹的涵养用敬也由此而来，用力守敬即是涵养夜气。③ 对于夜气的涵养，始于伦常事用上"悫实做工夫"，④ 终于敬义夹持、体用一如。孝弟的实事，常人都易知能行，然而到了一源无间的合内外之道，则非圣人不能一贯处之。⑤ 孔子的不怨尤人、孟子的反求诸己、曾子的自省守业、简文《性》篇的反己修身，⑥ 直到程朱理学的诚敬涵养，都在讲出入于终始之际的这段"夜气"的培养。夜气即本源的情感，其发见在外、从仁而出，再由修持礼义之道而复归内心的智圣之思，始于仁而终于智以达圣境的工夫皆可以由悫与敬来贯穿。修身工夫重在智仁之际的涵养，《性》篇中"知义"而入与"知情"而出的几微之际正是这种智仁之际，在此应慎而又慎，这种谨慎加持的工夫可见于由"悫"以至于"敬"的衍进当中。

---

① 屈原："一气孔神兮，于中夜存。"（《远游篇》）孟子："其日夜之所息，平旦之气……梏之反复，则其夜气不足以存。……苟得其养，无物不长；苟失其养，无物不消。"（《孟子·告子上》）

② 程颐："夜气之所存者良知也，良能也，苟扩而充之，化旦昼之所害为夜气之所存，然后可以至于圣人。"《二程集》（上册），中华书局，2004，第321页。

③ 朱熹："孟子发此夜气之说，于学者极有力，若欲涵养，须于此持守可尔。"（宋）李侗著，（宋）朱熹编：《延平答问》，京都中文出版社，1980，第60~61页。

④ 朱熹："伯崇去年春间得书，问《论语》数段，其说甚高妙，因以呈李先生。李先生以为不然，令其悫实做工夫。后来便别。"（《文集》卷三十九《答许顺之四》）

⑤ 李侗："如孟子称尧舜之道孝弟而已，人皆足以知之，但合内外之道，使之体用一源，显微无间，精粗不二，衮同尽是此理，则非圣人不能是也。《中庸》曰'忠恕违道不远'，特起此以示人相近处，然不能贯之，则忠恕自是一忠恕尔。"（《延平李先生师弟子答问》）

⑥ 《曾子制言中》："是故君子思仁义，昼则忘食，夜则忘寐，日旦就业，夕而反省，以役其身，亦可谓守业矣。"《荀子·法行》："同游而不见爱者，吾必不仁也；交而不见敬者，吾必不长也；临财而不见信者，吾必不信也。三者在身，曷怨人？怨人者穷，怨天者无识。失之己而反诸人，岂不亦迂哉！"郭店简《性自命出》："闻道反己，修身者也，上交近事君，下交得众近从政，修身近至仁。"

由以上两节可见，"悫"发起于丧祭礼的哀敬之情，起初只是慎于哀素、以威仪简少为贵的复古原则。而孔子的"殷已悫，吾从周"、《礼记》的"以多为美"等补充，则在"以少为贵"的前提下加入了"以多为美"的扩充原则。①这种扩充与由"悫"到"敬"的衍化有关："君子之于礼也，有所竭情尽慎，致其敬而诚若，有美而文而诚若。"（《礼记·礼器》）"敬"不仅是竭尽心中的哀素之情，而恰恰在珍重并谨慎于情感的自然转变中更蕴含着"思"的成分在内。

简文《性》篇描述了心之"思"的发用："哭之动心也，浸杀，其央恋恋如也，戚然以终。乐之动心也，濬深鬱陶（陶），其剌（烈）流女（如）也以悲，悠然以思。凡忧，思而后悲；凡乐，思而后忻。凡思之用心为甚。叹，思之方也。"池田知久将孟子的"不动心"与这里的"动心"做了正反的对比，同时举出孟子"动心忍性"与此做了相似的比较。②在这两个有趣的比较里，他点出了相似的"动心"与"甬（用）心"同义，情感之所以能"动心"或"用心"，在于"思"的作用。换言之，如果没有"思"的介入，哀乐之情非但不可转向悲、忻的道德情感，反而可能"气壹则动志"，导致暴气而"动心"的乱象。③

由自然情感向道德情感的转变中，"思"具有"为甚"的作用。孟子养气贵在"守约"，赵歧注"守义以为约"，即持守心志、集义而行。那么"约"于义是如何可能的？上节提到，博于文是外心而出、由仁向外发散为礼仪节文，故"以多为美"；在此之前就是约于义的工夫，"知义而入"是用"智之思"察识义理，在义道品节的居守中慎上加慎，以护持"仁之思"的情感与德义萌蘖。《性》篇中"其居节也旧，其反善复始也慎，其出入也顺，治其德也"，与孟子的"居移气，养移体"，都指涉智仁之际的平心理气，也是区别于暴气"动心"的慎思

① "丧礼，哀戚之至也。节哀，顺变也；君子念始之者也。……弁绖葛而葬，与神交之道也，有敬心焉。……殷既封而吊，周反哭而吊。孔子曰：'殷已悫，吾从周。'"（《礼记·檀弓下》）"仲尼尝，奉荐而进其亲也悫，其行趋趋以数。"（《礼记·祭义》）郑玄注："悫与趋趋，言少威仪也。"（汉）郑玄注，（唐）孔颖达疏《礼记正义》，《十三经注疏》影印本《卷九》，中华书局，1980，第1593页。
② 〔日〕池田知久监修，大东文化大学郭店楚简研究班编：《郭店楚简の研究》（七），东京大东文化大学大学院事务室，2006，第93～95页。
③ 黄玉顺：《养气：良知与正义感的培养》，《中国社会科学院研究生院学报》，2014年第6期。

"动心"。《性》以乐声最能启发后一种动心工夫，乐声入心如水流般漫漫滔滔，悠然流于忧而悲、乐而忻的深思。乐本于音声感物而动，却能"比音而乐"、通于伦理，因其于情出义入之间"入拨人之心也厚"，乐称为"礼之深泽"，即在于慎思厚积以成"中心之智"，仁、智、圣之思则是在此"中心之智"的厚积中启发流行的，"守义"也只能在此本源的情感融通中要约在恰宜之处。

礼的由浅入深，不可脱离乐的动心养气，其关键在于慎思渐入精微，以使"义"的持守与约定因渐气化而循作得宜。乐起于感动真情，对于智思不力的众民而言，能感通音声文理就足以成化。乐之所以起到正伦理的效用，启迪君子深思尚在次，最主要的是感化悫民。

> 周丰答哀公：墟墓之间，未施哀于民而民哀；社稷宗庙之中，未施敬于民而民敬。殷人作誓而民始畔，周人作会而民始疑。苟无礼义忠信诚悫之心以莅之，虽固结之，民其不解乎？（《礼记·檀弓下》）

礼的隆盛在于能以诚悫之思固结于民心，而在制施礼乐的君子那里，诚悫只是守门要求，还需要进一步将工夫推深。已居礼之正位，进而"成于乐"才可以浑化渣滓、专一守约，达到礼义、性情两得的佳境。听乐声能立专一之志，"哀以立廉，哀以立志，君子听琴瑟之声，则思志义之臣。"发于哀而思及义，中间有"敬"的介入："其敬心感者，其声直以廉。"敬心发动不但可使君子立志，同样也达于民众："廉直劲正庄诚之音作，而民肃敬。"（《礼记·乐记》《说苑·修文》）自尽其敬，外发及民，是君子竭力从事教化，与民同于反复终始的专一之道。①

鉴于"敬"之于反本复始的循环有决定性的作用，朱熹以"敬"为履道守贞的至上理则。他发展张载的气化之道为阴阳所以循环往复之理，正如"理"只是至虚的变化之道，"敬"也是虚静守约的穷理之

---

① 《荀子·礼论》："各反其平，各复其始。"《春秋繁露》："终有复始于一，一者，一也。"《礼记·祭义》："教民反古复始，不忘其所由生也。"《孔子家语·哀公问政》："君子反古复始，不忘其所由生，是以致其敬，发其情，竭力从事，不敢不自尽也。此之谓大教。"

术，然而却不可把气化的本然虚静称为"敬"。朱注履卦辞为"和说以蹑刚强之后"，卑顺以"节制乎礼"是以礼释履的关键。① 慎思义道以入心动志，智仁之思的深微流转，正是用谦敬转哀忧为和悦的慎独工夫，以诚敬专一守仁行义，维持终始之道反复不已。日用工夫本来是气，而天理其实就是四德终始的结构，敬为穷理之本，与天理同具形而上的地位，也与之同样是活动的，甚或是天理流行的推动力。陈淳也不把"理"当作一个死物，只是"生人生物"的元气路脉，"率性之谓道"就是人物古今通行之道，敬与义相互夹持即为道的统率，而敬贯通内外，又为义的统率，以敬循道才能使万物各正其性。

湖湘学派的杨万里融汇孟子、曾子的内省与胡宏的"识心"，于诚敬工夫也极为推崇，主张万千变化皆归于"敬"。② 他与朱熹同持"敬"为求道之门的观点，虽遵湖湘立心为先的根本，诚敬依然贯穿未发已发。敬既能于未发之际"察心"，也能在践行中"察身"以使身心为一，心实为身的不二主宰，阳明学代表王艮的"安身"也似此道。比起朱熹更重视未发之前的"守约"，其所谓敬的重点在博文向外的方面。湛若水、刘宗周等学者各有关于"诚敬"的思想，不论哪种路径，慎独工夫自先秦延续到宋明，皆可视为对"诚于中，形于外"的诠释，从"慎""诚""悫""敬"的流变中可见解释者在内心情志知意上的各有着重，也可探寻礼义之道与仁爱之情交融不爽的一贯之处。

（责任编辑　李玉）

---

① 《朱子语类·易·六履》："问：'履，如何都做礼字说？'曰：'"定上下，辨民志"，便也是礼底意思。'又曰：'礼主卑下。履也是那践履处，所行若不由礼，自是乖戾，所以曰"履以和行"。谦又更卑下，所以节制乎礼。'"（宋）黎靖德编，王星贤点校《朱子语类》卷七十《易六》，中华书局，1986，第1758页。

② "易道之体安在哉？曰：敬而已矣……易之道，千变万化而归于一敬。大哉敬乎！其入德之捷径，作圣之奇勋与！"（宋）杨万里：《诚斋易传》，上海古籍出版社，1990，第244页。

讲好儒家故事，推动儒学创造性转化和创新性发展

——《儒家政治哲学与政治文化论丛》评介

杜德荣　刘悦明*

　　山东省"泰山学者"、中国孔子研究院特聘专家、中国政法大学教授林存光先生主编的《儒家政治哲学与政治文化论丛》（以下简称《论丛》），已由学习出版社于 2017 年 8 月、2018 年 7 月、2019 年 9 月分三批陆续出版完成。整套丛书由山东省泰山学者人才工程专项经费资助出版，共 13 册，总计 339.6 万字。这套丛书的学术顾问是我国著名哲学史家方克立先生和著名历史学家刘泽华先生。《论丛》的核心主题是，在系统研究历史上基于儒家视域的政治哲学思考及其在政治实践中所形成的政治文化传统，研究的重心在通过历史的梳理和客观的诠解来充分理解和领会儒家传统，目的是讲好儒家故事，推动儒学在创造性转化和创新性发展中走向更美好的未来。《论丛》是林存光教授及其研究团队近二十年来潜心研究儒家政治哲学与政治文化之学术成果的集中总结和展示，很好地反映和代表了他们治学论儒的学术轨迹、心路历程及其基本的立场、态度和精神方向，对于深化当下和未来的儒学研究具有重要的推动作用。通读这套丛书，无疑能帮助关切儒学的现代命运及其发展前景的学者恰当地理解儒家视域中的政治哲学理念与政治文化传统，并提升其对当下各种儒学思潮的真伪辨别能力。

一　研究主题与内容述要

　　整套《论丛》的 13 册书目围绕着"儒家政治哲学与政治文化"这

---

* 杜德荣，井冈山大学政法学院讲师；刘悦明，中国政法大学政治与公共管理学院政治学理论硕士研究生。

个核心主题，从不同角度、不同层面、不同朝代进行了深入研究，其中既有对儒家政治哲学与政治文化的一般性原理的阐释，也有对具体某部经典、某个朝代、某位思想家的个案性研究；既有专业性的理论探讨，也有通俗性的故事讲述。具体而言，各册研究主题及核心内容如下。

第一册《天下为公与民惟邦本》分两篇对儒家"天下为公"和"民惟邦本"这两大核心政治理念进行了历史考察和义理阐释，论述了儒家政治思维的公共性向度、古典儒家"大公政制"理想及其现代转向问题，探讨了儒家民本的本源真义、民本仁道经由创造性转化和创新性发展对现代民主政治可能的促进价值。

第二册《论儒教作为一种文教》汇集了林先生10多年来思考和探究孔子和儒家、儒学和儒教、国学的当代价值和意义以及围绕这些问题的相关学术论争的文章，核心观点是强调孔子儒家之教本质上是一种"文教"，反对"大陆新儒家"把儒教"政治化"和"宗教化"的偏执妄想。

第三册《道义、权力与政治》收录了林先生探讨儒家政治哲学与政治文化问题的10篇论文，对孔子士人君子之学的政治意涵、先秦儒家道义论与参与式政治理念、《易传》的政治哲学、汉代儒学复兴的政治文化意蕴、宋儒二程的政治哲学、"官本位"的政治文化等重要论题都作了深刻论述。

第四册《尊王与富强：李觏事功政治哲学探微》是对儒家政治哲学的个案研究，作者认为尊王与富强是贯穿李觏政治思考始终的两大核心主题，而注重事功、倡导改革是李觏政治哲学的显著特点。

第五册《儒教中国的形成：早期儒学与中国政治文化的演进》详细阐释了儒学从先秦时期的诸子一家之言至汉代而成为统治地位的意识形态乃至进而成为中华民族的共同思想框架的动态过程。

第六册《与权力对话：儒家政治文化述要》以通俗的讲故事方式，围绕历史上儒教与王权、儒家与帝王、儒学与政治的关系来阐述儒家政治文化，既揭示了帝王对儒教的工具化的御用，又梳理了儒家对王权的道德性的教养。

第七册《道义与功利：宋代政治哲学研究》以道义和功利概括宋代政治哲学的主旨，选取君子和小人、王道和霸道、中国和夷狄三对两极性范畴作为研究径路，分别从政治主体、政治治道与政治文明三个维度，探明宋代政治哲学的通义。

第八册《公私之辨：明末清初政治思潮研究》从公私之辨的角度切入对明末清初政治思潮的研究，探讨了明末清初思想家对君主专制体制的反思和批判、新制度的构想、政治秩序的诉求。

第九册《孔子政治哲学研究》集中探讨了作为整个儒家政治哲学和政治文化之大本大原的孔子政治哲学，深入剖析了孔子的修德与讲学、新政治构想与治国为政的智慧。

第十册《官以载道：〈周礼〉政治哲学研究》关注周官制度在承载儒家之道、塑造儒家政治文化方面发挥的巨大作用，从法天建制的天人观、以王权为中心的帝王观、以民为本的民本政治观等方面梳理了《周礼》的政治哲学。

第十一册《权力与经济：西汉盐铁会议的政治文化解析》以权力与经济的互动为视角，立足盐铁会议，分析了西汉帝国政治文化的演进，阐释了权力形塑下的政治观念、治道理念和王权一统的秩序诉求。

第十二册《崇理与精忠：宋代士大夫政治信仰与国家认同研究》在分析赵宋立国之道与基本政治格局的基础上，围绕崇理与精忠两大主题来梳理和论述宋代士大夫的政治信仰与国家认同，用史论结合的方式阐释了宋代士大夫历史世界的精神支柱和政治行动的力量源泉。

第十三册《历史上的孔子形象：政治与文化语境下的孔子和儒学》全面、完整地梳理和回顾了孔子与儒学受尊和被批的历史，客观理性地分析和评价了二千多年间孔子形象的历史演化与变迁。

二　历史观与方法论

综观整套《论丛》，不难发现它有着统一的历史观指导和统一的方法论自觉。林存光先生作为"刘泽华学派"的重要一员，秉承了刘先生提出的"王权主义"这一理解和分析中国传统社会的控制和运行机制之本质、中国传统政治思想和政治文化之主旨的历史观，并在对中国古典政治哲学的研究中发展了刘先生倡导的思想与社会互动研究的方法，创造性地提出和奠立了政治与文化互动的研究范式。《论丛》就是在"王权主义"历史观的指导下自觉运用政治与文化互动研究方法所取得的系列研究成果。

在历史观方面，《儒教中国的形成》对刘先生提出的"王权支配社会"这一认识和把握中国古代政治史与社会史的关键性命题进行了详细释义，着重揭示了中国传统君主专制政体的实质与特征、"王权支配社会"的主题与变调。《论儒教作为一种文教》对王权主义中国史观的核心要旨进行了阐释，并论述了中国传统社会形态问题。《道义、权力与政治》则运用王权主义的研究范式对"官本位"这一中国传统政治文化现象作了精彩解读和剖析，将其概括为"观念与体制背反的历史生存悖论"。《与权力对话》以王权主义历史观为指导，对中国王朝政治的治乱循环历史从人事变迁的角度进行了分析。《权力与经济》的第一部分也着重诠释了"权力支配社会"这一研究范式的内涵和动态运作。《尊王与富强》以王权主义的历史观为指导，准确地把握到了李觏政治思考的一大核心主题即推尊王权。《官以载道》也以王权主义历史观为指导，探讨了《周礼》帝王观及其统摄下的政治格局，揭示了以王权统治为中心的帝王观，分析了《周礼》中的帝王人格及其制约机制。《崇理与精忠》对赵宋立国之道与基本政治格局的解读、对宋朝君臣塑造忠节的政治文化运动的分析都遵循着王权主义历史观，从重建和改善王权秩序的角度来对之进行恰当的理解。

在方法论方面，《儒教中国的形成》虽是林先生十几年前的旧作，但其中开创的文化与政治互动的学术范式至今仍有启发和指导意义。书中对儒学与政治在战国秦汉之际分化与整合的关系模式及现实政治文化的演进变化问题作了历时性、动态性的考察，并阐明了"对儒学意识形态进行政治文化研究的方法"，即"儒学意识形态主要是在政治与文化的互动构造性的关系情境下，既动态地被构造着，又能动地作用于这一关系情境而历史地发挥其功能。社会既是一个历史发展的过程，同时又是一个互动作用体系，即社会各子系统如政治、经济、文化之间是一种功能性整合互动的关系。"[①] 书中还提出了"文化政治"概念，以此来阐述和概括儒家的政治理念。在关于儒家政治哲学与政治文化的其他研究中，林先生一贯坚持这种政治与文化互动的研究路径，而林先生的弟子也多接受和自觉运用这种研究方法。如《历史上的孔子形象》对

---

① 林存光：《儒教中国的形成：早期儒学与中国政治文化的演进》，学习出版社，2019，第73、74页。

孔子形象的历史变迁和时代转换的梳理就是基于对特定时代政治权势与圣人之道之间的互动整合关系的理解和分析。《道义、权力与政治》在论述汉代儒学复兴的政治文化意蕴时，简要地阐释了汉代儒学与政治从分化疏离到整合互动的制度化过程；在分析和论述二程的政治哲学时，也是从天道义理与政治权势之间互动关系的角度来展开的。《与权力对话》亦揭示了专制帝王与儒家学者、王权与儒教之间的互动关系，指出这种互动关系"塑造了整个儒教中国的主要历史面貌与政治形态"，并用"政教相维"来概括儒教与现实政治的互动关系。①《权力与经济》的第四部分从权力与思想的互动方面解释了西汉帝国早期政治文化的演进过程。《道义与功利》则结合宋代政治哲学家的政治处境、时代感受与政治任务，通过对宋代政治现实与学术思潮的互动关系的把握，力图还原与进入宋代政治哲学家的历史世界与思维世界。《崇理与精忠》亦自觉运用政治——文化互动的研究方法，从观念层面与行动层面的双维视角，对宋代士大夫的政治信仰与国家认同进行系统梳理与动态研究，注重将反映宋代士大夫政治的相关史料和宋儒的著作文本还原到具体鲜活的历史情境之中，以剖析宋代士大夫政治信仰与国家认同的观念内涵并展现其行动力量。

三 丛书特色与学术贡献

在"刘泽华学派"当中，林存光先生一贯的学术特色是通过对中国古典政治哲学的研究来为王权主义理论进行深刻论证，在批判反思儒学和中国传统文化的"阴暗面"的基础上，较多地探讨儒学的现代转化问题，给予儒学更多同情的理解，做儒学的"理性的批评者与温和的阐扬者"。这种学术态度和立场，有别于今天以"大陆新儒家"为代表的新文化保守主义者，他们往往自我标榜为"儒家代表""有志为儒家'招魂'"，一心要将儒学与儒教"复魅"而重新"政治化"和"宗教化"，主张"立儒教为国教"，恢复"王道仁政"，建立"儒教宪政制度"，实行"儒士共同体专政"，甚至汲汲于为"三纲"正名等。针对这样一股思潮，《论丛》旗帜鲜明地加以批判、针锋相对地与之论争，

---

① 林存光、侯长安：《与权力对话：儒家政治文化述要》，学习出版社，2018，第5页。

体现出强烈的现实关怀和批判反思色彩。

比如，《天下为公与民惟邦本》指出今天那些自我标榜的"儒家"们宣称的所谓"为民而王"的"王道政治"或儒家式的"贤能政治"和"主权在民，治权在贤"的儒家混合政体比民主政治更加高明而具有无比优越性的论调，绝不是什么确定无疑的真理，而"仅仅是一时头脑发热的胡言乱语和自欺欺人的奇谈怪论"，其本质都是"想要驯化人民'自认为无能'而放弃'参政权'"，这显然是"背离时代精神发展潮流"的一种抱残守缺、荒谬可笑的"噪音"。[①]《论儒教作为一种文教》批评说，今天所谓"大陆新儒家"们"不是按照孔子之教的本真含义来思考儒学复兴或儒教重建的问题"，而是要"全面复兴儒学""回到康有为"，"通过将儒教宗教化和国教化的方式来重建政教合一的'儒教国家'"，这种意识形态化色彩极重的政治诉求，不过就是要恢复"帝制中国时代借助国家政权力量尊崇儒术儒教而将之立为'王官学'或'国教'的政教传统和以'三纲'为中心的世俗礼教传统"，这无疑是"荒唐""天真"且具有危害性的。[②]《道义、权力与政治》的后记也对近年来"大陆新儒家"中的"康党"们主张"回到康有为"的种种言说作了见解敏锐、笔锋犀利的精彩评述，一针见血地指出"康党"们所要回到的是"那个维护君主制和倡导国教论的保守主义的康有为"，为此就把康有为思想中的激进主义和自由主义成分"阉割"掉了，其主张的实质乃是迷恋君主制、鼓吹国教论、维护等级制、把人民当作无知孩童加以管教，这就是"康党"们的真实面目。[③]《与权力对话》也批评说，主张"立儒教为国教"的所谓"上行路线"，在看待儒家与帝王、儒学与政治之间既合作又冲突的关系上犯了历史认识上的错乱，"对假势以行道寄予了过高的期望"，而这种过高期望正是"来自于对历史上帝王尊儒的全面肯定"，以至于竟"容不得有学者对历史上的专制王权进行批判反思"，容不得人"说中国 2000 年来的专制制度

[①] 林存光：《天下为公与民惟邦本：儒家两大核心政治理念的历史考察和义理阐释》，学习出版社，2017，第 236、237、242 页。

[②] 林存光：《论儒教作为一种文教：孔子、儒学与儒教问题评论集》，学习出版社，2017，第 260、261、272 页。

[③] 林存光：《道义、权力与政治：儒家政治哲学与政治文化论集》，学习出版社，2017，第 268～273 页。

是很糟糕的制度"。基于这种错误的历史认识而在今天倡导复兴儒教，无疑会犯"方向性的错误"。[①]《历史上的孔子形象》又明确强调，我们在今天仍有必要辨别区分"好儒学"与"坏儒学"，"崇儒反马、复古更化、狂妄狭隘的儒学就是'坏儒学'，睁眼看世界、开放包容、与时俱进的儒学就是'好儒学'"。[②]

上述批判性的评论，既反映出林先生对儒学未来发展之前景的深切忧虑，也显示出他对当代中国改革发展之正道的现实关怀与责任担当。整套《论丛》就是力图在今天日趋高涨的"儒学热""国学热"的浪潮中，以一种"识大体"的历史见识，以有鉴别的对待、有扬弃的继承的态度讲好儒家故事，在"真诚地批评反思儒学之历史阴暗面"的基础上，"积极阐扬儒学之精神价值与意义"，主张通过中西交流对话和良性互动的方式为儒学在现代社会"求其适当之用"，同时激浊扬清地明确反对为儒学之历史阴暗面"正名""招魂"的错误思潮。这正是林先生及其研究团队一贯的学术立场、态度和方向，而这套《论丛》的主要学术贡献也正在于讲清楚儒家政治哲学与政治文化的历史渊源、发展脉络、基本走向、核心理念和历史局限，澄清被"大陆新儒家"搅浑了的思想局面，为儒家思想和当代社会之间寻求一种有意义的互动整合方式，推动儒学与时俱进，适应时代发展的需要，不断地进行创造性转化与创新性发展。

四 缺憾与不足

作为汇集林存光教授及其五位弟子研究成果的一套 339.6 万字的著作，集腋成裘，《论丛》当中也难免会留下一些缺憾与不足。首先，《论丛》各册在具体的主题设定、内容选择等方面都各不相同，有的是关于一般理念的考察和义理的阐释，有的是关于儒家人物或经典的个案性研究，有的则是关于某个朝代的总体研究，在各册主题编排的顺序上欠缺一定的统筹规划和逻辑连贯性。其次，由于弟子与老师之间学术水平存在一定的差距，加之作者学术基础不尽相同，用功程度各有差异，

① 林存光：《与权力对话：儒家政治文化述要》，学习出版社，2018，第 231~233 页。
② 林存光：《历史上的孔子形象：政治与文化语境下的孔子和儒学》，学习出版社，2019，第 231~233 页。

导致各册在研究深度和质量上也水平不一。但总的来看，瑕不掩瑜，相信整套《论丛》在讲好儒家故事，推动儒学创造性转化和创新性发展方面所做出的学术贡献必将得到学界的认可，也希望书中论述的诸多相关议题能引发学者们进一步的深入思考和探讨。

（责任编辑　石永之）

主要文章英文摘要和关键词

Mencius's Rational Structure from the Perspective of Moral Motivation
—Defending Mencius's Emotion Theory from the Perspective of Sinologists' Argument

Liu Yue-di

Abstract: *Emotion* plays an important role in Mencius' moral motivation. Moral emotions include rational cognition, and moral reasoning also involves emotion. Emotion and reason were not broken in Mencius. In the debate between King Qi Xuan and Mencius, the positive emotionalists believe that *emotion* is contained in the moral derivation of King Qi Xuan. However, those who deny emotion hold that there is no *emotion* in the moral reasoning of King Qi Xuan. We can defend Mencius' theory of *emotion* from four aspects. First, is Mencius' theory of *emotion* contradictory? Second, how does compassion push? Third, is emotional moral motivation *intrinsic*? Fourth, how does the *reason* in moral motivation interact? Mencius' emotions contain rationality in themselves, which is the true meaning of the *rational structure* of Mencius' moral motivation.

Keywords: Moral motivation; Mencius; Rational structure

On Confucius's Concrete and Dynamic View of Harmony between Body and Mind from *Zhou Yi*

Yu Ya-fei

Abstract: Confucius liked Yi in his later years. Through *Zhou Yi*, he expressed his concrete and dynamic view of harmony between body and mind. Combining the thoughts of Confucius and the text of *Yi Zhuan*, it can be seen that the *body* manifests the functions and desires of seeing, hearing, speech, and movement. It uses rigidity and softness, advancement and retreat as the way of movement, which has a wise or confusing effect on the *heart*, and brings different effects of good and bad. The *heart* acts on the *body* through benevolence and righteousness, manifesting the value orientation of good and evil, and ultimately determines the good and evil results of the *body*. Confucius' understanding of the norms and interactions of body and mind is not abstract and static, but puts them in a certain *position*. Confucius examines the different development stages of the subject's specific business, whether the subject and the object are in position, whether the upper and lower positions are corresponding, and the subject's choice in the face of good and bad. Based on the above four aspects, Confucius made a concrete and dynamic investigation on the harmony of body and mind and the implementation of human nature.

Keywords: Confucius; Body and Mind; Zhou Yi; Yi Zhuan

Analysis of Ekiken Kaibara's Filial Fiety Thought from the Perspective of Confucianism

Wei Feng-lin

Abstract: In the Edo period, Japanese Confucianist Ekiken Kaibara had rich thoughts of *filial piety*. *Li Qi integration* is the cornerstone of Ekiken Kaibara's filial piety thought. *All things are integrated* is the scope of *filial piety* advocated by Ekiken Kaibara. *Giving benevolence and repaying kindness* is the practice of *filial* *piety* advocated by Ekiken Kaibara. Ekiken Kaibara's filial piety thought inherited the tradition of Confucian filial piety. It is of great significance to investigate the inheritance and development of Confucian filial piety in the Confucian cultural circle.

Keywords: Ekiken Kaibara; The thought of filial piety; Confucianism; Li Qi integration; all things are integrated; Giving benevolence and repaying kindness

The Position and Function of the Analects in Politics and Education in Ming Dynasty

Tang Ming-gui

Abstract: Because the Ming government attached great importance to Confucianism, the Analects of Confucius, as the core classic of Confucianism, had an indissoluble bond with the society of Ming Dynasty, and played an important role in political life and education. On the one hand, the Analects of Confucius was not only quoted by the monarch and the officials, but also included in the book given to the dynasty in the communication between China and Korea. On the other hand, the Analects of Confucius is not only paid attention to in Jingyan daily lecture and official education, but also occupies a certain position in private education and eight part examination.

Keywords: The Analects of Confucius; The Ming dynasty; Politics; Education

From Chengque to Chengjing —The Transmutation of the Cultivating Theory of Acquiring Ren

Wang Kun

Abstract: In comparison between the handed down classics and the unearthed literatures, *chengque* 诚悫, Zhengxuan's interpretation of "*shendu* 慎独", is coherent with the notion of "*chengjing* 诚敬" in pre-Qin dynasty. Both notions can be ascribed to a cultivating theory of acquiring *ren* 仁, which means both valuing inner emotions and manifesting in outer way of *liyi* 礼义. From *chengque* to *chengjing* refers to the transmutation in the inner cultivating progress towards sagehood, manifesting as way of *liyi* transmuted at the same time. *Ren* manifests as the original emotion of grief, and *chengque* refers to valuing this emotion, as is the starting point of the way of *liyi*. When *chengque* goes deep into *chengjing*, the inner emotions become coherent with each other, and the way of *liyi* goes deep. *Chengque* and *chengjing* refer to different stages in the cultivating progress, and also refer to the two levels of the way of *liyi*. From the two notions, the coherence between *ren* and *li* 礼 can be explored.

Keywords: *Chengque*; *Chengjing*, the Cultivating Progress; The Coherence of the Starting and Ending Points.

征稿启事

《国际儒学论丛》是由山东社会科学院主办的儒学研究学术集刊，2019年被评为集刊名录。由山东社会科学院国际儒学研究与交流中心承办，涂可国主编。每年出版两辑，公开发行，竭诚欢迎海内外儒学研究方面的学者赐稿。

1. 本刊关注国际儒学研究与发展的前沿问题，刊登未经正式发表过的相关学术论文。来稿要求原创性、专题性、学术性、开放性。篇幅一般不少于8000字，尤其欢迎观点新颖、材料翔实的长篇论文。来稿文责自负，本刊不能承担文论侵权等方面的连带责任。必要时，编辑部会做技术性修改，如不同意删改，请在投稿时特别说明。

2. 根据国家新闻出版总署颁布的《中国学术期刊（光盘版）检索与评价数据规范》的要求，请同时提供以下相关信息：

①姓名，性别，出生年，籍贯，学位，职称，主要研究领域；

②工作单位（含二级单位）及详细通信地址、邮政编码；

③中英文标题（含副标题）、内容摘要（100～300字）、关键词（3～7个）。部分文章，如书评、会议综述等无须摘要与关键词。

3. 注释一律采用页下注，每页连续编码，儒家经典常用文献用夹注，如（《荀子·天论》）。序号用带圆圈的阿拉伯数字表示。引文务须力求准确，参考文献的著录项目要齐全，具体规范如下：

①专著、论文集、学位论文、报告：序号、主要责任者：文献题名，出版地：出版者，出版年，起止页码。

②期刊文献：序号、主要责任者：文献题名，刊名（年，卷/期），起止页码。

③析出文献：序号、主要责任者：析出文献名，原文献名，出版地：出版者，出版年。

④报纸文章：序号、主要责任者：文献题名，报纸名，出版日期（版次）。

⑤电子文献：序号、主要责任者：电子文献题名［电子文献及载体类型标志］，电子文献的出处或可获得地址，发表或更新日期。

4. 文稿一经发表，酌付稿酬（含中国知网转载稿酬，除特稿外，每千字150元），若不同意自己文章被它们收录的请作特别声明，若无特别声明，视为同意我刊与上述电子出版物、数据库的约定。编辑部在收稿后3个月内不与作者联系，作者可自行处理。

来稿请发送电子版至本刊邮箱：gjrxlc@163.com 或 keguotu2000@126.com。邮编：250002，联系电话：0531-82704627。

《国际儒学论丛》编辑部

图书在版编目（CIP）数据

国际儒学论丛. 第 9 辑 / 涂可国主编. -- 北京：社
会科学文献出版社，2020.10
ISBN 978 - 7 - 5201 - 7252 - 3

Ⅰ.①国…　Ⅱ.①涂…　Ⅲ.①儒学－文集　Ⅳ.
①B222.05 - 53

中国版本图书馆 CIP 数据核字（2020）第 170440 号

国际儒学论丛（第 9 辑）

主　　编 / 涂可国

出 版 人 / 谢寿光
责任编辑 / 范　迎　卫　羚　罗卫平

出　　版 / 社会科学文献出版社·人文分社 （010）59367215
　　　　　　地址：北京市北三环中路甲 29 号院华龙大厦　邮编：100029
　　　　　　网址：www. ssap. com. cn
发　　行 / 市场营销中心 （010）59367081　59367083
印　　装 / 三河市龙林印务有限公司

规　　格 / 开　本：787mm × 1092mm　1/16
　　　　　　印　张：21.5　字　数：350 千字
版　　次 / 2020 年 10 月第 1 版　2020 年 10 月第 1 次印刷
书　　号 / ISBN 978 - 7 - 5201 - 7252 - 3
定　　价 / 98.00 元